러일전쟁과 대한제국
― 러일개전의 '정설'을 뒤엎다 ―

NICHIROSENSO TO DAIKANTEIKOKU
© MOONJA KIM 2014
Originally published in Japan in 2014 by KOUBUNKEN Co., Ltd., TOKYO.
Korean translation rights arranged with KOBUNKEN Co., Ltd., TOKYO,
through TOHAN CORPORATION, TOKYO and
BESTUN KOREA AGENCY, SEOUL

Korean translation copyrights
© 2022 by GUEMUL, Publishing Co.

이 책의 한국어판 저작권은
일본 토한 코포레이션과 베스툰 코리아 에이전시를 통해
일본 저작권자와 독점 계약한 '그물'에 있습니다.
저작권법에 의해 한국 내에서 보호를 받는 저작물이므로
무단전재나 복제, 광전자 매체 수록 등을 금합니다.

러일 개전의 정설을 뒤엎다

러일전쟁과 대한제국

김문자 지음
· 김홍수 옮김

지은이 김문자 약력

1951년 효고현(兵庫縣)에서 출생
1979년 나라(奈良)여자대학 문학연구과 석사과정 수료
나라여자대학 문학부 사학과 조교(1979-1986)
저서: 『朝鮮王妃殺害と日本人』(高文硏, 2009)
『명성황후 시해와 일본인』(김승일 옮김, 태학사, 2011)
『日露戰爭と大韓帝國』(高文硏, 2014)
『日韓の歷史をたどる』(공저, 新日本出版, 2021)

옮긴이 김흥수 약력

1986년 서울대학교 국사학과 졸업. 서울대학교 국사학과 박사.
공군사관학교 교수(1989-2014년), 홍익대학교 역사교육과 초빙교수(2015-2019년), 홍익대학교 교양과 교수(2020년-현재).
저서: 『한일관계의 근대적 개편과정』(서울대학교출판문화원, 2009), 『개항기 서울에 온 외국인들』(공저, 서울역사편찬원, 2016), 『조일수호조규-근대의 의미를 묻다』(공저, 청아출판사, 2017), 『환재 박규수 연구』(공저, 학자원, 2018), 『한국의 대외관계와 외교사-근대편』(공저, 동북아역사재단, 2018), 『근대한국외교문서 1-13』(공편, 동북아역사재단·서울대학교출판문화원, 2009-2018) 등.

라일전쟁과 대한제국 — 러일개전의 정설을 뒤엎다 —
초판 인쇄 2022년 5월 06일
초판 발행 2022년 5월 16일
지 은 이 김 문 자
옮 긴 이 김 흥 수
펴 낸 이 변 선 웅
펴 낸 곳 그물
출판등록 2012년 2월 8일 제312-2012-00006호
서울특별시 서대문구 통일로25길 30, 102동 1502호(홍제동 한양아파트)
https://blog.me.naver.com/wsun1940
전화 070 8703 1363
팩스 02 725 1363
ISBN 979-11-86504-15-4 93910
값 28,000원
ⓒ 김문자, 2022

한국어판 서문

　8년 전 일본에서 출판한 『러일전쟁과 대한제국(日露戰爭と大韓帝國)』 (高文硏, 2014년 10월)의 한국어판이 출판되어 대단히 기쁘게 생각합니다. 중개의 수고를 아끼지 않으신 이태진 선생님, 번역을 맡은 김홍수 선생님, 출판을 맡아주신 그물출판사 변선웅 선생님께 감사의 마음을 전합니다.
　일본에서 러일전쟁은 '영광의 역사'로 이야기되는 경향이 있습니다. 그 시절 일본인은 훌륭했다든지, 국제법도 잘 지켰다는 언설(言說)이 넘쳐납니다. 이러한 역사 인식은 러일전쟁을 추진한 일본정부와 군부 수뇌부가 만든 픽션을 간파하지 못하고, 혹은 감히 방치한 후세 역사가들의 책임이기도 합니다.
　러일전쟁을 추진한 일본의 지도자들은 그들이 믿은 일본의 국익을 위해서라면, 예사로 거짓말을 하고 기록을 개찬(改竄)했습니다. 개찬한 전보를 해외의 신문에 싣도록 하고, 그것을 다시 일본에 가져와서 국내 여론의 조작에 이용했습니다. 또한 일본에 불편한 것, 특히 한국에서 무엇을 했는지는, 저들이 편찬한 역사서 중에서 일반에게 출판한 이른바 공간전사(公刊戰史)에서 소개했습니다. 그것들의 구체적인 사례는 이 책에서 다수 거론해 두었습니다.
　러일전쟁은 국제사회 중에서 독립한 국가로 출발한 대한제국을 일본의 지배하에 두기 위해, 그것을 방해하는 러시아에 대해서 일본이 도발한 침략전쟁이었습니다. 이것을 논증하는 것이, 이 책의 첫째 목표였습니다. 또 하나의 목표는, 일본의 군사력에 대항하는 군사력을 가지지 못한 대한제국이 국제법에 따라 일본의 불법행위를 국제사회에 계속 호소한 사실을 밝히는 것이었습니다.

　재야의 연구자에 불과한 내가 이와 같은 엄청난 목표를 세울 수 있었던 것은 인터넷으로 원자료에 접근할 수 있는 환경이 대폭으로 정비되었기 때문입니다. 이 책이 의거한 주요 자료인 『극비 메이지 37, 8년 해전사(極秘明治三十七八年海戰史)』(전 12부, 150책)과 『러일전쟁 참가자 사담회 기록(日露戰役參加者史談會)』(전 9권) 등, 종래에 비닉(秘匿)되어온 자료가 일본의 국립공문서관 아시아 역사자료 센터(ア ジ ア歷史資料センター)에서 인터넷으로 공개되었습니다. 인용 부분은 레퍼런스 번호를 기재해두었으니 한국에서도 쉽게 열람할 수 있습니다. 한국 측 자료도 디지털화가 진행되어 『주한일본공사관기록(駐韓日本公使館記錄)』 등을 일본에서 열람할 수 있는 것도 대단히 감사한 일이었습니다.

　끝으로 이 책의 의도가 어느 정도 달성되었는지 한국 독자의 평가를 기다리고자 합니다.

2022년 4월 8일
나라(奈良)에서
김문자

머리말

　1897년 10월 12일 조선의 제26대 국왕 고종은 스스로 황제에 즉위하고, 국호를 '대한'으로 선포했다. 이후 1910년 8월의 '병합조약'에 따른 멸망에 이르기까지 약 13년간을 대한제국이라 부른다. 이 책에서는 이를 줄여 한국이라 쓴 것도 많지만, 현재 대한민국의 약칭인 한국과는 다르다는 것을 미리 양해를 구해둔다.
　이 책은 러일전쟁이 일본의 한국 침략 야심에 따라, 일본이 일으킨 침략전쟁인 사실을 밝히려는 것이다. 특히 일본 해군 작전의 결정적 수단이었던 통신 전략에 주목했다.
　일본 해군이 러일전쟁 1개월 전부터 본거지인 사세보(佐世保)에서 한국 남해안까지 극비리에 해저전선을 부설한 것(제6장), 일본의 최초 무력 행사는 연합함대의 사세보 출항에 앞서, 제3함대에 의해 실행된 한국의 진해만과 전신국의 점령이었다는 것(제7장), '쓰시마해전(일본해 해전)'은 무선과 유선을 조합하여 조선해협의 전략적 봉쇄망을 구축한 일본 해군의 하이테크 승리였다는 것(제7장) 등은 종래 러일전쟁 연구사에서 빠트린 부분이다.
　이들 일본의 군사행동은, 러일 양국에 대해 한국의 전시중립 보장을 요구하고, 또 세계에 향해서 러일의 분쟁 때 '국외중립'을 지킬 것을 선언하여 여러 외국으로부터 승인을 얻은 대한제국에 대한 명백한 침략행위였다(제1장). 그리고 일본의 군사력에 대항할 군사력을 가지지 못한 대한제국이 국제법에 따라 일본의 불법행위를 국제사회에 계속 호소한 사실을 밝혔다(종장).

본론에 들어가기 전에 서장에서 일본과 한국의 국제통신 역사를 돌이켜보았다. 이것은 그 자체가 러일 개전의 전사(前史)가 되는 것이다.

김문자

일러두기

1. 당시 사료에서는 쓰시마(對馬) 동서 수도(水道) 모두를 포함해서 '조선해협'이라 표시하고 있으며 이 책도 그 용법을 따랐다.[1]
2. 인용 사료 중에서 일본 국립공문서관 아시아역사자료센터(アジア歷史資料センター; https://www.jacar.go.jp)에서 인터넷으로 공개하는 것은 열두 자릿수의 레퍼런스 코드를 'JACAR ○××××××××××××'로 표기했다. ○은 소장처를 표시하는 알파벳으로 A는 국립공문서관, B는 외교사료관, C는 방위연구소 도서관을 의미한다. 동일한 레퍼런스 번호의 사료가 대량의 화상으로 구성된 경우에는 화상 번호를 부기했다. 예를 들어 10/100은 전 100 화상 중에 10번째 화상이라는 의미다.

---

1) 옮긴이 주. 현재 일본에서는 한반도와 쓰시마 사이의 해협을 '조선해협' 또는 '쓰시마해협 서수도'라고 부르고 있으며, 쓰시마와 규슈 사이의 해협을 쓰시마해협 또는 쓰시마해협 동수도로 부르고 있기 때문에 이와 같은 주기를 단 것이다. 번역에서는 일반적 서술의 경우 '조선해협'을 대한해협으로 표기하였다.

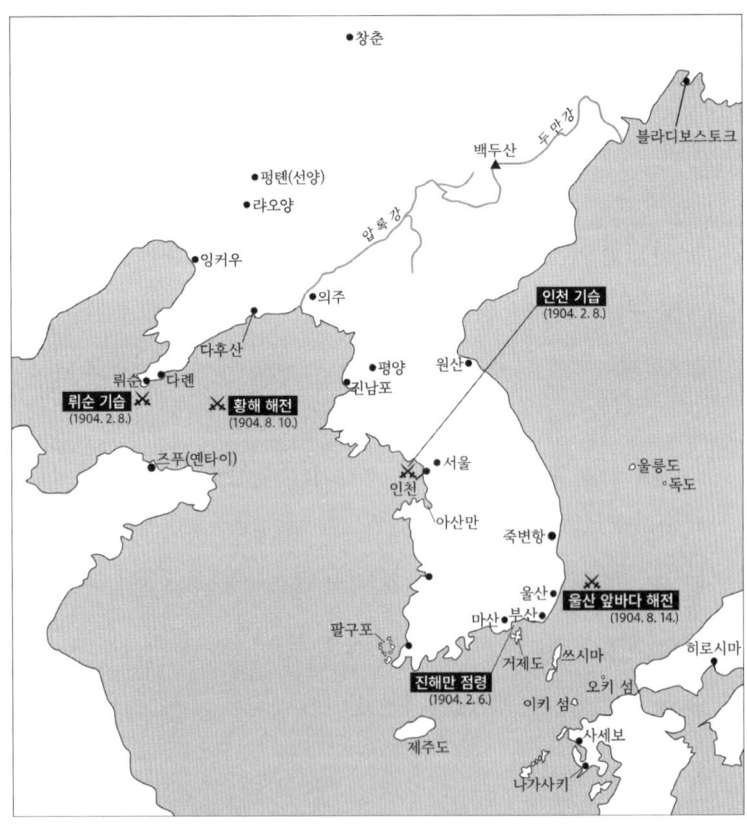

러일전쟁 초기 주요 해전장

차 례

한국어판 서문 · 5
머리말 · 7

서장: 러일 개전 전사 · 17
　전신의 등장 …………………………………………………… 18
　일본의 국제통신과 대북전신회사 ………………………… 19
　조일(朝日) 간 해저전선 부설 ……………………………… 22
　청일전쟁과 조선의 전신선 ………………………………… 25
　삼국간섭에서 왕비시해까지 ……………………………… 30
　아관파천(俄館播遷)과 러일협정 …………………………… 32
　대한제국의 성립 ……………………………………………… 36
　러일교섭에서 개전으로 …………………………………… 37

제1장 대한제국의 중립선언과 한일의정서 · 41
　대한제국의 중립선언 ………………………………………… 42
　이학균과 고다마 겐타로 …………………………………… 46
　중립선언 이전 ………………………………………………… 51
　민속학자 세로셰프스키의 증언 …………………………… 55
　주한공사 하야시 곤스케 …………………………………… 58
　밀약 교섭의 시작 …………………………………………… 61
　하야시 곤스케의 밀약안 …………………………………… 65
　한국 측 대안 ………………………………………………… 67
　밀약 교섭의 갑작스런 중단 ……………………………… 70
　고종의 외교정책 ……………………………………………… 74
　중립선언 발표 ………………………………………………… 77

일본군의 불법 상륙··· 81
한일의정서의 강요··· 86
한국 요인을 일본으로 납치하다······································ 90
추밀고문관 15명의 의정서 체결 방법 비판······················· 97
한국의 이권 수탈 계획··· 98
러일전쟁은 서울 침략으로부터 시작······························ 100

제2장 일본이 도발한 러일 개전 · 103

최후통첩·· 104
러일교섭·· 108
개전으로의 의지 통일·· 111
'발동(發動)' 연기·· 118
러시아는 양보한다·· 122
이토가 주도한 '일도양단의 결정'·································· 129
구리노 주러공사의 회상··· 133
야마모토 해군대신의 최후 훈시···································· 137
어전회의·· 140
육해군 합동회의··· 143
최후의 통첩은 베를린으로··· 146

제3장 바꿔치기한 러일 개전의 첫 포화 · 153

러일 개전의 첫 포성·· 154
『극비해전사』·· 156
러일 개전의 첫 포화·· 159
『러일전쟁 참가자 사담회 기록』···································· 163
당사자들의 회상··· 165
『전시일지』의 개찬··· 172
개찬 전보 「해(海) 제1호」··· 174

해외 미디어 조작·················· 177
　　국내 여론 조작··················· 179
　　은폐되어 온 진실·················· 181

제4장 뤼순함대 '행방불명' 전보의 정체 · 185
　　대해령(大海令) 제1호················ 186
　　즈푸에서 해군의 첩보활동············· 191
　　모리 중좌가 본 '뤼순항 기습작전'········· 194
　　즈푸로부터의 전보················· 196
　　『극비 모리 중좌(후에 대좌) 보고』········· 199
　　일본의 밀정이 된 러시아인 신문기자······· 203
　　모리 중좌의 첩보활동··············· 206
　　발신자는 누구인가················ 209
　　'행방불명' 전보의 정체·············· 212

제5장 육해군의 대립과 합의 · 217
　　육군부대의 한성 점령··············· 218
　　야마모토 해군대신의 특별훈령·········· 220
　　'하치스카' 작전의 중지·············· 225
　　'코로쿠' 작전의 결정··············· 231
　　한국임시파견대 사령관에게 주는 훈령······ 236
　　한국임시파견대의 수송·············· 239
　　한국임시파견대원의 회상············· 241

제6장 일본 해군의 통신전략 · 247
　　가고시마-오키나와-대만 간의 통신 개통····· 248
　　야마모토 해군대신의 통신전략·········· 251
　　대러작전 계획의 결정··············· 253

해저전선 부설계획 ·········· 256
제1선(사세보-팔구포 선)의 부설 ·········· 262
목포영사 와카마쓰 토사부로(若松兎三郎) ·········· 266
옥도에 해저전선을 올리다 ·········· 268
싱글수도의 연합함대 ·········· 271
제2선(이즈하라-마산포 선)의 부설 ·········· 275
러시아 전신선을 절단하다 ·········· 281
해외 발송 전보의 정지 ·········· 284
한국 영해에 부설한 해저전신선 ·········· 286
참고자료 1: 「해군중장 요시다 마스지로(吉田增次郎)(수기)」 ······ 290

제7장 감춰진 한국 침략전쟁 · 297

러일전쟁 최초의 전투행위 ·········· 298
제3함대와 진해만 점령 ·········· 300
광대한 양항(良港) ·········· 304
러시아 해군이 바란 마산포 ·········· 306
마산포의 군함 아타고 ·········· 309
마산전신국 점령 ·········· 312
부산항의 군함 쓰쿠시 ·········· 318
부산영사 시데하라 키주로 ·········· 323
해군대신의 점령 해제 명령 ·········· 327
외무성과 한국 전신국 점령 ·········· 330
마산영사 미우라 야고로 ·········· 334
이해할 수 없었던 '점령 해제 명령' ·········· 339
숨겨진 해군대신의 의도 ·········· 342
러일전쟁은 언제 시작되었는가? ·········· 346
러일전쟁은 한국침략으로부터 시작되었다 ·········· 351

제8장 쓰시마 해전과 독도 · 355

발트함대 ··· 356
바뀐 섬 이름 ·· 359
블라디보스토크(우라지오)함대의 위협 ····························· 363
가미무라함대의 블라디보스토크함대 수색 활동 ················· 369
한국 동쪽 연안에 망루를 설치하다 ·································· 375
블라디보스토크함대, 도쿄만 근해에 나타나다 ··················· 378
황해해전 ··· 380
울산 앞바다 해전 ·· 384
울릉도에 해저전선 부설 ··· 387
니타카의 리양코섬(독도) 정보 ·· 392
쓰시마의 리양코섬(독도) 상륙 조사 ································· 398
리양코섬(독도)의 일본 영토 편입 ···································· 405
쓰시마해전의 진실 ·· 411
다케시마 망루의 설치와 철거 ··· 421

종장 만국평화회의로의 길 · 427

주한공사 하야시 곤스케와 한국 외교권의 박탈 ················· 430
프랑스공사 민영찬 ·· 444
러시아공사 이범진과 그의 아들 ······································ 469
참고자료 2: 반민족행위 특별조사위원회 「민영찬 피의자 심문조서」 ··· 491
참고자료 3: 헤이그 특사 이위종이 어머니에게 보낸 편지 ············ 496

지은이 후기 · 500
옮긴이 후기 · 505
찾아보기 · 509
그림과 지도
    러일전쟁 초기 주요 해전장 ·· 10

<그림 1>   대한제국 초대황제 고종 ·· 17
<그림 2>   한국에 도착한 선발군대 및 외교관. ································ 41
<그림 3> 「청·한국 배관(陪觀) 제관(諸官) 일행」 ································ 48
<그림 4> 「고종의 위임장」 ·· 67
<그림 5>   네덜란드 여왕에게 보낸 고종의 친서 ·································· 76
<그림 6>   이용익 ·· 95
<그림 7> 「국교단절 훈령 전보」. ·· 103
<그림 8>   인천항에서 자폭한 러시아 소형 포함 코레츠 ···················· 153
<그림 9>   해군대신 야마모토 곤베에 ··· 172
<그림 10> 『극비 모리 중좌(후에 대좌) 보고』 ···································· 185
<그림 11> 한국임시파견대의 서울 침입. ·· 217
<그림 12> 「1903년 12월 30일 중요군사회의 출석자명」. ··················· 228
<그림 13> 「옥도 해군용지 위치도」 ·· 247
<그림 14-1> 「군용해저전선 부설」 ·· 258
<그림 14-2> 팔구포 주변 약도. ·· 263
<그림 14-3> 「진해만과 거제도」.. ··· 279
<그림 15>   마산포의 러시아영사관(우)과 일본영사관(좌). ··············· 297
<그림 16> 「리앙코로드」섬(독도) 약도. ·· 355
<그림 17>   죽변 가설망루 위치 약도 ·· 376
<그림 18>   리양코(독도) 약도. ··· 396
<그림 19>   대한해협에서의 지점·간선·경계선 예정도 ······················· 414
<그림 20>   제2회 만국평화회의에 파견된 고종의 특사들 ················ 427
<그림 21>   불타오르는 황궁. ·· 440
<그림 22>   민영찬. ·· 447
<그림 23>   파리만국박람회 한국관.. ·· 449

서장: 러일 개전 전사

− 전신 지배로부터 시작된 일본의 한국 침략

〈그림 1〉 대한제국 초대황제 고종(『그래픽 특별증간 일본의 조선(日本之朝鮮)』, 有樂社, 1911년 11월에서).

전신의 등장

우표와 우체통과 정기 집배(集配)를 골격으로 하여 국가가 독점적으로 경영하는 근대적 우편제도는 1840년 영국에서 시작되었다. 이 제도는 곧 각국으로 퍼졌으며, 1874년에는 만국우편연합이 설립되어 가맹국 간에 우편물을 교환하는 시스템이 만들어졌다. 여기까지 이르는 데에는 증기선 발명, 수에즈운하 개통, 정기항로 발족 등이 크게 공헌했다.

한편 문자정보를 전기신호로 변환하여 전기회로에 실어 보내는 전기통신의 기술도 역시 19세기 전반에 발명되어 서서히 실용화되었다. 특히 1851년에 영국의 브레트(Brett) 형제가 도버해협에 해저전선을 부설하고 통신에 성공한 이후 대영제국의 국책회사가 세계의 바다에 해저전선을 부설하고, 1902년에 지구를 둘러싼 영국세계해저통신망(All Red Route)이 완성되었다.[1]

---

1) 1872년에 영국 본토에서 인도까지의 해저전선을 소유한 4개 회사가 합병하여 대동해저전신회사(Eastern Telegraph Co.)가 설립되고, 이듬해 인도 바깥쪽, 중국의 상하이, 오스트레일리아까지 연장 케이블을 소유한 회사가 합병하여 대동확장해저전신회사(Eastern Extension Australian and China Telegraph Co.)가 설립되었다. 1902년에 두 회사는 오스트레일리아와 남아프리카를 연결하는 해저전선을 부설하고, 또 영국·캐나다·오스트레일리아·뉴질랜드가 공동으로 설립한 회사 Pacific Cable Board가 캐나다 밴쿠버에서 태평양에 산재하는 영국령 제도(諸島)를 경유하여 뉴질랜드와 오스트레일리아에 이르는

이로써 세계 주요 도시는 몇 시간이나 하루면 연결이 되었다. 증기선으로 운반된 우편물이 도쿄에서 런던에 도착하는 데 2개월이 걸린 것을 생각하면 전신의 등장은 국제정치, 특히 전쟁 수행 방법에 미친 영향은 상상할 수 없을 정도다. 생각건대 이것이 지금의 글로벌화의 첫걸음이었다.

일본의 메이지(明治) 신정부는 이 전신기술이 중요한 군사 인프라임을 일찍부터 인식하고 있었다. 일본에서 전신의 도입과 그 확장은 후술하듯이 군부 주도로 시행되었지만, 청일·러일 전쟁에서 일본의 승리는 이 당시의 하이테크인 전신의 도입에 크게 의거하였다.

일본의 국제통신과 대북전신회사

도쿄 - 요코하마 간에 처음으로 영문 전보를 개시한 것은 1870년(메이지 3) 4월의 일이다. 같은 해 8월 일본정부는 덴마크의 대북전신회사(大北電信會社)에 대해서 블라디보스토크 - 상하이 간의 해저전신을 나가사키로 연장하여 지사를 설치하고 영업을 할 수 있는 면허장을 주었다. 이듬해 71년 8월 대북전신회사는 나가사키 - 상하이 간 해저전선의 부설을 완료하고, 이것을 사용하여 나가사키에서 상하이·홍콩을 경유하여 유럽·미국과의 통신을 개시했다. 또 같은 해에 나가사키 - 블라디

해저전선을 부설했다. 이에 따라 전 세계의 영국령 식민지를 런던에 연결하는 이른바 All Red Route(영국세계해저전선망)이 완성되었다. 다만 극동에서는 덴마크의 대북전신회사(Great Northern Telegraph Co.)가 재빠르게 블라디보스토크 - 나가사키 - 상하이 사이에 해저전선을 부설하고 극동에서 국제통신을 독점했다(日本電信電話公社海底線施設事務所編, 『海底線百年の歩み』, 電氣通信協會, 1971, 828, 835쪽).

보스토크 간도 부설을 끝내고, 72년 1월부터 나가사키에서 블라디보스토크, 시베리아 횡단선을 경유해서 아시아·유럽과의 통신도 개시했다.

이러한 움직임에 촉진되어 일본정부도 도쿄 - 나가사키 간 육로전선의 연장공사를 서둘러 73년 10월 10일부터 업무를 개시했다. 이에 도쿄는 세계의 통신망에 편입되어 세계 주요 도시와 몇 시간이나 하루면 통신이 가능해졌다.

이후 일본정부가 대북전신회사에 준 면허장은 1882년(메이지 15) 12월에 개정되고, 일본은 20년간(뒤에 30년간으로 연장) 국제통신 독점권을 그 회사에 넘겨버렸다. 개정면허장 제6조에 아래의 문구가 있다.

일본정부는 이 특허를 양여한 약정 체결일부터 앞으로 20년 동안 일본제국과 아시아대륙 및 그 근방의 섬(일본정부에 속하는 것은 물론 제한다), 예컨대 대만·홍콩·루손섬 등 사이에 관선(官線)을 부설할 수 없다. 또 해당 회사(대북전신회사) 외에는 따로 해저전신선 부설을 허가하지 않을 것을 약정한다(이하 생략).

이 문구야말로 일본이 통신자주권을 빼앗긴 것을 의미하는 것이고, 그 후 일본의 국제통신 역사는 빼앗긴 통신권을 어떻게 회복했는지에 대한 고난의 역사로 이야기되고 있다.[2]

그러나 일본이 대북전신회사에 독점권을 준 것은, 사실 사가현(佐賀縣) 요부코(呼子)에서 이키(壹岐)·쓰시마를 경유하여 부산에 이르는

---

2) 石原藤夫, 『國際通信の日本史』(東海大學出版會, 1999), 220쪽.

해저전선 부설의 보상으로, 일본 측이 적극적으로 촉구한 결과였다. 이것에 대해서는 1918년 통신성(通信省)에 들어가 외신과장으로 1945년의 패전을 맞이한 하나오카 카오루(花岡薰)가 다음과 같이 설명하고 있다.

나카야마 류지(中山龍次)나 그 밖에 사정을 잘 아는 유력자가 말하는 바에 따르면, 조선에서 일본과 지나(중국)의 대립이 격화되고 조선에 대한 통신 연락의 필요성이 점점 높아지던 차에 1882년 8월 제1차 경성사건(임오군란)이 발발하고 일본에서 출병하는 사태로까지 발전했다. 대륙 문제에 애쓰고 있던 가와카미 소로쿠(川上操六) 육군대장 등은 이것에 의해 일본과 조선 간의 통신 연락 필요를 통감(痛感)했다.3)

가와카미 소로쿠는 '제1차 경성사건' 즉 임오군란(1882) 때에는 아직 근위보병 제1연대장·육군 대좌였지만, "대륙 문제에 애쓰고 있었던" 것은 사실이다. 그리고 실제로 이로부터 12년 후의 청일전쟁은 가와카미가 참모차장·육군 중장으로 총지휘관이 되어 일본 역사상 최초로 대본영과 전장을 전신선으로 연결하여 외정(外征)을 수행한 것이다.

또 하나오카는 "일본정부가 부산에 전신국을 건설하는 것을 조선정부와 약정을 맺기 이전에 대북전신회사와 약속하고 있는 것도 체신성(遞信省) 단독으로 한 것이라고는 생각되지 않는다"라고 기록하여, 대북전신회사에 독점권을 부여한 것이 체신성을 넘는 권력의 주도로

---

3) 花岡薫, 『海底電線と太平洋の百年』(日東出版社, 1968), 161쪽.

시행되었음을 시사하고 있다(같은 책, 163쪽).

조일(朝日) 간 해저전선 부설

1883년(메이지 16) 3월에 '일조(日朝) 간 해저케이블 설치에 관한 조관'[조선 측에서는 '부산구설해저전선조관(釜山口設海底電線條款)'으로 부른다] 전 5조가 체결되어, 다음 해 84년 2월 15일 일본은 부산에 전신국을 개설하고 운용을 개시했다. 이 조관은 대북전신회사에 해저선 양륙(揚陸)을 허가하고 일본정부의 전신국을 부산에 두며 25년 동안 이것과 대항하는 전신선을 부설하지 않는다는 것 등을 약정한 것이지만, 특히 뒤에 문제가 된 것은 다음의 제3조 문구다.

조선 우정사(郵程司)가 관선을 가설하는 경우 해외전보는 부산의 일본 전신국과 통련(通聯)하여 변리(辨理)한다. 그 세세한 절목은 우정사가 그때에 이르러 일본 전신국과 논의하여 정한다(『日本外交文書』 16권, 111번문서 부속서).

일본정부는 이 조문을 가지고 조선의 해외전보는 모두 부산의 일본 전신국을 통해서 행해야 한다고 주장했다. 자신의 국제통신권을 덴마크의 일개 기업에 양도하면서까지 일본은 조선에 해저전선을 부설해주고 조선의 국제통신을 독점하려 했다.

한편, 조선정부는 1885년 7월에 청국과도 약정을 맺어 한반도의 북반부를 종단하는 인천 - 한성(서울) - 의주(압록강 남안) 간에 전신선을 가설하고, 이것을 청국의 국내선과 연결하기로 정하였다. 일본은 이것이 '일조 간 해저케이블 설치에 관한 조관'을 위반한다고 항의하고 조선정부에 대해 다음과 같이 요구했다.

① 의주선의 운용 전에 한성 - 의주 간에 전신선을 가설한다.
② 조선과 외국과의 통신은 모두 부산 경유로 행하고 의주선을 사용해서는 안 된다.
③ 만약 외국과 통신을 의주선으로 행하면 조선정부는 일본정부에 대해서 동선(同線) 이용료와 같은 금액의 배상금을 지불해야 한다.

일본과 교섭을 담당한 통상교섭사무아문의 독판(장관)이었던 김윤식(金允植)은, 이번의 전신선 가설은 청국의 차관으로 조선정부가 행하는 것이고, 해저선이 아니라 지상선이기 때문에 조일 간의 약정에 저촉하지 않는다고 반박했다. 이 교섭 도중인 1885년 11월에 의주선이 완성되고 청국의 전신선과 접속한 것이 일본정부에 보고되었다. 이것은 서울에서 의주를 경유하여 청국선에 연결되고 상하이를 경유해서 세계통신망으로 이어졌다는 것을 의미한다. 일본정부는 의주를 경유한 통신의 취급 금지를 일본 국내 각 전신국 앞으로 통지했지만, 여러 외국의 반발을 고려하여 일본과 조약을 체결한 여러 외국의 '관보'는 대상에서 제외했다. 요컨대 일본과 한국에 주재하는 서양 외교관들의 통신을 방해하는 것은 피했던 것이다.

결국 1885년 12월 21일에 '일조 간 해저케이블 설치에 관한 조관 속약' 전 4조가 체결되었다. 내용은 아래와 같다.

① 조선정부는 인천 - 한성 - 의주선을 요부코 - 부산선과 접속한다.
② 동(同) 전신선 가설공사는 6개월 이내에 착공하고 1년 이내에 준공한다.
③ 한성에서 외국과의 전신 요금은 부산 경유와 의주 경유를 같은 금액으로 한다.
④ 부산 경유의 일본 관보 요금은 25년간 반액으로 한다.

결국 일본정부는 의주 경유 국제통신의 금지와 배상금 요구 등 국제적 반발이 예상되는 요구는 취소했다. 이에 따라 조선의 국제통신을 일본이 25년 간 독점하려는 의도로 체결한 '일조 간 해저케이블 설치에 관한 조관' 제3조는 사실상 휴지가 되었다. 게다가 일본은 스스로 대북전신회사에 줘버린 독점권에 의해 그 후 오랫동안 구속되게 되었다. 조선 측에서 보면 일본의 약점을 잘 이용하여 국제통신권 상실의 위기를 일단 회피할 수 있었다고 할 수 있다.

그 후 조선정부는 일본 측에 공사 착공 연기를 제의하여 한성 - 부산선은 1888년 4월에 착공, 같은 해 7월에 준공했다.[4]

---

4) 山村義照,「朝鮮電信線架設問題と日朝關係」,『日本歷史』1997년 4월호; 陳錤洪,「한국체신사」,『한국문화사대계 Ⅲ』(고려대학교 민족문화연구소, 1968).

청일전쟁과 조선의 전신선

청일전쟁이 1894년(메이지 27) 7월 23일 일본군에 의한 조선의 왕궁인 경복궁 점령으로부터 개시되었다는 것은 이미 밝혀져 있다.5) 일본군과 청국군의 교전은 그 이틀 후인 7월 25일에 개시되었지만, 일본정부는 그로부터 1개월 정도 뒤인 8월 20일에 일본군의 경복궁 철병과 교환으로 조선정부에 '잠정합동조관(暫定合同條款)'을 강요하여, 일본이 이번 전쟁을 위해 마음대로 가설한 전신선(후술)을 사후에 승인하도록 함과 동시에 철도도 일본정부 혹은 일본의 회사와 계약하기로 약속하도록 했다. 이 당시 조선에는 아직 철도가 부설되지 않았다. 그럼에도 일본은 재빠르게 조선으로부터 철도부설권을 빼앗은 것이다. 이것은 10년 뒤 러일전쟁에서 활용된다.

그러나 전신선은 서울을 중심으로 조선의 주요 도시를 연결하는 전신망이 이미 갖추어져 있었다. 그리고 이 전신망은 국제통신망에 편입되어 있었다. 청국과 전투를 계속하는 도중에 일본정부는 조선정부의 항의를 무시하면서 인천 - 서울 간, 그리고 이미 가설한 루트와 다른 루트의 서울 - 부산 간 전신선을 마음대로 가설했다. 이것을 경복궁 점령을 계속하고 있던 일본군의 철병과 교환하여 조선정부에 사후 승인토록 했던 것이다. 서울 - 부산 간 조선전신선을 가설한 이유는 후속부대를 부산에 상륙시켜 서울까지 진군시키기 위해서였다. 군대에 부여하는 명령은 도쿄의 대본영(뒤에 히로시마로 이전)에서 전신으로

---

5) 中塚明, 『歷史の僞造をただす―戰史から消された日本軍の'朝鮮王宮占領'』(高文硏, 1997).

전달된다. 서울 - 부산 간의 조선전신선은 한반도의 서해안 쪽으로 가설되어 있었는데, 일본군의 진군은 한반도 중앙부로 북상할 계획이었다. 따라서 이 진군 루트 상에 전신선을 가설한 것이다.

일본군이 새로 전신선을 가설했다 해도 완전히 자력으로 신설한 것은 아니다. 필요한 재료와 인재의 부족분은 조선의 전신국을 점령하고 거기서 약탈하는 형태로 조달했다. 따라서 조선의 전신선이 불통될 수밖에 없었으며, 이것은 국제문제로 될 우려가 있었다. 왜냐하면 조선의 전신선을 경유한 국제통신은 서양인도 이용하고 있었기 때문이다. 서울의 오토리 케이스케(大鳥圭介) 공사는 무쓰(陸奧) 외무대신에게 이것은 졸렬하기 때문에 조선 전신국에서 일본국(日本局)으로 가져간 기자재와 인원을 돌려줘야 한다고 상신했다. 무쓰는 육군성에 선처를 구했다. 이것을 받아 1894년 10월 9일에 대본영의 방침인 '조선국 전신선처분 의견'이 나왔다. 이것은 '참모본부 어용취급(御用取扱)'인 고다마 겐타로(兒玉源太郞)가 '육군대신 오야마 이와오(大山巖)의 대리'인 육군차관 고다마 겐타로에게 통달한 문서다.

당시 육군대신 오야마 이와오는 제2군 사령관으로 출정했으며 육군차관인 고다마가 육군대신대리를 맡고 있었다. 또 고다마는 '참모본부 어용취급' 명의로 대본영 막료이기도 했다.

조선의 전신선을 둘러싼 문제가 오토리 공사 → 무쓰 외무대신 → 육군대신으로 넘겨졌을 때 육군성에서는 당연히 대본영에 품의했다. 거기서 대본영의 막료이기도 한 고다마 겐타로가 중심이 되어 조선의 전신선에 대한 대본영의 방침이 수립되고, 이것을 육군성에 통달하고 외무성에 회답하도록 지시한 것이다. 마침 육군대신대리가 고다마 겐타로였기 때문에 문서의 발신인과 수취인이 동일 인물이 된 것이다.

오토리가 무쓰에게 보낸 서간, 무쓰가 육군성에 조회한 것, 대본영의 '조선국 전신선처분 의견', 이상 3통의 문서는 모두 방위연구소가 소장한 『명치이십구년구월기 대일기 삼일 참모본부(明治二十七年九月起 大日記 參日 參謀本部)』라고 표서(表書)된 부책(簿冊)에 수록되어 있다. 이것은 대단히 중요한 사료임에도 어찌 된 일인지 간과되어 왔다.[6]

대본영의 방침 '조선국 전신선처분 의견'에는 다음과 같이 쓰여 있다.

1. 조선 국유전선에 의한 전신업무는 철폐, 또는 일본의 관리 아래에 둔다.
2. 일본군이 가설한 군용전선으로 보통전신(민간의 통신)도 취급한다.
3. 서울 - 원산선(북로전신선)은 일본이 매수한다.
4. 서울 - 의주선(서로전신선)은 전리품으로 일본 정부가 관리한다. 이것을 바로 실행하라.

요컨대 조선의 전신선 모두를 일본군의 통제·관리 아래 둔다는 것이다. 이 방침은 청일전쟁 후의 왕비시해사건에 이르기까지 일관되

---

6) 오토리 공사가 무쓰 외무대신에게 보낸 상신서와 무쓰가 육군대신에게 보낸 선처의뢰서는 아시아역사자료센터(アジア歷史資料センター) 레퍼런스 번호 C07082017300으로, 또 '조선국 전신선처분 의견'은 C07082017400으로 전문을 열람할 수 있다. 그리고 '조선국 전신선처분 의견'을 '조선국 전신선처분 예상(見込)'으로 제목의 일부를 바꾼 것이 海野福壽編, 『外交史料 韓國倂合』上(不二出版, 2004)에 수록되어 있지만, 이것은 궁내성(宮內省) 서릉부(書陵部) 소장의 『秘書類纂朝鮮交涉』제10권에 의거한 것이기 때문에 문서의 작성자, 작성연도, 수신처에 관한 일체의 정보를 결여하고 있다.

게 유지된 것이다.

이러한 대본영의 방침에 따라 1895년 1월에 무쓰 외무대신은 '일한신조약안'을 작성하여 조선공사 이노우에 카오루(井上馨)에게 보내고 체결을 촉구했다. 이에 대해 이노우에는 지금 조선에 대해서 어떤 조약도 강요할 수 있지만, 철도를 빼앗고 전신까지 빼앗는 것은 조선인의 감정을 해칠 뿐만 아니라 외견상으로도 매우 좋지 않다고 무쓰에게 회신했다. 그리고 수정안을 보냈다.

이노우에의 수정안은 조선에 가설한 일본의 군용전선은 조선에 유상으로 반환하든지, 동시에 비밀조약을 체결하여 전시에 일본의 관리 아래에 두도록 한다는 것이었다. 이것에 대해 무쓰는 장래에 전쟁이 일어날 경우 조선이 동맹국이 되면 조약 따위는 필요없고, 만약 적국이 되면 그 조약은 무효가 되기 때문에 비밀조약의 의미는 전혀 없다고 일축하고, "장래의 정략 상 전신만은 반드시 이 기회에 우리 손에 넣어두는 것이 필요하다고 믿습니다"라고 반론했다. 이에 이노우에와 무쓰의 논쟁이 일어났다(자세한 것은 졸저, 『조선왕비살해와 일본인』, 高文研, 2009, 68-70쪽 참조).

일본국회도서관 헌정자료실(憲政資料室)의 무쓰문서(陸奥文書)에는 이때 무쓰가 이노우에게 보낸 '일한신조약안'의 초안으로 생각되는 일괄문서가 있고, 그 중에 '주병(駐兵)에 관해서 조선정부가 제출해야 할 외교통지서 문안'이라는 것이 있다. 조선의 외부대신이 일본정부에 제출토록 한다는 의뢰문의 초안이다.

(전략) 평화회복 후라 해도 귀국이 2연대 이상의 병원(兵員)을 우리나라에 파견하여 적절한 장소에 주둔시킴으로써 뜻밖의 일에 대비하는 것은 우리 대조선국이 희망하는 바이다(후략).

평화회복, 즉 일본의 승리로 청일전쟁이 종료한 후에도 귀국(일본)이 2연대 이상의 병원(군대)을 우리나라(조선)에 파견하고 적절한 장소에 주둔시켜 만일의 경우에 대비하는 것은 우리 대조선국이 희망하는 바라는 것이다. 그렇지만 그 군대의 주둔 햇수가 10년 이상에 이를 때는 양국 정부의 협의로 철거를 결정할 수 있다는 문구도 그 뒤에 부가되어 있다. 뒤집어보면 10년 동안은 조선이 철거를 요구할 수 없다.´ 또 주둔병의 양식은 조선정부가 실비를 지불한다고 되어 있다.[7] 이러한 것을 일본정부가 꾸미고 있었다.

왕궁 점령 후 조선에 강요한 '잠정합동조관'과 '대일본대조선양국맹약'은 청일강화조약이 체결되면 그 효력을 잃는 성격의 것이다. 일본정부는 그때까지 새로운 전신조약을 체결하여 조선의 전신선 모두를 일본의 것으로 하는 동시에 그것을 지키는 군대의 파견을 조선 측으로부터 의뢰하도록 했다.

---

7) 國會圖書館憲政資料室,『陸奧宗光關係文書』제26책, 문서번호 73-17. 이 자료는 中塚明, 『日淸戰爭の硏究』(靑木書店), 1968, 191-192쪽에 전문이 소개되어 있다.

삼국간섭에서 왕비 시해까지

1895년(메이지 28) 4월 17일 일본정부는 청국정부와 시모노세키에서 청일강화조약을 체결하고 청국이 일본 국가 예산의 3배가 넘는 막대한 배상금에 더하여 랴오둥반도(뤼순·다롄을 포함)와 타이완을 할양토록 했다. 그런데 4월 23일 러시아·프랑스·독일 3국이 일본에 대해서 랴오둥반도를 청국에 반환토록 권고해 왔다. 당시의 국력을 고려하면 이 3국 간섭을 일본은 수락할 수밖에 없었다.

이후 일본의 조선정책은 크게 변경되지 않을 수 없었다. 왜냐하면 3국 간섭이 랴오둥반도에서 더 나아가 조선문제로 비화하는 것을 일본정부는 가장 우려했기 때문이다. 그 때문에 일본정부는 마음에도 없는 '조선의 독립'을 몇 번이나 공언하고, 그것에 반하는 행동을 보류해야만 했다.

잘 알려진 것처럼, 일본정부는 1895년 6월 4일의 각의(閣議)에서 "장래의 대한정책은 될 수 있으면 간섭을 그만두고 조선으로 하여금 자립토록 하는 방침을 취해야 한다. 그러므로 타동(他動)의 방침을 취하는 것으로 결정한다. 위 결의의 결과로 동국(同國) 철도·전신의 건에 대해 무리하게 실행하지 않을 것을 기한다"라고 결의했다. 매우 애매하고 교묘한 표현이다. 일반적으로 이것을 일본정부가 조선에 대해서 간섭정책을 방기했다고 해석하지만, 결코 그렇지 않다. 이 각의 결정은 앞으로의 조선정책은 상대가 취하는 태도를 보고 해나가는(타동의 방침을 취한다) 것으로 했기 때문에 철도·전신의 건은 일단 보류한다고 결정한 것에 불과하다.
 따라서 대본영과 일본정부는 조선에서 전신선을 포기하지 않았다. 어디까지나 부산에서 의주까지의 전신선 점령을 계속하려 했다. 대본영은 강화조약 체결 후에도 약 1년 동안 존속하고 해산한 때는 1896년 4월 1일이다.
 강화조약 체결 때 조선에서 전신선 수비를 맡은 것은 후비역(後備役)으로 소집된 후비병들이었다. 후비병은 이미 현역·예비역을 끝마친 병사들로 연령도 많고 대부분은 처자가 있었다. 그들은 전쟁이 끝나면 제일 먼저 소집 해제될 병사들이다. 그들을 귀국시키려면 새로 현역병을 조선에 보내야 했다. 그러나 3국의 간섭이 조선문제로 파급되는 것을 우려한 일본 정부는 대본영에 대해 현상유지를 의뢰했다. 이렇게 해서 전쟁이 끝났음에도 귀국을 기약할 수 없는 후비병들이 조선에 대량으로 남게 되었다.
 서울 이북 전신선(일본군 점령분)의 조선에의 반환과 서울 이남 전신선(일본군 가설분)의 조선에의 매각, 그리고 전선 수비병의 철수를 주장한 조선공사 이노우에 카오루를 경질하고 예비역 육군 중장 미우라 고로(三浦梧樓)를 후임에 앉힌 것은 바로 이러한 때였다.
 미우라가 서울에 착임한 지 1개월 남짓 후인 1895년 10월 8일 이른 아침, 미우라의 지시하에 일본 군대와 '소시(壯士)'로 불린 일본인들이 경복궁의 가장 깊숙한 곳에 있는 왕과 왕비의 처소 건청궁(乾淸宮)에 침입하여 왕비민씨를 시해하고 그 시신을 태워버린 처참한 사건을 일으켰다. 그럼에도 이것을 조선인끼리의 권력다툼으로 꾸미기 위해 국왕 고종의 실부인 대원군과 일본인 교관이 지휘한 조선군인 '훈련대(訓練隊)'를 무리하게 끌어들였다.

그러나 이것이 거꾸로 일본인의 관여를 감추려는 계획을 파탄시킨 원인이 되기도 했다. '소시'들이 내세운 대원군이 저항했기 때문에 왕궁을 침입한 때는 이미 날이 밝았기 때문이다.

피 묻은 칼을 들고 피를 뒤집어쓴 채 튀어나온 일본인들이 왕궁에서 철수하는 모습을 서울 주재 서양의 외교관들이 목격했다. 사태의 심각함을 인식한 대본영과 일본정부는 사건 관계자를 소환하여 히로시마의 헌병대 본부와 감옥서에 일단 수용했지만, 3개월 후인 1896년 1월에 군인들에게는 제5사단의 군법회의에서 무죄 판결이 내려지고, 군인이 아닌 사람들에게는 히로시마 지방재판소의 예심에서 면소(免訴) 결정이 이루어졌다. 결국 어느 한 사람에게도 죄를 묻지 않고 전원이 방면된 것이다.

왜 왕비를 시해할 필요가 있었던 것인가? 일본에 대해 전신선의 반환과 일본군의 철병을 요구하는 조선의 국권회복운동 중심에 왕비가 있고, 또 그 왕비가 러시아에 접근하려 하고 있다고 일본정부와 군 수뇌부가 생각했기 때문이다.

아관파천(俄館播遷)과 러일협정

왕비시해사건 4개월 뒤인 1896년 2월 11일 고종은 몰래 경복궁을 빠져나와 러시아공사관에 보호를 구했다. 그리고 왕비시해 후에 취임한 친일파 내각을 파면하고 새로운 내각을 조직했다.

이후 구미 여러 나라 공사관이 나란히 서 있는 정동 지구의 경운궁(현재의 덕수궁)을 수리하고, 이곳으로 옮기기까지 약 1년 동안 고종은 러시아공사관에 체재하면서 정치를 주도했다. 이것을 '노관파천(露館播遷)' 혹은 '아관파천'이라 부른다. 노관·아관은 모두 러시아공사관을 의미한다.

신내각의 외부대신이 된 이완용(李完用)이 제일 먼저 한 일은 2월 18일과 이어서 3월 2일에 주한일본공사 고무라 주타로(小村壽太郞, 미우라 고로의 후임)에게 일본군의 철병을 요구한 것이었다. 이 요구에 대해서 고무라는 3월 11일자로 "귀국 내지의 형세가 자못 불온하다고 확인합니다"라는 이유로 거부 회답을 보냈다.[8]

이 같은 새로운 상황 아래에서 일본은 조선문제에 대해 러시아와 협의를 해야만 했다. 그 결과 1896년 5월 서울에서 러일 양국의 공사인 베베르와 고무라 주타로 간에 각서가 작성되고, 다음 달 6월에 니콜라이 2세 대관식에 참석한 야마가타 아리토모(山縣有朋) 전 수상과 로바노프 외무대신에 의해 일부를 비밀조항으로 한 '야마가타·로바노프협정'이 조인되었다.

이 교섭 과정에서 베베르는 처음에 일본이 독립국 조선의 전신선을 점유하는 것은 '기이한 사태'이기 때문에 전신선을 조선에 매도해야 한다고 조선의 주권을 존중하는 주장을 했다. 그런데 이 베베르의 주장은, 일본이 베베르의 머리 너머에서 행한 러시아 본국 정부와의

---

8) 『駐韓日本公使館記錄』 제11권(국사편찬위원회, 1994), 290~309쪽.

직접교섭에 의해, 본국의 훈령에 따라 취소될 수밖에 없었다. 러시아정부는 조선의 주권 존중보다도 일본과 조선의 권익을 나누어 먹는 것에 중점을 두었기 때문이다.9)

야마가타・로바노프협정에 따라 일본은 서울 이북 전신선의 점유를 포기하고 이 지역의 러시아 전신가설권을 인정하는 대신 부산 - 서울 간 일본이 가설한 전신선을 계속 점유할 권리를 러시아로부터 승인받았다. 동시에 일본이 전신 수비를 위해 200명을 넘지 않는 범위에서 헌병을 파견하는 것, 거류민 보호를 명목으로 서울에 2개 중대, 부산과 원산에 1개 중대를 두는 것도 러시아가 인정하고, 러시아도 동시에 병력을 두는 권리를 일본이 인정했다.

다만 이것은 결코 조선이 인정한 것은 아니다. 일본과 러시아가 무단으로 조선에서의 세력균형을 약속한 것일 뿐이다. 실제로 야마가타・로바노프협정에 대해 다음 해인 1897년 3월 2일에 비로소 주한일본공사 가토 마스오(加藤增雄)의 통보를 받은 한국의 외부대신 이완용은 "우리나라 정부는 이 조약에 참가하지 않았기 때문에 협정에서 정한 각 조항이 우리나라 정부의 자주권 행사를 구속할 수 없다"고 회답했다.10)

---

9) 和田春樹, 『日露戰爭 - 起源と開戰 - 』(上卷, 岩波書店, 2009), 224-226쪽.
10) 이 한국 외부대신 이완용의 서간은 종래 일본에서 완전히 무시되어 왔지만, 프랑스에서 간행된 『국제법 종합잡지』(Revue Générale de Droit International Public) 제12호(1905)에 프랑스어 역 전문이 실려 있으며, 이른바 제2차 한일협약(을사늑약)을 무효라고 단정한 프랑시스 레이(Francis Rey)의 논문 「한국의 국제 상황」(같은 잡지 제13호, 1906)에서도 참조하였다. 이 논문의 일본어 역은 『季刊 戰爭責任研究』 제2호(1993년 冬季號)에 실려 있다. 이완용의 서간 원문은 『日本外交文書』 30권 385쪽에 수록되어 있다(종장 주 42) 참조). (국내에서는 레이의 논문이 「대한제국의 국제법적 지위」라는 제목으로 『서울대학

이 당시 야마가타는 더욱 노골적으로 조선을 남북으로 나누어 러·일의 세력권으로 하는 안을 제시했지만 러시아 측이 거부하였다. 당시 주러일본공사 니시 토쿠지로(西德二郎)는, 러시아가 공동이든지 단독이든지, 조선을 보호국으로 할 의지는 없었다고 회상하고 있다(『日本外交文書』 31권 1책, 110쪽).

원래 일본은 삼국간섭 후에도 조선에서의 권익을 타국과 나눌 생각이 전혀 없었다. 대본영과 일본정부는 청일전쟁 중에 점령한 부산에서 의주까지의 전신선을 전쟁 후에도 계속 일본군의 관리 아래에 둘 심산이었다.

왕비시해사건은 이와 같은 대본영과 일본정부의 뜻을 받아들인 특명전권공사 미우라 고로가 기도한 모략·모살(謀殺) 사건이었지만, 그 결과는 조선 국왕을 러시아의 보호 아래로 몰아넣었으며 일본은 러시아와 조선에서의 권익을 나누지 않으면 안 되었을 뿐이다. 그리고 일본과 러시아 간에 체결된 것이 야마가타·로바노프협정(1896년 6월) 이었다.

한편 조선에서도 니콜라이 2세 대관식에 특명전권공사 민영환을 파견하여 차관 요청과 군사교관 파견, 그리고 멕시코 공사로 전출이 결정된 베베르 공사의 유임을 요청했다. 러시아는 차관 제공, 베베르의 유임은 응하지 않았지만 군사교관의 파견에는 응하였으며, 민영환은 같은 해 10월에 14명의 러시아 군사교관단과 함께 귀국했다.[11]

교 법학』, 최종고·한창희 역, 27권 2·3호, 1986에 실려 있다.—옮긴이.
11) 『주한』 제9권 三-(60), 기밀 제90호, 「러시아 육군무관 내한 건」.

또 이 니콜라이 2세 대관식에는 청국으로부터 시모노세키조약의 전권이었던 리훙장(李鴻章)이 참가하여 러청비밀동맹조약과 동청(東淸)철도협정을 체결했다. 이것은 시베리아철도 건설을 추진하고 있던 러시아가 치타 - 블라디보스토크 사이를 최단거리로 연결하는 만주(중국 동북부) 횡단선의 부설을 희망한 것과, 일본의 침략을 러시아와 동맹하여 대비하려는 청국의 이해가 일치하여 체결된 것이지만, 중국 영토에 러시아가 철도를 부설한 것은 그 후 러시아의 만주 진출과 러일의 대립을 심화시킨 결과가 되었다.

대한제국의 성립

고종은 1897년 2월 20일에 러시아공사관을 나와 경운궁에 들어갔다. 그 10일 후인 3월 20일에 돌아가신 왕비민씨의 시호를 명성(明成)으로 정했다. 더욱이 같은 해 10월 12일 고종은 스스로 '황제'에 즉위하고 국호를 '대한'이라 선포했다. 동시에 민씨를 황후로 추존(명성황후)하고 11월 21일부터 22일에 걸쳐 국장을 성대하게 거행했다.

그런데 대한제국이 성립했을 무렵 극동에서는 열강의 중국 분할 경쟁이 시작되었다. 1897년 11월에 독일 함대가 선교사 살해를 구실로 산둥반도(山東半島)의 자오저우만(膠州灣)을 점령하고 다음 해 98년 3월에 자오저우만의 99년 조차권과 철도부설권을 얻었다. 이에 대항하여 러시아는 랴오둥반도의 뤼순과 다롄의 25년 조차권과, 앞에 서술한 동청철도의 중간역 하얼빈에서 남하하여 뤼순 · 다롄에 이르는 남부지선의 부설권을 획득했다. 이후 영국이 주룽(九龍)과 웨이하이(威海)를, 프랑스가 광저우만(廣州灣)을 조차하는, 열강의 중국 잠식이 이어졌다. 이 와중에 1898년 4월 도쿄에서 니시 토쿠지로 외무대신과 로젠 주일러시아공사는 러시아가 한국에서 일본의 투자를 방해하지 않는 대신 일본은 만주가 러시아의 세력권임을 암묵적으로 인정한다는 만한교환론(滿韓交換論)에 한 발 다가간 협정을 체결하였다(니시·로젠협정).

요컨대 러시아가 한국에서 일본의 경제활동의 자유를 인정하는 것에 대한 교환조건으로, 일본은 러시아가 청국으로부터 뤼순과 다롄을 조차하는 것에 동의했다. 일본은 이때 한국에서 완전한 자유처분권을 러시아가 인정하기를 원했지만, 러시아는 일본의 자유권을 경제분야에 한정했다. 이것이 야마가타·로바노프협정의 추가조항이 되었다. 왕비시해사건 이후 러일 간에 체결된 이들 협정이 러일 개전 이전의 일본과 러시아의 관계를 규정하고 있었다.

러일교섭에서 개전으로

열강의 중국 잠식에 대항하여 1900년에 의화단사건이 일어나고 6월에 청국정부가 의화단에 동조하여 유럽 열강에 선전을 포고하는 사태가 벌어졌다. 영·미·독·프·이·오·일·러 8개국 연합군은 베이징으로 쳐들어가 파괴와 약탈을 자행했다. 베이징정부는 시안(西安)으로 탈출한 후 열강 연합군에 항복하고 막대한 보상금을 물었다. 이때 가장 많은 병사를 파견한 나라는 일본이었다. 이것으로 '극동의 헌병'으로서 일본의 존재감은 커졌으며, 가일층 극동 진출을 꾀하는 러시아를 견제하기 위하여 영일동맹이 체결되었다(1902년 1월).

한편 러시아는 철도와 뤼순·다롄의 치안유지를 이유로 전쟁 후에도 군대를 철수하지 않고 계속 만주를 점령했지만, 일본을 비롯한 열강의 항의로 청국과 '만주환부조약'을 체결했다(1902. 4). 그러나 러시아는 이를 성실히 이행하지 않았다.

러일 개전 전년인 1903년 8월부터 개시된 러일교섭은, '만주환부조약'에서 정해진 러시아군의 제2기 철병기한(같은 해 4월)을 러시아가 지키지 않은 것을 '기화(奇貨)'로 러일협정을 수정하여, 한국에서 러시아로부터 받고 있는 제약을 철폐하고 일본의 완전한 자유권을 러시아로 하여금 인정하도록 하려 했다. 그러나 러시아는 일본이 요구하는 한국에서의 완전한 자유권을 인정하지 않았다. 특히 러시아가 최후까지 양보하지 않은 것은 한국 영토의 전략적 사용을 금지하는 조항이었다. 그리고 중요한 점은 이러한 러시아의 주장이 당시 러일 양국에 대해서 한국의 전시중립 보장을 요구한 대한제국의 주장과 합치했다는 사실이다.

이에 대해 일본은 오로지 러시아의 남하정책을 과도하게 선전하면서 일본의 한국 침략을 정당화하려 하였다. 그러나 최근 러시아사 연구 성과를 보면 "개전 전후 러시아에는 주전파가 없었고, 전쟁을 할 생각도 없었다"는 것을 보여주고 있다.[12] 또한 이 사실과 함께, 러일전쟁은 피할 수 있는 전쟁이었다는 것을 인정하면서도 상호간의 의사소통이 불가능했기 때문에 불행히도 개전에 이르렀다는 설이 반복

---

12) 和田春樹, 앞 책, 상권 28쪽.

되고 있지만, 이것은 새롭게 포장한 일본 정당화론에 불과하다.13) 러시아가 일본에 개전할 의사가 없고 타협의 여지가 있었다는 것을 일본의 수뇌부는 알고 있었다. 그러면서도 온갖 수단을 다해 대러 개전으로 몰아간 것을 논증하는 일은 이 책의 목표 중 하나다.

종래 대한제국 시기 13년은 멸망에 이르는 과정이라고 과소 평가되었었다. 그러나 대한제국은 조선시대에 체결된 수호통상조약을 계승하고, 또 새로 수호통상조약을 체결한 나라들을 포함해 11개국과 조약 관계를 유지했으며, 7개국에 해외공사관을 설치하여 외교관을 상주시키고 있었다. 또 1900년 파리만국박람회에는 한국관을 세워 참가하고, 1902년에는 네덜란드 헤이그평화회의에 사절을 파견하여 가맹 의사를 표명했다.

이 같은 대한제국의 외교정책은 종래 충분히 평가되지 않았다. 그 때문에 1907년 '헤이그밀사사건' 연구는 지나치게 근시안적이었다. 일본의 일부에서 지금도 유력한 설인, 음모를 좋아한 고종이 즉흥적으로 행한 일본에 대한 배신행위이고 이토(伊藤) 통감을 노하게 해 '병합'을 앞당겼다는 따위의 견해는 논외로 하더라도, 대한제국이 일관되게 추진한 외교정책과의 관계에서 논의가 되지 않았다. 이 문제를 제기하는 것도 이 책의 목표 중 하나다.

일본의 군사력에 대항할 수 있는 군사력을 가지지 못한 대한제국은 국제사회에서 정당한 인정을 받음으로써 일관된 외교정책을 전개했

---

13) 千葉功, 『舊外交の形成』(勁草書房, 2008), 146쪽; 伊藤之雄, 『立憲國家と日露戰爭-外交と內政 1898~1905』(木鐸社, 2000), 224쪽; 大江志乃夫, 『バルチック艦隊』(中公新書, 1999), 179쪽.

다. 비록 당시가 제국주의 시대라서 대한제국의 노력이 정당하게 보상을 받지 못하고, 제국주의 국가들의 승인 아래 일본의 군사력에 의해 압살되어 버렸다 해도, 일본의 불법행위를 국제중재재판소에 제소하기 위해 만국평화회의 가입을 추구하고, 국제여론을 환기하여 국가 주권을 수호하려 했던 대한제국의 선구적 행동의 궤적은 오늘날에도 현창하고 계승해나가야 할 역사라고 생각한다.

제1장 대한제국의 중립선언과 한일의정서
－중립선언을 유린한 일본의 외교와 군사

〈그림 2〉 한국에 도착한 선발군대 및 외교관(『일로전쟁실기(日露戰爭實記)』 제6권, 박문관, 1904.4에서). 앞줄 중앙이 제12사단장 이노우에 히카루 육군 중장, 한 사람 건너 앞줄 왼쪽 끝에 지팡이를 짚고 있는 자가 특명전권공사 하야시 곤스케.

대한제국의 중립선언

1904년 1월 21일 러일개전 반 달 전쯤 대한제국 황제 고종은 러시아와 일본의 분쟁에 대해 한국은 엄정한 중립을 지킨다는 결의를 외부대신 이지용(李址鎔) 명의의 프랑스어로 된 전보로 세계를 향해 발표했다.[1] 그 가운데 일본 외무대신 앞으로 보낸 것은 『일본외교문서』에 수록되어 있다. 이를 번역하면 다음과 같다.

러시아와 일본 간에 발생한 분쟁에 비추어, 평화적인 귀결을 달성함에 교섭당사자가 직면하고 있는 곤란에 비추어 한국정부는 황제 폐하의 명령에 따라, 현재 위의 두 강국이 수행하고 있는 담판의 결과가 어떠하든, 무엇보다도 엄정한 중립을 지킨다고 굳게 결의한 것을 이에 선언한다.[2]

---

1) 조선의 외교 담당관서는 개항기의 '통리교섭통상사무아문'에서 1894년에 '외무아문'이 되고 1895년에 '외부'로 변경되었다. 이후 대한제국 시기 '외부'의 장관은 '외부대신'이다. 이지용은 당시 '외부대신임시서리'였지만 중립선언의 서명에서는 'Ministre des Affaires Etrangères de Corée'로 간략히 '외부대신'으로 하고 있다. 이지용이 '외부대신임시서리'였던 기간은 1903년 12월 23일부터 이듬해 3월 12일까지인데, 본고에서는 '임시서리'를 생략하고 간단히 '외부대신'으로 표기한 경우가 있다.

2) 일본어 번역은 和田春樹, 『日露戰爭』 下卷(岩波書店, 2010), 259쪽에 의함. 원문은 『일본외교문서』 37권 1책 332번, 310쪽. 그리고 『일본외교문서』는 외무성 외교사료관의 디지털

고종황제의 사자 이건춘(李建春)은, 한국주재 러시아 공사 파블로프와 프랑스 대리공사 퐁트네(Fontenay)의 협력을 얻어 이 '중립선언문'을 휴대하고 비밀리에 중국 산둥반도의 즈푸(芝罘, 옌타이)로 갔다. 그는 그곳에서 한국의 명예총영사를 겸하고 있는 프랑스 부영사 게랭(Guerin)의 직권을 이용하여 이 선언문을 즈푸전신국에서 세계로 발신하였다.3) 산둥반도 북안에 있는 즈푸항은 당시 남쪽의 상하이와 병칭될 정도로 번영했던 항구다. 항구의 동남지구에 중국 정부의 전신국이 덴마크 자본의 대북(大北)전신국 및 영국 자본의 대동(大東)전신국과 함께 같은 건물 안에 있었으며 그 근처에 러시아영사관도 있었다. 일본·미국·프랑스·독일 등의 영사관은 옌타이산으로 불린 높은 지대에 나란히 세워져 있어 항 내를 내려다보고 있었다.4)

아카이브에 인터넷으로 전문을 공개하고 있다. 이하 『일외』로 약칭.
3) '중립선언'이 어떻게 즈푸전신국으로 가게 되었고 누구에 의해 발신되었는가에 대해 종래에 확실히 밝혀진 것은 아니었다.
　즈푸에 파견된 이건춘의 이름은 일본의 주한공사 하야시 곤스케(林權助)가 고무라(小村) 외무대신에게 보낸 전보(1904년 1월 31일자) 중에 보인다(『주한일본공사관기록』 23권, 151쪽). 또 李昌訓의 「20世紀 初 프랑스의 對韓政策」, 한국정치외교사학회 편, 『韓佛外交史: 1886-1986』, 1987)에는 프랑스 외교문서를 근거로, 주한러시아공사 파블로프의 의뢰를 받은 주한프랑스대표 퐁트네가 선언문을 작성하고 고종의 재가를 얻어 즈푸 주재 프랑스 부영사에게 보내고, 그 부영사가 '한국주재 총영사'를 겸임하고 있는 것을 이용하여 그 직권으로 즈푸전신국에서 세계로 발신했다고 쓰고 있으며 그 후에 이를 인용하는 것이 많다.
　그러나 프랑스의 '한국주재 총영사'는 주한프랑스공사가 겸임하고 있었기 때문에 즈푸주재 프랑스부영사가 겸임하는 것은 있을 수 없다. 당시 즈푸주재 프랑스부영사는 일찍이 주한프랑스대리공사를 역임한 적이 있는 게랭(業國麟, Guérin)이었다(『Almanach de Gotha(고타연감)』 1905년판, 734쪽, 종장 주 8 참조). 그리고 한국정부는 1905년 9월 4일에 외국 주재 명예영사에게 훈장을 수여하고 있는데, 그 중에 '옌타이(烟台)영사 業國麟(게랭)'의 이름이 보인다(『고종실록』 고종42년 9월 4일). 한국의 중립선언을 즈푸(옌타이)전신국에서 세계로 향해 타전한 것은 즈푸주재 한국명예영사 게랭이었다고 생각된다.
4) 日本電信電話公社海底線施設事務所編, 『海底線百年の步み』, 1971, 168쪽.

즈푸에서 발신된 '중립선언'은 1월 21일 오후 4시 10분에 도쿄의 외무성에 도달했다. 고무라 주타로(小村壽太郎) 외무대신은 같은 날 오후 7시에 즈푸주재 미즈노(水野) 영사에게 발신자는 누구이고 다른 열강에도 보내졌는지를 조사하라고 명했다. 이어서 고무라는 오후 7시 50분에 주한공사 하야시 곤스케에게 선언문의 영역을 첨부하여 다음과 같이 써 보냈다.

I have obtained from secret source copy of telegram to Corean Minister to Japan also dated Chefoo Jan. 21 and signed Corean Minister for Foreign Affairs of the same wording with the addition of the clause "to the Govt. to which you are accredited" in the beginning and "I desire you to inform them besides that H. M. the Emperor reckons in this occasion upon the friendly co-operation of all the Powers" in the end. It is therefore probable that identical declaration has been addressed to other Powers at the same time. (후략)5)

(번역) 나는 비밀 정보원으로부터 한국 외부대신이 일본(주일한국공사-옮긴이)에 보낸 [또 하나의] 전보 사본을 입수했다. 그것도 마찬가지로 즈푸에서 1월 21일에 발신되었으며 한국 외부대신의 서명이 있다. 같은 내용인데 문두에 "주재국 정부에"와 그리고 끝부분에 "아울러 우리 황제께서 이 문제에 대해 열강과 우호적인 협력을 기대하고 있다는

---

5) 『일외』 37권 1책 334번, 312쪽.

것을 알리라"라는 문구가 부가되어 있다. 그러므로 아마 동일한 선언문이 동시에 다른 열강에도 보내졌을 것이다.

대한제국이 세계를 향해 발신한 '중립선언'은 외국의 외무대신 앞으로 보낸 것과 외국에 주재하는 한국대표 앞으로 보낸 것이 있었음을 알 수 있다.6) 고무라는 주일한국공사 앞으로 보낸 전보 사본을 재빠르게 입수하고 있다. 이것은 외무성과 체신성의 협력 아래 도쿄우편국에서 한국공사관에 배달되는 전보를 일상적으로 검열하는 체제가 만들어져 있었음을 말해준다.

러일개전에 앞서 대한제국이 세계를 향해 발신한 '중립선언'을 일본에서는 고종의 즉흥적 착상인 것처럼, 또 세계 각국이 무시한 것처럼 이야기해 왔지만, 과연 그랬을까?

이 '중립선언'으로부터 18일 후 일본은 뤼순항 외부 정박지에 있던 러시아함대와 인천항에 정박 중인 러시아 군함 2척을 기습공격함과 동시에 인천에 육군부대를 상륙시켰다. 이어서 서울에 침입하여 서울을 군사 점령한 다음 한국에 군사동맹의 체결을 강요한다. 러일전쟁은

---

6) 대한제국은 조선시대에 체결한 8개국(일본·미국·영국·독일·이탈리아·러시아·프랑스·오스트리아)과의 수호통상조약을 인계하고, 다시 3개국(청·벨기에·덴마크)과 수호통상조약을 체결하여 함께 11개국과 조약 관계를 유지하였다. 이 중 7개국(일·미·영·러·불·독·청)에 공사관을 설치하고 전권공사를 주재시켰다. 또 주프랑스 공사가 벨기에 공사를, 주영국 공사가 이탈리아 공사를, 주독일 공사가 오스트리아 공사를 겸임하였다.

중립선언은 수호국 외무대신 앞으로, 그리고 각국 주재 한국공사 앞으로 발신되었다고 생각된다. 전자의 내용은 『일본외교문서』에 프랑스어 그대로 수록되어 있으며, 후자는 이창훈의 앞 논문(주 3 참조) 111쪽에 프랑스 외교문서를 한국어로 번역한 것이 소개되어 있다. 후자의 문두에 "주재국 정부에 다음의 선언문을 전달할 것"이라고 적혀 있다.

이렇게 시작되었다. 이 장에서는 한국이 '중립선언'을 발표하기에 이른 경위와 그것을 짓밟고 한국에 군대를 상륙시키고 서울을 군사 점령한 다음에 한일의정서를 강요한 일본의 행동을 밝히고자 한다.

이학균과 고다마 겐타로

즈푸에서 발신된 '중립선언'을 수취한 고무라 외무대신은 즈푸주재 미즈노 영사에게 발신자와 송부처의 조사를 명한 후, 주한공사 하야시 곤스케에게 비밀 루트로부터 얻은 또 하나의 선언문(주일한국공사 앞으로 보내진 것)에서 '중립선언'이 다른 열강에도 보내진 것으로 생각된다고 통지한 것에 대해 서술했다. 게다가 고무라는 같은 날 오후 8시 30분 하야시 공사에게 다음과 같이 훈령했다.

> 해당 전보[중립선언 전보]는 오늘 오전 11시 즈푸에서 발신된 것으로, 아마 이학균(李學均)이 뤼순에 가서 극동총독과 밀의(密議)한 다음, 또는 뤼순에 가는 도중에 발송한 것으로 보인다. 위의 건에 관해서는 현안인 밀약을 조인한 다음 이지용에게 확실히 그 사실을 전보할 것.[7]

고무라는 '중립선언'을 이학균이 뤼순으로 가서 러시아 극동총독과 밀의한 다음, 또는 뤼순에 가는 도중에 발신한 것으로 추측했다(사실은 그렇지 않고 이건춘이 발신한 것이라는 것은 앞에서 서술했다). 고무라는

---
7) 『일외』 37권 1책, 335번, 312쪽.

이에 관해서 현안인 밀약(후술)을 조인한 후에 외부대신 이지용에게 확실히 보고하라고 하야시 공사에게 훈령한 것이다.

고무라가 이학균을 '중립선언'의 발신자로 본 것은 다음과 같은 사정이 있었기 때문이다.

1903년 9월 20일 오야마 이와오(大山巖) 참모총장 아래에서 육군의 대러개전 준비작업의 중심적 역할을 한 참모본부 차장 다무라 이요조(田村怡與造)가 급사했다. 당시 가쓰라(桂)내각에서 내무대신과 대만총독을 겸한 고다마 겐타로(兒玉源太郎)가 그 후임이 된 것이 관보에 보도된 것은 10월 13일의 일이다. 이때부터 고다마 겐타로가 육군의 대러개전 지휘의 중심에 자리하게 된다.

1903년 11월 히메지(姬路) 지방에서 특별대연습이 시행되었다. 특별대연습은 천황의 임석하에서 시행되는 육군의 최대 규모 연습이다. 1892년 우쓰노미야(宇都宮) 지방 대연습 이래 다섯 번째였다.[8]

이 연습에는 외국 참관 무관의 일원으로 대한제국에서 3명의 군인이 견학하러 왔다. 참장 이학균, 참령 이희두(李熙斗), 참위 노백린(盧伯麟)

---

8) 이 연습은 제10사단(히메지)과 제11사단(젠쓰지善通寺)이 동군이 되고, 제5사단(히로시마)과 혼성제20여단(후쿠치야마福知山)이 서군이 되어 경합했다. 그 '일반 방략'은 "동군은 셋츠(攝津)평원을 영유하여 그 하나의 군단은 사사야마에 집합해 있고, 서군은 미하라(三原) 부근에 상육하여 오카야마(岡山) 및 쓰야마(津山) 선을 넘어 전진하고 있다"라는 것이었다. 요컨대 히로시마 현 남부, 세토(瀨戶) 내해 연안에 면한 미하라 부근에 상륙한 적이 오사카 점령을 목표로 진군하는 것을 가정하고, 이것을 어떻게 방어하느냐가 이 연습의 테마였다.

〈그림 3〉「청·한국 배관(陪觀) 제관(諸官) 일행」 1903년 11월 16일 촬영. 『히메지 지방 특별 대연습 사진첩』(共益商社, 姬路, 1903년 12월)에서. 앞줄 중앙에 노백린이 잔디밭에 앉아 있고, 그 왼쪽 비스듬히 뒤쪽에 이학균이 의자에 걸터앉아 있고, 그 오른쪽 비스듬히 이희두가 서 있다. 노백린은 후에 독립운동에 투신하여 상하이에 설립된 대한민국임시정부의 군무총장, 국무총리에 취임한 인물이다.

이다. 현재의 계급으로는 참장은 소장, 참령은 소령, 참위는 소위에 해당한다. 당시 이학균은 대한제국 무관학교 교장이고 이희두와 노백린은 일본 육군사관학교를 졸업한 후 대한제국 무관학교 교관직을 맡고 있었다. 이희두는 일본 육사 구 9기(1887년 졸업), 노백린은 구 11기(1889년 졸업)다.

연습 중인 어느 날 이학균이 고다마 겐타로를 방문했다. 고다마는 거실에서 마쓰카와 토시타네(松川敏胤) 참모본부 제1부장과 담화 중이었는데, 자리에서 일어서려는 마쓰카와를 일부러 만류하면서 이학균을 맞아들였다. 이학균은 고다마에게 "러일 개전의 경우에 일본은 어떻게 작전하느냐?"라고 질문했다. 이학균은 영어가 가능했지만 고다마가 외국어를 못한다는 것은 여러 종류의 문헌에서 볼 수 있었기 때문에 아마 노백린을 통역으로 입회시켰을 것이다. 노백린은 육군사관학교에 입학하기 전에 게이오의숙(慶應義塾)을 거쳐 세이조(成城)학교를 졸업했는데, 그때의 교장이 고다마 겐타로였다. 고다마가 조선의 유학생 모두를 자택에 초대했다는 이야기는 어담(魚潭)의 회고록에 쓰여 있다.9)

고다마는 이학균의 질문에 대해서 "일본군은 조선을 경유하여 작전할 것이다. 그리고 조선이 이를 허용하느냐 하지 않느냐는 마음대로일 것이다. 이것을 요약하면 나는 감히 조선군과 싸우는 것을 사양하지 않는다"라고 내뱉었다. 결국 고다마는 "일본군은 조선을 통과하여 작전할 예정이다. 조선이 이를 허락하는가 하지 않는가는 문제가 아니다. 요컨대 우리는 조선군과 싸우는 것을 꺼리지 않는다"라고 말했던 것이다. 이학균은 이 말을 듣자 아무런 대답도 하지 못하고 초연히 퇴거했다 한다.

이 이야기는 다니 히사오(谷壽夫)의 『기밀일로전사(機密日露戰史)』(原書房, 1966) 97쪽에 쓰여 있다. 이 책은 육군대학교 병학교관이었던 다니 대좌가 1925년에 장래의 장수 혹은 군참모장 요원으로 선발된 전공과 학생 10명에게 강술한 강의록으로 오랫동안 육군대학교 금궤 안에 비장되어 있었다 한다. 1966년에 비로소 공간되었다. 당시의 마쓰

---

9) 「魚潭少將回顧錄」, 7쪽(市川正明編, 『日韓外交史料』 제10권, 1981, 原書房). 그리고 세이조학교는 현재의 세이조중학·고등학교의 전신이지만, 당시는 육군사관학교·유년학교에 입학하기 위한 예비학교였다.

카와 토시타네 대장 등으로부터 다니 교관이 직접 청취한 제1차 사료가 포함되었기 때문에 오늘날에도 러일전쟁 연구의 중요 문헌이다. 히메지 지방 특별대연습 때 고다마 겐타로가 이학균에게 방언(放言)한 말, 그것을 들은 이학균이 초연히 퇴거한 것도 그 자리에 동석한 마쓰카와로부터 다니가 직접 청취한 것일 것이다.

한편 특별대연습을 시찰한 후 이학균 일행이 1903년 11월 23일 오전 9시 인천항으로 돌아온 사실은 다음날 『황성신문』에 보도되었다.10) 이학균은 바로 고종황제에게 귀국보고를 하고 고다마 겐타로의 말을 전했을 것이다.

청일전쟁이 일본군의 조선왕궁 점령으로부터 시작된 것처럼 러일이 개전하면 일본군이 먼저 서울을 기습할 것이라는 것은 고종이 예상하는 바이고, 후술하듯이 그 대책에도 착수하고 있다. 그러나 일본군의 작전을 주도하는 육군 수뇌의 입에서 이와 같이 태연하게 한국 상륙작전을 알린 것은 고종에게도 충격이었음에 틀림없다. 고종은 신뢰할 수 있는 극히 소수의 측근과 함께 일본군에 유린된 청일전쟁 때의 전철을 밟지 않고, 대한제국이 꿋꿋이 살아갈 방책을 찾았다. 그 결과가 전시국외중립을 세계를 향해 선언한 것이었다. 그 선언을 즈푸에서 발신한 것은 이미 한국의 전신선에 일본의 지배가 미치고 있었기 때문이다.11) 이러한 사정으로 '중립선언'의 발신이라는 중책을 맡을 수

---

10) 『황성신문』은 대한제국기의 일간신문으로, 1898년 9월 5일 창간, 1910년 9월 5일에 폐간되었다.
11) 일본의 한국침략이 전신지배로부터 시작된 것에 대해서는 서장에서 서술했다. 또 일본이 러일개전 이전에 서울의 러시아공사와 인천항의 러시아 군함 2척에 대한 정보를 차단하기 위해 한국의 전신선에 대한 비밀공작을 시행한 것에 대해서는 당시 '경성우편국장'이었던

있는 사람은 아마 이학균일 것이라고 고무라는 생각했던 것이다.

중립선언 이전

이 중립선언의 발표에는 전사(前史)가 있다. 1903년 8월 러일의 개전은 필연이라고 본 고종은 러일 양국 주재 한국공사에게 러일 양국 정부에 대해서 한국의 전시중립 승인과 명확한 회답을 구하도록 외부대신 이도재(李道宰) 명의로 훈령하도록 했다. 이 훈령서의 영어 번역문이 『일본외교문서』에 수록되어 있다. 주한공사 하야시 곤스케가 주한 영국공사로부터 입수하여 본국에 보고한 것이다.

(전략) We must therefore request Russia and Japan to consider us a neutral country, so that, if in the future war should break out, none of the operations will take place within our borders and we should have no bodies of troops marching through our territory. A definite reply is required as a guarantee for the integrity of our borders (후략)[12]

(번역) 러일 양국이 우리를 중립국으로 인정하도록 해야 한다. 따라서 만약 장래에 전쟁이 일어날 경우 어떠한 작전도 우리나라의 국경 안에서

다나카 지로(田中次郎)의 「자서전」과 동인(同人)을 추도하기 위해 개최된 좌담회 기록 「고인을 말한다」(모두 『田中次郎』에 수록, 1932년, 비매품) 중에서 통신 관계자가 증언하고 있다.
12) 『일외』 36권 1책 695번, 722쪽.

전개할 수 없고, 어떠한 군대도 우리나라의 영토를 통과할 수 없다. 우리 국경의 보전에 대한 보장으로 명확한 회답이 요구된다.

이 훈령을 받은 주일공사 고영희(高永喜)는 외무대신 고무라 주타로 앞으로 작성한 서간을 지참하고 1903년 9월 3일 외무성으로 갔다. 이에 대한 고무라 주타로의 9월 26일자 회답은, 일본정부는 전쟁이 일어나지 않도록 노력하고 있으므로 전시중립을 말하는 것은 적당하지 않다는 것이었다. 보기 좋게 문전박대한 것이다.

그러나 고무라는 한국의 움직임에 '위험'을 감지했다. 고무라는 9월 29일 기밀우편을 주한공사 하야시 곤스케에게 보내 러일개전에 이르면 한국 황제의 동향은 전체 국면의 이해에 관계되기 때문에 지금 한일 간에 비밀조약을 체결해두고 싶다는 의향을 보이고 그것에 관한 의견을 구했다.[13] 고무라의 서간을 10월 8일에 수취한 하야시는 10월 14일자로 회신했는데, 러일 두 강국이 반목하고 있는 가운데 한국에게 (일본 측에 서도록) 태도를 명백히 하도록 하는 것은 "보통의 수단으로는 사실상은 물론, 문서상으로도 도저히 기할 수 없는 일입니다"라고, 한국이 자진하여 일본과 대러동맹을 맺는 것은 있을 수 없다는 인식을 전했다.

이어서 하야시는 다음과 같이 말한다. 일본정부의 의도가 가령 러일개전이 되어도 어디까지나 "한국의 독립을 존중한다는 표방 아래 한국

---

13) 『駐韓』 18권, 430쪽, 11 「日韓密約附韓國中立」, (1)機密送제72호. 이하 『駐韓』 18권 11-(1) 기밀송제72호로 약칭.

경영을 진척시키려는 방침에 기초한 것"이라고 생각되기 때문에, 굳이 희망하는 비밀조약을 성립시킬 심산이라면 "한제(韓帝)로 하여금 목전의 이익을 차지하도록 하고, 또 상당한 위력을 가하는 것 외에는 다른 방편이 없다고 생각합니다"라고 하였다. 그리고 "한제에게 먹일 이익"으로 다음의 3항목을 제안했다.

① 한제가 가장 꺼리는 망명자에게 한제가 만족할 견제를 가할 것.
② 재정을 보충하기 위해 거액의 차관을 제공하는 것.
③ 상당한 운동비를 한정(韓廷)의 세력자에게 주는 것. 게다가 "우리가 가할 위력"으로,
④ 한국에 대한 교섭에서 다대한 영향을 미치지 않는 범위에서 경성주차 일본 수비병을 배가하는 것을 들었다. 이것은 기존의 '러일협정' 위반을 인정한 위에서의 제언이다.[14]

하야시는 먼저 일본정부의 의도는, 가령 러일개전이 된 경우에도

---

14) 『駐韓』 18권, 430쪽, 11-(2) 기밀제163호. 하야시는 이후 10월 30일자 '기밀171호'에서도 한국 황제를 일본으로 유인하는 것은 군사력의 행사가 없으면 어렵다는 것을 서술하고 있다. 이것에 대해 고무라는 11월 30일자 '극비제1호'를 보내, 한일 간에 비밀조약을 체결하는 것에 관한 하야시의 제언은 "대체로 본 대신의 견해와 동일합니다"라고 서술했다. 게다가 이 문제가 "자못 중대함"과 동시에 "극히 쉽지 않은 일"이기 때문에 오사카의 상인 오미와 초베에(大三輪長兵衛)를 한국에서 초빙한 것을 이용하여 "한제를 유인하여 우리의 목적 수행의 여지를 만들기 위해", 이번에 그 사람을 도한(渡韓)하도록 결정했다고, 하야시에게는 흥미롭지 않은 것이 통지되었다. 서울에 도착한 오미와 초베에는 한국 측으로부터는 환영을 받았지만 하야시 공사에게는 무시되어 결국 어쩔 수 없이 귀국했다.

'한국의 독립'을 존중한다고 표방하면서도 그 실제는 '한국 경영'을 진척시키는 데에 있다고 하였다. 그리고 그것을 위해 한국에 대해서 일본과 비밀조약을 맺게 하려면 한국 황제에게 '목전의 이익'을 줌과 동시에 '상당한 위력'을 가하는 외에 방법이 없다고 말했던 것이다.

일본정부는 같은 해 12월 30일에 '대러교섭 결렬 때 일본이 채택할 대청한(對淸韓) 방침'을 내각회의에서 결정한다. 그 중에서 한국에 대한 것은 다음과 같다.

> 한국에 관해서는 어떤 경우에도 실력으로 이를 우리의 권세 아래에 두지 않을 수 없음은 물론이다. 그럼에도 될 수 있는 한 명의(名義)의 바름을 선택하는 것이 득책이기 때문에, 만약 이전 청일전쟁의 경우와 같이 공수동맹이나 혹은 다른 보호적 협약을 체결할 수 있으면 가장 편리하고 마땅할 것이다. 그러므로 시기가 도래하면 위와 같이 조약을 체결할 수 있는 바탕을 만들어 두기 위해서 저번부터 이미 필요한 훈령을 주한공사에게 내렸으며 그 밖에 각종 수단을 취하고 있다. 그리고 앞으로도 한층 유효한 수단을 취하여 우리 목적을 관철함에 노력해야 한다. (후략)[15]

앞의 고다마 겐타로가 언명한 대로 러시아에 전쟁을 일으킬 때 일본군이 한국에 상륙하여 한국을 병참기지로 하여 작전을 전개하는 것은 참모본부의 기정방침이었다. 일본정부는 그 경우에도 "명의가 올바른

---

15) 『일외』 36권 1책 695번, 722쪽.

것이 득책"이라고 고려했기 때문에 청일전쟁 때의 '잠정합동조관(暫定合同條款)'이나 '양국맹약(兩國盟約)'과 같은 것을 한국과 체결하고자 고려했던 것이다. 그 교섭에서 한국 황제를 유인할 방도로 먼저 하야시가 제안한 것이 ①망명자(왕비시해사건에 관계하여 일본에 도망간 한국인들)의 처분, ②차관 제공, ③친일파 매수, ④서울 주둔 일본군을 비밀리에 배로 증원하는 것이었다.

고무라의 비밀 서간을 수취한 후 서울에서는 하야시 공사가 집요하게 고종 황제 알현을 요청하기 시작했다.

민속학자 세로셰프스키의 증언

고종은 하야시 공사의 알현 신청을 물리치기 위해 병환을 이유로 삼았다. 그러나 그 때문에 다른 알현도 모두 사양하지 않으면 안 되었다. 이것은 당시 서울에 체재한 폴란드 민속학자 세로셰프스키가 러시아 공사 파블로프의 말을 통해 남기고 있다. 세로셰프스키의 한국 방문과 러시아 공사 파블로프의 말을 소개하려 한다.

러일전쟁 전야에 한국에 체재한 세로셰프스키의 여행기『코레야』는 식민지하의 조선에서 편찬된『인천부사』(인천부, 1932) 중에「외국인의 전전 별견기(外人の戰前瞥見記)」로 소개된 것이 있다. 그러나 그 후 오랫동안 잊혀졌다고 해도 좋을 것이다. 좀 더 정확히 말하면, 러일전쟁 때 세로셰프스키의 이름은 일본에서 열렬한 찬사를 받은 폴란드의 독립운동가로 자주 상기되었다. 그것은 러시아에 대한 일본의 승리가

세계의 피압박민족에 용기를 주었다는 말의 빛나는 예시이기도 했다. 그러나 불가사의하게도 세로셰프스키가 일본에서 한국으로 건너가 『코레야』라는 책을 쓴 일을 언급한 것은 거의 없었다.16)

세로셰프스키는 1858년 러시아 통치하의 폴란드에서 태어났다. 사회주의 운동에 참가하여 78년에 체포되었으며, 바르샤바정치범감옥에 수감되었지만 이듬해 옥중 폭동에 가담하여 시베리아 유형에 처해졌다. 여기서도 또 두 차례 도망을 기도했지만 모두 실패하여 다시 시베리아 오지로 옮겨져 야쿠트족 사람들과 함께 살게 되었다. 91년에 형기를 끝내고 이르쿠츠크에서 시민으로 등록하였다. 그리고 여기서 민속학의 대저 『야쿠트 사람들』을 완성했다. 이것이 러시아 황실지리학협회의 인정을 받아 98년에 바르샤바 귀환 허가가 내려졌다.

1903년 세로셰프스키가 러시아 황실지리학협회와 과학아카데미의 위촉을 받아 홋카이도의 아이누 조사에 나선 것은 러시아 관헌의 체포를 면할 방편이었다고 한다. 철도로 모스크바에서 치치하얼·펑텐(奉天, 현재의 선양瀋陽)·다롄에 이르러 배로 갈아타고 나가사키에 도착한 것은 1903년 4월경이었다. 나가사키에서 오사카를 들러 6월 중순에 홋카이도로 갔다. 조사 협력자 피우스츠키의 도착을 기다렸다가 7월부터 시작한 아이누 조사는 러일관계가 긴박해지는 중에 도쿄 러시아공

---

16) 加藤九祚, 「民族學者セロシェフスキーの日本觀」, 『民博通信』 제6권, 1979. 관견이지만 일본에서 『코레야』를 처음 언급한 것은 和田春樹의 『日露戰爭』 하권(岩波書店, 2010)이다. 『코레야』는 1905년 폴란드어로 *Korea-Klucz Dalekiego Wschodu*(한국-극동의 열쇠)라는 타이틀로 출판되었으며, 같은 해 러시아어판이 제2판으로 페테르부르크에서 간행되었다. 1906년에는 독일어판, 1909년에는 러시아어판 제3판이 출판되었다. 2006년 7월 러시아어판 제3판을 저본으로, 『코레야 1903년 가을-러시아학자 세로셰프스키의 대한제국 견문록』이라는 타이틀로 한국어판이 출판되었다.

사관의 명령으로 중지되었다. 9월 중순 그는 아오모리(靑森)에서 기차로 나가사키로 향했으며, 세로셰프스키가 한국을 향해 나가사키를 출발한 것은 10월 9일경이라 생각된다.17)

『코레야』는 10월 10일 아침 6시의 부산항 도착부터 시작되고 있다. 서울에 들어간 것은 10월 30일로 임페리얼호텔에 투숙했다. 11월 하순의 어느 날 세로셰프스키는 인천항에 러시아 군함이 2척의 구축함을 동반하고 입항했다는 뉴스를 들었다. 고구려 유적을 조사하기 위해 평양 여행을 계획한 세로셰프스키는 러일전쟁 발발 가능성을 알아보기 위해 러시아공사관에 가는 도중에 러시아공사 파블로프를 만났다. 세로셰프스키의 물음에 대해 파블로프는 다음과 같이 대답했다.

물론 다녀오셔도 좋습니다. 확실히 말씀드리지만, 전쟁은 일어나지 않을 겁니다. 일본은 감히 전쟁을 일으키지 못할 거예요. (중략) 일본이 정말 전쟁을 일으키려고 하면, 즉시 런던주식거래소의 일본 주가가 엄청나게 폭락할 겁니다.18)

---

17) 吉上昭三, 「ブロニスワフ ピウスツキ, 北海道以後—シェロシェフスキの記述を中心に—」, 『國立民族學博物館硏究報告別冊』 5호, 1987년 3월. 요시가미는 세로셰프스키의 "일본 체재는 12월초까지 지속"되었다고 하였으며, "그 후 그는 한반도에서 중국으로 향하고, 톈진·베이징·상하이를 방문한다. 양쯔강 위의 배에서 가인(歌人) 사사키 노부쓰나(佐佐木信綱)를 만나 교우를 맺은 것은 이때다. 이어서 홍콩·사이공·싱가포르·실론·이집트를 경유하고, 세로셰프스키는 1904년 2월에 바르샤바로 돌아갔다"라고 쓰고 있다. 일본 체재를 12월 초까지라 한 것은 한국 체재 사실을 전혀 알지 못하고 통과점 정도로만 받기 때문일 것이다.
18) 바츨라프 세로셰프스키, 김진영 외 옮김, 『코레야 1903년 가을』, 개마고원, 2006, 412쪽.

이것은 파블로프가 일본의 개전 의도를 전혀 개의치 않고, 일본을 지지하는 국제관계를 오독하여 일본의 전비 조달 능력을 과소평가한 것을 스스로 폭로하고 있는 것이다. 나아가 세로셰프스키가 여행계획을 명확히 하자 파블로프는 압록강도 꼭 가보도록 권유하면서 세로셰프스키를 안심시킨 후 계속 다음과 같이 말했다.

그런데 한 가지 드릴 말씀이 있습니다. 황제가 당신의 알현 신청을 거절했습니다. 우리끼리 얘깁니다만, 그분은 일본 공사를 만나지 않으려고 벌써 몇 달째 아무도 만나지 않고 있어요. 고궁을 둘러보고 싶다는 요청도 허가를 얻지 못했습니다. 궁궐[궁전]을 수리할 계획이라더군요.

고종이 한일밀약 체결을 강요하는 하야시 공사를 피하기 위해 병환을 이유로 모든 알현을 거절한 것을 알 수 있다. 그리고 세로셰프스키가 견학을 희망한 고궁은 평양에 있는 궁전일 것이다. 고종은 러일 개전과 일본의 서울 점령을 예상하고 평양(서궁)으로 피난을 고려하여 '평양이궁(離宮) 조영'을 서둘렀다.[19]

주한공사 하야시 곤스케

고종이 칭병을 하면서까지 면회를 피한 일본 공사 하야시 곤스케는 1895년 10월에 왕비시해사건을 일으켜 소환된 미우라 고로(三浦梧樓)

---

19) 이태진, 『고종시대의 재조명』(태학사, 2000), 130쪽.

후임으로 부임한 고무라 주타로 · 하라 타카시(原敬) · 가토 마스오(加藤增雄)의 뒤를 이어 1900년에 한국주차 특명전권공사가 되었다. 1906년 2월 통감부 설치에 따라 공사관이 폐지되기까지 그 직에 머물렀다. 그 사이 고무라 주타로 · 하야시 타다스(林董) 외무대신 아래에서 1904년 2월의 '한일의정서', 같은 해 8월의 '제1차 한일협약', 1905년 4월의 '통신사업 위임에 관한 협정서[取極書]', 같은 해 11월의 '제2차 한일협약(보호조약)'을 한국에 강요하여 조인시킨 당사자였다. 이 과정에서 하야시 곤스케는 서울을 점령한 일본군의 협력을 얻어 한국 요인에 대한 협박 · 매수 · 감금 · 납치 등 수많은 불법행위를 자행했다. 이것은 본인이 본국에 써서 보낸 보고서로 『주한일본공사관기록』 및 『일본외교문서』 중에 남아있다.

특명전권공사 하야시 곤스케가 고무라 외무대신의 지시 아래 어떤 수단을 사용하여 '한일의정서' 조인에 이르게 되었는지 하야시와 고무라의 통신기록을 근거로 밝혀보려 한다.

우선 하야시가 행한 최초의 구체적 행동으로 기록에 남아있는 것은 1903년(메이지 36) 11월 30일자 고종에게 올린 상주문이다. 『주한일본공사관기록』 18권에 "36년 11월 30일 알현 때 한제(韓帝)에 수교(手交)"라는 메모가 첨부된 한문 번역문과 함께 남아있지만, 정말로 하야시가 고종을 알현하여 건넨 것이라고는 생각할 수 없다. 요설(饒舌)의 하야시가 이 알현 상황을 한 마디도 남기지 않고 있기 때문이다. 고종이 하야시의 알현 신청을 병을 이유로 거절한 것은 앞에서 서술했다. 이 상주문은 아마 애가 탄 하야시가 허가 없이 일방적으로 알현에

나서 궁내관(宮內官)에게 내민 것일 것이다.

그러나 이 상주문을 통해 하야시가 하려 한 것을 잘 알 수 있다. 상주문에는 "한일 양국은 더욱 돈목(敦睦)을 더해야 한다. 양국이 돈목해지면 양국 사이에 가로놓인 장애(망명자 문제)를 제거할 방도가 있다. 가장 신뢰하는 신하에게 위임하면 외신(外臣, 하야시)은 그와 협의하여 장애 제거를 완수할 생각이다"라고 쓰여 있다.20) 이것은 하야시가 고무라에게 제안한 '한국 황제[韓帝]에게 먹일 이익'의 제1조 '망명자 처분'의 미끼를 뿌렸다는 의미일 것이다. 그러나 고종은 이런 미끼를 간단히 물 정도로 단순하지 않았다. 그래서 한 달쯤 뒤인 12월 27일에 고무라는 하야시에게 "한국 황제를 우리 편으로 포섭해두는 것은 극히 필요하므로 각하는 이 목적을 달성하기 위해 한층 수단을 다해 진력하시기 바랍니다"라고 훈령했다. 이 전문(電文) 중에서 고무라는 구체적 방법까지 지시하고 있다. 즉 "일본정부는 망명자를 '변경 지방'에 보내 엄중히 그 자유를 속박하기로 결의했으니 처분할 명단을 지시해주십시오"라고 은밀히 아뢰라고 지시하였다. 동시에 고무라는 "필요하면 상당한 금액을 증여해도 무방하니 그 필요한 이유 및 금액과 아울러 사용 방법을 자세히 상신하기 바란다"고 매수자금의 제공에 대해서도 지시했다.21)

하야시는 다음날인 28일의 회신에서 지금까지 한정(韓廷) 대관(大官) 중에 신뢰할 수 있는 자에 대해서 직접 권유를 시도하였고, 고종에

---

20) 『주한』 18권 450쪽, 12-(1) 상주문.
21) 『주한』 18권 450쪽, 12-(2) 내전(來電)제204호.

대해서는 11월 30일 '폐현(陛見) 때' 서면을 상주해 두었지만 지금까지 아무 효력도 없었다. 그러나 정부가 망명자 처분을 결정한 것, 필요한 자금도 지출한다고 하니 "본 사신은 신뢰할 수 있는 대관과 숙의한 다음 적당한 수단으로써 우리의 희망을 폐하에게 이르게 하는 일에 힘쓰겠다"고 전했다. 동시에 "앞에서 진술한 수단으로 희망이 없을 경우에 제국정부는 먼저 병력으로 경성에서 우리의 위력을 수립하는 방침으로 나갈 것을 희망한다. 그러면 한정에 대한 우리의 희망은 쉽게 달성할 수 있다"라고도 부가했다.22) 요컨대 하야시 공사는 고무라 외무대신에게 일본정부가 망명자 처분을 결정하고 매수자금도 낸다면 한국 황제를 일본 측으로 포섭하는 노력은 해보지만, 효과가 없을 경우 병력으로 위압하는 방침을 취하면 일본의 희망은 간단히 달성할 수 있다고 말했던 것이다. 이것이 1903년도 며칠 남지 않은 12월 28일의 일이었다.

밀약 교섭의 시작

이러한 일본 측의 공세에 대해 고종은 막 외부대신 임시대리로 임명한 이지용(李址鎔)에게 하야시의 의견을 상세히 청취하도록 명하였고, 이지용은 12월 29일 심야에 하야시를 방문했다.23) 그러나 이것을 가지고, 망명자를 처분할 터이니 처분할 명단을 지시해주기 바란다는 새로

---

22) 『주한』 18권 451쪽, 12-(4) 왕전(往電)제465호.
23) 『주한』 18권 452쪽, 12-(6) 왕전(往電)제470호.

운 미끼에 대해 고종이 마음을 움직였다고 보는 것은 잘못이다. 고종이 일본의 군사행동 개시를 연기하기 위해 일본 측의 교섭에 응하는 태도를 취하여 시간벌기를 도모한 것에 대해서는 후술하겠다.

새해가 된 1904년 1월 4일 하야시는 고무라에게 이지용이 "한제의 근시(近侍)를 농락할 필요"가 있으니 금 1만 엔의 준비를 요구했다고 보고했다. 그리고 이것은 궁중의 정황에 비추어 필요하다고 인정되기 때문에 1만 엔을 본 사신 앞으로 송금해주기 바란다. 그 용도에 관해서 본 사신은 이지용과 협의할 예정이라고 썼다.24) 이 전문의 난외에 "총리·해·육·참·이로(二老), 1월 5일 발송"이라고 적혀 있다. 요컨대 총리대신 가쓰라 타로(桂太郎), 해군대신 야마모토 곤베에(山本權兵衛), 육군대신 데라우치 마사다케(寺內正毅), 참모총장 오야마 이와오와 2명의 원로(元老, 이토 히로부미와 야마가타 아리토모)에게 1월 5일에 통지되었다는 의미일 것이다. 고무라는 같은 날 오후 6시 20분에 "이(李)의 운동비 1만 엔은 내일 6일 전송한다"고 발신했다.25)

그런데 하야시는 그 공작자금을 수취한 지 얼마 안 된 1월 11일에 "오늘 시오가와(鹽川) 통역관을 통해 전액을 이지용에게 건네고, 그의 사용에 맡기는 것으로 했다"고 보고했다.26) 1만 엔은 현재 수억 엔에 상당하는 액수다. 앞서 소개한 것처럼 하야시는 '1만 엔'의 용도에 관해서는 이와 협의할 예정이라고 보고하고 있다. 그런데 하야시는 돈을 수취한 5일 후에 "전액을 이지용에 건네 그의 사용에 맡기는

---

24) 『일외』 37권 1책 368번, 333쪽.
25) 『주한』 18권 457쪽, 12-(12) 내전제4호.
26) 『일외』 37권 1책 369번, 334쪽.

것으로 했다"고 보고했다. 요컨대 매수자금의 사용 방법에 대해서는 이지용에게 일임했다는 것이다. 정말로 이지용이 1만 엔을 요구했는 가? 또 1만 엔 전액이 이지용에게 건네졌는지는 매우 의심스럽다. 그러나 『일본외교문서』에 남겨진 하야시의 이 보고에 따라 이지용의 이름은 '매국노'로 한국인의 뇌리에 깊이 각인되는 결과가 되었다.

이어서 1월 16일 하야시는 장문의 전보를 발신했다. 거기에는 "이근택(李根澤)이 최근 본 사신의 위박(威迫)에 의해 크게 그 태도를 바꿀 필요를 느끼고 있다"라고 보고되었다.[27] 이근택은 뒤에 군부대신으로 보호조약을 찬성하여 '5적'의 한 사람이 된 인물이지만, 당시는 육군 부장(중장에 상당)으로 친러파로 간주되었다. 이 이근택에게 하야시가 가한 '위박'이 구체적으로 무엇을 의미하는지는 알 수 없다. 그러나 하야시의 협박에 굴복한 이근택과 매수된 이지용과 이지용이 농락했다고 하는 군부대신 민영철(閔泳喆) 등 3명은 하야시와 몇 차례 회담을 거듭했다 한다. 그 결과 1월 14일에 이지용과 민영철이 고종에게 일본과 밀약 체결의 위임을 3명에게 해줄 것을 주상했다. 그리고 1월 16일에 3명이 함께 하야시를 방문하여 "폐하께서 전적으로 일본에 의뢰하기로 결정하셨다"고 몇 번이나 언명하고, 위임장은 며칠 내로 보여줄 수 있으니 그때 일본정부도 한국의 독립과 황실 안녕의 보증을 얻고 싶다고 말했다.

3명은 1895년 이전에도 일본으로부터 똑같은 보증을 얻었음에도 불구하고 왕비시해의 참사가 생긴 예가 있기 때문에 이번의 보증은

---

27) 『일외』 37권 1책 370번, 335쪽.

더욱 성실히 이행될 것을 바란다고 말했다 한다. 이것은 10년 전 청일전쟁 개전 때 일본이 조선에 강요한 조일 '양국맹약' 제1조에 "이 맹약은 …… 조선국의 독립자주를 공고히 하고 조일 양국의 이익을 증진함을 목적으로 한다"라고 되어 있었음에도 불구하고 그 1년 정도 뒤에 왕궁을 침입한 일본군의 손에 왕비가 시해된 것을 꼬집은 것이다. 그러나 하야시에게 그 함의는 통하지 않은 듯하다. 하야시는 "희망하는 보증은 물론 그 성실한 이행에 관해서 본 사신은 폐하가 충분히 안심할 수 있도록 하겠다고 대답해 두었다"고 보고하고 있다. 다음날인 17일 고무라는 하야시에게 "제국정부의 희망이 이렇게까지 진행된 것은 전적으로 귀관의 알선이 적의(適宜)했기 때문이며 본 대신은 깊이 귀관에 대해서 감사의 뜻을 표한다"라고 발신하고 있다.[28] 고무라는 하야시의 보고를 그대로 받아들여 밀약 교섭이 정말로 제대로 진행되고 있다고 생각했을 것이다. 이것은 고무라뿐만 아니라 고무라로부터 하야시의 전보 보고를 받은 '총리·해·육·참·이로'들도 그랬을 것이다. 그들이 1903년 12월 30일 각의에서 "한국에 관해서는 어떤 경우에도 실력으로 이를 우리의 권세 아래에 두지 않을 수 없음은 물론이다. 그럼에도 될 수 있는 한 명의(名義)의 바름을 선택하는 것을 득책으로 한다"고 결의한 일은 전술했다.

일본은 한일 간에 대러군사동맹을 맺은 다음 당당히 한국에 군사를 상륙시켜 한국을 병참기지로 삼아 작전을 전개하려는 희망을 가졌다. 그러나 한국은 그리 간단히 일본의 생각대로 되지는 않았다.

---

28) 『일외』 37권 1책 371번, 336쪽.

하야시 곤스케의 밀약안

1904년 1월 19일 오후 8시 20분 하야시는, 이근택·이지용·민영철 3명이 "각자 희망한 위임장을 얻어 오늘 오후 본 사신을 방문했다"고 고무라에게 보고했다. 하야시가 밀약안을 보이자 3명은 "추후 폐하의 뜻을 받은 후에 될 수 있으면 모레 오후에 제2회 회견을 하자고 약속했다"고 한다.29) 주의할 것은, 이 장의 모두에서 서술하였듯이, 이때 이미 고종 황제의 사자(使者)가 세계에 발신할 '중립선언'을 가지고 서울을 출발한 것으로 보인다는 점이다.

1월 19일자 전보의 별지 1로서, 하야시가 3명에게 보인 밀약안[메이지 37년 1월 19일 수정 제3고(稿)]으로 고무라에게 보고한 것은 아래와 같다. 이것은 전문(前文)의 한국 측 기명자(記名者) 부분이 기입되지 않은 그대로이다.

> 대한국 외부대신 임시서리
> 대황제 폐하의 칙명위임에 따라, 또 대일본제국 특명전권공사 하야시 곤스케는 대일본제국 정부의 정당한 위임에 따라 한일 양국 간에 아래의 건건을 협정한다.
> 일, 한일 양국 간에 항구 불역(不易)의 친교를 보지(保持)하고 동양의 평화를 확보하기 위해 양국 정부는 항상 성실히 상호의 의사를 소통하고, 또 완급을 서로 부액(扶掖)한다.

---
29) 『주한』 18권 460쪽, 12-(20) 왕전제65호.

일, 대일본제국 정부는 대한제국 황실의 안녕 및 그 영토독립의 보전을 성실히 보장한다.

일, 양국 정부는 상호의 승인을 거치지 않고 앞으로 본 협약의 취의에 위반하는 협약을 제3국 간에 체결할 수 없다.

일, 미비의 세부 조항은 대한제국 외부대신과 대일본제국 대표자 간에 임기 타정(妥定)한다.

일, 본 협정은 양국이 서로 비밀에 부친다.

이 밀약안(이하 하야시안으로 부른다)의 요점은 제1조에 한일 양국이 "완급을 서로 부액한다"라고 하여 군사동맹으로 해석할 수 있는 문구를 넣은 것, 제3조에 한일 양국이 상호 승인을 거치지 않고 타국과 조약을 체결하는 것을 금지한 것에 있다. 문면은 상호주의이지만 이 조문의 의도가 한국이 제3국과 협약을 체결하는 것을 저지함에 있었음은 분명하다. 또한 하야시는 망명자 처분에 관한 것은 밀약 중에 넣지 않고 특명전권공사인 하야시가 발행하는 공문으로 한국정부에 내밀히 성명할 예정이라고 하여, 별지 2에서 한일 간 친교의 장애가 되고 있는 '을미 망명자'(을미년의 왕비시해사건에 관계하여 일본에 도망간 한국인)는 일본정부가 속히 적당한 처분을 가한다는 밀약서를 제시하고 있다.

같은 전보에는 부속서 1로서 3명이 고종으로부터 받은 '위임장' 사본이라 칭하는 것이 첨부되어 있다. 영인판 『주한일본공사관기록』에서 그 화상을 게재한다.

하야시는 이것을 "한일 양국 간의 장애를 소제하고 우의를 친밀히 하는 교섭을 위임하는 것"이라고 읽으면서 고무라에게 보고하고 있지만, 이것은 한국에서 통용되는 정상적인 한문이 아니다. 더구나 날짜조차 기입되어 있지 않다. 정말로 3명이 보인 '위임장'을 베낀 것인가? 하야시

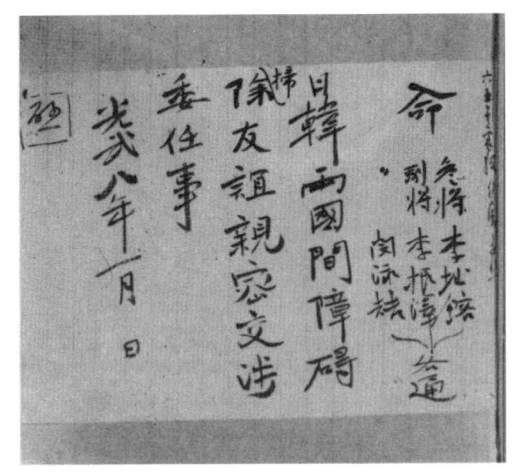

〈그림 4〉「고종의 위임장」사본(영인판 『주한일본공사관 기록』 19권 463쪽에서)

가 작성하여 3명에게 보인 초안으로밖에 생각되지 않는다. 이 한문 모조품의 '위임장'을 가지고 한일동맹 밀약 체결을 위해 고종 황제가 준 전권위임장이라고 주장하는 연구자도 있지만, 도저히 그러한 것이라고 생각할 수 없다.

한국 측 대안

이 '하야시안'에 대해서 다음 날 1월 20일 아침 이지용 측이 보인 대안은 다음과 같다. 이것도 하야시로부터 같은 날 오후 1시 35분발 전신으로 고무라에게 보고되었다.[30]

---

30) 『주한』 18권 463쪽, 12-(22) 왕전제67호.

대일본제국 특명전권공사 하야시 곤스케는 대한제국 외부대신서리 이지용과 각각 그 정부의 위임을 받들어 아래 안건을 의정한다.

일, 한일 양국은 국제상의 장애를 엄중히 조치하고 정의(情誼)를 완전히 소통할 것.

일, 동아 대국(大局)의 평화와 관련하여 만일 시변(時變, 원서의 事變을 時變으로 바로잡았다-옮긴이)이 있을 때는, 한일 양국은 성실한 우의로써 서로 제휴하여 안녕과 질서를 영구히 유지할 것.

일, 미비의 세목은 일본국 대표와 외부대신 간에 임기(臨機) 협정할 것.

이 대안(이하 한국안으로 부른다)에는 이지용의 권한이 '정부의 위임'으로 되어 있다. 고종의 위임장 따위는 없었다는 증거다. 또 하야시가 밀약에서 빼고 별도로 '계약서'를 내어 해결하려 한 망명자 문제, 즉 "한일 양국 국제상의 장애"를 제1조에 두어 이 협정이 망명자 처분에 관한 것이라는 것을 명시하고 있다. 그리고 이것 외에 하야시안에 있던 조항, 즉 일본이 한국 황실의 안녕과 영토와 독립의 보전을 보장한다든가, 제3국과의 협약을 금지한다든가, 게다가 비밀조항까지도 빠져 있다. 이러한 사실은 하야시와 3명의 회합 내용이 오로지 망명자 문제로 종시(終始)했다는 증거다. 하야시가 아무리 '위박'을 가하고 매수자금을 쌓아두었더라도 그들은 결국 하야시에 동조하지 않고 고종의 지시 아래에서 움직였다고 볼 수 있을 것이다.

이지용은 이 제안대로라면 오늘 중에도 황제의 허가를 얻어 내일에도 조인할 수 있다고 하야시에게 말했다. 그런데 하야시는 시일을 끌어 파탄의 위험을 무릅쓰는 것보다 이 한국안대로 속히 조인하는 것을 매우 급히 전의(詮議)해줄 것을 고무라에게 청훈했던 것이다. 이에 대해 고무라는 같은 날, 즉 1월 20일 오후 9시 20분에 하야시안에 한국안의 형태만을 넣어 외무성안을 내고, 어디까지나 하야시안을 유지할 것을 명했다.31)

다음날 21일 오후 1시 20분에 고무라는 하야시에게 "운동비가 필요하면 바로 전송(電送)할 터이니 즉시 답신하길 바란다"고 발신했다. 요컨대 돈이 더 필요하면 바로 보낸다고 말했던 것이다. 이 전신은 오후 2시 7분에 하야시에게 이르렀다.32) 하야시는 오후 2시 49분발 전신에서 한국안 제2조에 "시변 때는 서로 제휴한다"는 자구가 있기 때문에 당장의 목적은 달성되었다고 생각된다, 수정에 시간이 걸리면 조인의 불가능이 예상되기 때문에 이대로 속히 조인하고자 한다, 후일 기회를 봐서 훈시하신 대로 협정을 체결하여 교체하고자 한다고 회신했다.33)

게다가 1시간 후인 3시 30분발에서 한국안의 제1조는 '망명자'라고 명기할 까닭이 없기 때문에 지장이 없다, 또 2조는 우리 안보다 분명하게 시국을 해석한 것으로 볼 수 있기 때문에 반드시 이것으로 우선 조인에 들어가고자 한다, 조인 후에 이지용의 세력을 유지하기 위해 "밀약 체결과 동시에 그에게 다시 운동비로 금 1만 엔을 지급하고자

---

31) 『주한』 18권 464쪽, 12-(23) 내전제27호.
32) 『주한』 18권 467쪽, 12-(26) 내전제28호.
33) 『주한』 23권 139쪽, 2-(66) 왕전제69호.

한다"고 요청했다.34) 이것을 받은 고무라는 같은 날 1월 21일 오후 5시 15분발에서 외무성안처럼 수정하는 것을 희망하지만 불가피하기 때문에 우선 협약을 체결하고 기회를 봐서 희망하는 안으로 바꾸고자 한다고 훈령했다. 게다가 5시간 후인 10시 30분발에서는 "이의 없으니" 속히 조인하라고 독촉했다.35) 또한 다음 날 22일 오전 11시에 고무라는 "금 1만 엔을 전송했으니 말씀하신 대로 처리하기 바란다"고 발신했다.36)

밀약 교섭의 갑작스런 중단

이 장의 모두에 소개한 것처럼 다름아닌 이 외부대신 이지용 명의로 대한제국의 '중립선언'이 일본 외무대신 앞에 도착한 것이 1월 21일 오후 4시 10분이었다. 이지용에 대한 추가 매수비에 관한 하야시와 고무라의 전신은 『일본외교문서』에 수록되어 있지 않아, 오후 3시 30분 서울에서 발신된 하야시의 전신이 고무라에게 언제 도착했는지는 밝힐 수 없다. 그러나 아마 '중립선언'이 도착한 후 얼마 있지 않아 도착했을 것이다. 고무라가 같은 날 오후 7시 50분발로 하야시에게 '중립선언'의 영어번역본을 보내고, 곧이어 오후 8시 35분발에서 현안인 밀약을 조인한 다음 '중립선언'에 대해 이지용에게 확인하라고 명령한 것도 이 장 모두에서 서술했다. 고무라는 그 2시간 후에 한국안이라

---

34) 『주한』 23권 140쪽, 2-(68) 왕전제71호.
35) 『주한』 23권 10~11쪽, 1-(32) 내전제31호, 1-(34) 내전제33호.
36) 『주한』 23권 12쪽, 1-(38) 내전제37호.

도 좋으니 빨리 조인하라고 명하고, 다음 날 오전 11시에 하야시의 요구대로 다시 1만 엔을 송금한 것이다. 고무라는 아마 하야시의 보고가 신용할 수 없다고 깨달았을 터이다. 그렇지만 하야시 요구대로 매수자금을 더 얹어주고 한국과 뭔가 협약으로 몰고 갈 수 있으면 몰고 가려 했던 것이다. 그리고 시기를 봐서 희망하는 것으로 바꾸면 좋다고 했다.

1만 엔이라는 거금은 고무라 혼자 생각으로 송금할 수 없었을 터이다. 이전과 마찬가지로 "총리대신·해군대신·육군대신·참모총장·이토 히로부미·야마가타 아리토모"의 허가를 얻었을 것이다.

고종은 애초에 일본과 대러군사동맹을 체결할 생각 따위는 털끝만큼도 없었다. 전술한 것처럼 1903년 8월에는 러일 양국에 한국의 전시중립의 보장을 요구했다. 또 같은 해 10월부터 시작된, 대러 밀약을 압박하는 주한공사 하야시 곤스케의 알현 신청을 병을 구실로 계속 거부하였다. 12월 끝 무렵에 임시로 외부대신에 임명한 이지용에게 하야시 공사의 이야기를 듣도록 명한 것도 교섭에 응하는 모습을 보이면서 일본의 군사행동 개시를 늦추고, 세계를 향해 중립선언을 발표하는 준비를 하기 위해였던 것이다.

하야시는 1월 24일, 전날 밤으로 예정된 밀약(한국안)의 조인 교환이 불가능했다고 고무라에게 보고했다. 하야시의 보고에 따르면, 그 이유는 고종이 3명에게 먼저 한국의 중립선언에 대한 일본의 회답을 구하도록 명했기 때문이라 한다. 이지용은 하야시에게 중립 통지에 대한 일본정부의 회답을 얻으면 내일 25일 중에도 조인 교환이 가능하다고

했다 한다. 하야시는 이지용의 희망대로 한국정부에 (중립선언을) '아크놀러지'(acknowledge, 승인)하도록 자신에게 전훈(電訓)해주기 바란다, 승인한다는 전훈을 접하면 지난 22일자로 승인을 통지하여 밀약 성립의 날짜와 가능하면 멀리 떼어놓으려 한다고 제안하였다.37)

러일의 분쟁과 관련하여 국외 엄정 중립을 지킨다는 '중립선언'을 승인하는 것과 한일동맹을 체결하는 것은 본질적으로 모순이다. 그러나 이처럼 날짜를 조작하면 '중립선언'과 밀약 체결의 모순은 해소할 수 있다는 것이 하야시의 주장이지만, 일본정부는 한국의 '중립선언'에 대해 회답하지 않기로 결정하고 하야시의 제안을 물리쳤다. 만약 일본정부가 한국의 '중립선언'을 승인하면 고종은 아마 그것과 모순되는 협약에는 응할 수 없다고 거절하든가, 오해를 일으킬 '서로 제휴한다'는 문구의 삭제를 요구했을 것이다.

하야시는 1월 25일 "폐하는 이미 밀약 성립에 반대하는 것으로 결정했다"고, 밀약 교섭이 갑자기 중단된 것을 확실히 보고했다. 그 중에 고종이 그렇게 결심한 이유를, 이지용의 비서관이면서 하야시의 앞잡이였던 구완희(具完喜)(후술)가 이지용으로부터 얻은 정보에 따르면, "이용익(李容翊)·강석호(姜錫鎬)가 안에서 폐하를 움직이고 동시에 이학균·현상건(玄尙健)·이인영(李寅榮) 일파가 영·미·프·독 등의 외국어학교 교사와 한 몸이 된 이른바 중립파 세력에 영향을 받은 것"이라고 설명하고 있다. 그리고 밀약 교섭이 갑자기 중단된 결과 이지용·민영철·이근택 3명이 반대파의 암살에 조우할 우려가 있으니 "실력으로

---

37) 『일외』 37권 1책 340번, 314쪽.

써 그들의 안전을 도모할 필요가 있다"고 호소하고 있다.38)

세계를 향해 중립선언을 발표할 준비를 하고 있던 고종이 3명으로 하여금 하야시의 눈을 속이고 있는 것을, 하야시는 아직 눈치채지 못했을 터이다. 이것에 대해 고무라는 다음 날 26일에 회신을 보내 밀약이 성립 직전에 이르러 깨진 것은 지극히 유감이지만 당분간 이대로 기회를 기다리라고 말했다. 그리고 이지용 등의 보호에 대해서는 실력으로 보호할 필요는 없다고 지시했다.39)

하야시는 1월 28일에 "대국(大局)에 대해서는 한국의 태도 여하에 관계없이 속히 결행하기를 희망한다, 한국의 태도는 우리가 실력을 가함과 동시에 우리 쪽으로 기운다는 것을 판단하시기 바랍니다"라고 발신했다.40) 결국 밀약 등을 체결하지 않더라도 군대를 보내 점령해버리면 한국 따위는 일본의 생각대로 할 수 있기 때문에 속히 군사행동을 개시해야 한다고 말했던 것이다. 이 전보에 대해 저 대단한 고무라도 권한 밖의 "대국적 판단"을 하는구나! 라고 강하게 질책하고 있다.41)

그러나 하야시가 고무라에게 한국에 대해서는 군사행동이 필요하다고 주장한 것이 이때가 처음이 아니라는 것은 이미 서술했다. 고무라도 그것에 동의하였다. 다만 군사행동을 일으킬 경우에도 명의가 바른 것이 득책이라는 계산으로 밀약 체결을 고집한 것에 불과하다. 고무라의 질책은 거액의 기밀비를 사용하여 한국 고관들을 조종해야 할 하야

---

38) 『일외』 37권 1책 372번, 336쪽.
39) 『일외』 37권 1책 373번, 338쪽.
40) 『일외』 37권 1책 345번, 317쪽.
41) 『일외』 37권 1책 346번, 318쪽.

시가 사실은 그들에게 감쪽같이 속고 있다고 깨달은 것에 의한 것일 터이다.

고종의 외교정책

1903년 8월에 일본과 마찬가지로 한국의 전시중립 승인과 명확한 회답을 요구받은 러시아의 대응이 어떠했는지는 유감이지만 밝힐 수 없다. 그러나 같은 해 8월부터 시작된 러일교섭 중에, 10월 3일에 제시된 제1차 러시아안에 "39도선 이북의 한국에 중립지대를 설정한다", "한국의 전략적 사용의 금지"라는 조항이 포함된 것은 러시아가 한국의 의지를 받아들인 결과로 볼 수 있다.

일본에서는 이 당시 러시아가 한국의 북쪽 반분을 요구했다는 견해가 많이 보이지만 그렇지는 않다. 러시아는 한국에 출병할 의사가 없음을 표명한 것이다. 39도선 이북으로 한 것은 과거의 러일협정에서 러시아가 일본에 인정한 한국에서의 주병권(駐兵權)과의 정합성을 도모하기 위해서일 것이다(서장 참조). 한국의 전시중립 주장은 일본군의 한국 침입과 북진에 따라 뤼순으로의 보급선인 동청철도 남부지선(뒤에 일본에 의해 남만주철도로 불리게 되는 지선)이 절단되는 것, 또 한국 연안에 군사시설을 설치함에 따라 블라디보스토크함대와 뤼순함대가 분단되는 것을 우려한 러시아의 이해와 일치했던 것이다.

고종은 러일 양국에 한국의 전시중립 보장을 요구했을 뿐만 아니라 궁내부 예식원(禮式院) 번역과장 현상건(玄尙健)에게 특별임무를 부여하여 유럽으로 파견했다. 종래 현상건의 임무에 대해서 충분히 이해되지 못했다. 그보다도 러시아정부에 한국 전시중립의 보장을 요구하기 위한 훈령을 주러한국공사에게 전한 사절과 혼동하여 왔다. 그 때문에 1903년 8월 21일에 출국한 현상건이 "처음에 프랑스에 가서 네덜란드로 가고, 독일로 갔다. 베를린에서 러시아에 들어간 것은 실로 이 해 12월 4일의 일이었다. 왜 그가 그렇게 제자리걸음을 했는지 알 수 없다"(和田春樹, 『日露戰爭』 하권, 141쪽)라는 의견까지 나오고 있다. 그러나 현상건이 헤이그평화회의의 사자(使者)였다는 것은 『황성신문』에 여러 차례 보도되었다(1903년 8월 20일, 9월 12일, 11월 14일, 12월 22일, 1904년 1월 13일). 1903년 8월에 인천을 출발한 현상건은 먼저 프랑스로 가고, 이어서 네덜란드로 가고, 다시 독일을 거쳐 11월 14일 러시아에 들어갔다. 그리고 람즈도르프 외무대신을 면회하고 니콜라이 2세에게 보내는 고종의 친서를 건넸던 것이다.

이 당시 현상건이 전달한 고종의 니콜라이 황제 앞으로의 친서(1903년 8월 15일자)는, 서울학연구소가 모스크바 제정러시아 대외정책문서 보관소에서 발굴하여, 1995년 4월 26일 신문에 소개되었다. 거기에는 러일 간에 전쟁이 발발하면 일본은 반드시 서울을 기습 점령할 것이기 때문에 한국은 러시아와 사전에 동맹관계를 수립해둘 것을 희망한다고 표명되어 있다.[42] 고종은 1903년 8월 시점에서 러일 양국에 한국의 전시중립 보장을 요구함과 동시에 러일개전이 되면 일본이 한국의 중립을 침범할 것이라는 것을 전제로 러시아와 동맹관계 수립을 희망

---

42) 이태진, 『고종시대의 재조명』(태학사, 2000), 130쪽.

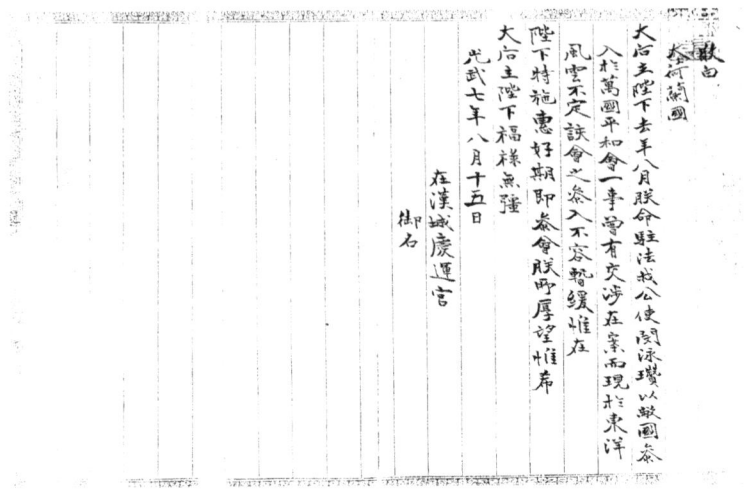

<그림 5> 「네덜란드여왕에게 보낸 고종의 친서」(30×40cm, 한국 장서각디지털 아카이브 「大荷蘭國國書」에서).

하고 있었던 것이다.

고종은 현상건에게 또 하나의 친서를 맡겼다. 그것은 네덜란드 빌헬미나(Wilhelmina) 여왕 앞으로 보낸 것인데, 한국이 헤이그평화회의에 참여하기 위한 조력을 청하는 내용이다. 이것은 이왕가도서관인 장서각에 그 사본이 남아 있다.

네덜란드국 대후주(大后主) 폐하께 삼가 말씀드립니다. 작년 8월 우리 주불공사 민영찬(閔泳瓚)에게 폐국(弊國)이 만국평화회의에 참입(參入)하는 일을 명했습니다. 교섭이 이루어졌지만 아직 결정되지 않았습니다. 지금 동양에서는 풍운이 위태로워 이 회의에 참입하는 것을 일각(一刻)도 늦출 수 없습니다. 폐하의 특별한 호의를 얻어 즉각 참회(參會)

하고자 하는 것이 내가 두터이 희망하는 바입니다. 대후주 폐하의 복록이 무한하시기를.

고종은 한국이 헤이그평화회의에 참입하여 일본의 불법행위를 국제중재재판소에 제소하려 했던 것이다. 이 문제에 대해서는 다시 종장 '만국평화회의로의 길'에서 논한다.

중립선언 발표

고종이 러시아 황제와 네덜란드 여왕 앞으로 보내는 친서를 맡겨 유럽에 파견한 현상건은 1904년 1월 11일에 러시아 군함 '바랴그'를 타고 인천에 돌아와, 13일에 고종에게 귀국보고를 했다.

고종은 세계를 향해 '중립선언'을 발표하기로 결의했다. 현상건은 이것을 러시아공사 파블로프와 프랑스대리공사 퐁트네에게 전하고 협력을 구했다.[43] 그 후의 전개는 이 장의 모두에서 서술한 대로이다.

지금까지 러시아는 일본과 마찬가지로 한국의 '중립선언'을 무시한 것처럼 이야기해왔지만, 이것이 틀렸다는 것은 와다 하루키(和田春樹)에 의해 밝혀졌다.

1904년 1월 28일 고종은 주한공사 파블로프에게 중립선언에 대해 영국·미국·독일·덴마크·이탈리아로부터 이미 호의적 회답을 얻었다고 전하면서 러시아의 회답을 얻고자 한다고 했다. 다음 날 29일

---

43) 和田春樹, 『日露戰爭』 하권(岩波書店, 2010), 256쪽.

러시아의 람즈도르프 외무대신은 러일이 충돌할 때 한국이 중립을 지킨다는 한국의 표명을 황제정부가 완전히 공감을 가지고 받아들인다고, 한국 황제에게 전하도록 파블로프 공사에게 훈령했다.[44]

고종이 파블로프에게 전한 5개국 외에 한국이 프랑스로부터도 회답을 받았다는 것도 1월 30일 하야시 공사가 고무라 외무대신에게 보고하였다.[45] 즈푸에서 중립선언의 발신에 성공하여 일본을 제외한 여러 외국으로부터 '호의적' 답신을 받았다고 확신한 고종은 드디어 자국의 국외중립, 구체적으로는 일본군의 인천 상륙과 서울 진입 금지를 서울 주재 외국공관의 합의라는 형태로 발표시키고자 하였다. 이 문제를 담당한 이는 고종의 브레인이자 밀사로서 왕궁과 각국 공사관을 왕래한 현상건이었다. 이 내용은 참모본부가 한국에 파견하여 특별임무를 맡긴 육군 소장 이지치 코스케(伊地知幸介)의 일기인 『계림일지(鷄林日誌)』(일본 방위연구소장) 2월 8일조에 다음과 같이 쓰여 있다.[46]

오전 8시 노즈(野津) 소좌의 정보에 따르면 어제 낮부터 밤에 이르기까지 현상건은 폐하의 명에 따라 프랑스공사관에 자주 왕복했다. 그

---

44) 위의 책, 286쪽.
45) 『주한』 23권 150쪽, 2-(88) 왕전91호.
46) 방위연구소 소장 『鷄林日誌』(청구기호, 戰役-日露戰役59). 이 책은 야전포병감 이지치 코스케 육군소장이 참모본부의 명을 받고 1904년 1월 22일 서울에 들어가 한국공사관 배속 무관으로 착임한 이후의 약 2개월 동안의 기록이다. 러일개전 시기 서울에서 이지치 코스케가 수행한 특별임무가 기록되어 있다. '明治 37年 5月 伊地知幸介'라는 서명이 들어간 이 책의 범례에 따르면, 일지를 실제로 기록한 것은 이지치와 함께 한국에 파견된 참모본부 부원 육군 보병대위 이노우에 카즈쓰구(井上一次)다. 이 책은 3부가 작성되어 참모본부 부관부(副官部), 이지치, 이노우에가 한 부씩 보유했다 한다. 방위연구소본은 이지치가(伊地知家) 소장본을 1961년에 촬영하여 복제한 것이다.

목적은 경성 및 인천을 중립지로 하려는 운동이라 한다.

노즈 소좌는 한국공사관 배속 무관 노즈 시게타케(野津鎭武)다. 이지치가 4월 2일자로 오야마 이와오 참모총장에게 보낸 보고서에 따르면 노즈는 한국 근무가 오래고 한국 관민 사이에 독자의 인맥을 쌓고 있어 매우 쓸모가 있었다 한다(アジア歷史資料センター(JACAR) C09122003700).

노즈의 정보에 따라 고종이 현상건을 프랑스공사관에 자주 보낸 것을 안 이지치가 그 움직임을 그냥 지나칠 리가 없었다. 이지치의 일기에는 같은 날(2월 8일) 오전 10시에 참모총장 앞으로 다음과 같은 전보를 발신한 것이 기록되어 있다.

어제부터 한정(韓廷)의 동요가 심하고, 국왕은 프랑스공사관에 도망가려 한다는 풍설이 있다. 우리 공사는 극력 예방 방법을 취하고 있다. 또 프랑스공사에 의해 경성 및 인천을 중립지로 하려는 운동이 시작되었다. 결코 성공시킬 수 없을 것으로 예상됨.

이지치는 서울과 인천을 중립지로 하려는 프랑스공사의 운동이 결코 성립시킬 수 없을 것으로 예상된다고 보고했다. 현상건은 일본군에 쫓겨 외국공사관에 숨는다. 그리고 러일개전 후 미국공사 알렌의 도움으로 이학균과 함께 상하이로 망명했다.

현상건은 조선시대에 대대로 역관을 배출한 천녕(川寧)현씨 출신이다. 『의역주팔세보(醫譯籌八世譜)』에 게재되어 있는 상건의 종형제 현양건(玄養健)의 팔세보(6대조와 외조부, 장인의 이름과 관직을 기재)에 따르면, 그의 5대조 태형(泰衡) 이하 고조부 시석(時錫), 증조부 한민(漢敏), 조부 학주(學周)에 이르기까지 모두가 역관으로 사역원의 관직을 띠고 있다. 또 역관의 국가시험 합격자 명부인 『역과방목(譯科榜目)』을 보면 현상건의 조부 학주와 그의 아들 4명 모두가 역과에 합격한 것을 알 수 있다. 학주는 한학(중국어)에서 청학(만주어)으로 전향한 경력이 있고, 장자 창운(昌運)은 청학, 차자 석운(昔運)은 왜학(일본어), 상건의 아버지인 3자 명운(明運)은 한학, 4자 성운(星運)은 왜학을 전문으로 했다.47) 이처럼 유서 깊은 역관 가문에서 태어난 현상건이지만, 본인은 프랑스어를 배운다. 상하이 망명 후에는 프랑스인이 경영하는 회사에 고용된 것이, 1910년 9월 상하이주재 총영사 아리요시 아키라(有吉明)로부터 외무대신 고무라 주타로에게 보고되고 있다. 1926년 5월 상하이에서 병사했다.48)

---

47) 『의역도팔세보』는 장서각 소장본이, 『역과방목』은 국립중앙도서관 소장본의 전문이 모두 인터넷에 공개되어 있다. 후자에 게재되어 있는 최후의 역과 시험(1891)에 현명운의 아들 현장건(玄章健)이 '한학'에 합격하였다. 장건이 상건의 형제인지 혹은 상건 자신인지 지금으로서는 단정할 수 없다.

48) 아리요시 총영사가 고무라 외무대신에게 보고한 「在留朝鮮人動靜報告ノ件」(明治四三年九月二一日付)은 외교사료관 소장 『不逞團關係雜件』의 「鮮人之部 在上海地方」에 수록되어 있다. 또 『동아일보』 1926년 5월 24일자 제2면에 현상건이 5월 22일에 '노환'으로 상해 객사에서 사망했다는 짤막한 기사가 있다.

일본군의 불법 상륙

고종을 중심으로 하는 한국의 전시국외중립 움직임에 최후의 일격을 가한 것이 2월 8일 심야 일본 함대의 인천항 출현(제3장 참조)과 암호명 '코로쿠'로 불린 한국임시파견대의 인천 상륙, 서울 침입이었다(제5장 참조).

다음 날 9일 인천항 정박 중인 러시아 군함 2척은 압도적으로 불리한 조건 아래에서 일본 함대의 호출에 응해 인천 앞바다로 나가 과감히 싸운 후, 인천항으로 돌아와 자폭, 자침(自沈)했다. 이 폭음이 서울까지 은은히 울리는 가운데 주한공사 하야시 곤스케는 이지치 코스케 소장을 동반하여 고종을 알현했다. 그날 밤 하야시가 고무라 외무대신에게 발신한 보고에는, 하야시가 한일동맹 체결에 관해 의견을 구하자 "폐하는 자신도 역시 희망하지만 지금의 때는 오히려 표면상 각국에 편파 없이 교제할 필요가 있으므로 동맹 체약의 건은 숙고해야 한다고 대답했다"라고 쓰여 있다.[49] 고종은 군사적 위협 아래 있으면서도 오히려 단어를 선별하면서 극히 냉정하게 대응했다.

그런데 훗날 하야시가 출판한 회고록에는, 이 당시 침착함을 잃은 고종이 "잘 부탁한다. 잘 부탁한다"라고 하야시에게 말했다고 하면서 "이 임금의 한 마디로 일본은 한국판도 안에서 자유롭게 행동해도 좋다는 것이 되었다"고 엉터리 내용을 쓰고 있다.[50]

---

49) 『주한』 18권, 480쪽, 12-(53) 왕전제113호.
50) 林權助述, 『わが七十年を語る』, 第一書房, 1935, 190쪽.

하야시와 동행한 이지치 코스케는 같은 날 오후 7시 30분에 참모차장에게 다음과 같이 발신했다. 이지치의 일기를 보는 것은 일반인에게 매우 어렵다고 생각되어 번거롭지만 원문대로 소개하고자 한다.

오늘 공사와 함께 알현했다. (중략) 일본군 입경의 이유를 말하기를, 일본의 출병은 조선국의 지리상의 위치가 그렇게 한 것으로 일본의 자위상 부득이하여 나왔다. 조선이 만약 강국이었다면 일본과 러시아도 감히 국경을 범할 수 없었을 것이다. 일본이 위험을 돌아보지 않고 속히 일부의 군사를 들인 것은 경성에 러시아군을 들이게 하는 것 없이, 경성 부근을 전장으로 하는 것을 피해 폐하를 편케 하기를 바라서이다. 일본은 아마 2, 30만 군사로 하여금 귀국을 통과시킬지도 모르겠다. 일본군은 가령 다수가 입한(入韓)해도 폐하의 존엄을 범하고 국민에게 해를 주는 것 같은 일은 공사 및 소관이 이곳에 주재하는 한 하지 않을 것을 맹세하니 폐하는 안심하시기를 바란다고 하였다. 국왕은 그대로 이해하셨다.[51]

이지치는 고종에게 일본은 2, 30만 병사를 한국에 상륙시켜 한국을 통과하게 될지도 모르지만, 하야시 공사와 자신이 서울에 있는 한 폐하의 존엄을 범하거나 한국민에게 해를 끼치는 일은 없다고 말했다. 뒤집어 말하면, 하야시 공사와 자신이 말한 대로 하지 않으면 2, 30만의 병력이 무엇을 할지 모르겠다고 고종을 협박한 것이다. 게다가 이지치

---

[51] 『계림일지』 2월 9일조.

는 다음날 오전 11시 30분에 참모총장 앞으로 다음과 같이 발신했다(방점 – 필자).

어제의 알현은 무릇 1시간 30분이나 걸렸다. 이 사이 국왕의 언어와 태도를 관찰하니 아직 전적으로 우리를 신뢰하는 진의는 결코 없다. 왕을 폐하여 완전히 우리 영토로 하든가, 적어도 군사・외교・재정 3권을 우리가 빼앗아 보호의 실(實)을 거둘 준비가 필요하다. 러시아와 프랑스를 제외하고 이곳 외교계에서 이제 이의를 품는 자는 없다.[52]

이지치로부터 위의 전보 2통을 수취한 참모총장 오야마 이와오는 제1회 보고에서는 고종이 크게 안심한 것처럼 말하고, 제2회에서는 "우리를 신뢰하는 진의가 결코 없다"고 하였는데, 도대체 어느 쪽인지 속히 회신하라고 따져 물었다. 이것에 대해 이지치는 다음과 같이 답하고 있다.

제1회의 주지는 감히 반문하시는 것 없이 이해했다고 말한 것에 불과하고, 국왕이 신뢰하는 것처럼 하면서도 진심으로 신뢰할 뜻이 없음은 오토리(大鳥) 공사 때 우리를 신뢰했음에도 불구하고 평양의 청국군에 밀지를 보낸 것에서도 분명하다. 한국 왕에 대해서는 보통의 수단을 사용하면 도저히 가망이 없다는 의미다.[53]

---

52) 위의 책, 2월 10일조.
53) 위의 책, 2월 11일조.

이지치는 제1회 보고에서 "국왕이 그대로 이해하셨다"라고 보고한 의미는, 고종이 감히 반문하지 않은 것에 불과하다고 정확히 고쳐 말했다. 이지치는 하야시보다도 명확히 고종의 진의를 간파하고 있는 것이다. 따라서 고종의 진의는 일본을 신뢰하지 않는다, 이것은 '오토리 공사 때'와 마찬가지라고 말하고 있다. '오토리 공사 때'라는 것은 10년 전 청일전쟁 개시 때에 일본군이 조선 왕궁을 점령하고, 고종에게 '조일동맹'을 강요했을 때의 일을 가리킨다. 이 당시 고종은 표면상 일본군에 따르는 태도를 취하면서 비밀리에 평양에 집결한 청국군에 구원을 의뢰하는 밀지를 보냈다.

이지치는 고종을 일본 측으로 끌어들이는 것이 불가능하다고 보았다. 그래서 고종의 폐위와 군정 시행을 검토할 필요성을 보고한 것이다. 2월 8일 심야로부터 9일 미명 동안 인천에 상륙한 한국임시파견대(제12사단 중의 4개 대대로 편성)는 동청철도 인천지점을 점령하고 사령부를 설치함과 동시에 경인철도를 이용해서 단숨에 서울로 진군했다. 그 후 19일에 제12사단장 이노우에 히카루(井上光) 중장이 12사단의 잔존부대를 거느리고 서울에 도착했다. 이 사이 러시아공사 파블로프는 2월 12일 프랑스 대표를 한국에서 러시아의 권익대리인으로 정하고 공사관 직원과 재류러시아인을 따라 서울을 떠났다.

전시편성의 한 개 사단이 갑자기 서울에 들어오는 것이 어떤 의미인지 다시 이지치 코스케의 말을 들어보자.

제12사단의 서울 도착은 지난 16일 밤 오타니(大谷) 참모장의 도착으로 비로소 알았다. 경성이 넓지만 전시의 한 개 사단이 숙영하는 것은 비상수단이 아니면 불가능하다. 바로 그날 밤 공사와 이야기해서 두 왕궁의 하나를 사용하기로 도모하고, 다음 날 17일 창덕궁을 병영으로 충당해도 괜찮다는 칙허를 얻었다. 속히 병참부원 등을 보내 점검하니 엄동에 난로 등의 설비가 없다. 그래서 창덕궁 밖의 병영·관아 약간을 새로 대여해줄 것을 다시 청구하여 무관학교 등을 대여받았다. 그 밖에 남대문에서 동대문으로 통하는 큰길 좌우의 민가를 병영으로 충당하는 승낙을 받아 겨우 야영을 할 수 있게 되었다. 작금(昨今) 속속 입경 중이다.[54]

이지치 자신이 12사단의 서울 입성을 안 것은 3일 전인 2월 16일이었다. 아무리 서울이 넓어도 전시편성의 한 개 사단을 숙영시키려고 생각하니 '비상수단'이 아니면 불가능하다고 이지치는 쓰고 있다. 그는 우선 경복궁이나 창덕궁을 병사로 충당하려고 생각하였으며, 다음 날에 창덕궁을 사용해도 좋다는 고종의 허가를 얻었다 한다. 거기에 재빠르게 병참부원들을 파견하여 점검해보니 오랫동안 사용하지 않은 창덕궁에는 난방설비가 없었다.

서울의 겨울 추위는 엄혹하다. 이지치는 창덕궁 외에도 당시 한국정부가 사용하고 있던 관아나 병영을 넘겨달라고 다시 요구했다. 한국정부는 무관학교를 넘겨주었다. 그 밖에 남대문에서 동대문으로 통하는 대로에 면한 민가를 병영으로 충당해도 좋다는 승낙을 얻었다고

---

[54] 위의 책 2월 20일조 所收 「巴城報告」 제4호 '五, 第十二師團の宿營.'

이지치는 마음대로 말하고 있지만, 이때 졸지에 일본군의 점령으로 엄동에 자기 집에서 쫓겨난 서울 시민들이 대량으로 발생했을 것이다. 혹은 일본군이 오는 것을 알고 스스로 피난을 간 시민들도 많았을 것이다. 그들의 가옥을 일본군이 점령했던 것이다.

한일의정서의 강요

개전한 지 얼마 지나지 않은 1904년 2월 22일에 외부대신 임시서리 이지용과 특명전권공사 하야시 곤스케 사이에서 아래의 의정서가 조인되었다.[55]

「의정서」

대일본제국 황제폐하의 특명전권공사 하야시 곤스케 및 대한제국 황제폐하의 외부대신 임시서리 육군참장 이지용은 각기 상당한 위임을 받아 아래의 조관을 협정한다.

제1조 일한 양 제국 간에 항구불역의 친교를 보지(保持)하고, 동양의 평화를 확보하기 위해 대한제국정부는 대일본제국정부를 확신하면서 시설의 개선에 관해 그 충고를 받아들일 것.

제2조 대일본제국정부는 대한제국의 황실을 확실한 친의(親誼)로써 안전강녕(安全康寧)토록 할 것.

제3조 대일본제국정부는 대한제국의 독립 및 영토보전을 확실히 보증

---
55) 『일외』 37권 1책 383번, 345쪽.

할 것.

제4조 제3국의 침해에 따라 혹은 내란 때문에 대한제국 황실의 안녕 혹은 영토의 보전에 위험이 있을 경우에 대일본제국정부는 속히 임기(臨機)로 필요한 조치를 취한다. 그리고 대한제국정부는 위의 대일본제국정부의 행동을 용이케 하기 위해 충분한 편의를 줄 것. 대일본제국정부는 전항의 목적을 달성하기 위해 군략상 필요한 지점을 임기로 수용할 수 있을 것.

제5조 양국 정부는 상호 승인을 거쳐 앞으로 이 협약의 취지를 위반하는 협약을 제3국과 체결하지 않을 것.

제6조 이 협약과 관련된 미비의 세목은 대일본제국 대표자와 대한제국 외부대신 사이에서 임기로 협정할 것.

이 「의정서」의 내용은 중립선언의 발표에 따라 갑자기 중단된 밀약안(하야시안)보다도 확실히 한국의 국권을 침해하는 것이다. 특히 제4조 한국이 일본의 군사행동을 용이하게 하기 위해 충분한 편의를 줄 것, 또 일본이 한국의 군략상 필요한 지점을 임기로 수용할 수 있다는 규정은 밀약안에 전혀 없었던 것이다. 일본군의 군사 점령 아래라고 하여, 중립국화를 추진한 고종과 측근들이 이 같은 조항에 합의해줄 리는 없다. 이 같은 정황 아래에서 하야시 공사의 한국 요인에 대한 불법행위는 점점 노골적이고 고압적이었다.

하야시는 2월 23일 오후 4시에 "의정서는 오늘 조인했다, 어젯밤 이래 갑자기 중단되어 왔지만 드디어 조인의 단계에 이른 것은 함께 경축할 일이다"라고 의정서 조인을 보고했다.56) 이어서 같은 날 오후 9시에는 장문의 전보를 보내 의정서 조인에 이르기까지의 전말을 보고했다. 요약하면 아래와 같다.57)

이용익(李容翊)이 의정서 체결에 반대를 주장하고 그것에 영향을 받은 고종이 길영수(吉永洙)·이학균·현상건 3명을 궁중으로 불러 자문했다. 그 결과 고종은 의정서 조인을 다시 연기할 생각을 하였다. 어제 이용익이 외부에 와서 이지용에게 폐하의 명이라 하면서 의정서를 조인하면 대죄인으로 처분된다고 엄하게 이야기하였기 때문에 이지용은 조인을 거부할 결심을 하고 오늘은 서울 밖으로 도망할 예정이었다. 오늘 아침 이 정보를 접했기에 시오가와(鹽川) 역관을 이지용 집에 보내 도망을 단념토록 했다. 결국 이지용도 쾌히 조인교환을 했다. 본관은 오후 3시에 이노우에 사단장과 동반하여 알현하고 자세히 상주할 예정이다.

하야시는 조인을 거절하기 위해 서울에서 도망하려 한 이지용 집에 시오가와 역관을 보내 도망을 단념시켰다. 그 결과 이지용은 "쾌히 조인교환을 했다"라고 보고하고 있다. 이지용 집에 시오가와 역관이 혼자 갔을 리는 없을 것이다. 도망이 저지된 이지용이 하야시의 말처럼 흔쾌히 조인했다고는 도저히 생각할 수 없다. 하야시는 이로부터 1개월

---

56) 『일외』 37권 1책 375번, 339쪽.
57) 『일외』 37권 1책 376번, 339쪽.

전인 1월 22일 예정된 밀약의 조인교환이 연기된 것을 보고했을 때, "본 사신은 밀약에 앞서 외부의 관인을 날인케 하는 것이 시의적절하다고 하여 오늘 벌써 이지용의 막료 구완희(具完喜, 새로 외부참서관에 임명되었다)로 하여금 그것을 추진토록 했다. 구완희는 이지용이 가장 신뢰하는 자로 여러 해 전부터 본 사신의 처소에 출입하는 자"라고 서술하고 있다.[58]

요컨대 하야시는 갑자기 중단된 밀약의 조인교환에 앞서, 외부참서관(外部參書官, 국장 아래에 둔 주임관)이면서 하야시의 처소에 출입하고 있던 구완희에게 먼저 '외부의 관인'을 날인토록 했던 것이다.

이번의 한일의정서에 조인한 것도 구완희였다. 이지치 코스케의 『계림일지』 3월 17일조에 다음과 같이 쓰여 있다(방점 - 필자).

보부상 단체는 3월 1일 정부의 해산명령을 받았기 때문에 매우 격앙하여 2일 밤 12시를 기하여 왕궁 및 이지용 집을 습격할 계획을 협의하기에 이르렀다. 즉시 공사관에서는 경관을, 주차대에서는 헌병을 궁성 부근 및 이지용 집 등에 파견하여 정찰하도록 했는데, 다행히 일은 일어나지 않았지만 같은 날 밤 오전 3시 외부비서관[정확히는 참서관]으로 한일의정서에 직접 조인한 구완희 집에 폭렬탄(爆裂彈)을 던져넣는 자가 있었기에 그를 일본인 아무개 집에 피난시켜 위해를 피하도록 했다.

---

58) 『주한』 18권, 471쪽, 12-(36) 왕전제78호.

하야시는 이번에도 또한 구완희에게 미리 외부대신의 관인을 날인하도록 했던 것이다. 그렇게 한 다음 자유를 구속당한 이지용을 협박하여 서명토록 했을 것이다. 그리고 구완희는 1년 9개월 뒤인 1905년 11월 17일 한국에 강요한 제2차 한일협약(을사늑약) 때에도 하야시의 앞잡이로 활동했다. 같은 해 12월 11일 하야시가 가쓰라 수상(외무대신을 임시로 겸임)에게 보고한 매수자금 6만 1천 엔의 배포처에 보호조약을 찬성했다고 하는 5대신(이른바 5적)에 더해 구완희의 이름을 들고 있다.59)

한국 요인을 일본으로 납치하다

하야시는 '의정서' 조인에 이른 경과보고에 이어 다음과 같이 썼다.

> 이[용익]는 이학균·현상건 등과 상통(相通)하여 무엇이든 우리에게 불이익의 방향으로 폐하의 마음을 움직일 우려가 있다. 또 앞으로 우리 손으로 한국의 내정을 개량할 때 이용익의 존재는 심히 방해의 토대가 되기 때문에, 이번 기회에 일본에 만유(漫遊)토록 권고하고 관선에 태워 가장 가까운 (일본의) 내지로 출발시켜야 한다. 또 길영수는 제2의 이용익이고 이학균·현상건은 필경 러시아의 간첩과 같기 때문에 이 3명 역시 이용익과 마찬가지로 점차 내지로 만유시켜야 한다.60)

---

59) 『주한』 24권, 455쪽, 11-(195) '임시기밀비 지불잔액 반납 건.'
60) 『일외』 37권, 1책 376번, 340쪽.

「의정서」 조인 당일인 2월 23일 오후 9시에 발신된 하야시의 위의 전보는 다음 날 24일 오전 2시 20분에 외무성에 도착하였다. 『일본외교문서』에 수록된 이 전문 난외에는 "상(上)·총·육·해·사로(四老)"라는 것이 기입되어 있다. 요컨대 이용익·길영수·이학균·현상건을 일본에 납치한다는 하야시의 제안은 천황, 총리대신 가쓰라 타로, 육군대신 데라우치 마사타케, 해군대신 야마모토 곤베에와 4명의 원로(이토 히로부미·야마가타 아리토모·이노우에 카오루·마쓰카타 마사요시)에게 보고되었다. 보고자는 외무대신 고무라 주타로이기 때문에 하야시 공사가 실행하고 있던 한국 요인의 일본으로의 납치는 천황·주요 각료·원로가 승인했다는 것이다.

다음 날 2월 24일 오후 4시 하야시는 다음과 같이 보고했다.

이용익을 일본으로 출유(出遊)하는 건은 별전(別電)과 같이 폐하께서도 동의하셨으므로 어제 바로 인천으로 내려가 관선 뤼순마루(旅順丸)로 내일 아침 인천을 출발하여 우지나(宇品)에 도착하는 것으로 조치해 두었다. 따라서 그가 일본에 도착하면 마땅한 조치를 바란다. 시국이 일변하여 한국이 정리되기까지는, 그를 방임할 경우 폐하[고종]와 기맥(氣脈)을 통하여 어떤 음모를 기도할지 모른다. 또 민영철(閔泳喆)은 청국 베이징에 공사로 부임하기 위해서라고 칭하고 뒤의 배편으로 일본을 향해 출발시켜야 한다. 이근택에 대해서도 똑같은 절차를 취할 예정이다. 그리고 길영수·이학균·현상건 3명에 대해서는 이노우에 사단장과 협의하여 적절한 조치를 취할 것이다. 위의 몇 명을 보기 좋게 퇴거시킨다면 한국인 일반은 물론 내외인으로 하여금 더욱 우리를 신뢰하도록 할 수 있다. 또 한국의 정리에 관해서도 안성맞춤일 것이라 사고한다.61)

하야시는 이용익을 어제(2월 23일, 즉 '의정서' 조인일) 인천으로 보내 내일 아침(2월 25일) 출항하는 관선에 태워 우지나로 보내기로 조처했으니, 한국이 정리될 때까지 일본에 묶어두기 바란다고 고무라에게 요청했던 것이다. 또한 청국공사에 임명된 민영철을 속여서 일본으로 연행할 예정이라고 말하고 있다. 이근택도 똑같은 절차를 취할 것이라고 말하고 있다. 실제 하야시는 같은 날 외부대신 이지용에게 민영철의 청국 부임에 편의를 제공할 용의가 있다고 제의하고 있다.62) 청국에 보낸다고 하면서 일본 배에 태워 그대로 일본으로 납치할 생각이었던 듯하다. 그러나 이지용은 이것에 응하지 않고, 민영철은 2월 27일 인천에서 영국 상선에 탑승하여 출국하였으며 무사히 베이징에 도착했다.
이보다 1개월 전인 1월 25일 하야시가 밀약 교섭이 틀어진 사실을 고무라에게 보고했을 때, 이지용·이근택·민영철 3명이 반대파의 암살에 조우할 위험이 있기 때문에 실력으로 그들의 안전을 도모할 필요가 있다고 호소하고, 고무라는 그럴 필요는 없다고 일축한 것은 앞에서 소개했다. 하야시는 밀약 교섭에서 이근택·민영철 등에 속임을 당한 것을 겨우 알아차렸을 것이다. 그 후 민영철의 반일투쟁에 대해서는

---

61) 『일외』 37권 1책 378번, 341쪽.
62) 『주한』 24권 4쪽, 1-(9).

종장에서 서술하겠다.

하야시는 길영수·이학균·현상건 3명에 대해서는 이노우에 사단장과 협의한 다음 적당한 조치를 취하겠다고 하였다. 이렇게 '위의 몇 명'을 그럴듯한 구실을 내세워 한국에서 퇴거시키면 한국인은 물론 내외인이 더욱 일본에 신뢰를 두터이 하고, 한국을 정리(整理)하는 데서도 안성맞춤이라고 말하고 있다. 하야시가 말한 '한국 정리', 즉 일본에 의한 한국의 이권 수탈에 대해서는 후술한다.

하야시의 한국 요인 납치계획을 좀 더 쉽게 이해하기 위해 이지치의 말을 들어보자. 이지치는 2월 25일 오전 10시에 참모총장 앞으로 다음과 같이 보고했다.

> 하야시 공사는 (중략) [한일의정서 조인의] 방해자 및 러시아파를 배제하고 우리의 이권을 확장할 필요를 느껴 이용익·이근택·민영철 3씨는 칙명으로 외국 시찰을 가는 것으로 했으며, 현상건·이학균·길영수는 군사탐정을 구실로 포박하는 것으로 했다. 그리고 이용익은 어젯밤 황제로부터 참장의 자격으로 일본을 시찰하라는 칙명을 받고 오늘 아침 출범(出帆)하는 육군 용선(傭船)을 타고 출범했다. 그러므로 일본에 도착한 뒤에는 상당한 대우를 해주실 것을 희망한다. 그의 성격에 관해서는 저번에 보고한 것처럼 한국의 대신 중에서 황제의 신임이 가장 두텁고 그 수완도 도저히 군소배가 따를 수 없다. 종래 우리 일을 방해한 이들이 많지만, 역시 쓸 만한 인물임을 증명하기에 충분하다고 할 수 있다. 장래 그가 귀국하면 다시 정계의 우이(牛耳)를 잡을 자질과

인망이 있는 자이기 때문에 충분히 회유하여 대우하고, 장래 그 수완을 이용하여 우리가 사용할 것을 바라마지 않는다.[63]

이용익은 황제의 재산을 관리하는 내장원경(內藏院卿)과 탁지부대신을 겸한 고종의 신임이 가장 두터운 인물이지만, 위와 같이 「의정서」 조인 당일에 일본군에 구속되어 일본으로 납치되었다. 이 후 1년 가까이 귀국할 수 없게 되었다. 이지치는 이용익이 한국의 대신 중에서 황제의 신임이 가장 두텁고 그 수완도 뛰어난 쓸 만한 인물로 인정하고, 장래에 그 수완을 일본을 위해 사용해야 하기 때문에 "충분히 회유하여 대우"해 주길 바란다고 참모총장에게 요청했던 것이다. 2월 23일 이지치의 일지에는 "이 날 이용익을 일본에 보냈다. 그리고 한일의정서 조인되다"라고 쓰여 있다. 한일의정서 조인에 앞서 일본군이 이용익을 구속한 것은 분명한 것 같다.

이용익은 그로부터 10개월 정도 일본에 유치(留置)되었으며, 여전히 러일전쟁 중인 1904년 12월 24일에 일본의 교과서와 참고서 10만 여 종, 인쇄기 등을 구입하여 귀국했다. 다음 해 2월 고종의 재정원조를 받아 보성학교(普成學校)를 설립했다. 이것이 현재 고려대학교의 전신이다. 이지치의 희망과는 반대로 이용익은 최후까지 일본에 굴복하지 않고 한국의 주권 회복을 위해 싸웠다. 그리고 1908년 2월 블라디보스토크에서 사망했다.

일본군이 현상건·이학균 등을 포박하려 한 것에 대해서는 당시

---

63) 『계림일지』, 2월 25일조.

무관학교장 이학균 아래에서 교관으로 근무했던 어담(魚潭, 1881-?))의 「어담소장회고록」에 한국주차군 사령관 사이토 리키사부로(齋藤力三郞)가 어담에게 말한 다음과 같은 이야기가 기록되어 있다.

나는 직무상 이학균과 현상건 2명을 우리 군에 감금하려는 생각으로 찾고 있었는데, 궁중이나 그 주변의 서양인 가옥에 도망가 있었기 때문에 잡을 수 없었다. 만약 외출하면 잡으려고 지금도 헌병이 계속 지키고 있는데, 교묘하게 꾀어낼 방법이 없을까.[64]

〈그림 6〉 이용익(『일로전쟁실기(日露戰爭實記)』 제6편, 박문관, 1904년 4월에서)

현상건과 이학균은 외국공사관에 보호를 구하고 숨어 있었는데, 그 후 미국 군함을 타고 즈푸로 탈출할 수 있었다.

3월 12일 오후 3시에 발신된, 하야시가 고무라에게 보낸 전보에 다음과 같이 쓰여 있다.

이학균·현상건 두 명은 저번에 콜브란 등에 의뢰하여 청국 상하이

---

64) 「魚潭少將回顧錄」, 70쪽 주④ 참조.

지방으로 여행하고 싶다는 뜻을 본관(本官)에게 통지해 왔기에 본관은 그들이 될 수 있으면 이곳에 머물지 않는 것이 편리하다고 생각하여 아무런 이의를 제기하지 않고 경우에 따라 상당한 편의를 제공해주어야 한다고 대답해두었다. 그런데 저들은 다시 미국 공사에게 의뢰하여 미국 군함의 도움을 받으려고 협의를 진행하는 것으로 보였다. 오늘 미국 공사는 본관에게 저들을 미국 군함 신시내티호로 즈푸로 보내고자 하는데 지장이 없느냐고 동의를 구했다. 이에 대해 본사는 아무런 이의가 없다고 대답해두었다.[65]

3월 12일에 미국 공사가 이학균과 현상건을 미국 군함으로 즈푸에 보내는 데 대한 동의를 구하자 하야시는 동의를 하지 않을 수 없었다. 이후 3월 15일에 하야시는 한국주차군 사령관 사이토 리키사부로와 경성영사 미마세 쿠메키치(三增久米吉) 앞으로, 내일 출항하는 미국 군함 신시내티로 이학균과 현상건이 즈푸로 도망갈지 모르지만, 이것은 본사(本使)가 동의한 일이므로 "저해하는 수단을 취하지 않도록 하기 바란다"고, 즉 손을 대지 말라고 통지하였다.[66] 하야시는 이보다 이전인 2월 10일 인천의 가토 영사로부터 "현상건이 프랑스 군함을 탑승하려는 경우 체포해도 지장이 없는지 전훈(電訓)을 구한다"는 청훈에 대해서 "체포해도 무방하다, 다만 명분은 군사기밀 누설의 혐의로 하여 소지한 서류를 조사할 것"이라고 답했다.[67] 미국 공사 알렌(安連,

---

[65] 『주한』 23권 208쪽, 2-(231) 왕전제285호.
[66] 『주한』 21권, 461쪽, 7-(8).
[67] 『주한』 22권, 338-339쪽, 9-(17) 내전제115호; 9-(19) 왕전제28호.

H. N. Allen)의 개입이 없었으면 이학균과 현상건은 일본군에 잡혀 '군사기밀 누설 혐의', 결국 러시아 스파이로 처단되었을 것이다.

추밀고문관 15명의 의정서 체결 방법 비판

한일의정서 체결 방법에 대해서는 일본 측에서도 비판이 나왔다는 것을 소개해두려 한다. 『일본외교문서』 37권 1책 383번 문서 「한일의정서 공표에 관한 건」에 '추밀고문관의 상주'가 부기되어 있다.

> 이번 한일조약 체결의 일이 있자, 당국(當局) 대신은 기명조인 전에 이것을 추부(樞府)의 논의에 부칠 것을 주청하지 않고, 또 특별히 [공백] 지(旨)를 구하지 않고, 단순히 사후의 전말을 보고하기 위해 나타났다. 이것이 시국에 처함에 오로지 속전속결을 꾀했기 때문이라 해도 신들은 궐하에서 항상 소명을 기다리면서 그 기의(機宜)를 잃지 않기를 기한다. 당국이 이를 살피지 않은 것은 신들이 매우 유감으로 여기는 바다.

공백에는 '성(聖)' 자가 들어갈 것이다. 이 상주문은 1904년(메이지 37) 2월 27일자로 추밀원 부의장 히가시쿠제 미치토미(東久世通禧)를 비롯해 15명의 추밀고문관이 연서하여, 한일의정서가 추밀원에서 논의되지 않고, 특히 천황의 허가도 받지 않고 조인되어 외무대신에 의해 사후 보고된 것은 "신들이 매우 유감으로 여기는 바"라고 천황에게 호소한 것이다.

공간된 『추밀원회의의사록(樞密院會議議事錄)』 제10권에는 이 날의 회의 중에 '포획심검령 중 개정의 건(捕獲審檢令中改正の件)' 필기가 수록되어 있을 뿐 위 상주문에 관한 기록은 일체 없다. 다만 이 날의 추밀원 회의에 출석한 고문관들이 상주문에 서명한 15명에 다나카 고문관 1명을 추가해 16명이 된 것은 확인할 수 있다. 제1차 마쓰카타(松方)내각에서 사법대신을 역임한 다나카 후지마로(田中不二麿) 외에 출석자 전원이 서명한 것이었다.

한일의정서 체결 방법이 한국에 대해 극히 불법적이었을 뿐만 아니라 일본 국내법상의 절차도 무시한 것은 더욱 주목되어야 할 듯하다.

한국의 이권 수탈 계획

1904년 2월 27일, 러일 개전으로부터 2주 정도, 한일의정서 체결부터 며칠 후 하야시 공사는 고무라 외무대신에게 '제201호'를 보내 한국에서 일본의 이권을 부식할 계획에 대해 제언했다.

(전략) 이번의 기회에 우리 권리의 부식을 충분히 계획함은 물론이지만 경의철도와 같은 우리 권리의 매우 중요한 것은 이미 귀하의 전신 및 훈령에 기초하여 한국정부에 조회함으로써, 기타 연해어업, 연안 및 하천의 통항, 토지소유권 혹은 지상권 등 중요한 이권은 우리의 군사행동 종결까지, 두드러지게 눈에 띄지 않는 방법으로 순차적으로 이를 획득해야 한다. 다만 광산채굴권은 궁내부용으로 제외된 것 외에

는 세인(世人)이 기대할 정도로 유리한 것이 아니기 때문에, 다른 나라에 준해서 벨기에나 이탈리아에 한 곳의 채굴권을 주는 것은 저들의 불평을 달래고 우리에게 동정을 주는 이익이 있을 것임.[68]

하야시는 가장 중요한 이권으로 ①경의철도 부설권을 들고 있으며, 이것에 대해서는 이미 훈령에 기초하여 한국정부에 조회하였다고 했다. 그 밖에 ②연해어업권, ③연안 및 국내 하천의 통항권, ④토지소유권 또는 지상권 등 중요한 이권은 일본의 군사행동이 종결할 때까지 눈에 띄지 않는 방법으로 순차적으로 획득해가야 한다고 했다. 다만 ⑤광산채굴권은 일부를 제외하고 그렇게 유리한 것이 아니기 때문에 벨기에나 이탈리아에도 다른 나라와 똑같이 한 곳씩 나누어주어 일본에 동조하도록 하는 것이 좋겠다고 서술하였다. 러일전쟁의 목적을 노골적으로 토로한 것이지만, 이 의견서 난외에는 "상(上)·각상(各相)·참(參)·4로"가 기입되어 있다. 요컨대 천황, 각 대신·참모총장·4명의 원로(이토·야마카타·마쓰카타·이노우에)에게 회람했다는 것이다.

다음날 2월 28일 고무라는 하야시에게 다음과 같이 회훈(回訓)했다.

귀하의 전보 제201호와 관련된 의견에 대체로 동의하며, 차제에 급격한 계획을 강제하거나 또는 외국인의 감정 및 이익을 해치는 것 같은 일은 매우 좋지 않으므로 이후 충분히 주의하기 바랍니다. 개혁에 관한 방안은 이쪽에서 신중히 연구 중이니 추후에 알려줄 것임.(하략)[69]

---

[68] 『일외』 37권 1책, 384번, 347쪽.

고무라는 일본의 군사행동 종결까지 한국의 이권을 순차적으로 획득해가야 한다는 하야시의 제언에 대해 "대체적으로 동의"한다고 표명했다. 그러나 한국에 "급격한 개혁을 강제"해서 "외국인의 감정 및 이익을 해치는" 것은 좋지 않으므로 충분히 주의해주길 바란다고 했다. 개혁에 관한 방안은 이쪽에서 신중하게 검토 중이므로 추후에 알리겠다고 훈령한 것이다. 고무라 및 일본 수뇌들은 하야시의 폭주를 우려하면서도 러일전쟁 중에 눈에 띄지 않는 방법으로 한국에서 더 많은 이권을 수탈해간다는 점에서는 하야시와 완전히 일치했다.

러일전쟁은 러시아와의 전쟁일 뿐만 아니라 일본이 대한제국의 이권을 하나하나 빼앗아가기 위한 침략전쟁이었다는 것, 그것을 현지에서 실행한 하야시 공사는 한국 요인에 대해 협박·매수·납치·감금 등 온갖 비열한 수단을 취했다는 것, 고무라 외무대신을 비롯해 천황·각부 대신·참모총장·4명의 원로들이 하야시의 행동을 승인했다는 것을 확인해두고자 한다.

러일전쟁은 서울 침략으로부터 시작

청일전쟁이 일본군에 의한 조선왕궁 점령으로부터 개시된 것과 마찬가지로 러일전쟁 역시 일본군에 의한 서울 점령으로부터 개시되었다. 이것에 앞서 러일 개전의 위기를 인식한 대한제국 황제 고종은 러일 양국 정부에 한국의 전시국외중립의 보장을 구했다. 러시아는

---

69) 『일외』 37권 1책 385번, 348쪽.

이를 받아들였지만, 일본은 이것을 문전박대함과 동시에 한국에 비밀조약의 체결을 압박했다. 주한공사 하야시 곤스케가 외무대신 고무라 주타로의 지시 아래 온갖 수단을 다해서 어떻게 일본군의 한국 상륙을 합리화할 수 있는 문서를 한국으로부터 입수하려 했는지를 밝혔다.

그 사이 고종은 러시아의 니콜라이 2세와 네덜란드의 빌헬미나 여왕 앞으로 보내는 친서를 휴대한 사자 현상건을 유럽에 파견하고, 니콜라이 2세에게는 일본이 한국의 중립 의사를 침범하여 서울에 침입하는 경우 러시아와 동맹하는 것을 희망한다고 표명하였으며, 빌헬미나 여왕에게는 한국이 헤이그평화회의에 조기에 가입할 수 있도록 협조를 구했다. 이지용·민영철·이근택 3명에게 하야시 공사를 상대하도록 하면서 현상건의 귀국을 기다린 고종은 1904년 1월 21일에 외부대신 이지용 명의로 러일이 분쟁할 때 한국은 엄정한 중립을 지킨다는 결의를 세계를 향해 발신하도록 했다. 일본을 제외한 각국은 이것을 호의적으로 받아들이고 한국에 승인한다는 회답을 보냈다.

그러나 일본의 연합함대는 2월 8일 심야부터 9일에 걸쳐 뤼순항 외부 정박지의 러시아 함대와 한국 인천항의 러시아 군함 2척을 기습 공격함과 동시에 인천항에 육군 4개 대대를 상륙시켜 바로 서울을 점령했다. 이어서 육군의 대부대가 인천에 상륙하고 서울을 침입하는 중에 2월 23일 일본은 한국에 한일의정서의 체결을 강요했다. 의정서 조인교환에 앞서 주한공사 하야시 곤스케가 조인에 반대하는 한국 요인을 일본에 납치하는 것을 계획하고 일본군에 의해 실행되었다는 것과 천황을 비롯해 일본 정부 수뇌는 하야시의 계획을 승인하였다는 것도 밝혔다.

　대한제국의 '중립선언'을 짓밟고 실행된 일본의 군사행동은 그 후 일본의 군사점령 하에서 불법으로 한국에 강요된 '한의의정서'에 의해서도 결코 합리화할 수 없는 것이다.

제2장 일본이 도발한 러일 개전

— 러시아의 회답서를 억류하다

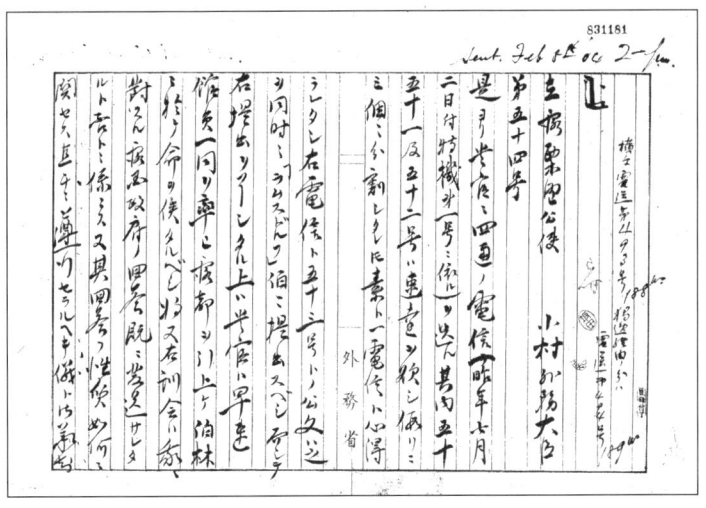

〈그림 7〉 「국교단절 훈령 전보」 (외무성 외교사료관, JACAR B07090546900, 4/58)

최후통첩

1904년(메이지 37) 2월 6일 러시아 수도 페테르부르크에서 현지 시각으로 오후 4시, 일본 시각으로 같은 날 오후 9시에 주러공사 구리노 신이치로(栗野愼一郞)는 람즈도르프 외무대신에게 두 통의 공문을 전달했다. 한 통은 러일교섭 단절의 통고인데, 그 말미에 일본이 "독립 행동을 취할 권리를 유지한다"고 쓰여 있다. 후에 일본정부가 전시국제법상의 최후통첩이라고 주장하는 근거가 된 어구다. 다른 한 통은 국교단절과 공사관 철퇴 통고다. 도쿄에서도 2월 6일 오후 4시 외무성에 불려간 주일러시아공사 로젠은 외무대신 고무라 주타로(小村壽太郞)로부터 같은 문서를 전달받고 도쿄 퇴거가 권고되었다(외무성 편, 『고무라외교사(小村外交史)』, 362쪽).

그러나 이미 같은 날 오전 9시부터 실제로 일본의 연합함대가 속속 사세보(佐世保)를 출항하고 있었으며, 그보다 앞서 제3함대는 한국의 진해만과 진해전신국을 점령하고 나가사키 및 부산 근해에서 러시아 선박의 나포에 착수하고 있었다(제7장 참조). 게다가 그 전날인 2월 5일 육군의 동원령 발령과 동시에 한국 북부 및 중국 동북부(만주)에서 러시아로 통하는 전신선은 일본의 군사 첩보원에 의해 절단되었다. 또한 같은 날 정오부터 일본에서 해외로 발신된 전보는, 러시아 이외의 외국공관과 일본의 관청에서 발신된 전보를 제하고, 72시간 동안 정지되었다(제7장 참조). 이처럼 일본의 군사행동 개시는 미리 러시아에 전해지지 않도록 정밀하게 고안되어 있었다.

일본이 러시아에 교섭단절을 통고하기 3일 전인 2월 3일 람즈도르프 외무대신은 니콜라이 2세의 허가를 얻어 3통의 전보를 알렉세예프 극동총독과 도쿄의 로젠 공사에게 발신했다. 한 통은 일본의 요구를 수용하여 중립지대 설치 조항을 삭제한, 일본에 통지한 정식 회답서(2호 전문)이고, 두 번째는 러시아의 양보를 명확히 전하도록 지시한, 로젠 공사에게 주는 훈령서(1호 전문)이며, 세 번째는 니콜라이 황제가 2월 3일 아침에 처음으로 말한 중립지대 설치를 비밀조약 형태로 남겨둔다는 추가지시서(3호 전문)였다.[1]

이후 람즈도르프는 황제에게 편지를 보내 세 통의 전보를 타전했다고 보고하고, 알렉세예프 극동총독이 만약 무언가 의견을 피력하는 것이 필요하다면 될 수 있으면 단시일 내에 연락하도록 명할 것, 또 로젠에게는 중립지대 포기를 통고하기 전에 일본인이 비밀조약을 수용하도록 할 것을 진언했다. 니콜라이 황제는 그날 밤 12시가 지나 궁궐로 돌아와서 람즈도르프 편지에 "완전히 동의한다"고 써서 보냈다. 람즈도르프는 알렉세예프에게 네 번째 전보를 타전했다.[2] 일본에 대한 회답

---

1) 加納格, 「ロシア帝國と日露戰爭への道―1903年から開戰前夜を中心に」, 『法政大學文學部紀要』 53, 2006.
2) 和田春樹, 『日露戰爭―起源と開戰―』 하권(岩波書店, 2010), 288-289쪽.

서를 뤼순의 극동총독에게 보낸 사실은 4일 오후 8시에 람즈도르프로부터 구리노 주러공사에게 전해졌다. 구리노는 이것을 5일 오전 5시 5분에 발신하여 고무라 외무대신에게 알렸지만, 이 전보가 도쿄에 도착한 것은 12시간 후인 5일 오후 5시 15분이었다.3) 『일본외교문서』에서는 구리노의 전보가 도착한 3시간 전인 오후 2시에 고무라가 구리노 앞으로 "러일국교 단절"과 "독립행동을 취할 권리의 유지"를 포함한 '러일교섭 단절'을 통고하는 공문을 이미 발신한 것으로 되어 있다. 고무라는 구리노에게 다음과 같이 훈령했다.

지금부터 귀관에게 네 통의 전신을 보낸다. 그 중 50, 51 및 52호는 속달코자 임시로 3개로 분할했지만 원래 하나의 전신으로 명심하기 바란다. 위의 전신과 53호 공문을 동시에 람즈도르프 백작에게 제출할 것. 그리고 제출을 완료한 다음에 귀관은 조속히 관원 모두를 거느리고 러시아 수도를 철수하여 베를린에서 명을 기다릴 것. 또한 위의 훈령은 우리에 대한 러시아정부의 회답이 이미 발송되었는지 아닌지에 관계없이, 또 그 회답의 성질 여하에 관계없이 바로 준행해야 하는 것으로 이해할 것(하략)(『일본외교문서』 37권 1책 121번).

여기에 보이는 것처럼 고무라는 구리노에게 훈령(54호, 〈그림 7〉)을 보내, 지금부터 러일교섭 단절(50, 51, 52호로 삼분할) 및 국교 단절(53호) 공문을 보내니 이것을 동시에 러시아 외무대신에게 제출한 후, 공사관

---

3) 『日本外交文書』 37권 1책 120번, 96쪽.

원 전부를 인솔하여 페테르부르크를 떠나 베를린에서 대기하라고 명했다. 그리고 이 훈령은 일본에 대한 러시아정부의 회답이 이미 발송되었는지 어떤지 관계없이, 또 그 회답의 성질이 어떤지에 관계없이 바로 준행하라고 명했다. 그리고 중요한 것은 『일본외교문서』에는 숨겨져 있지만, 이들 전보 모두는 페테르부르크 구리노 공사에게 직접 발신된 것이 아니라 베를린의 이노우에 카쓰노스케(井上勝之助) 독일 공사(이노우에 카오루의 양자)를 경유하여 전달되었다는 사실이다. 이것은 해군군령부가 편찬하고 최근까지 비밀로 숨겨온 『극비 메이지 37-8년 해전사』(極秘明治三十七八年海戰史)(이하 『극비해전사』로 약칭. 이 책에 대해서는 제3장 참조)를 통해 알 수 있다.[4]

『극비해전사』 제1부 제1권 78쪽에는 2월 4일 어전회의에서 "결국 러시아와 교섭을 단절하기에 이르면 최후의 통첩을 발함과 동시에 함대에도 발진 명령을 내리는 것으로 하고, 그 통첩은 독일주차 제국공사 이노우에 카쓰노스케에게 전보하고, 이 공사가 특별히 사자를 러시아 수도에 파견하여 구리노 공사에게 전하는 것으로 정하였다"라고 쓰여 있다. 이것이 어떤 의미를 가지는지는 뒤에 서술하겠다.

---

[4] 구리노에게 보낸 고무라의 훈령 54호 원본은 외교사료관이 소장한 부책(簿冊) 『러일전쟁 때 러시아 주재 제국 공사관 철퇴 및 신민의 철수와 미국 정부가 보호한 일건(日露戰役ノ際在露帝國公使館撤退及臣民引揚並米國政府保護一件)』 제3권에 철해져 있다. 여기에는 "횡문(橫文, 영어―옮긴이) 전송 493호 188W, 독일을 경유한 것은 전송 494호 189W"라고 기재되어 있다(이 장의 맨 앞 사진 참조). 이것은 『극비해전사』의 기술을 뒷받침함과 동시에 페테르부르크와 베를린 양쪽에 보내졌을 가능성을 시사하고 있다. 같은 부책 전5책 중에는 훈령 54호와 동시에 보내졌을 50호부터 52호는 수록되어 있지 않다. 50호부터 52호의 원본이 발견되면 54호와 53호만 양쪽에 보내지고, 50호부터 52호, 곧 '러일교섭 단절' 공문은 베를린에만 보내진 것이 증명될 것이다.

고무라 외무대신은 2월 5일 오후 2시에 러시아에 전달할 교섭단절 공문(최후통첩)을 베를린의 독일 공사 이노우에 카쓰노스케 앞으로 발신하기 전에, 일본의 요구를 수용한 러시아의 회답서가 이미 발신된 것을 알고 있었을 가능성이 있다. 거듭 이야기하면 고무라는 러시아의 회답서를 곁에 두고 몰래 보고 있었을 가능성이 높다.

이 장에서는 러일교섭 말기, 특히 1904년 1월에 러시아의 제3차 회답서를 수취한 이후 일본 정치·군사 지도자의 움직임을 분석한다. 그리고 일본에 전달되지 않은 러시아의 제4차 회답서가 2월 3일, 혹은 4일에 페테르부르크에서 직접 도쿄로 발신된 것과, 2월 5일에 뤼순에서 도쿄에 전송(轉送)된 것 모두가 2월 7일 아침, 곧 일본이 러시아에 교섭단절을 통고한 후에 로젠 공사에게 배달된 이유를 밝히려 한다.

러일교섭

1903년(메이지 38) 8월에 러일교섭을 시작한 가쓰라(桂) 수상과 고무라 외상의 생각에는, 한국에서 일본의 완전한 권익을 러시아에 인정케 하는 대신 만주에서 러시아의 한정된 권익을 일본이 인정한다는 '일본에 유리한 만한교환론(滿韓交換論)'에서 출발하여 쌍방이 한국과 만주에서 완전한 권익을 서로 인정한다는 '대등한 만한교환론'으로 결말을 짓는다는 고안이었던 듯하다. 다만 한국에서의 권익에 관해서는 일본은 전쟁에 호소해서라도 양보하지 않는다는 각오 아래 러일교섭을 시작한 것은 가쓰라 타로(桂太郎) 자서전에 여러 번 공언하고 있는 사실이다(제5장 참조).

　일본이 8월 12일에 최초로 제시한 러일협상안(제1차 제안)은 한국에서 일본의 완전한 권익과 만주에서 러시아의 철도 권익을 인정하려는 것으로 '일본에 유리한 만한교환론' 중에서 꽤 강경한 것이었다. 이것에 대해 러시아는 만주 문제는 청국과 러시아의 문제이고 일본과의 협의는 한국 문제에 한정한다는 방침을 취하면서 10월 3일에 한국의 전략적 사용 금지(한국 영토 안에 군사시설을 설치하지 않는다)와 북위 39도선 이북(대략 평양 이북)의 한국 영토에 중립지대를 설정한다는 조항을 포함한 제1차 대안을 제시하여 대한해협의 자유 항해 권리를 확보함과 동시에 일본군의 한국 북부로의 침입을 저지하려 했다.

　이처럼 쌍방의 주장에 큰 차이가 있는 채 교섭이 계속되었지만, 시간의 경과는 시베리아철도의 완성과 러시아의 극동으로의 군대수송 능력 증대를 의미하기 때문에 일본에 불리하다고 일본 측은 인식했다. 1904년 1월 6일 고무라 외무대신은 로젠 공사로부터 러시아의 제3차 회답서를 수취했다. 여기에는 일본이 거부하는 한국의 전략적 불사용과 중립지대 설정이 여전히 유지되고 있었다. 그러나 이때 러시아는 이들 한국 조항을 일본이 승인하는 것을 조건으로, 일본이 만주에서 청국과의 사이에서 획득한 권익과 특권[1903년 10월 8일 일본은 청국과 추가 통상항해조약을 체결하고 펑톈(奉天)·대동구(大東溝)의 개방을 쟁취했다]의 향유를 방해하지 않는다는 새로운 양보를 했다. 요컨대 러시아가 만주 문제를 협의의 대상에 포함한다고 양보를 한 것이다.

　그러나 외무성 편 『고무라외교사』에는 "러시아의 태도에는 이미 서로 사양하여 타협할 의지는 조금도 보이지 않아 더 이상 담판의 여지가 없다고 단정했지만, 국교단절은 시기가 아직 약간 일러 묘의(廟議)는 지금 일단 절충하는 것이 좋다고 기울어졌기 때문에" 고무라가 의견서를 기초해서 1월 12일의 각의 및 어전회의에 부치고, 러시아에 재고를 촉구하는 구상서(口上書)를 내는 것으로 했다고 쓰여 있다. 이때 고무라가 기초한 의견서에는 러시아가 일본의 희망을 들어줄 가능성은 없다, 해결을 지연시키는 것은 일본에 불리하다, 러시아가 회답을 지연시키거나 불만족의 회답을 주는 경우에는 "어쩔 수 없이 담판을 중단"하고, "제국의 기득권 및 정당한 이익을 옹호하기 위해 제일 좋다고 생각되는 독립 행동을 취할 권리를 유지한다"는 방침이 벌써 1월 12일에 나왔던 것이다.5)

『가쓰라자서전』에는 더욱 노골적으로 쓰여 있다. 1월 8일 가쓰라의 미타(三田) 사저에서 고무라 외무대신, 야마모토 해군대신, 데라우치 육군대신이 모여, "1월 20일까지 우리 해군의 전쟁 준비, 특히 운송선 전부를 사세보에 집합할 수 있다고 예상되므로, 그 전에 전쟁을 여는 것은 우리에게 불리하기 때문에 위의 글을 러시아에 보내는 것으로 대응을 협의했다"라고 하였다.6) 『고무라외교사』에는, 고무라가 13일에 로젠 공사를 불러 일본의 '최종 수정의견'의 취지를 설명함과 동시에 페테르부르크의 구리노 공사에게도 전훈(電訓)하고, 일본의 '최종 수정의견'에 관한 구상서를 람즈도르프 외무대신에게 교부토록 했다고 쓰

---

5) 外務省編, 『小村外交史』(原書房, 1966), 350-351쪽.
6) 宇野俊一 校注, 『桂太郞自傳』(平凡社, 1993), 328쪽.

여 있다. 그런데 1월 13일 고무라는 구리노에게 구상서를 보냄과 동시에 별도의 전보에서 12일의 어전회의 개황(槪況)을 내보(內報)하면서 "정부가 취할 침로와 결심에 관해서는 문무 중신이 보는 바가 완전히 같다"고 알리고, 구상서를 러시아 외무대신에게 건네줄 때 아무런 언설도 붙이지 말고, 사건을 토로하는 것도 신중히 해서 만일 설명을 요구받으면 반드시 훈령을 청할 것, 또 구상서를 제출한 다음에는 정부의 훈령이 없는 한 상대방의 회답을 독촉하는 것도 피하고, 오로지 러시아 정부의 태도를 감시하여 그 나라가 취하려는 행동을 전력을 다해 탐지하라는 매우 주도면밀한 훈령을 내렸다.[7]

구리노는 1월 16일에 외무대신 람즈도르프를 면회하고 일본 정부의 구상서를 건네주었다.

개전으로의 의지 통일

해군대신 관방 편 『야마모토 곤베에와 해군(山本權兵衛と海軍)』(原書房, 1966)에 수록되어 있는 「야마모토 백작의 경험담(山本伯實歷談)」에 이 당시 일본의 정치·군사 지도자들이 대러 개전으로 의지를 통일하는 과정이 한층 생생하게 묘사되어 있다. 이에 대해서는 최근 원로 야마가타 아리토모가 가쓰라 수상과 데라우치 육상(陸相)에게 보낸 1월 16일자 서간 등을 근거로 1월말까지 개전으로의 의사 통일은 이루어지지 않았다는 견해가 제출되어 있기 때문에 조금 상세하게 소개하

---

7) 『小村外交史』, 353-354쪽.

려 한다.8)

「야마모토 백작의 경험담」을 요약하면 다음과 같다. [ ] 안은 필자의 주석이다.

1904년 1월 11일 이른 아침에 야마모토 해군대신이 원로 이토 히로부미를 방문하여 대러 문제를 협의했다. 야마모토는 이토 집에서 돌아오는 도중에 총리관저에서 가쓰라를 만나 이토와의 회담을 보고하고 "제2단계 최후의 일까지는 다루지 않고 헤어졌다"라고 알렸다. 가쓰라는 자신도 이토를 만나러 가겠다고 했다. [이것은 내각원로회의를 열어 개전으로 의지를 통일하기 위한 사전교섭을 하고 있었다는 의미다.]

그 후 가쓰라로부터 야마모토에게 내일 아침 빨리 관저로 오라는 전화가 있었다. 게다가 미명인 4시 반경에 이토로부터도 전화가 와서 될 수 있으면 빨리 관저로 오라고 했다. 무슨 일이 있다고 생각한 야마모토는 날이 밝기를 기다려 오전 6시에 총리관저로 갔다. 가쓰라가 야마모토에게 말하기를, 어제 저녁 가쓰라가 이토를 방문했을 때 야마모토가 이토의 최후 결심[개전]을 의심스러워한다고 했는데, 이토는 매우 격앙하여 내일 아침 모두를 부르라고 말했다 한다.

1월 12일 이른 아침부터 총리관저에 야마모토를 비롯해 고무라 외상, 데라우치 육상, 야마가타·마쓰카타·이노우에 등의 원로, 참모총장·차장, 군령부장·차장 등이 모였다. 그곳으로 이토가 창백한 안색과

---

8) 치바 이사오(千葉功)는 『구 외교의 형성(舊外交の形成)』(勁草書房, 2008)에서 야마가타가 가쓰라·데라우치 앞으로 보낸 1월 16일자 편지 등을 가지고 1월 12일에 대러 개전으로 의사가 통일되었다는 「山本伯實歷談」의 기술은 신용할 수 없다고 하였다.

긴장한 얼굴로 들어왔다. 이토는 먼저 야마모토를 힐문(詰問)하고 이어서 가쓰라에게 붓과 종이를 준비토록 하여 러일교섭 결렬의 경우에 대처할 대강에 관해 요점을 기록했다. 두루마리의 길이는 약 1간(약 1.8미터 – 옮긴이)이나 되었다.

여기에 이전부터 가쓰라·야마모토·고무라 간에 숙의하여 준비해둔 여러 안을 내고, 이토가 쓴 '강요(綱要)'와 함께 참집(參集)한 원로·대신·군사 당국자에게 보여주고 상담한 바, 모두 이제는 개전할 수밖에 없다는 의견에 일치했기 때문에 내각의 다른 대신을 불러 모아 내각원로회의(내각의 여러 대신, 원로, 참모총장·차장, 군령부장·차장)를 개최하기로 결정했다. 시각은 1월 12일 오후 9시경이었다.

그래서 어전회의 개최를 주청하고 같은 날 오후 1시부터 궁중에서 어전회의가 개최되었다. 이른 아침의 내각원로회의에 끝까지 출석한 가쓰라 수상이 낮 무렵에 갑자기 복통을 일으켜 오후의 어전회의에 출석할 수 없게 되었다. [가쓰라는 자전에서 8일 사저에서의 수뇌회의 이후 유행성 독감에 걸려 발열로 2주 동안 침상에 누워 있었다고 쓰고 있는데, 11일에서 12일에 걸쳐 무리하게 공무에 나아갔기 때문일 것이다.]

어전회의에서는 야마모토 해군대신이 내각을 대표하여 최초로 1시간 이상에 걸쳐 대러 교섭의 경과, 군사행동의 개요와 각개격파 전략에 의한 승산을 이야기하면서 러일 교섭의 단절과 개전에 대한 천황의 결단을 구했다.

야마모토에 이어 추밀원의장 이토 히로부미가 일어나 강대국 러시아를 상대로 전쟁하는 것에 염려와 두려운 마음을 표명하면서도 "독립행동을 취하는 외에 수단이 없다고 믿는다"라고 얘기했다. 이어서 발언한 야마가타와 마쓰카타 2명의 원로도 대러 교섭을 중단하고 자유행동을 취하는 것으로 천황의 결의를 촉구했다. 그러나 천황의 말은 "한 번 더 재촉해보라"였다.9)

「야마모토 백작의 경험담」은 해군성의 위촉을 받은 아사이 마사히데(淺井將秀)가 1926년부터 27년까지 야마모토의 집에 가서 야마모토의 담화를 필기하여 문장화한 후 다시 야마모토의 검열을 거친 것이라 한다(『山本權兵衛と海軍』 권두의 「해제」 참조). 아사이가 손수 쓴 원본은 군령부에 보관되어 있었는데, "종전 때 소실되었는지 금일에 이르기까지 존재 여부가 불명"이어서 해군대학교에 남아 있는 부본(1941년에 필사)을, 1966년에 비로소 하라쇼보(原書房)로부터 『야마모토 곤베에와 해군』에 수록하여 공간했다. 작성·전승의 경위를 봐도 일반적인 군인의 회고록과는 뚜렷하게 구별되는 사료적 가치가 인정될 것이다.

야마모토의 담화는 러일전쟁 20여 년 뒤에 이루어진 것이지만 매우 구체적이다. 예컨대 어전회의 출석자와 좌석이 그림으로 표시되어 있을 뿐만 아니라 천황의 "한 번 더 재촉해보라"는 발언이 이루어진 상황을 상세하게 이야기하고 있다. 요약하면 다음과 같다.

천황은 의안 중 하나하나 의안마다 질문했다. 이것에 대답하기 위해 야마모토는 기립하여 천황의 곁으로 갔는데, 이때 이토와 고무라에게도

---

9) 海軍大臣官房編, 『山本權兵衛と海軍』, 原書房, 1966, 194-199쪽.

입회를 청하여 두 사람도 기립하여 천황 가까이로 갔다. 천황은 의안 가운데 러시아 회답 지연이라는 곳에서 "한 번 더 독촉해보라"라고 말했다. 야마모토가 복창하고 확인했다. 이후 야마모토가 천황의 허가를 얻어 폐회를 선언했다. 그러자 이노우에 카오루(井上馨)가 "폐하─ 개전"이라고 발언하면서 퇴석하려는 천황에게 뭔가를 주상하려 하자, 야마모토가 "회의는 이미 폐회를 고했다, 물러가라"라고 일갈했다.

또 야마모토는 이 회의 후 천황으로부터 '좀 남아 있으라'라는 말을 들었고, 그리고 질문에 대답했다. 이때 천황은 야마모토에게 의안서가 12시 반이 되어 도착했기 때문에 충분히 훑어볼 수가 없었고, 점심을 먹을 수도 없었다고 말했다. 야마모토는 "참으로 두려워 몸 둘 바를 몰랐다"고 쓰고 있다.

이날 오후 1시부터 예정되어 있던 어전회의 의안서는, 오후 9시경에 내각원로회의가 종료한 후 새로 가쓰라·야마모토·고무라가 숙의하여 준비한 것과, 이른 아침 회의에서 이토가 묵서(墨書)한 것을 대조하여 고무라가 정리한 것을 오전 11시 반까지 천황의 곁에 이르게 할 예정이었지만, 외무성에서 정서가 지체되었는지 도착한 것은 12시 반이었다. 어전회의 폐회 시각은 오후 4시였다. 「야마모토 백작의 경험담」에서는 이 사실을 '부기한다'로 적고 있다.

야마모토는 아마 일기 등 당시의 상세한 기록을 근거로 후세에 남길 의도를 가지고 담화하고, 그것을 검열했을 것이다. 따라서 1904년 1월 12일 이른 아침부터 총리관저에서 열린 내각원로회의에서 일본의 정치·군사 지도자가 대러 개전으로 의사를 통일한 것은 충분히 믿을 만하다.

그런데 1904년 1월 12일 시점에서 천황이 개전을 주저한 것은 아마 사실일 듯하다. 그러나 그 때문에 개전이 연기되었다고 보는 것은 옳지 않다. 천황이 "한 번 더 재촉해 보라"고 말하지 않았더라도, 내각원로회의에서는 해군이 준비를 갖추기까지 한 번 더 러시아에 재고를 촉구하는 구상서를 내기로 결정하고 있었기 때문이다. 이 시점에서는 군대수송에 필요한 수송선의 확보가 아직 가능하지 않았을 뿐만 아니라 연합함대의 제1집합 지점으로 예정된 한국의 팔구포(八口浦, 신안 하의면 옥도 주변 해역으로 8개의 물길이 열려 있다 하여 팔구포로 부름-옮긴이)까지의 통신선 확보도 하지 못했다. 이 당시 해군은 통신성과 협력하여 극비리에 사세보(佐世保)-팔구포 간에 해저전선을 부설 중이었으며 이것이 완성되기까지 연합함대를 출발시킬 수 없었던 것이다(제6장 참조). 또 전년(1903) 12월 28일 런던에서 매수계약이 성립된 군함 2척[아르헨티나가 영국에서 건조하고 있던 순양함으로 닛신(日進)·가스가(春日)로 명명]을 일본으로 안전하게 운항시키는 것도 고려해야만 했다.

마쓰카타 마사요시(松方正義)의 자서전 『후작 마쓰카타 마사요시경실기(侯爵松方正義卿實記)』에는 1월 12일의 내각원로회의에서 마쓰카타가, "일이 이에 이르러 이미 타협의 길이 없다. 단지 저렇게 동일한 일을 반복해서 시일을 끌면 헛되이 저들에게 군비를 충실케 함에 불과하다. 최후의 결단은 오늘에 있다"고 말하자, 고무라 외상이 "정말로 귀하의 주장과 같다고 해도 잠시 이달 말까지 시일을 늦춥시다. 이

기간에 군대 수송선을 준비할 필요가 있고, 그리고 이를 위해 개전 시기를 지연하는 방책으로 다시 한 번의 교섭을 시도하여 우리의 제2 수정안에 대해 저들이 재고(再考) 통첩을 내도록 해야 한다"고 말했다고 쓰여 있다.10) 결국 1904년 1월 13일에 일본이 러시아에 제출한 구상서, 즉 '최종 수정의견'이라는 것은 일본 측의 시간벌기에 불과하고, 이 점에 대해서도 내각원로회의에서 합의가 되었던 것이다. 따라서 이 이후에 야마가타가 육군의 조기 동원과 한국으로 한두 사단의 파견을 맹렬히 주장하고, 한국으로의 군대 파견은 반드시 러일개전이 되는 것은 아니라고 주장한 서간을 남기고 있는 것은, 1월 12일의 내각원로회의에서 대러 개전으로 의지가 통일되었다는 「야마모토 백작의 경험담」의 기술을 부정하는 근거가 되지는 않는다.

천황은 최종 결단을 주저하였지만 1904년 1월 12일부터 육군도 해군도 1월말 개전을 향해 확실히 일보를 내디뎠으며 천황도 그것에 협력했다. 이것에 대해서는 우선 아래의 사항만 지적해두려 한다.

육군 참모본부는 1월 12일자로 야전포병감 이지치 코스케(伊地知幸介) 육군소장에게 특별임무를 주어 한국 부임을 명했다. 게다가 1월 15일에는 '한국임시파견대 편성요령'을 작성하고 천황의 재가를 얻었다(제5장 참조).

해군 군령부는 1월 15일에 군령부 참모 다카라베 타케시(財部彪) 해군 중좌를 히로시마·사세보에 파견했다. 다카라베는 도고(東鄕) 연합함대 사령장관, 가미무라(上村) 제2함대 사령장관, 가타오카(片岡)

---

10) 『松方正義關係文書』 제5권(大東文化大學東洋硏究所, 1983), 103쪽.

제3함대 사령장관을 면회하여 해군대신과 군령부장의 서간을 건네주고, 러일교섭 경과, 작전계획 내용, 정부의 결심, 대신과 부장의 의견을 진술했다. 이것에 대한 함대 사령장관의 희망을 듣고 상호 의지의 소통을 도모하는 동시에 함대의 제반 상황을 시찰했다.11) 기이하게도 이지치 코스케는 참모총장 오야마 이와오(大山巖)의 조카사위이고, 다카라베 타케시는 해군대신 야마모토 곤베에의 사위였다는 것도 흥미 깊다.

'발동(發動)' 연기

해군은 당초 1월 25일을 '발동일'로 예정하고 있었던 듯하다. 그러나 그것을 연기해야만 하는 사정이 마쓰카타 등이 담당하는 전비조달 문제에서 일어났다. 『메이지천황기(明治天皇紀)』에 따르면 같은 날 천황은 대장(大藏)대신 소네 아라스케(曾禰荒助)와 재정통인 2명의 원로 마쓰카타 마사요시와 이노우에 카오루를 불러 시국의 재정계획에 관해서 오산하지 말도록 명하고 있다.

이에 대해서 다카라베 타케시가 30년 후인 1935년 6월에 예비역 해군대장으로 참여한 '러일전역 참가자 사담회'(이하 '사담회'로 약칭, '사담회'에 대해서는 제3장 참조) 자리에서, 당시 자신의 일기를 읽어가면서 다음과 같이 말하고 있다.

---

11) 『極秘海戰史』 제1부 제1권, 55-56쪽, アジア歴史資料センター(JACAR) C05110031200.

1월 25일 나의 일기를 읽는 것입니다만, "오늘이 무릇 [ ]일 것이라고 정한 날이었는데 재정이 정비되지 못했기 때문에 매우 유감이다"라고 되어 있다. 그때 우리들은 25일에 발동을 명받을 생각으로 있었는데, 대장성의 재정 쪽 전망이 서지 않았다는 일로 거기까지 가지 않았다. 이 밖에도 매우 졸렬한 영어로 쓴 것이지만, 역시 [ ]일 것이라고 정한 날이었는데 라고 쓰여 있다(『사담회기록(史談會記錄)』 1권 71-72쪽, JACAR C09050717900).

[ ] 부분은 공백이다. 여기에 '발동일(發動日)'이라는 글자가 들어간다는 것은 다카라베의 발언 내용에서 추측할 수 있다. 결국 해군은 1904년 1월 25일을 '발동일'로 예정하고 있었지만, 대장성의 전비 조달이 이루어지지 않아 연기되었다는 것이다.

다카라베의 일기장은 일본 국회도서관 헌정자료실(憲政資料室)에 1890년부터 1943년까지 모두 54책이 소장되어 있는데 무엇 때문인지 1904년분만 빠져 있다. 따라서 『사담회기록』에 남아 있는 다카라베의 일기 본문은 대단히 귀중한 것이다.

다카라베의 '1월 25일 발동 연기' 발언에 이어 예비역 해군중장 가미이즈미 토쿠야(上泉德彌)가 다음과 같이 말하고 있다.

야마시타(山下)로부터 들은 것이지만, 야마시타가 29일에 돌아와서 이쥬인(伊集院) 씨에게 드디어 결정되었습니까? 라고 묻자 이쥬인 씨가 말하기를, 결정되었지만 마쓰카타 씨가 3일 더 기다려달라고 했던 것이다. 이것은 역시 일종의 외채관계가 아닌가 하고 생각한다(『사담회기록(史談會記錄)』 1권 73쪽, JACAR C09050717900).

'야마시타'는 군령부 참모 야마시타 겐타로(山下源太郎) 대좌로 요동 방면 정찰 임무를 마치고 1904년 1월말에 귀국했다. '이쥬인 씨'는 군령부 차장 이쥬인 고로(伊集院五郎) 소장으로 1월 12일 오전의 내각원로회의와 오후의 어전회의에도 출석했다. 가미이즈미는 당시 해군중좌로 군령부장 이토 스케유키(伊東祐亨)의 부관이었다.

『메이지천황기』에 따르면 천황이 대장대신과 원로인 이노우에와 마쓰카타를 불러 재정계획을 하문한 다음날인 1월 26일에 총리대신 관저에서 이토·야마가타·마쓰카타·이노우에 4원로와 가쓰라 수상, 대장(大藏)·해군·육군의 각 대신이 모여 전시재정 계획에 대해 "대체(大體)를 의정"했다고 쓰여 있다. 그리고 28일에는 가쓰라 수상이 도쿄·오사카·교토·나고야·요코하마의 주요 은행가를 총리관저로 불러 군사공채 모집에 대해 협력을 구했다. 여기에는 외무·대장·해군·육군의 각 대신이 열석하고, 외무대신은 대러 교섭 경과의 개요를, 대장대신은 전시 재정계획의 대요를 연설했다. 다음 날에는 실업계의 요인을 수상관저에 불러 간담회를 개최하였으며, 외무·대장·육군·농상무 대신이 출석했다. 여기에 해군대신은 출석하지 않았다.

오사카와 도쿄 간 열차 이동은 아직 15시간이 걸리는 시대였다. 은행가들의 소집은 26일의 수뇌회담 후 곧바로 타전되었을 것이다. 상세한 것은 제5장에서 서술하지만, 개전 벽두에 러시아 함대를 기습

공격한다는 전략을 세우고 그것을 위해 육군의 동원조차 허락하지 않은 해군으로서는 은행가들을 모아 군사공채 모집의 협력을 구하는 따위는 "이제부터 전쟁을 시작합니다"라고 공언하는 것과 마찬가지이기 때문에 최초의 일격 뒤에 하면 좋다고 생각하고 있었을 것이다. 그러나 천황이 마쓰카타 등에게 전시재정에 대한 보고를 구했기 때문에 급히 해야만 했다. 이것은 25일 '발동'을 예정하고 있던 해군에 상상 밖의 사건이었는지도 모른다.

마쓰카타가 이쥬인에게 "3일 더 기다려 달라"고 하였듯이 내각원로들은 1월 25일부터 29일에 걸쳐 황급히 전시 재정계획의 개요를 정하고, 주요 은행가와 실업계 요인을 총리관저에 불러 모아 군사공채 모집에 협력을 구했다. 천황이 전비를 걱정한 계기는 아마 가쓰라가 24일에 상주한 의견서일 것이다. 가쓰라의 자서전에 따르면 1월 8일에 유행성 독감에 걸려 2주 동안 사저의 침상에 누워 있었던 가쓰라는 병이 나아 22일에 관저로 돌아오고 24일에 참내(參內)하여 13일에 일본이 러시아에 보낸 '최후 수정안'에 대해 '의견 삼사(三事)'를 상주했다. 도요(東洋)문고본 『가쓰라 타로 자전(桂太郎自傳)』권5 329쪽에는 다음과 같이 쓰여 있다.

24일 참내하여 폐하를 알현하고 아래의 의견을 상주했다. 첫째, 우리의 제안서에 대해 완전한 동의를 표해오면 개전을 요하지 않는다. 둘째, 우리의 뜻에 반해 회답해오면 바로 전단을 열 것을 요한다. 셋째, 저들이 만약 우리 의견을 다소 받아들여 회답해오면, 그 사항이 우리가 참을 수 있는 것이라면 마땅히 묘의(廟議)를 다해서 화전(和戰)을 결정할 필요가 있을 것이다. 이 3조의 이해(利害)를 설명하면서 상주했다.

요컨대 ①러시아가 일본의 수정안에 완전히 동의해오면 전쟁할 필요가 없다. ②러시아가 일본 수정안에 반대하는 회답을 해오면 바로 개전할 필요가 있다. ③러시아가 일본 수정안에 부분적으로 동의해오면 묘의를 다해서 교섭을 계속할 것인지, 전쟁을 단행할 것인지를 결정한다는 것이다. 가쓰라가 '의견 삼사'를 상주한 목적은 러시아로부터 일본의 수정안에 반대하는 회답서가 도달할 것을 예상하고, 그 경우에 바로 개전해야 한다는 것을 사전에 천황에게 설명하고 동의를 얻어두고자 하는 데에 있었다고 생각된다.

러시아는 양보한다

1904년 1월 6일에 일본이 수취한 러시아의 제3차 회답서에는 '한국의 전략적 사용 금지'와 '한국 북부에 중립지대 설치' 주장이 여전히 유지되었으며, 일본의 한국에 대한 완전한 자유처분권의 요구를 거절했다는 것은 전술했다. 일본은 1월 12일의 내각원로회의에서 대러 개전의 의지를 통일하고 해군의 준비가 정비될 때까지 시간벌기를 위해 13일 러시아에 '최종 수정의견'에 관한 구상서를 보냈다. 이 안을 내각원로회의에서 자문을 구했을 때 제출된 고무라 외상의 의견서에는 러시아가 일본의 희망을 들어줄 가능성은 없다, 해결을 지연시키는 것은 일본에 불리하다, 러시아가 회답을 지연시키거나 불만족의 회답을 줄 경우 담판을 중단하고 바로 자위를 위한 필요한 수단, 곧 군사행동을 구할 수밖에 없다고 쓰여 있었던 것은 전술했다. 또 고무라는 이 구상서를 구리노 주러공사에게 보낼 때 매우 주도면밀한 훈령을 주고 정부의 훈령이 없는 한 회답을 독촉하는 것도 금지했다. 그리고 가쓰라 수상은 1월 24일 천황에게 배알을 구하고 러시아가 일본의 수정안에 반대하면 바로 개전할 필요가 있다고 상주했다.

그런데 고무라가 러시아의 대응을 살피기 시작한 것은 1월 23일부터다. 이날 오전 4시 5분발 전보에서 고무라는 구리노에게 다음과 같이 훈령했다.

> 귀관은 우리의 최근 구상서에 대한 러시아의 회답이 대체로 어떤 성질의 것인지, 또 이 회답이 언제쯤 교부될 것인지에 관해 귀관 자신은 어떤 의견도 표시하지 말고 탐색할 수 있는 한 람즈도르프 백작의 의중을 탐색할 것(『일본외교문서』 37권 1책 80번).

이 전보의 난외에는 "상주·각상(各相)·4로, 1월 23일 발송 마침"이라고 기입되어 있다. 마침내 최종적으로 막이 열리기 시작했음을 천황을 비롯해 각료, 4명의 원로(이토·야마가타·이노우에·마쓰카타)에게 통지했던 것이다. 이 훈령에 대한 구리노의 회신은 1월 25일 0시에 발신되었다. 구리노는 1월 24일에 람즈도르프 외무대신을 면회하고, 최근 한국에서 전해진 불온한 보도(러시아가 압록강을 넘어 다수의 병력을 한국 영토에 들여보낸 것 등)의 진위를 확인하기 위해 방문한 것처럼 꾸몄다. 그리고 서서히 최근 일본의 제안을 어떻게 받아들이는지, 또 그 회답은 언제쯤 주는지를 물었다. 람즈도르프는 다음과 같이 답했다.

(전략) 백작[람즈도르프]은 세세한 문제에 끼어들어 담화하는 것을 내키지 않아 하는 태도를 보이면서, 백작은 어떤 약간의 점에 관해서 동의하기 어렵다고 이야기했다. 무엇보다도 극동에서 러일 양국의 이익을 조화시키기 위해 전력을 다하고 있으며 또 양국 간에 최종 협약을 성립시키기 위해 적당한 형식을 고안 중이라고 이야기했다. 그리고 백작은 그 의견을 오는 화요일(1월 26일) 황제에게 제출하여 가까운 시일 안에 회답을 줄 수 있을 것으로 예상한다고 하였다. (하략)(『일본외교문서』 37권 1책 83번).

람즈도르프는 자신이 동의하기 어려운 곳도 있지만, 러일 양국의 이익을 조화시켜 양국 간에 협약을 성립시키기 위해 전력을 다하고 있는 바이고, 그것을 위해 의견서를 1월 26일에 황제에게 제출할 것이기 때문에 머지않아 회답을 보낼 수 있을 전망이라고 말했다.

이와 같은 회답을 1월 25일 오후 2시에 수취한 고무라는 다음날 26일 정오에 구리노에게 훈령했다. 람즈도르프에게 회견을 구해 정부의 훈령인 "제국정부는 속히 러시아정부의 회답을 받기를 간절히 바란다. 또 제국정부가 러시아의 회답을 접하는 것이 언제쯤으로 기대할 수 있는지를 알고자 한다"라고 전하도록 명했다. 이것에 대한 구리노의 회신은 빠르게도 같은 날 오후 10시에 발신되어 다음날 낮 12시 40분 도쿄에 도착하였다.12) 구리노는 고무라에게 다음과 같이 보고했다.

람즈도르프는, 1월 28일에 육해군 대신과 관계 관헌이 회의하고 그 결의를 황제에게 상주하여 재가를 청할 것이기 때문에, 회답 기일은 명확히 말할 수 없지만 그렇게 늦지는 않을 것이라고 말했다(『일본외교문서』 37권 1책 86번, 87번).

람즈도르프는 꽤나 무방비로 중요회의의 일정까지 구리노에게 가르쳐주고 있다. 그 중요회의 당일인 1월 28일 오전 10시 30분발 전신에서 고무라는 구리노에게, 람즈도르프에 대해 "귀관(구리노) 한 사람만 알고자 한다고 하면서 1월 28일 러시아 대신회의 결의가 어떤 성질의 것인가를 귀관에게 알려줄 수 있는지, 또 러시아의 회답은 대체로 며칠쯤에 줄 수 있는지 대략의 날짜를 지시해줄 수 있는지를 물어보라"고 훈령했다. 이것에 대해 구리노는 28일에 기초한 전문을 29일 오전 2시에 발신했다. 이것은 같은 날 오후 5시 55분 도쿄에 도착하였다. 구리노는 람즈도르프가 다음과 같이 말했다고 보고했다.

---

12) 『일본외교문서』에 수록된 전신 기록을 보는 한 페테르부르크에서 도쿄로의 전신은 보통 15시간 정도 걸리는 것처럼 보인다. 이것은 각각 현지 시각으로 표기되어 있기 때문이다. 두 곳 사이에는 5시간의 시차가 있고 페테르부르크가 도쿄보다 5시간 이르다. 따라서 시차 분을 제하면 두 곳 사이의 통신은 실제 10시간 정도 걸리는 것이 된다. 그러므로 도쿄에서 페테르부르크로의 전신은 현지 시각으로 하면 5시간 정도에서 도착하게 된다. 1월 26일 정오에 도쿄에서 발신된 전신이 같은 날 오후 5시쯤에는 페테르부르크에 도착하고, 구리노가 람즈도르프에게 급히 회견을 요청하여 같은 날 오후 10시 고무라에게 회신하는 것은 가능하다.

(전략) 회의의 의결로 이를 황제에게 올리지 않고 관계 대신 각자가 본건에 대해 황제를 알현한다는 사정이라서 아무것도 확언할 수 없다고 대답했다. 백작은 또 알렉시스 대공 및 해군대신은 다음 주 월요일(2월 1일)에, 또 육군대신 및 자신은 화요일(2월 2일)에 각각 폐하를 알현해서 화요일에는 러시아의 회답을 알렉세예프 총독에까지 보낼 수 있을 것으로 사료된다고 했다. 본관이 위의 러시아 회답의 성질에 대해 이야기하니, 백작은 러일 양국은 극동에서 서로 밀접하므로 그 교의(交誼)를 돈목(敦睦)하게 함은 양국의 이익에 필요하다고 인정하기 때문에 자신은 만사를 협화(協和)의 의향으로 이것에 대처했다고 확실히 언명하고, 또 일본 역시 똑같은 정신으로 러시아의 회답에 응할 것을 희망한다고 부언했다. 본관이 (중략) 앞에서 말한 시일보다 한층 가까운 날짜에 회답을 보내주도록 특별히 조치하기를 백작에게 요청했더니, 백작은 자신이 현재의 정세를 잘 알지만, 알현 날짜는 이미 위와 같이 정해졌기 때문에 이제 와서 이를 바꾸는 것은 도저히 할 수 없다고 답했다. 그리고 오는 화요일에 회답의 발송이 진행되도록 십분 진력하겠다고 반복해서 진술했다(『일본외교문서』 37권 1책 96번).

구리노는 고무라의 훈령대로 이날의 회의에서 어떻게 의결되었는지 자신 혼자만이라도 알고 싶으니 가르쳐줄 수 없는가라고 람즈도르프에게 물었을 것이다. 이에 대해 람즈도르프는 의결하여 황제에게 상주하는 것이 아니라 각각의 대신이 황제를 알현하여 의견을 이야기하는 것으로 했기 때문에 아무것도 확언할 수 없다고 답했다. 이것은 람즈도르프가 회의 내용을 누설하면 안 되기 때문에 적당히 얼버무린 것이다. 그러나 람즈도르프는 알렉시스 대공과 해군대신은 다음 주 월요일(2월 1일)에, 육군대신과 자신은 화요일(2월 2일)에 알현하는 것이 정해졌으니 2월 2일에 회답서를 뤼순의 총독에게 보내는 것이 가능하다고 말했다. 나아가 구리노가 회답의 성질에 대해 묻자 람즈도르프는 러일 양국이 사이좋게 되는 것은 양국의 이익에 부합한다고 생각하기 때문에 "자신은 만사를 화협(和協)하는 의향으로 이것에 대처했다"고 확실히 명언(明言)했다. 그리고 일본도 똑같은 정신으로 러시아의 회답을 받아들여 주길 바란다고 부가했다. 구리노는 현재의 상황을 오래 끌면 위험하기 때문에 빨리 회답을 보내줄 수 없느냐고 청하자 람즈도르프는 알현 날짜가 이미 정해져 있어 도저히 변경할 수 없다고 답하고, 다음 주 화요일(2월 2일)에 회답을 발송할 수 있도록 십분 진력할 예정이라고 다시 한 번 말했다.

  1월 23일, 26일, 28일에 구리노는 고무라의 전신을 수취하자 바로 람즈도르프에게 회견을 신청하고 람즈도르프 역시 이에 응하였다. 구리노 자신은 주관적으로는 람즈도르프와 협력하여 전쟁을 피하려 노력하고 있었는지는 모르지만, 고무라 외무대신은 결코 구리노처럼 생각하지 않았다. 람즈도르프는 러시아의 외교 책임자로 구리노 공사를 너무 신뢰하여 속내를 지나치게 드러냈다는 잘못을 범하고 말았다. 이것에 대해서는 다시 후술하겠다.

  종래 일본에서는 일본의 거듭된 독촉에도 불구하고 러시아는 회답하지 않은 것처럼 논해왔지만 이것은 사실이 아니었다. 따라서 러일 개전의 원인을 커뮤니케이션 부족에서 구하는 작금의 논조도 옳지 않다. 그런데 1월 12일 이후 러일교섭 결렬부터 개전을 전제로 준비를 진행해온 고무라에게, 이 1월 29일 오후 6시에 도착한 구리노의 보고는 예상 밖의 것이었음에 틀림없다. 러시아가 양보하여 일본의 요구를 수용한 회답서가 수일 내에 일본정부에 도착할지도 모른다. 그러면 개전의 이유는 사라진다. "러시아와 전쟁은 할 수 없는 것인가." 이미 개전을 결정한 일본정부는 이런 '난제'에 직면했던 것이다. 이 전보가 도착하기 약 1시간 반 전인 29일 오후 4시 20분에 독일주재 이노우에 카쓰노스케(井上勝之助)로부터 독일 정계와 군인사회의 풍문이 고무라에게 보고되었다.

(전략) 이곳 정치사회 및 외교사회에 현재 일반적으로 유행되는 설에 따르면, 일본은 러시아에 대해 솜씨 있게 외교적 승리를 거두었다. 그리고 일본을 위해 도모함에 사건을 더 깊게 추궁하지 않는 것을 득책으로 해야 한다. 그런데 이 나라 군인사회(육군대신까지도)는 말하기를, 일본이 일격을 시도함은 금일이 가장 좋은 시기다, 이 기회를 한 번 놓치면 일본은 다시 좋은 기회를 얻을 수 없다고 하였다(『일본외교문서』 37권 1책 94번).

러시아의 양보는 독일 외교가에도 이미 전해졌다. 독일의 정치가·외교가들은 일본이 러시아에 대해 외교상의 승리를 얻었기 때문에, 일본을 위해서는 더 깊게 추궁하지 않는 쪽이 득책이라고 이야기하고 있지만, 독일 군인 사회에서는 육군대신조차도 일본이 러시아에 이기는 것은 지금밖에 없다, 이 기회는 두 번 다시 오지 않는다고 말하고 있다고 이노우에는 보고했던 것이다. "러시아와의 전쟁은 할 수 없는 것인가"라는 '난제'에 직면한 일본 수뇌부에게 "독일 군인 사회에서는 육군대신조차도 일본이 러시아에 이길 수 있는 것은 지금밖에 없다고 말하고 있다"는 이노우에 공사가 보고한 정보는 악마의 속삭임처럼 들렸을 것이다.

이토가 주도한 '일도양단의 결정'

히라쓰카 아쓰시(平塚篤) 편 『이토 히로부미 비록(伊藤博文秘錄)』(春秋社, 1929) 233쪽의 「러일 단교 직전의 정부수뇌회의」에 이토 히로부미의 편지가 실려 있다. 이토 공작가(公爵家)에 소장되어 있는 이토 히로부미의 자필 묵서(墨書)로, 이토의 양자로 공작가를 상속한 이토 히로쿠니(伊藤博邦)에 의해 제공된 것이다.13)

이 책 권두의 '예언(例言)'에는 히라쓰카의 편집을 도운 '여러 선배'로

---

13) 이 문서는 春畝公追頌會編, 『伊藤博文傳』 하권(1940); 宮內廳編, 『明治天皇紀』 10권(1974); 德富蘇峰編, 『公爵山縣有朋傳』 하권(1933)에도 게재되어 있는데, 모두 출전은 『伊藤博文秘錄』일 것이다. 『伊藤博文傳』 하권 625쪽에 "25일 및 27일에 잇달아 도착한 구리노 공사의 내전(來電)에 따르면, 러시아의 태도는 한층 교만과 오만을 더해 거의 우리 주장을 멸시하고, 회답의 성의가 있는지조차 의심스럽기 때문에 우리나라는 마침내 최후의 결단을 하지 않으면 안 되는 시기에 도달했다. 이리하여 가쓰라 수상은 30일 관저에서 주된 원로 및 각료를 불러 회의를 열었는데 공(公)은 먼저 책상 위의 붓을 잡고 아래의 의견서를 기초하여 열렬한 야마가타·가쓰라·야마모토·고무라에게 보였다"고 쓰여 있으며, 구리노의 29일 내전은 빠져 있다. 이것은 『明治天皇紀』, 『公爵山縣有朋傳』도 마찬가지다.

가네코 켄타로(金子堅太郞) 이하 27명의 이름을 들고 있는데, 여기에 이전 주러공사 구리노 신이치로의 이름도 들어 있다. 그리고 이토 히로쿠니는 이노우에 카오루의 형의 아들로 독일 공사 이노우에 카쓰노스케의 친동생이다. 이토 히로부미의 1월 30일자 자필 묵서의 전문은 아래와 같다.

오늘 오전 9시에 방문하여 만난 이는 가쓰라·야마모토·고무라 등 삼상(三相), 오후에 야마가타가 회의에 오다[이 부분은 소문자].
러시아의 정략을 관찰하니 저들의 여러 해 동안의 기도는 남진해서 터키가 이종교국이라고 유럽 각 나라 인민을 속여, 그 보호자라는 명의 하에 터키를 멸망시키고 지중해에 세력을 펼쳐 열강의 상위를 점유하려는 음모를 수행하고자 하는 지망(志望)이었는데, 지금은 이를 바꾸어 극동, 즉 지나(支那)의 쇠퇴에 편승해서 일거에 온 힘을 쏟아 지나 황제의 관을 러시아 황제의 머리 위에 함께 가지려 함은 다시 의심할 바가 없는 일이다. 일본은 이를 간파하고 만주의 병탄을 막는다는 말과 조선이 지리적으로 일본의 운명에 밀접한 관계를 가진다는 두 가지 일을 가지고 지금 러시아와 절충하는 현안 문제가 되었다. 이미 쌍방 모두가 해륙군 병력을 다해 대치하고 있다. 그리고 만주에 대해서는 양국 간에 문제의 해결이 약간 그 단서를 보기에 충분한 것이 있지만, 오직 조선 문제만 눈앞의 현안이 되어 있는 것 같다. 가령 러시아가 우리에게 양보하는 바가 중립지대 설정을 우리에게 양보하고 조선의 방토(邦土)를 군사전략적으로 사용할 수 있게 해도, 이것을 러시아의 정략 전체로부터 관찰하면, 일본을 수년간 소강상태로 두려는 것이나 다름없다. 그렇다면 결국 러시아와 전쟁은 조만간 피할 수 없음은 불을 보는 것과 같다. 그러므로 우리 국력의 부족을 생각하여 차제에 소강을 얻음에 만족하느냐, 국가의 운명을 걸고 저들의 정략을 막는 수단으로 나가느냐, 이것이 현재 일도양단의 결정을 해야만 하는 상황이다. 메이지 37년 1월 30일 총리대신 관사에서 집필하여 4명에게 보이다.

1904년 1월 30일 오전 9시 총리관저에서 이토 히로부미·가쓰라 타로·야마모토 곤베에·고무라 주타로 4명이 회합했다. 오후에는 야마가타 아리토모가 회합에 참가했다. 이 회합이 전날인 29일 오후 6시에 페테르부르크로부터 도착한 전보, 즉 러시아의 양보를 전하는 회답서가 며칠 안으로 도착할 예정이라는 예상 밖의 사태에 대응하기 위해 소집된 것이라는 점은 틀림없을 것이다. 회합에서 이토가 여기에 인용한 글을 기초하여 4명에게 읽어보도록 했다. 이토가 기초한 글을 현대어로 요약하면 다음과 같다.

러시아의 정략은 남진하여 터키를 멸망시키고 지중해에 진출하여 열강의 상위에 서는 방침을 바꾸어, 이제는 청조(淸朝)의 쇠퇴에 편승하여 극동에 집중하고, 중국 황제의 관을 러시아 황제의 머리 위에 얹으려 하고 있음은 의심의 여지가 없다. 일본은 이것을 간파하여 만주의 병탄을 저지하는 것과, 조선이 지리적으로 일본의 운명에 밀접히 관계되어 있는 것의 두 가지 일로써 러시아와 절충(折衝)하고 이미 쌍방이 해륙군의 병력을 다해서 대치하고 있다. 만주 문제에 대해서는 얼마쯤 해결의 전망이 있지만 조선 문제는 매우 절박한 상황이다. 가령 러시아가 중립지대 설정을 포기하고 일본이 조선을 군사전략적으로 사용하는 것을 인정한다 해도 일본은 수년간의 소강을 얻음에 불과하다. 조만간 러시아와 싸우지 않을 수 없음은 명약관화하다. 지금 이 소강을 얻어 만족하든가, 국가의 운명을 걸고 러시아의 정략을 저지하는 수단으로 나가든가, 이제 일도양단의 결단을 하지 않으면 안 되는 때가 왔다.

이토는 러일교섭에서 러일의 대립점이 되고 있는 한국에서의 중립지대 설정과 한국의 군사전략적 사용의 금지라는 두 가지를 러시아가 철회하여 일본의 주장을 모두 받아들여도 일본은 수년간 안심을 얻는 것에 불과하다, 결국 러시아와 전쟁해야 하는 것은 명약관화하다. 그러므로 지금 "소강을 얻어 만족하느냐", 혹은 "국가의 운명을 걸고 러시아의 정략을 저지하는 수단으로 나가느냐", '일도양단의 결정'을 해야만 하는 때라고 했던 것이다. 이토의 의지가 후자 "국가의 운명을 걸고 러시아의 정략을 저지하는 수단으로 나가는" 것, 즉 대러 개전에 있었던 것은 분명한 것이다. 이토 히로부미는 러일 개전을 피하려 한 '대러 협조론자', 나아가 '평화주의자'인 것처럼 이야기되어 왔다. 이토가 진정한 '평화주의자'였다면 이때 전쟁을 저지할 수 있었을 것이다. 그러나 이토는, 가령 러시아가 일본의 주장을 모두 받아들여도 지금, 아직 러시아가 준비를 채 갖추지 않은 때에 러시아와 전쟁을 해야 한다고 솔선해서 주장했다. 이토가 이와 같은 문서를 남겼다는 것은, 이 수뇌회의에서 러시아의 양보가 통지되기 전에 개전 결단을 해야 한다는 것이 합의되었기 때문일 것이다.

구리노 주러공사의 회상

『이토 히로부미 비록』에는 이 이토의 친서에 이어, 고무라가 수뇌회의 종료 후인 1월 30일 오후 10시에 구리노 공사 앞으로 보낸 전보를 싣고 있다.

　귀관은 될 수 있으면 속히 람즈도르프 백작에게 회견을 구해 본국 정부의 훈령으로서 다음과 같이 진술할 것.
　현재의 시국을 더 이상 지연시키는 것은 러일 양국에 중대한 불이익이 될 것으로 확신하기 때문에 제국정부는 러시아 외무대신 각하가 지정한 날짜, 곧 다음 주 화요일 이전에 러시아 정부의 회답을 수령할 수 있게 되기를 희망하지만, 이 일은 도저히 불가능한 것처럼 보이므로 제국정부는 과연 람즈도르프 백작이 지정한 날짜, 곧 다음 주 화요일에 회답을 접할 수 있을지, 만약 그렇지 않다면 러시아정부는 과연 누가 위의 회답을 줄지, 그 확실한 날짜를 알고자 한다.

이 전보는 구리노가 제공했을 것이다. 현재에는 『일본외교문서』 37권 1책 100번에 수록되어 공개되고 있지만, 히라쓰카 아쓰시가 『이토 히로부미 비록』(1929)을 편찬한 당시는 아직 비공개였을 것이다. 이

전보의 내용은 이미 구리노가 고무라에게 올린 보고 – 지금의 상태를 오래 끌면 위험하기 때문에 더 빨리 회답을 보내줄 수 없는가라고 구리노가 청하자, 알현 날짜가 이미 정해져 도저히 이를 변경할 수 없다고 답했다 – 에 따라, 람즈도르프가 답할 수 없다는 것을 알면서도 다시 추궁하여 람즈도르프로부터 "회답의 기일은 명언할 수 없다"는 언질을 받기 위한 것이다. 실제 이 람즈도르프의 언질은 "이후 3주일이 지나도 러시아정부는 이에 대해 회답을 주지 않고, 제국정부로부터 수차례 독촉을 해도 회답을 줄 시기조차 명시하지 않았다"(伊藤博文草「日露交渉破裂ノ顚末」14))든가, "고무라의 여러 차례 독촉에도 불구하고 러시아는 더 이상 회답을 하지 않을 뿐만 아니라 회답 날짜조차 보이지 않았다"(앞의 『고무라 외교사』 357쪽)라는 일본의 정당성을 주장하는 근거로 이용되었다. 그러나 사실은 일본 측의 무리하고 억지스러운 요구 때문이었다.

『이토 히로부미 비록』은 1월 30일자 이토의 친서, 같은 날짜 고무라의 구리노 앞 전보에 이어 다시 「자작 구리노 신이치로 씨 이야기(子爵 栗野愼一郞氏談)」를 싣고 있다. 구리노는 다음과 같이 말했다.

나는 당시 러시아 주재 공사의 직임에 있었는데, 내가 본 바로는, 러시아는 일본과 분규를 일으키려는 따위는 털끝만큼도 생각하고 있지 않았던 것 같다. 외무대신 람즈도르프 백작은 매우 온후한 훌륭한 신사였다. (중략) 풍우의 20년이 지난 지금에 와서 당시를 회상하면, 러시아

---

14) 『일본외교문서』 37권 · 38권 별책, 「日露戰爭I」 15쪽.

도 꽤나 어이없는 꼴을 당한 것이고 일본도 위험한 다리를 건넜던 것이었다.

구리노는, 히라쓰카가 이토의 친서를 보여주었을 때, 이날 일본의 수뇌부가 가령 러시아가 일본의 요구를 모두 받아들인 회답을 보냈어도 이제 러시아와 전쟁을 해야 한다고 합의한 것을 이해했을 것이다. 구리노의 "러시아도 꽤나 어이없는 꼴을 당한 것이고 일본도 위험한 다리를 건넜던 것이었다"는 감개는 이와 같은 배경을 알았기에 나왔을 것이다. 구리노는 이밖에 람즈도르프가 일본과 관계를 원만히 진행하기 위해 일본인 벗을 많이 가진 로젠을 다시 주일공사로 기용한 이야기를 하면서, 람즈도르프가 "이런 부분의 일까지 배려하였다"든가, "이 사람은 대단한 군자였다"고 말하였다.

또 구리노에 대해서는, 러시아에서 소환되어 귀국한 후 향리 후쿠오카에서 유지가 주최한 환영회에 출석했을 때, "러시아는 전의가 없었다"라고 발언하여 물의를 빚은 일이 『고무라외교사』 359쪽에 쓰여 있다. 그로부터 20여 년 후 이토의 친서에 대한 해설을 요청받았을 때도 다시 "내가 보는 바로는 러시아는 일본과 분규를 일으키려는 따위는 털끝만큼도 생각하고 있지 않았던 것 같다"고 발언했다. 구리노 신이치로의 흉중에는 결과적으로 자신이 람즈도르프를 속인 것에 대해 가책의 마음이 오가고 있었던 것이 아닐까. 이것과 관련하여 구리노를 말할 때 늘 인용되는 「회고담」에 대해서도 진위가 의심되는 점을 서술하고자 한다.

『자작 구리노 신이치로 전(子爵栗野慎一郞傳)』(興文社, 1942)은 『이토 히로부미 비록』의 편자 히라쓰카가 구리노 사후 유족의 의뢰에 따라 편찬한 것이다. 이 책 319쪽에 구리노 신이치로의 장문의 담화가 게재되어 있다. 그것에 따르면 1904년 2월 5일 밤 구리노는 러시아 황제가 초대한 연극 관람에 나가려 하고 있었다. 그때 한 통의 두툼한 전보가 왔다. 구리노는 봉투를 자르지 않은 채 안주머니에 밀어 넣고 외출했다. "내용은 보지 않아도 알 수 있는데, 그것은 러시아 측에 내던질 최후통첩임이 틀림없다"고 구리노가 말했다고 되어 있다. 러시아에서 소환되어 귀국했을 때, 즉 러일전쟁이 한창일 때 "러시아는 전의가 없었다"고 발언하여 물의를 일으키고, 20수년 뒤에도 람즈도르프가 얼마나 훌륭한 신사였는가를 말한 구리노가 정말로 이렇게 말할 수 있었을까. 이 담화에는 히라쓰카 아쓰시의 창작이 더해졌다고 보아야 할 것이다.

이것보다도 이 책 374쪽 및 380쪽에 쓰여 있는 이른바 '구리노 사건'이 흥미 깊다. 러일전쟁 후 일본은 서양 열강으로부터 1등국으로 인정되어 공사 대신 대사를 파견할 수 있게 되었다. 그래서 구리노는 초대 주프랑스대사로 지명되었는데 구리노는 노모 곁에서 봉양을 다하고 싶다며 고사했다. 이에 일본정부는 당시 구마모토의 제5고등학교에 재학 중인 구리노의 장남 쇼타로(昇太郞)를 도쿄의 제1고등학교로 전학시켜 구리노 대신 봉양하도록 하는 초법적 조치를 취했다. 이로써 구리노는 프랑스로 부임하지 않을 수 없었다.

이 일은 제1고등학교 학생 사이에서 큰 문제가 되었지만, 이 학교

대표 학생에게 가쓰라 수상이 "한 나라의 정책을 위해서는 때로 고등학교 한둘을 폐교해도 무방하다"고 호언하고, 사이온지(西園寺) 문부대신이 "구리노에 대한 조치는 충효양전의 도에 들어맞다"면서 찬탄했다고 쓰여 있다. 일본정부 수뇌부는 구리노 신이치로를 들판에 두면 또다시 "러시아는 전의가 없었다" 등을 발언하는 것을 우려하여 반드시 외교관으로 해외에 내보내고 싶었을 터이다.

야마모토 해군대신의 최후 훈시

1904년 1월 31일 어전회의에 군령부장·군령차장이 같이 참내한 것이 『메이지천황기(明治天皇紀)』에 쓰여 있다. 출전은 「시종일록(侍從日錄)」뿐으로, "동시에 알현을 거실에서 베풀다"라는 기사 외에 기술은 없다. 여기서 다시 다카라베 타케시(財部彪)의 증언을 들어보자.

1월 31일 어전회의에서 군령부장·군령차장이 같이 참내하여 피아 해군 세력의 비교 등을 주상하였다. 그리고 그날 저녁에 대신이 군령부장·차장 등에게 우리들이 들을 수 없었던 어떤 중대사를 훈시한 것 같다. 정말이지 그날은 심상치 않았다고 생각된다. 나의 일기에는 "대신으로부터 개전의 그날에 있어 명심사항 등 중대한 훈시가 있었다"는 것이 쓰여 있다. 그러나 나는 이를 알지 못한다(『사담회 기록』 1권 110쪽, JACAR C09050717900).

1월 31일 저녁에 해군대신이 군령부장과 차장에게, 다카라베 등이 들을 수 없었던 중대사를 훈시한 것은 무엇을 의미하는 것일까. "정말이지 그날은 심상치 않았다"라고까지 다카라베가 말하는 것을 보면, 1월 30일의 수뇌회의에서 내려진 '일도양단의 결정'을 해군대신이 군령부장과 차장에게 훈시하였다고 생각할 수밖에 없다. 해군 군령부가 편찬한 『극비해전사』에는 해군대신 야마모토 곤베에가 1월 31일에 사령장관과 사령관에게 개전 전 최후의 훈시를 했다고 쓰여 있다. 그 내용은 아래 기록과 같다.

러일 양국 간 교섭의 현안에 관해 저번에 우리 정부가 발한 통첩에 대해 독촉한 결과 러시아정부는 오는 2일에 그 회답을 총독 알렉세예프에게 교부한다는 정보를 접했다. (중략) 우리 정부에서 평화인지 전쟁인지를 결정하는 것은 이제 며칠 내에 있을 것으로 보인다. 만약 불행히 전쟁을 보게 되면 제일 먼저 대적하는 것은 우리 해군의 임무가 될 것이므로, 이때에 당하여 거국일치의 충성을 대표하고 군국(君國)을 위해 분골쇄신으로 봉공(奉公)해야 함은 원래 그러하지만, 모름지기 우리 군대의 행동은 늘 인도를 벗어나는 것과 같은 일이 없이 시종 빛나는 문명의 대표자로서 부끄러운 일이 없기를 기할 것, 이것이 본 대신이 절실히 바라는 바이다.

이 훈시는 숙람(熟覽)한 후 장관 자신이 이를 보관할 것(『극비해전사』 1부 1권 57쪽, JACAR C05110031200).

야마모토는 훈시의 모두에서 앞서 일본정부가 러시아에 보낸 통첩에 대해 러시아의 회답이 2월 2일에 극동총독에게 교부될 예정이라는 정보를 접했다고 했다. 이것은 구리노 공사의 1월 29일 전보에 의한 것이다. 나아가 야마모토는, 정부는 며칠 안에 전쟁인지 평화인지를 결정할 것이라고 명언했다. 이것은 이 훈시가 이루어진 전날인 1월 30일 수뇌회의에서의 '일도양단의 결정'의 합의에 따른 것이다. 전쟁으로 결정되는 경우 최초로 적과 싸우는 것은 해군이다. '분골쇄신'해서 나라에 충성을 다함은 물론이지만, 우리 군대의 행동이 '문명의 대표자'로서 부끄러운 점이 없기를 간절히 희망한다고 야마모토는 말했다.

당시 일본 해군에는 8명의 사령장관(군령부장, 요코스카·구레·마이즈루·사세보 진수부의 장관, 제1부터 제3까지 함대의 장관)과 10명의 사령관[군령부차장, 다케시키(竹敷, 쓰시마)·마궁(馬公, 평후도) 요항부(要港部) 사령관, 제1부터 제7까지의 전대사령관. 요항부는 군항에 다음가는 해군기지]이 있다.

1904년 1월 31일 해군대신이 개전 전 최후로 해군 수뇌부에게 한 훈시는 1903년 4월 29일 훈시(제5장 참조)와 마찬가지로 각 사령장관 앞으로 전신으로 발신되고 사령관이 주지한 다음 이것을 장관 자신이 보관하라고 명한 것이다. 군령부 참모였던 다카라베가 "이것은 내가 알지 못한다"고 말했던 것은 4월 29일의 훈시를 30년 후에 비로소 알았다고 말한 가미이즈미 토쿠지[上泉德爾, 당시 해군중좌로 군령부장 이토 스케유키[伊東祐亨]의 부관]의 증언과 마찬가지로 해군에서 비밀유지가 얼마나 엄격히 시행되었는가를 말해주는 것이다.

어전회의

 러일교섭 단절과 군사행동 개시로 천황의 승인이 내려진 2월 4일의 어전회의는 그 전날인 3일 오후 7시에 중국 산둥반도의 즈푸에 주재하는 모리 요시타로(森義太郎) 해군중좌가 보낸 뤼순 러시아함대의 출항과 행방불명이라는 중대 정보를 가지고 야마모토 해군대신의 요청으로 개최되었다고 「야마모토 백작의 실제 경험담(山本伯實歷談)」에 쓰여 있지만, 이것은 정확하지 않은 듯하다.『메이지천황기』의 기사에 따르면 2월 3일 아침부터 수상관저에서 열린 내각원로회의에서 개전을 의결하고, 그것을 가지고 가쓰라 수상과 고무라 외상이 참내하여 오후 3시부터 4시 반까지 천황에게 러시아와의 전쟁을 피할 수 없는 사정을 설명하고, 다음날 4일에 어전회의를 주청했다고 되어 있다. 아마 이쪽이 정확할 것이다. 따라서 4일의 어전회의 개최는 3일 오후 7시의 전보가 도착하기 전에 결정되었다. 그러나 이 어전회의를 리더하고 천황에게 개전을 결의토록 한 것은 야마모토 곤베에이며 그 근거로 뤼순함대 출동, 행방불명의 전보가 최대한 이용되었다고 보아야 한다.

 「야마모토 백작의 실제 경험담」에 따르면 어전회의 첫머리에서 설명을 맡은 야마모토는 뤼순함대의 출동 목적을 예상하여 ① 바로 사세보 · 다케시키(쓰시마)를 습격한다, ② 육군 상륙을 위해 한국의 대동강 · 인천 방면으로 간다, ③ 한국의 진해만을 점령한다, ④ 동계 점화작업을 위해 외양으로 나가 운동한다라고 열거하고, 시기가 시기이니만큼 "중요도에 따라 이를 관찰해야 한다"고 말했다. 이미 해군은 어젯밤에 각 사령장관·사령관 등에 이 정보를 전달하고 사세보·다케시키를 비롯한 중요 장소에 수뢰 부설을 명했다고 보고했다. 그리고 사세보 진수부 사령장관 및 다케시키 요항부 사령관에 대해, 러시아함대가 출현할 경우에는 격파하라고 명령하는 허가를 청하고 천황은 이것을 허가했다.15) 이것이 군사행동을 개시하라는 신호가 되었다. 그리고 다음 5일 작전안 재가(裁可), 대해령(大海令) 제1호 발령을 받고 6일 오전 9시부터 연합함대가 속속 사세보를 출항했다.

다만 야마모토가 2월 4일 시점에서 정말로 ①, ②, ③과 같이 러시아가 전쟁을 일으킬 가능성이 있다고 생각하고 있었다고는 믿기 어렵다. 이 문제에 대해 『극비해전사』에는 다음과 같이 꽤 다르게 설명되어 있다. 먼저 뤼순함대 출동 목적에 대해 해군은 4일 오후 3시에 판단을 정리해 묘당의 구성원들에게 보였다고 쓰여 있다. 이것은 야마모토 해군대신이 어전회의에서 보고한 것을 지칭한다. 다만 그 '해군의 판단'이란 것은 요약하면 다음과 같다.

러시아가 증파하는 함대·육군·수송 중인 군수품은 현재 아직 싱가포르 이서의 해상에 있는 것이 자못 많다. 따라서 지금 바로 전단을 여는 것은 러시아에 불리할 뿐만 아니라 외교상의 관계에서 봐도 러시아가 적대행위를 개시함은 생각할 수 없다. 때문에 3일 러시아의 주력함대가 뤼순 항구를 출발한 목적은 공세를 취하기 위해서가 아니라 아래 몇 가지 이유로 생각된다.

---

15) 『山本權兵衛と海軍』, 202-205쪽.

1, 훈련상의 사정 때문이다. 또 우리나라의 대응을 보는 것도 부가 목적인가.
2, 시위적 운동이 시국의 해결에 도움이 된다고 생각해 인천 또는 대동강 부근을 유익(遊弋)한다.
3, 블라디보스토크함대와 합동의 필요를 느끼고 블라디보스토크함대를 수용하기 위해.
4, 각 함에 분승시킨 육군을 한국 북부의 어떤 지점에 상륙시킨다(『극비해전사』 1부 1권 76쪽, JACAR C05110031200).

해군에서는 뤼순함대 '행방불명' 전보를 받고 2월 3일 밤 해군대신 관사에 9명의 참모들이 모였다. 그들이 정보를 검토하고 정리한 견해는 아마 『극비해전사』에 쓰여 있는 대로일 것이다. 여기서는 뤼순항을 나온 러시아함대가 사세보·다케시키를 습격할 가능성 따위는 전혀 상정되어 있지 않다. 그러나 야마모토가 실제로 4일 어전회의에서 행한 설명은 「야마모토 백작의 실제 경험담」에 쓰인 대로였음에 틀림 없다. 왜냐하면 야마모토 해군대신이 사세보 진수부 사령장관, 다케시키 요항부 사령관에 대해, 러시아함대가 출현할 경우에 격파하라고 명령함에 천황의 재가를 얻을 필요가 있었기 때문이다. 천황은 그것을 허가했다. 이것이 최종적인 개전의 결정이 되었다.

육해군 합동회의

2월 4일 어전회의에 이어 같은 날 저녁부터 해군성 대신실에서 육해군 합동회의가 열렸다. 출석자는 해군 측이 해군대신·군령부장·군령차장·다카라베 군령부 참모 등 4명이고, 육군 측이 육군대신·참모총장·참모차장·참모본부 총무부장·참모본부 제1부장의 5명이었다. 이 회의에서 결정된 것은 아래와 같다.

(1) 대본영의 설치는 선전조칙이 내려진 후에 한다.
(2) 해군의 요청으로 중지된 육군의 동원령 발령을 해제한다.
(3) 해외발송 전보를 처분하고 국내로부터 해외로 정보가 누설되는 것을 막는다.
(4) 적의 통신을 단절하기 위해 예정 장소에서 전선을 절단한다(『극비해전사』 1부 1권 78쪽, JACAR C05110031200).

이 회의에 출석한 해군 측 4명 중 한 명인 다카라베 타케시로부터 다시 30년 전의 일기장을 보면서 들어보자.

2월 4일 저녁부터 대신실에서 해륙군 대신·군령부 총장·참모총장·군령부 차장·참모차장·참모본부 총무부장·제1부장·나 등 9명이 집합하다"고 쓰여 있습니다만, 이것은 전사에 나와 있을 듯합니다. 그리고 5일에는 신문통신을 금지한다, 외교관 쪽의 특권을 가지고 있는 자도 나중에 하라고 갑자기 조치했던 것입니다. 이것은 서책에 나와 있을 것으로 생각합니다. 이때 드디어 '고로쿠(小六)'를 하는 것으로 결정했던 것이다(『사담회 기록』 1권 85쪽, JACAR C09050717900).

이 2월 4일 저녁의 육해군 합동회의에 대해서 『극비해전사』에 쓰여 있는 것은 전술했다. 따라서 다카라베가 말하는 "전사에 나와 있을 것"이란 공간 전사를 지칭하고 있는 것일 것이다. 또 다카라베가 "서책에 나와 있을 것으로 생각합니다"라고 한 통신 통제에 대해서도 『극비해전사』 제4부 「방비 및 운수 통신」 제3편 제1장 「통신의 대요」(권4 수록)에 다음과 같이 쓰여 있다.

2월 4일 야마모토 해군대신은 즈푸에 있는 모리 해군중좌로부터 어제 3일 뤼순 항구의 러시아함대는 수리 중인 1척을 제외하고 모두 발항하였고 그 행선지는 불명이라는 정보에 접하자, 적의 기선을 제압하려는 우리 해군의 활동에 유감없도록 하기 위해 같은 날 저녁부터 해외로 발신하는 모든 전보를 약 72시간씩 지연시키는 것으로 하다(『극비해전사』 4부 4권, 3-4쪽, JACAR C05110109600).

여기서는 뤼순함대가 2월 3일에 대거 출항하고 행방불명이라는 전보를 받았기 때문에 2월 4일 저녁부터 일본에서 해외로 발신하는 모든 전보를 약 72시간씩 지연시켰다고 쓰여 있다. 나아가 같은 책 제9부 「국제사건」 제2편 제8장 「해외전보 단속에 관한 건」(1권 190쪽, JACAR

C05110188900)에는 보다 상세히 쓰여 있다. 요약하면 다음과 같다.

야마모토 해군대신은 개전 당초에 군사기밀의 누설을 막기 위해 해외전보 단속에 관해 통신성과 교섭하여 메이지 37년(1904) 1월 16일에, '필요한 시기'에 해외로 발송하는 전보는 "러시아 이외 나라의 공용 전신 및 우리 관청공관의 통신을 제외한 통신의 발송을 72시간 정지한다", 그리고 그 '필요한 시기'는 해군대신이 체신대신에게 통지하여 협의 결정했다. 이 결정에 기초하여 2월 4일에 야마모토 해군대신은 체신대신 오우라 카네타케(大浦兼武)에게 조회를 발하고 2월 5일 정오부터 72시간 해외발송 전보의 정지를 의뢰했다.

개전 당초에 군사기밀의 누설을 막는다는 것은 기습 공격을 성공시키기 위해 연합함대의 출항 정보가 러시아 측에 전해지는 것을 막는다는 의미다. 그 때문에 야마모토 해군대신은 체신성과 교섭하여 1904년 1월 16일, 요컨대 연합함대가 실제로 출항한 2월 6일의 3주나 전에 해외전보 단속에 관해서 협정을 맺었다. 이 협정에 따라 2월 4일에 해군대신은 다음 날 정오부터 해외에 발신하는 전보를 72시간 정지할 것을 체신대신에게 요청했던 것이다.

따라서 다카라베의 말처럼 "5일에는 신문통신을 금지한다, 외교관 쪽의 특권을 가지고 있는 자도 나중에 하라고 갑자기 조치했던" 것은 이같이 주도면밀한 준비를 갖춘 위에서 한 일이었다.

제1장 모두(冒頭)에서 1월 21일 오전 11시 중국 산둥반도에서 발신되

어 도쿄우편국으로부터 주일한국공사관에 배달되었을 전보의 사본이 같은 날 중에 외무대신 고무라 주타로의 손에 들어갔다는 것을 밝혔다. 요컨대 외무성은 2월 4일 해외전보가 군의 통제하에 들어가기 이전에 이미 주일한국공사관 앞으로의 전보에 대한 검열을 수행했다. 주일러시아공사관 앞으로의 전보도 마찬가지였다고 추측된다.

4일 저녁 이후에 러시아공사관 앞으로 보낸 전보는 아마 러시아공사관에 배달되지 않고 외무성으로 돌려졌을 것이다.

최후의 통첩은 베를린으로

『극비해전사』에는 2월 4일의 어전회의에서 "마침내 러시아와 교섭을 단절할 때는 최후의 통첩을 발함과 동시에 함대에도 발진명령을 내리는 것으로 하였으며, 그 통첩은 독일주차제국공사 이노우에 카쓰노스케(井上勝之助)에게 전보하고, 그 공사로 하여금 특별히 사자를 러시아 수도에 파견토록 하여 구리노 공사에게 전달하는 것으로 정했다"고 쓰여 있는 것은 이 장 모두에 소개했다. 나아가 이 책에 "외부대신은 같은 날 오후 2시발 독일주차제국공사 이노우에 카쓰노스케를 경유해서 러시아주차제국공사 구리노 신이치로(栗野愼一郎)에게 최후의 통첩을 했다(구리노 공사는 6일 오후 4시 이를 러시아 외상 람즈도르프 백작에게 송부했다)"고 거듭 쓰여 있다(제1부 제1권 87쪽).

그런데 『일본외교문서』에는 2월 5일 오후 2시에 고무라 외무대신이 구리노 공사 앞으로 직접 발신한 것으로 되어 있다. 페테르부르크에서

2월 6일 오후 4시(일본 시각 같은 날 오후 9시)에 통고문의 전달이 이루어진 것은 구리노의 보고(2월 7일 오전 5시 45분 도쿄착)에 보이는 바이고, 일본에서도 6일 오후 4시에 고무라는 러시아공사를 외무성으로 불러 통고했기(『고무라 외교사』 362쪽) 때문에 전달 시각의 지정은 고무라가 지시한 것이 틀림없지만, 구리노 앞으로의 훈령에는 그 지시가 없어 이해할 수 없었다.

『극비해전사』에 의해 비로소 고무라가 5일 오후 2시에 독일공사 이노우에 카쓰노스케 앞으로 구리노 공사에게 건넬 전신을 발신한 사실이 밝혀지게 되었다. 러시아에 전달할 시각 등에 대해서는 이노우에 카쓰노스케 앞으로의 훈령에서 지시했을 것이다. 그리고 『극비해전사』가 '최후의 통첩'으로 부르고 있는 것은 '러일교섭 단절' 통고서이고, 그 말미에 쓰인 "독립 행동을 취할 권리를 가진다"라는 글귀가 전시국제법상의 기한이 정해지지 않은 최후통첩에 해당하며, 일본은 언제나 개전할 수 있다는 '해석'에 입각한 것이다.

이노우에 카쓰노스케에 대해서는 「후작 이노우에 카쓰노스케군 약전(侯爵井上勝之助君略傳)」이 이노우에 카오루의 전기 『세외 이노우에 공전(世外井上公傳)』 제5권(內外書房, 1934)에 부록으로 수록되어 있다. 그것에 따르면 카쓰노스케는 이노우에 카오루의 형 코온(光遠)의 둘째 아들인데, 9세 때 코온이 사거하자 숙부 카오루에게 맡겨져 양육되었다. 1871년 11세로 대장성이 파견하는 유학생에 선발되어 런던에서 유학했다. 1879년에 귀국하여 대장성에 들어가고 뒤에 외무성으로 옮겼다.

이 사이 1876년 6월부터 1878년 7월까지 2년 동안 이노우에 카오루는 '이재(理財) 연구'라는 관명을 띠고 처 타케코(武子), 그의 생질 오자와 스에코(小澤末子), 수행원 구사카 요시오(日下義雄) 등을 데리고 양행(洋行)했다. 런던의 공사관 부근에 집 한 채를 빌려 카쓰노스케도 함께 살았다 한다. 당시 카쓰노스케는 '고다마(兒玉)'라는 성(姓)을 사용하였다. 스에코는 뒤에 카쓰노스케의 처가 되었다. 스에코의 미모와 지성에 대해서는 많은 증언이 있고 사진도 남아 있다.

이노우에 카쓰노스케는 1898년 2월에 특명전권공사로 독일주차를 명받았다. 전임자는 외무대신으로 전출한 아오키 슈조(青木周藏)다. 이것은 이례적인 발탁이지만 이 인사를 강하게 밀어붙인 것은 당시의 외무차관 고무라 주타로였다 한다. 이것은 고무라의 비서관으로 포츠머스강화회의에도 수행한 혼다 쿠마타로(本多熊太郞)가 고무라로부터 직접 들은 이야기로 전해지고 있다. 이때 고무라는 이노우에에게 스에코 부인을 동반하여 부임하도록 요청했다 한다. 독일 황제 전제하의 궁정외교를 염두에 둔 조치였다.

이노우에 카쓰노스케는 1902년 10월에 휴가를 얻어 귀국, 귀임한 것은 1년 후인 1903년 10월이다. 고무라 외무대신과의 사이에서 러일개전 때의 수순 등은 충분히 협의한 다음의 귀임이었을 것이다. 「후작 이노우에 카쓰노스케군 약전」 말미에 "군의 사적은 외교상의 기밀에 관계되어 많이 전하지 않고, 스에코 부인의 사교상의 활약은 비교적 화려하게 세인에 알려져 있지만, 대부분 피상적 관찰에 불과하다. 그 실적을 상세히 알기 위해서는 후세를 기다려야 하고 지금 여기서 집필하는 것은 때를 얻은 것이 아니다"라고 쓰여 있다. 따라서 이 책에서는 러일개전 전 이노우에 카쓰노스케의 활약은 일체 다루지 않고 있다. 이것은 앞으로 밝혀져야 할 것이다.

이 장은 일본의 요구를 수용한 러시아 회답서가 왜 도착하지 않았는가라는 의문에서 출발했다. 먼저 1904년 1월 12일의 내각원로회의에서 일본 수뇌부가 대러개전의 의지를 통일했다는 것을 확인했다. 그런 다음에 개전 준비를 갖출 때까지의 시간벌기를 위해 13일(러시아로 전달은 16일)에 일본의 '최후 수정의견'에 관한 구상서가 제출되었다.

이때 러시아가 일본의 요구에 응할 가능성이 없다는 것이 일본 수뇌부의 공통인식이 되었다. 이후 일본정부와 육해군은 러일교섭 단절을 전제로 개전준비를 추진했다.

다음으로 1월 29일 오후 6시에 외무성에 도착한 주러공사 구리노 신이치로의 전보에 주목했다. 거기에는 러시아가 일본의 요구를 수용한 회답서를 2월 2일에 뤼순의 극동총독에게 보낼 예정이라고 쓰여 있다. 이 전보의 중요성은 종래 간과되었다. 러시아가 양보한다는 이 예상 밖의 정보를 접한 일본정부는 어떻게 했는가. 이 문제의 해답을 찾기 위해 다음 3종의 사료를 검토하여 고찰했다.

① 1월 30일 아침 총리관저의 수뇌회의에서 작성된 추밀원의장 이토 히로부미의 친서

② 같은 날 오후 10시에 발신된 구리노 공사 앞으로의 외무대신 고무라 주타로의 훈령

③ 다음 날 31일에 이루어진 해군대신 야마모토 곤베에의 사령장관 앞으로의 비밀훈령

결론으로 1월 30일 일본의 최고수뇌부(이토·야마가타·가쓰라·야마모토·고무라)는 러시아의 양보가 통지되기 전에 개전해야 한다고 합의했다는 것을 확인했다.

2월 1일과 2일의 동향에 대해서는 다루지 못했지만, 이 사이 외무성에서는 해외공관과의 전보 왕래에 분주했다. 영국·미국·프랑스·독일 등이 러시아의 의뢰를 받고 개입해올 가능성을 우려했기 때문이다. 이들 사료는 『일본외교문서』에 많이 남아 있다.

그 결과 열강의 개입은 없다고 판단한 일본 정부는 2월 3일 내각원로회의에서 개전을 결의하고 다음 날 4일의 어전회의에서 러일교섭 단절, 군사행동 개시에 대한 천황의 승인을 얻었다. 또 러시아에 최후통첩을 발신함과 동시에 연합함대에도 발진명령을 내릴 것, 러시아에의 통첩은 베를린의 독일공사 이노우에 카쓰노스케 앞으로 발신하고, 베를린에서 사자를 파견하여 페테르부르크의 구리노 공사에게 건넬 것을 결정했다.

이것은 연합함대의 발진으로부터 2일 후에 실행된 뤼순·인천 기습작전을 성공시키기 위해, 국제법 위반의 비난을 받지 않고, 일본 정부의 최후통첩 발신 시각으로부터 러시아정부에 전달하기까지 이르는 동안 조금이라도 시간을 벌기 위해서이다.

일본정부는 러시아정부도 일본과 마찬가지로 전신 검열을 하고 있다고 믿었기 때문에 직접 페테르부르크로 발신하면 그 시점에 러시아 정부가 알게 된다고 생각했다. 따라서 일본 정부가 함대 발진 명령(사실

상 전투행위의 개시) 이전에 러시아에 최후통첩을 보냈다고 꾸며대기 위해서는 이러한 잔꾀가 필요하게 되었다. 그러므로 어디까지나 일본정부는 2월 5일에 페테르부르크에 최후통첩을 발신한 것으로 하고, 베를린 경유는 숨기지 않으면 안 되었던 것이다.

　어전회의 후 해군성 대신실에서 열린 육해군 합동회의에서 일본 국내로부터 정보가 누설되는 것을 차단하기 위해 러시아 이외의 외국공관과 일본의 관공서에서 발신되는 전보를 제하고, 해외발송 전보를 72시간씩 지연시키는 것이 의결되었다. 그리고 이것은 2월 5일 정오부터 실시되었다. 결국 2월 6일 오후 4시에 고무라 외무대신으로부터 교섭단절 통고를 받은 러시아공사 로젠이 페테르부르크 혹은 뤼순에 보고했을 전보는 도쿄우편국에 72시간 머물러 있었던 것이다.

　이 장 모두에서 서술한 대로 러시아 람즈도르프 외무대신은 2월 3일에 뤼순의 극동총독 알렉세예프에게 1호부터 3호까지 3통의 전보를 보내고, 4일 0시를 지나 다시 4호 전보를 보냈다. 알렉세예프는 이것들을 5일에 수취하고 그날 중으로 도쿄의 로젠 공사에게 전송했다. 람즈도르프는 2월 3일, 늦어도 4일에 직접 도쿄의 로젠 공사에게도 발신했던 것이다. 그러나 두 루트의 전보 모두 로젠이 수취한 것은 일본이 러시아에 교섭 단절을 통고한 후인 2월 7일 오전 7시였다.[16]

　왜 이런 일이 생긴 것일까. 일본정부가 러시아의 양보가 통지되기 전에 개전으로 들어가기 위해 러시아의 회답서를 억류했기 때문이라고 생각할 수밖에 없다.

---

16) 和田春樹, 『日露戰爭』 하권, 308쪽.

제3장 바꿔치기한 러일 개전의 첫 포화
― 해군대신 야마모토 곤베에의 전보 개찬과 그 행방

〈그림 8〉 인천항에서 자폭한 러시아 소형 포함 코레츠(『극비해전사』 부록 사진첩에 수록, 방위연구소 소장. JACAR C05110203200, 2/158).

러일 개전의 첫 포성

앞 장에서 1904년 1월 12일 일본 수뇌가 대러 개전의 의지를 통일한 것을 서술했다. 1월 12일 육군참모본부는 야전포병감 이지치 코스케(伊地知幸介) 육군소장에게 특별임무를 주어 한국 부임을 명했다. 이지치는 참모본부 부원 이노우에 카즈쓰구(井上一次) 육군 보병대위를 데리고 16일에 도쿄 신바시(新橋)를 출발, 22일 서울에 도착했다. 같은 날 이지치는 야전포병감에서 해임되고 새로 한국공사관 배속 무관으로 임명되었다.[1)

한편 해군 군령부는 1월 18일에 한국공사관 배속 요시다 마스지로(吉田增次郎) 해군소좌에 대해 "개전 며칠 전에 전명(電命)에 따라 경성 - 뤼순선, 경성 - 원산 - 블라디보스토크선 [모두 전신선]을 절단할 준비를 갖추어둘 것"이라고 훈령했다.[2)] 참모본부와 군령부는 마침내 대러 개전의 방아쇠를 당겼던 것이다. 개전 전야에 이지치와 요시다가 협력하여 수행한 것 중의 하나로 서울의 러시아공사 파블로프와 인천항에 정박 중인 러시아 군함 바랴그(Varyag)와 코레츠(Koryeets) 2척을

---

1) 伊地知幸介, 『鷄林日誌』 제1장 주 46) 참조.
2) 「海軍中將吉田增次郎手記」, 『日露戰役參加者史談會記錄』 제2권, 제Ⅵ장 참고자료 1.

정보 차단하에 두는 것이었다. 이것에 대해서는 요시다 마스지로의 수기를 토대로 제6장에서 논한다.

인천항에 정박 중인 러시아 최신예 1등 순양함 바랴그 함장 루드네프 (V. Rudnev) 대령은 상황의 이변을 깨닫고 2월 7일에 파블로프 공사를 면회하고 협의했다. 파블로프 역시 벌써 1주 동안이나 전보를 받지 못했다. 일본인에 의해 전보가 억류되어 있는 것이 분명함에도 불구하고, 페테르부르크도 뤼순도 아무런 대책을 취하지 않는 것에 애가 타고 있었다.[3]

루드네프 대령은 바랴그에 공사 스스로 탑승하여 러시아 공사기를 걸고, 다른 1척의 구식 소형 포함인 코레츠에는 영사를 태워 영사기를 걸고 함께 뤼순으로 탈출해야 한다고 제의했다. 그러나 파블로프는 허가 없이 임지를 떠날 수 없다고 이를 물리치고 대신 코레츠를 뤼순과의 연락을 위해 파견할 것을 제안했다. 뤼순에는 1903년 8월 이래 러시아 극동총독부가 설치되어 니콜라이 2세로부터 극동에서의 외교권과 태평양함대 지휘권을 위임받은 극동총독 알렉세예프가 있다.

이렇게 해서 코레츠는 2월 8일 오후 3시 40분에 닻을 올리고 기밀문서를 휴대하여 뤼순을 향해 출항했지만, 곧 팔미도 부근에서 전날 밤 몰래 인천항을 떠나 일본 함대를 맞이하고 다시 인천항으로 돌아온 3등 순양함 지요다(千代田)와 조우했다.

지요다 뒤로는 2등 순양함 다카치호(高千穗)가 잇따르고 그 좌현 후방에 제9정대(艇隊)의 수뢰정 4척[아오타카(蒼鷹)·하토(鴿)·가리(雁)·

---

3) 露國海軍軍令部編, 『千九百四,五年露日海戰史』 상권, 芙蓉書房出版復刻, 2004, 124쪽.

쓰바메(燕)]이 따르고 있다. 약간 늦게 1등 순양함 아사마(淺間)가 서울 점령을 위한 육군부대를 가득 실은 운송선 3척을 거느리고 뒤따르고, 나아가 기함인 2등 순양함 나니와(浪速)와 이를 뒤따르는 3등 순양함 아카시(明石)·니타카(新高)가 종렬로 항해하고 있다. 이 함대는 2월 6일 사세보(佐世保)를 출항, 서울 점령을 위한 육군의 상륙과 러시아 군함 섬멸을 위해, 인천항으로 향하는 일본 해군 연합함대의 제2함대 제4전대[우류(瓜生)함대]였다.[4] 이때 무슨 일이 일어났는가.

이 장에서는 러일 개전의 첫 포성을 추적하여, 일본 측의 발포가 러시아의 발포로 바꿔치기 된 경위를 밝히고, 그것이 어떻게 이용되었는지, 또 그 때문에 얼마나 많은 문헌이 개찬되었는지, 이상 세 가지 점에 대해서 논한다. 동시에 본서가 의거하는 기본사료인 『극비해전사(極秘海戰史)』와 『러일전쟁 참가자 사담회 기록(日露戰役參加者史談會記錄)』도 소개해 두고자 한다.

『극비해전사』

해군 군령부는 러일전쟁 종결 직후인 1905년 12월부터 1911년 3월에 걸쳐 무릇 5년 남짓 세월을 들여 전 12부 150책이나 되는 방대한 『극비해전사』를 편찬했다. 이 책은 일본에서는 방위성 방위연구소 도서관

---

[4] 군함의 등급은 1898년 '해군성 포달'에 따라 정해졌다. 전함은 10,000톤 이상을 1등으로 순양함은 7,000톤 이상을 1등, 3,500톤 이상을 2등으로 했다(石渡幸二編, 「艦船の種類別標準の變遷」, 『世界の艦船』 229호, 海人社, 1976년 6월). 이 기준으로 하면 6,500톤의 바랴그는 2등 순양함으로 해야 하지만 러시아 해군 군령부가 편찬하고 일본 해군 군령부가 번역한 『千九百四,五年露日海戰史』에는 1등 순양함으로 되어 있어 그것에 따랐다.

사료실이 소장한 '지요다(千代田)' 사료 중에 거의 완전한 형태로 한 질만 보존되어 있다. 지요다 사료는 메이지 이후 황거(皇居, 고쿄) 안에 보관되어온 것 중에서 제2차 세계대전 후 방위연구소로 이관된 것으로 청일·러일 전쟁 시기의 상주(上奏) 서류·기록 등이 중심이다. 황거 안에 보관되었기 때문에 패전 때 일본군이 자신의 손으로 행한 대규모 자료 소각과 그 뒤에 실시된 점령군의 자료 접수를 면할 수 있었다.

이 『극비해전사』는 어떤 이유에서인지 전후에도 장기간 일부의 방위 관계자를 제외하고 연구자 사이에서도 그 존재가 알려지지 않았다. 1980년대가 되어 비로소 방위 관계자에 의해 이 책의 존재가 학계에 보고되어 85년에는 방위대학에서 해전사 강의를 담당한 소토야마 사부로(外山三郎)가 이 책을 활용하여 학위논문을 썼으며, 『러일해전사 연구(日露海戰史の硏究)』 상·하 2권으로 교육출판센터에서 간행되었다. 그러나 역사학 분야를 보면, 러일전쟁을 주제로 한 출판물조차 아직까지 이 책을 전면적으로 참조하지 않은 것이 많다. 2005년 이후 아시아역사자료센터가 인터넷으로 거의 전문을 공개하면서부터 앞으로 이 책을 도외시하고 러일전쟁을 논할 수 없게 되었다.

2004년에 방위연구소 도서관 사료실 조사원 기타자와 노리타카(北澤法隆)에 의해 이 책의 편찬·인쇄·공급과정 및 현존 상황이 밝혀졌다. 그것에 따르면 이 책은 전 12부 150책으로 편찬되었지만, 그 중에 인쇄된 것은 112책(목차 1책 포함)으로 많게는 각책 800부, 중요한 것은 3-400부, 적게는 100부가 인쇄되었다. 인쇄되지 않은 것도 있다. 이것은 예산과 보관 장소 문제 때문이다. 현재 일본 국내에서 존재가 확인되는 것은 지요다 사료 중의 1질뿐이지만, 해외에는 미국 의회도서관에 2질, 영국에 1질이 현존하는 것으로 확인되었다고 한다.5)

『극비해전사』 별책 총목차에는 "인쇄에 부치지 않고 정서·제본한 다음 해군성문고에 보관하다"라는 할주(割註)가 부가된 항목이 다수 있다. 이것을 보면 기타자와 논문이 말하는 것처럼 반드시 예산이나 보관장소의 관점에서, 요컨대 중요도가 낮은 것이 인쇄되지 않았다고 말할 수 없다는 것은 분명하다. 기밀성이 높은 것이 인쇄되지 않았을 가능성도 충분히 생각할 수 있다. 예컨대 제10부 권1 중에 제1편의 「대본영 기요(紀要)」가 인쇄되지 않았다. 그리고 인쇄되지 않은 것은 아시아역사자료센터의 공개에서도 빠져 있다. 이는 방위연구소로 이관된 지요다 사료 중에 원래부터 존재하지 않았기 때문일 것이다. 인쇄하지 않은 것을 '정서·제본'하여 보관했다는 '해군성문고본'은 아마 패전 때에 해군성 스스로의 손에 의해 소각되었을 것이다. 혹은 아직 어딘가에 비밀히 은닉되어 있는지도 알 수 없다.

인쇄되었음에도 공개에서 빠진 것도 있다. 예컨대 제11부 「전국(戰局)일지」의 권 1은 「개전전지(開戰前誌)」에 공개되어 있지만, 권 2의 개전 후의 일지는 공개되어 있지 않다. 그 이유는 분명하지 않다.

『극비해전사』의 해외 유출 경위에 대해 기타자와 논문은 해군 사료에 동맹국 영국으로 교부한 데에 대한 기록이 있다고 지적하고 있지만, 미국으로 유출된 데에 대해서는 다루지 않았다. 이것은 아마 전후에

---

5) 北澤法隆, 「『極秘明治三十七八年海戰史』と『極秘明治三十七八年海戰史附錄寫眞帖』について」, 『極秘 日露海戰寫眞帖』, 栢書房, 2004, 권말 해설.

점령군이 접수했기 때문일 것이다. 점령군 접수자료 중에 일본이 반환을 요구한 것은 문서자료뿐으로 도서자료는 전혀 반환을 청구하지 않았다.6)

러일 개전의 첫 번째 포화

그러면 1904년 2월 8일 오후 3시 40분에 인천항을 출발하여 뤼순으로 향한 러시아 소형 포함 코레츠가 팔미도 부근에서 일본의 대함대와 만났을 때 무슨 일이 일어났는가?『극비해전사』에 어떻게 쓰여 있는지 보자(기사 중 새 이름은 전술한 것처럼 모두 수뢰정 이름이다).

코레츠는 비단 아무런 전투 준비를 갖춘 자취가 없을 뿐만 아니라, 위병을 갑판 앞에 도열시켜 경례를 표하고 추호도 불온한 모습을 드러내지 않았다. 마침내 두 군함의 좌측 약 200미터를 떨어져서 통과했다. (중략) 그리고 제9정대(艇隊)도 역시 코레츠가 좌현 직각에 보이자, 왼쪽으로 180도 회전하여 이를 추격했다. 제1소대인 아오타카(蒼鷹)·하토(鴿)는 그 왼쪽으로 급히 항해하고 제2소대인 가리(雁)·쓰바메

---

6) 田中宏巳,『米議會圖書館所藏占領接收舊陸海軍資料總目錄』,「解說」20쪽, 東洋書林, 1995. 범례에 따르면 이 목록은 1992년 5월 현재 미국 의회도서관이 보관하면서 미정리 상태인 일본의 구 육해군자료를 정리한 것이라 한다. 다만『극비해전사』에 대해서는, 이미 미국 의회도서관에서 열람 가능한 상태이지만, 극히 귀중한 자료임에도 일본에서는 미국에 존재한다는 사실이 전혀 알려지지 않았기 때문에 특별히 이 목록에 수록했다고 서술하고 있다. 이 목록 358쪽, 일련번호 5204-5208의 4점이『극비해전사』인데, 5204는 "전 151책 중 104책 구비"이고 다른 3점은 각각 일부분씩 갖추었다. 기타자와 논문에서 말하는 2질이란 3점을 합쳐 1질로 간주한 것일 것이다.

(燕)는 그 오른쪽으로 나가려 했지만, 쓰바메가 잘못되어 팔미도 북방의 천퇴(淺堆, 뱅크)에 얹히게 되었다. 이어서 다른 3정은 각기 발사관을 러시아 군함에 조준하고 26해리 속력으로 돌진하여 팔미도 부근에 이르렀다. 러시아 군함이 오른쪽으로 뱃머리를 돌리려 했기에 정대는 때가 무르익었다고 판단하여 가리(雁)가 먼저 300미터 거리를 가늠하고 을종(乙種) 수뢰를 발사했다. 코레츠가 이를 알아차리고 왼쪽으로 키를 돌려 피했다. 아오타카·하토도 역시 바로 오른쪽으로 방향을 바꾸어 러시아 군함에 다가가자 저들은 포화를 발사하여 응전했다. 이때가 오후 4시 40분이다. 이어서 하토도 을종 수뢰를 발사했는데 명중하지 못했다(『극비해전사』 제1부 제2권 104쪽, JACAR C05110031800).

이 문장을 동일한 『극비해전사』에 수록되어 있는 제9정대 대장(隊長) 야지마 준키치(矢島純吉) 사령(司令)이 제출한 「2월 8일 육군 운송선 인천 입항 때 호위함 행동 약도」(JACAR C05110037700)와 함께 읽으면 무엇이 일어났는가는 일목요연하게 될 것이다. 이처럼 『극비해전사』에는 코레츠는 전혀 전의(戰意)가 없었다는 것, 코레츠를 바싹 추적하여 먼저 수뢰를 발사한 것은 일본 측이었다는 것, 코레츠는 어쩔 수 없이 응전했다는 것이 매우 정확하게 쓰여 있다. 그러나 전술하였듯이 이 『극비해전사』는 근년에 이르기까지 공개되지 않았다.

해군 군령부는 위의 『극비해전사』 편찬 중인 1909년에 공식 전사라 할 수 있는 『메이지 37, 8년 해전사』 전 4권을 간행하는데, 여기서는 위의 사실이 다음과 같이 서술되어 있다.

[코레츠는] 우리 정대(艇隊)가 접근하는 것을 보고 끝내 포화를 일으켰다. 때는 바로 오후 4시 40분으로 이것을 메이지 37, 8년 러일전쟁 개시의 첫 포화라 한다(『明治三十七八年海戰史』 제1권 57쪽, 1909년, 春陽堂).

요컨대 코레츠가 먼저 일본 함대를 향해 발포했다고 되어 있는 것이다. 그리고 "때는 바로 오후 4시 40분으로 이것을 메이지 37, 8년 러일전쟁 개시의 첫 포화라 한다"는 문장은 그 후 많은 문헌에 인용되어 널리 유포되었다.

한편 러시아 해군 군령부가 편찬하고 일본의 해군 군령부에 의해 번역된 『1904, 5년 러일해전사(千九百四五年露日海戰史)』(간행 연도 불상, 이하 『러일해전사』)는 이것을 비판하여 다음과 같이 주기하고 있다.

일본의 해전사에 따르면 일본은 코레츠에 대해 수뢰 발사를 행한 것을 완전히 침묵에 부치고 코레츠가 한 오발(誤發)의 첫 발포를 1904, 5년 전쟁의 첫 발포로 칭하고 있다(『러일해전사』 제1권 상 23쪽, 2004, 芙蓉書房出版에서 복각).

일본의 해전사에 따르면 일본은 코레츠에 대해 수뢰를 발사한 것에는 완전히 입을 닫고, 코레츠가 행한 오발의 첫 발포를 러일전쟁의 첫 발포로 칭한다고 쓰여 있다. 여기서 말하는 코레츠의 오발이란 『러일해전사』에 따르면 다음과 같은 의미다.

코레츠 함장 벨야예프 중령은 아사마(淺間)가 갑자기 회전하여 코레츠의 진로를 차단하고 수뢰정대가 뱃머리를 돌려 추격해왔기 때문에, 코레츠가 앞바다로 나가는 것을 저지하려는 일본 측의 의지를 인식했다. 중립국 [한국] 영해에서 포문을 여는 것은 부당하기 때문에, 수뢰정대에 대해 포문을 열지 않고 정박지로 돌아오려 했는데, 수뢰정이 코레츠를 향해 수뢰를 발사했지만 함미를 약간 벗어나 지나쳤다. 이에 코레츠는 바로 전투 신호음을 울리고(오후 4시 35분) 2분 뒤에 발포 준비를 완료했다. 이때 다시 수뢰정에서 두 번째 수뢰가 발사되었지만 첫 번째와 마찬가지로 선미를 스치듯이 지나쳤다. 이어서 세 번째 수뢰가 다른 수뢰정에서 직각으로 우현 출입구를 향해 발사되었지만 출입구에 도달하기 전에 침몰했다(배 밑 아래를 통과했다는 의미인가). 두 번째 수뢰 발사 후 코레츠는 포격 개시 호령을 발령했지만 이미 인천 항내로 들어왔기 때문에 곧바로 포격 정지를 명했다. 그러나 그 후에 잘못으로 2발의 포탄이 발사되었다 한다.

『러일해전사』 전7권(그 중에 제5권은 미간행)의 간행 연도는 정확히 알 수 없다. 그러나 이 책을 일본의 해군 군령부에서 번역한 제1권 상의 범례(1915년 7월자)에서는, 이 책은 해군 대좌 가와하라 케사타로(川原袈裟太郞)가 러시아대사관 무관이었을 때 그 나라 해군 군령부에 청구하여 진달한 것이라고 쓰여 있다.

가와하라가 러시아대사관 무관이었던 것은 1911년 2월부터 1914년 1월까지이기 때문에 『러일해전사』는 늦어도 1913년 중에는 간행되었다고 생각된다. 일본의 공간(公刊) 전사(戰史)는 이것보다 앞선 1909년에 간행되었다. 러시아 해군 군령부는 『러일해전사』를 편찬할 적에 일본의 공간 전사를 참조하고 있다. 그리고 곳곳에서 이것을 비판하고 있다. 첫 번째 포화를 둘러싼 문제도 그 중의 하나다. 가와하라가 러시아 군령부에 『러일해전사』를 청구할 수 있었던 것은 아마 그가 1911년 러시아로 부임할 때 일본의 군령부가 간행한 공간 전사를 선물로 가지고 갔기 때문일 듯하다. 그리고 1914년 가와하라가 귀임할 때 이번에는 러시아 측이 『러일해전사』를 답례로 주었다고 생각된다. 가와하라가 군령부로 가져간 『러일해전사』는 아마 즉시 번역작업에 들어갔을 것이다. 『극비해전사』를 편찬하고 『러일해전사』를 번역하고 있던 해군 군령부에서 코레츠의 발포를 가지고 러일개전의 첫 포화로 하는 공식 견해를 유지하는 것이 곤란하다는 인식은 싹트고 있었을 것이다.

그러면 다음으로 실제 그러한 처지에 있던 일본 측 당사자들에게, 1904년 2월 8일 오후 4시 무렵에 인천 앞바다에서 일어난 포격 사건에 대해 이야기를 들어보자. 먼저 그들의 담화가 수록된 사료의 소개부터 시작한다.

『러일전쟁 참가자 사담회 기록』

1935년(쇼와 10)에는 러일전쟁 30주년을 기념하여 신문사가 각종 기획을 꾸렸으며 또한 그 기록이 단행본으로 출판되었다. 해군에 한정하여 말하면, 아사히신문사는 3월 6일 제국호텔에서 14명의 해군 장성으로 좌담회를 주최하고 그 기록이 같은 해 5월 『명장 회고 러일대전비사 해군편(名將回顧日露大戰秘史海軍編)』으로 출판되었다. 또 2일 후인 3월 8일 호시가오카사료(星ヶ丘茶寮)에서 도쿄니치니치신문사(東京日日新聞社)와 오사카마이니치신문사가 공동으로 19명의 장성으로 좌담회를 개최하고 그 기록 『참전 20제독 러일대해전을 말하다(參戰二十提督日露大海戰を語る)』가 마찬가지로 5월에 출판되었다. 모두 5월에 출판된 것은 일본 연합함대가 러시아 발트함대를 격파한 날(1905년 5월 27-28일)을 기념하기 위해서였다. 전자인 아사히신문사 좌담회에 출석한 14명은 1명을 제하고 모두 후자의 좌담회에도 출석했다. 이들 서적에 실려 있는 에피소드는 각종 소설에도 들어가 널리 보급되었다.

한편 해군 스스로도 해군성 해군군사보급회의 위촉을 받은 해군유종회(海軍有終會, 예비역 해군사관의 친목단체)가 주최하는 형태로 같은 해 6월 25일, 28일, 29일 3일 동안 도쿄 수교사(水交社)에서 '사담회(史談會)'를 개최했다. 그 사담회의 기록이 『러일전쟁 참가자 사담회 기록(日露戰役參加者史談會記錄)』(전9권, 이하 『사담회기록』)이다. 다만 이 사담회는 민간 좌담회와 달리 "극비사항을 다룬 것이 매우 많아 공표하지 않고, 담화자 및 운영자 외에 특별히 관계있는 현역 해군사관만 출석"하게 되었다. 또 기록의 취급에 대해서도 "담화 사항은 전부 속기하고(수기를 제출한 것은 이를 채록한다), 기록을 정리한 다음 4부를 등사하여 속기 원고와 함께 전부 해군성에 제출한다"고 한 것에서 알 수 있듯이 엄중히 관리되었다[같은 책 제9권, 총목록 '서(序)'에 의함]. 그래서 『극비해전사』와 마찬가지로 근년에 이르기까지 공개되지 않았다. 현재 방위연구소 소장본을 아시아역사자료센터가 인터넷으로 공개하고 있다.

사담회에 출석하여 담화한 자는 첫째 날에 대장 5명, 중장 14명, 소장 4명, 대좌 1명으로 모두 24명. 둘째 날은 대장 4명, 중장 11명, 소장 3명, 대좌 4명으로 모두 22명. 셋째 날은 대장 6명, 중장 13명, 소장 4명, 대좌 4명으로 모두27명. 총계 73명이지만 복수 출석자도 있어 실제 수효는 대장 10명, 중장 25명, 소장 10명, 대좌 7명으로 전부 52명이다. 저들은 러일전쟁 때 대부분이 영관급(일부 대위)으로 군령부나 함대의 참모로서 전쟁의 중핵을 담당한 이들이었다. 30년의 세월이 지나 대부분이 장군으로 영달을 다하고 이미 예비역이 되었다. 그러한 저들이 민간 좌담회에서는 조금도 입 밖에 내지 않은 기밀에 해당하는 발언과 공식 전사의 기술을 부정하는 발언을 하고 있다. 사료적 가치의 정도에서 앞서 소개한 민간 좌담회의 기록과는 비교가 되지 않는다고 할 수 있다.

당사자들의 회상

그러면 다음으로 저 2월 8일 인천 앞바다의 포격 현장에 있었던 일본 군인들로부터 거기서 무슨 일이 일어났는가를 들어보자. 사담회 두 번째 날인 1935년 6월 28일에, '인천 방면 작전' 중 '작전일반'이라는 주제가 주어진 오이시 쇼키치(大石正吉) 소장[당시 계급은 대위로 지요다(千代田) 포술장砲術長)]은 다음과 같이 말했다.

지요다가 오무라(大村) 여단[여단장 기고시(木越) 소장]의 운송선을 향도하면서 인천항으로 급행하여 인천에 접근하자 코레츠가 인천에서 출항하여 나왔습니다. 지요다는 전투부서를 대상으로 그 동정에 주의하고 있었는데, 코레츠는 지요다의 우현 쪽[좌현 쪽의 잘못인가]으로 반대 방향에서 항해하면서 위병예식(衛兵禮式)을 했습니다. 그래서 지요다도 역시 이쪽의 위병대를 갑판 앞쪽으로 올려 코레츠에 대해 답례를 하고 지나갔습니다. 나는 함교(艦橋)에 있으면서 전방의 바랴그와 기타 함내 전반을 보고 있었습니다만 조금 지나자 후방에서 꽝꽝 두세 발 포성이 들렸습니다. 후방을 보고 있던 신호병이, "코레츠가 맞았습니다, 수뢰정이 수뢰를 발사한 것 같습니다"고 소리쳤습니다. 바로 후방을 돌아보자 코레츠는 뒤따르는 운송선으로 뱃머리를 돌려 접근하고 있었습니다. 그때에 듣기로 코레츠가 지요다와 반대 방향으로 항해하면서 뒤따르는 운송선 쪽으로 향했기 때문에 직접 엄호를 담당하고 있는 제9정대(야지마 준키치 사령의 1등 정대)가 운송선을 공격해온다고 생각했는지 수뢰를 쐈지만 명중하지 않고, 이에 대해 코레츠가 응포했던 것이었습니다. 이것이 우리들이 러일전쟁에서 처음으로 들었던 적의 포성입니다(『사담회기록』 3권, 12-14쪽, JACAR C09050720100).

오이시의 증언은 코레츠가 어떤 전투 준비를 한 기미도 없이 위병을 갑판 앞에 세워 경례를 표하면서 지요다·다카치호(高千穗) 두 함의 좌측 약 100미터를 통과했다는 『극비해전사』 기술의 정확함을 뒷받침하고 있다. 지요다는 전투태세를 취하고 있었지만 코레츠가 전혀 전투

준비를 하지 않고 위병예식을 갖추고 왔기 때문에 황급히 위병대를 갑판으로 올려 답례하고 지나가도록 했다. 지요다에 이어 다카치호도 마찬가지였다고 생각된다.

그런데 그 뒤를 따르고 있던 수뢰정대는 코레츠가 운송선(육군을 가득 실음)을 공격해온다고 생각했는지 코레츠를 향해 수뢰를 발사했지만 명중하지 못했다. 이에 코레츠가 응전했다고 쓰여 있다. 포성 후에 바로 후방을 보자 코레츠는 후속 운송선으로 뱃머리를 돌려 접근하려 했다고도 말하고 있다. 오이시는 일본의 수뢰정이 먼저 코레츠에 수뢰를 발사했기 때문에 코레츠가 응전했다고 정직하게 얘기하고 있다. 그런데 수뢰정의 행동을 옹호하기 위해 코레츠가 운송선을 공격하려 했다고 사실에 반하는 것도 말하고 있다. 앞에 소개한 것처럼 수뢰발사를 지휘한 야지마 사령 자신이 보고한 항적도를 보면 이런 변호는 통하지 않는다.

수뢰정대의 코레츠 공격에 대해서는, 오이시에 이어 '개전 전 코레츠에 대한 어뢰 습격 사정'이라는 주제를 받은 모리야마 케이자부로(森山慶三郎) 중장이 다시 상세하게 말하고 있다. 모리야마의 당시 계급은 소좌(같은 해 9월에 중좌로 진급)로 제4전대 참모로서 기함 나니와(浪速)에 탑승하여 코레츠가 인천항으로부터 남하해 오는 것을 보고 있었다.

이번 격전은 만사가 인천에서 명료하게 판명되기에 여기서는 코레츠를 지나가도록 보내고 후속함 2척 정도가 와서 앞바다 쪽에서 가라앉혀 버린다고 생각했기 때문에 수뢰정이 이것을 공격할 거라고는 조금도 염두에 없었습니다. 그런데 선두의 좌측을 따라 항해 중인 야지마 준키치 사령의 수뢰정이 방향을 돌리고 양쪽으로 나뉘어 코레츠를 끼고 오는 모양을 하고 있어, 위협하고 있는가라고 생각했다. 뭔가 신호라도 하나 올릴까라고 생각하면서 "지나가라"는 뜻으로 다음 신호를 올리려고 유념하고 있었는데, 수뢰 한 발이 펑 하고 나왔다. 그것은 앞서 간 가리(雁)로부터 나왔다고 생각합니다. 가리가 수뢰 한 발을 쏜 것을 내가 봤기에 우류(瓜生) 사령관에게 "수뢰를 발사했습니다"라고 보고했다. 우류는 "그럴 리가 없겠지"라고 말했다. 그러자 상대편에서 이번에는 대포를 서너 발 꽝꽝 쐈는지, 두세 발 많게는 네댓 발이라고 나는 생각하고 있습니다. 수뢰정 쪽에서는 15, 6발이 발사되었다고 말하고 있습니다만 그렇게 쏘지 않았을 걸로 생각합니다. 그러자 이번에는 또 수뢰가 쑥 나오는 것을 나는 보았기 때문에, 내가 "또 쐈습니다"라고 사령관에게 보고했습니다. 사령관은 "뭐라고. 그럴 리가 없겠지"라고 말했습니다. 그 사이 '코레츠'가 방향을 돌려 항내로 되돌아가고 수뢰는 명중하지 않았습니다. 그러자 상대도 서너 차례 발사하면서 제자리로 돌아갔기 때문에 뭔가 분명하지 않은 채 끝나버렸습니다. 그리고 평화 상태로 돌아가고, 쑥 들어가서 유야무야 중에 군대를 철수해버린 것입니다(『사담회기록』 3권, 25-27쪽, JACAR C09050720100).

모리야마는 다음과 같이 말하고 있다. 수뢰정 가리가 코레츠를 향해 수뢰를 발사했다. 그러자 코레츠가 대포 서너 발을 쐈다. 두세 발 많게는 네댓 발이라고 생각한다고 말했다(이것은 두세 발 많이 잡아

네댓 발을 쏜 것으로 해두자는 뜻인가). 수뢰정 쪽에서는 15, 6발이 발사되었다고 말하고 있지만 그렇게 많이 발사되지 않았다고 생각한다고 말하였다. 코레츠의 발사 수가 얼마나 크게 부풀려졌는지는 모리야마 자신이 사건 다음 날 아침에 인천항에서 우류 사령관 명의로 해군대신에게 타전한 보고(후술)에 코레츠의 발포는 한두 발로 쓰여 있는 것에서 분명히 알 수 있다. 모리야마는 이 앞의 담화 중에서 지요다로부터 전달된 해군대신의 전보훈령에, 인천 항내에는 외국 군함도 정박하고 있어 항내에서는 우리 쪽에서 공격해서는 안 된다고 했기 때문에 우류 사령관은 팔미도를 동서로 관통하는 선 이북을 인천 항내로 정하고 이 선보다 남쪽에서 적을 만나면 격침시켜 버리라는 매우 명확한 명령을 냈다고 말하고 있다.

코레츠가 우류 함대와 만난 것은 정확히 이 선보다 약간 북쪽이었다. 그래서 수뢰정대의 야지마 사령은 코레츠를 양쪽에서 끼고 남하하여 이 선을 넘은 지점에서 공격하려 했던 것인데, 코레츠가 되돌아가려 했기 때문에 발사를 명령했던 것이다. 다만 모리야마 참모로서는 여기서 공격하면 인천 항내에 정박 중인 외국 군함이 모두 알아버리기 때문에, 코레츠가 좀 더 앞바다로 나간 곳에서 나니와의 후속함 아카시(明石)와 니타카(新高)를 보내 침몰시켜버리려고 생각하고 있었기에 수뢰정대의 공격은 의외였던 듯하다. 당시 인천항에는 러·미·영·프·이탈리아·한국의 군함이 정박하고 있었다.

그러면 왜 사실과 달리 코레츠가 먼저 발포했다는 공식 견해를 내세우게 되었는가에 대해, 모리야마는 계속해서 매우 중요한 증언을 하고 있다.

　이때(2월 9일 오전 8시) 해군대신에게 전보를 쳤습니다. "이날(?) 오후 5시 운송선대를 이끌고 인천에 입항했을 적에 팔미도 부근에서 코레츠가 출항해 오는 것을 만나, 운송선 공격의 태도로 나왔다고 수뢰정이 두 발의 수뢰를 발사했지만 맞지 않았다. 저들이 한두 발을 발포하고 인천으로 되돌아가 정박했다. 본직(本職)은 러시아 선임함장에게 9일 정오까지 인천을 퇴거할 것을 강제하고, 만약 응하지 않으면 항내에서 저들을 공격해도 어쩔 수 없다고 9일 오전 8시에 통고했다. 재항(在港) 열국 함선에는 이 이유로써 9일 오후 4시까지 정박지를 바꿀 것을 청구하는 서면을 직접 또는 간접으로 우리 영사를 경유하여 열국 영사에게 오전 7시에 배포했다. 따라서 9일 오후 4시 이후에 이 행동을 결행하려 한다." 이 전보를 보냈는데, 해군대신으로부터라고 생각합니다만 수뢰정이 두 발의 수뢰를 발사했다고 하는 것은 이쪽이 먼저 손을 댄 것이 되어 부적절하기 때문에 상대가 발포했기에 이쪽에서 발포했다고 하는 식으로 전보보고를 정정하여 내라고 하는 회훈이 왔습니다. 그런데 "이것은 적절치 못한 것이 아닌가"라 하여, 이번에는 차관 앞으로 사령관이 "일선에서는 실제를 보고하는 것이기 때문에 필요하다고 인정하면 적절히 그쪽에서 정정하십시오"라고 회답 전보를 보내, 이것은 적절히 수정해주었던 듯합니다. 결국 그렇게 말하는 경우엔 중앙에서 적절히 정정해야 하는 것이어서, 그런 다음에 이와 같이 정정해두었으니 그렇게 알라고 일선에 말하면, 일선에서는 이런저런 것을 고려하여 정정한 것을 전보하는 등의 일은 경우와 사정에 따른 것이지만, 원칙으로서 신중하지 않으면 안 될 것이라고 나는 그때 심각하게 생각했습니다(『사담회기록』 3권, 27-29쪽, JACAR C09050720100).

약간 이해하기 어렵기 때문에 이를 요약하면, 1904년 2월 9일 오전 8시에 제4전대 참모 모리야마 소좌는 어제 오후 5시 운송선대를 이끌고 인천에 입항했을 때, 팔미도 부근에서 코레츠가 출항해서 오는 것을 만나 운송선을 공격한다고 생각한 수뢰정이 두 발의 수뢰를 발사했지만 명중하지 못했으며, 코레츠는 한두 발의 대포를 쏘고 인천으로 되돌아갔다고 해군대신 야마모토 곤베에(山本權兵衛)에게 전보를 쳤다. 이 전보는 물론 제4전대 사령관 우류 소토키치(瓜生外吉) 소장 이름으로 타전했다. 이에 대해 야마모토 해군대신으로부터 일본이 먼저 손을 댔다는 것은 부적절하기 때문에 러시아가 먼저 손을 댄 것으로 전보를 정정하여 다시 내라는 회답 훈령이 왔다. 그래서 우류 사령관은 해군차관 앞으로 그런 것은 그쪽에서 적절히 해주라고 회신했다는 것이다.

야마모토 곤베에는 이 사담회 2년 전인 1933년에 사망했다. 러일전쟁 당시의 차관은 사이토 마코토(齋藤實)다. 사이토도 이 사담회 출석이 예정되어 있었지만 궐석하고 이듬해에 사망했다. 만약 사이토가 출석했더라면 더 상세한 사정을 이야기했을지 어떤지는 알 수 없다. 혹은 사이토를 원려하여 모리야마가 이 문제를 다루지 않았을지도 모른다.

〈그림 9〉 해군대신 야마모토 곤베에(『일로 전쟁실기(日露戰爭實記)』제5편, 박문관, 1904년 3월에서).

야마모토 해군대신의 지시에 대해 "이것은 부적절한 것이 아닌가"라고 우류 사령관에게 조언한 것은 아마 이 회상의 주인공 모리야마 참모였을 것이다. 모리야마는 그런 경우엔 중앙에서 "적절히 정정"해야 하고, 그런 다음에 이렇게 정정해두었으니 그렇게 알라고 일선에 이야기해 주어야 한다고 말하고 있다. 그리고 수뢰정이 코레츠에 발포한 문제에 대해서는 "이것은 적절히 수정해주었던 듯합니다"라고 증언하고 있다. 모리야마는 야마모토가 사실을 바꿔치기한 것을 비난하고 있는 것은 결코 아니다. 그런 판단은 중앙에서 해야 한다고 말했을 뿐이고, 중앙이 판단하면 일선은 당연히 그것을 따른다는 것이 모리야마의 생각이었다.

『전시일지』의 개찬

모리야마 참모는 우류 사령관과 함께 기함 나니와에 탑승하고 있었다. 『군함 나니와 전시일지』의 메이지 37년(1904) 2월 8일 기사에는 이 코레츠와 수뢰정과의 발포사건에 대해서 아래처럼 기술되어 있다.

팔미도를 지난 지요다 · 다카치호 · 아사마 · 제9정대 운송선대는 제4전대의 명령에 따라 활동하면서 제물포 정박지로 진입하자, 2월 8일 오후 4시 43분에 적함 코레츠가 출항하는 것을 보고 바로 전투태세를 취하다. 오후 5시 경에 그 함이 발포하다(우리 정대로부터 발사한 것 2회, 명중하지 않다). 우리 함대가 계속 입항하는 것을 보자 저들은 우리의 위세에 눌려 오후 5시 10분경 뱃머리를 돌려 제물포 정박지에서 가박(假泊)하다(『軍艦浪速戰時日誌』, JACAR C09050364700).

이 기사를 솔직히 읽으면 코레츠가 발포했기 때문에 일본 측에서 수뢰를 발사한 것처럼 이해된다. 이것은 『극비해전사』의 기술과도, 오이시 · 모리야마의 사담회에서의 회상과도 크게 다르다. 또한 2월 9일 오전 8시에 해군대신 앞으로 발신된 전보에 관한 기록은 『군함 나니와 전시일지』에는 없다. 이것은 모리야마의 증언대로 중앙에서 적절히 수정하고, 그렇게 알라는 통지를 받은 다음, 일지가 다시 쓰인 결과로 볼 수밖에 없다. 똑같은 것이 『지요다함 전시일지』에도 보인다.

3시 30분 동수도(東水道)를 통과하여 4시 20분 팔미도를 북쪽 7케이블[1케이블=200미터 정도]에서 보면서 적합한 정박지로 향하다. 마침 적함 코레츠가 출항하는 것을 보다. 그래서 만일을 염려하여 전투준비를 하고 또 함 바깥에서 보지 못하도록 포원(砲員)을 포 옆에 숨기거나 혹은 갑판에 엎드리게 하다. 접근함에 따라 이것을 자세히 살피니 코레츠는 조금도 전투준비를 한 모양이 없고, 예에 따라 위병을 정렬하고 우리의 왼쪽에서 100미터 떨어진 곳을 통과했다. 본 함 및 다카치호는 그대로 전진하고, 아사마는 뱃머리를 돌려 운송선을 숨기고, 정대(艇隊)는 방향을 바꾸어 이를 추적했다. 5시 4분에 정박지로 나아가 오늘 입항한 것으로 보이는 러시아 상선 숭가리와 사이를 두고 바랴그가 보이는 위치에 정박하고, 다카치호는 본 함의 이전 정박지에 정박했다. 이때 코레츠는 돌아와 바랴그 옆에 정박했기 때문에 정대 역시 와서 이 부근에 정박하고 일거에 급소를 제압하려 하다(『千代田艦戰時日誌』, JACAR C09050391600).

이 기사에는 수뢰정과 코레츠 사이에 발포의 응수가 있었던 것 자체를 전혀 다루지 않고 있다. 그 외는 오이시 소장의 회상과 거의 일치한다. 이것도 사후에 개찬이 있었다고 생각할 수밖에 없다.

개찬 전보 「해(海) 제1호」

그러면 현지로부터의 전보가 중앙에서 어떻게 "적절히 수정"되었는가, 그리고 그것이 어떻게 이용되었는가. 모리야마 참모가 해군대신 앞으로 보냈다는 전보 문면(文面)은 『군함 나니와 전시일지』에서는 삭제되었어도 『극비해전사』에는 다음과 같이 기록되어 있다.(방점 – 필자.)

[우류 사령관은] 수뢰정 쓰바메(燕)를 항내로 보내고, 지요다 함장에

게 부탁해서 해군대신에게 전황을 전보했다. (중략) 해군대신에게 보고한 전문은 아래와 같다.

8일 오후 5시 운송선대를 이끌고 인천에 입항할 때 팔미도 부근에서 코레츠가 출항해서 오는 것을 만났다. 운송선을 공격하려는 태도라고 인정하여 수뢰정에서 두 발의 수뢰를 발사했어도 명중하지 않았다. 저들은 한두 발의 발포를 하고 인천으로 되돌아가서 정박했다. 본 직은 러시아 선임함장에 대해 9일 정오까지 인천을 퇴거할 것을 강청하고 만약 응하지 않으면 항내에서 저들을 공격할 수밖에 없다고 9일 오전 8시에 통고를 발하였다. 재항(在港) 열국 함선에는 이 이유로써 9일 오전(?) 4시까지 정박지를 변경할 것을 직접 또는 우리 영사를 경유하여 열국 영사에게 오전 7시에 배포했다. 따라서 오후 4시 이후에 이 계획을 결행하려 한다(『극비해전사』, 제1부 戰紀 권2, JACAR C05110031800).

여기에 인용된 '전문'은 모리야마가 담화 중에서 말한 '전보'와 거의 일치한다. 모리야마는 30년 전의 전보 사본을 보면서 이야기를 한 것이 아닐까. 그러면 수신자 쪽의 기록은 어떻게 되어 있는가.

극비 해(海)제1호

        전보   2월 9일 오전 8시 35분 인천 발

            동   동   9시 35분 동경 착

해군대신 앞   군함 나니와에서   우류 제2함대 사령관

어제 오후 5시 운송선대를 이끌고 인천항에 입항할 때 팔미도 부근에서 러시아 군함 코레츠가 출항해오는 것을 만났는데, 저들은 우리 운송선에 대해 공격 태도를 취하고 우리 수뢰정을 향해 발포함에 따라 수뢰정은 이에 응해 두 발의 수뢰를 발사했어도 맞지 않았다. 저들은 인천항으로 되돌아와서 정박했다. 본직은 러시아 선임함장에 대해 9일 정오까지 인천항을 퇴거할 것을 강청하고 만약 응하지 않으면 항내에서 저들을 공격할 수밖에 없다고 9일 오전 8시에 통고를 발하였다. 정박하고 있는 열국 함선에는 이 이유로써 9일 오후 4시까지 정박지를 변경할 것을 청구하는 서면을 직접 배포하고, 또 우리 영사를 경유하여 열국 영사에게 오전 7시에 본 건을 통고했다. 따라서 오후 4시 이후에 이 계획을 결행하려 한다(「情報及祝電類三十七年三十八年」, JACAR C09020295100).

이것은 해군성이 러일전쟁 중에 발행 또는 수취한 서류를 모은 '전시서류' 중의 「정보 및 축전류」라는 표제가 붙은 책자에 수록된 수신전보다. 우류 사령관 명의로 해군대신 앞으로 2월 9일 오전 8시 35분에 인천에서 발신되고 1시간 후에 도쿄에 도착하였다. 또한 이것과 같은 문서가 『일본외교문서』에 메이지 37년 2월 9일자 인천 가토(加藤) 영사가 고무라 외무대신 앞으로 보낸 전보 「제2함대, 아무런 손해 없다고 보고하는 건」의 부기 1 「우류 제2함대 사령관 공보(公報)」로 수록되어 있다.

이 「해(海)제1호」 전보 문면이 모리야마 참모가 발신한 것을 야마모토 해군대신의 지시로 고쳐 쓴 것이라는 것은 분명할 것이다. 이렇게 일본 측이 발포한 사실을 러시아의 발포로 바꿔치기해버린 것이다.

해외 미디어 조작

이렇게 개찬된 현지로부터의 '공전(公電)'은 일본의 해외공관을 통해 재빠르게 서양의 보도기관에 유포되어 국제여론 조작에 이용되었다. 『타임스』의 1904년 2월 11일자 제3면은 각지에서 도달한 러일전쟁 관련 최신정보를 특집으로 소개했는데, 그 중에 '제물포 해전'이라는 소제목을 붙인 기사가 게재되어 있다. 기사 원문의 서두 부분과 그 번역문은 다음과 같다.

The Japanese Legation has received the following dispatch from Tokio:—

"On February 8 the Japanese squadron escorting transports met on its way to Chemulpo the Russian gunboat Korietz as she was coming out of port. The Korietz took up an offensive attitude towards the Japanese vessels and fired upon the Japanese torpedo-boats. The latter discharged two torpedoes, but without effect. Then the Korietz returned to her anchorage at the port.

"Early on the next morning (February 9) Admiral Uriu, commanding the Japanese squadron, formally called upon the Rusian men-of-war to leave Chemulpo before noon on the same day. The Admiral added that if his demand were not complied with he would be compelled to attack them in the harbor.(*The Times*. London, Thursday, February 11, 1904).

(번역) 일본공사관은 도쿄로부터 다음과 같은 공전을 수취했다.

"2월 8일 수송선단을 호송하여 제물포에 접근 중인 일본 함대는 항구에서 나오는 러시아 포함 코레츠와 마주쳤다. 코레츠는 일본 함대에 공격적 태도를 취하고 일본 수뢰정을 포격했다. 일본 수뢰정은 두 발의 수뢰를 발사했지만 맞지 않았다. 그래서 코레츠는 항내 자신의 정박지로 돌아갔다.

"다음 날 아침 일찍(2월 9일) 일본 함대를 거느린 우류 사령관은 정식으로 러시아 선임함장에게 같은 날 정오까지 제물포를 떠나라고 경고했다. 사령관은 만약 이 요구가 받아들여지지 않으면 항내에서 공격하지 않을 수 없을 것이라고 덧붙였다(『타임스』, 런던, 목요일, 2월 11일, 1904년).

『타임스』가 게재한 일본공사관이 받은 '공전'은 야마모토 해군대신에 의해 개찬된 「해(海) 제1호」다.

『타임스』에 '공전'을 보여 이와 같은 기사를 쓰도록 한 런던 일본공사관의 공사는 하야시 타다스(林董)였다.

국내 여론 조작

개찬 전보를 '공전'으로 유포시켜 날조한 해외 매스컴의 기사는 다시 국내로 가져와서 국민의 여론 조작에도 이용되었다. 『지지신보(時事新報)』는 1904년 3월 24일자에 「타임스의 러일전쟁 비평(3)」으로, 『타임스』의 군사 기고가가 논한 기사를 인용하고 있다. 이것은 『타임스』의 2월 11일자 제5면에 게재된 「극동의 전쟁」이란 제목이 붙은 기사로, 'from our military correspondent'라고 출처가 표시되어 있기 때문에 『타임스』의 군사통신원이 송부한 기사일 것이다. 『지지신보』에 게재된 『타임스』 기사의 모두(冒頭) 부분과 그 원문은 다음과 같다.

어제 오후에 접수한 보도에 따르면 이번 전쟁의 제일탄(第一彈)은 러시아 군함에 의해 발사된 것 같다. 2월 8일 월요일 저녁 일본 운송선 및 호위함대가 인천항 앞바다에 도착할 때 1,200톤 배수량과 13해리 속력을 지닌 구식 무장갑(無裝甲)의 러시아 포함 코레츠가 먼저 이것에 발포하고, 이어서 그 동료 함 바랴그와 합치기 위해 코레츠는 항내로 달려갔다. 바랴그는 동방으로 가는 항해 중에 일찍이 페르시아 만에서 시위적 순항을 행함으로써 한때 영화를 자랑했던 군함이다(『時事新報』 1904년 3월 24일, 제2면).

From information which came to hand yesterday afternoon, it now appears that the first shot of the war was fired by a Russian ship.

On the arrival of the Japanese transports and naval escort off the port of Chemulpo on the evening of Monday, Feb. 8, the Russian gunboat Korietz, an old unarmoured vessel of 1,200 tons displacement and 13 knots speed, opened fire upon the Japanese and then ran for the harbour to join her consort the Variag, a vessel which marked her passage out to the East by a demonstrative cruise in the Persian Gulf and thereby obtained some footing notoriety(*The Times*. London, Thursday, February 11, 1904, 제5면).

이 『타임스』 기사의 인용에 이어 『지지신보』는 다음과 같이 논하고 있다.

이 보도에 주의할 점이 두 개 있다. 하나는 뤼순 항구에 수뢰정 공격을 행하기 몇 시간 전에 코레츠가 발포를 했다는 것이 매우 명백하여 일본은 이제 전투를 촉진했다는 비난을 받을 필요가 없고, 그 적이 먼저 이미 이를 시작했다는 것이다.

『지지신보』는 두 번째로 프랑스 군함이 러시아 병사를 구조한 문제를 논하고 있지만, 이것에 대해서는 여기서 다루지 않는다. 요컨대 러시아 측이 먼저 발포했다는 것이 인천 및 뤼순항 기습 공격에 대한 국제적 비판을 봉쇄할 뿐만 아니라 오히려 정당화하기 위해 이용되었던 것이다. 게다가 그 후에, 전술한 것처럼, 코레츠의 발포를 가지고

"이것을 메이지 37, 8년 러일전쟁 개시의 제일 포화라 한다"고 해군의 공식 전사에 기재되고, 각종 서적에 전재되어 지금에 이르기까지 이것이 일본인의 '상식'이 되어버렸다.

그러나 겨우 1척의 구식 소형 포함이 일본 해군의 대함대를 만나 스스로 포격하는 따위의 자살행위를 하는 것은 있을 수가 없다. 사실 코레츠는 최대한 위병예식을 갖추고 지나가려 했다. 그리고 그것을 차단하는 일본 측의 의도를 인식했을 때, 방향을 전환하여 인천항으로 피하여 돌아가려 했던 것이다.

은폐되어 온 진실

모리야마 케이자부로는 사가현(佐賀縣) 출신으로 해군병학교 제17기 졸업생이다. 동기생으로 아키야마 사네유키(秋山眞之)·요시다 마스지로(吉田增次郎)·카와하라 케사타로(川原袈裟太郎)가 있다. 같은 고향의 카와하라는 러일전쟁 직전까지 러시아에 주재하면서 첩보활동에 종사했다. 귀국 후에 제3함대 참모가 되지만, 러일전쟁 후에는 군령부 참모를 거쳐 다시 러시아로 부임하여 1911년 2월부터 1914년 1월까지 러시아주재 일본대사관 무관이 되었다.

일본 해군 군령부가 편찬한 『메이지 37, 8년 해전사』(이른바 공간 전사)를 러시아에 제공하고, 러시아 해군 군령부가 편찬한 『러일해전사(露日海戰史)』를 일본으로 가져온 것은 카와하라가 담당했을 것이라는 것에 대해서는 전술했다. 1914년 1월에 『러일해전사』를 선물로 받고 러시아에서 돌아온 카와하라는 얼마 되지 않아 닛신(日進) 함장에 취임(1914년 5월)하였기에 번역작업에는 관여하지 않았다고 생각되지만, 해군 군령부 안에서는 카와하라가 가져온 『러일해전사』의 번역작업이 바로 개시되었을 터이다. 그즈음 해군 소장으로 승진한 모리야마 케이자부로는 1915년 5월에 군령부 출사(出仕)가 되고, 같은 해 12월에 군령부 참모로 취임했다. 모리야마가 군령부 안에서 행해진 『러일해전사』 번역작업에 무관심하지는 않았을 것이다. 코레츠가 먼저 발포했다는 일본 해군 공식 전사의 견해에 대한 러시아의 비판이 정당한 것임을 가장 잘 알고 있는 것이 모리야마였기 때문이다.

그러나 그 후에도 오랫동안 모리야마는 외부에 대해서 코레츠가 먼저 발포했다는 해군 공식 전사의 견해에 반하는 발언은 하지 않았다. 1926년에 해군유종회가 기획한 '회구 담화회(懷舊談話會)'에서도 "예의 코레츠가 마침 이 선(팔미도를 동서로 관통하는 선으로 인천항을 남북으로 나눠 이북을 항내, 이남을 항외로 하여 항내에서는 발포하지 않는다고 정한 선 - 필자 주)으로 다가와서, 이곳에서 우리 수뢰정대와 작은 경합이 있었습니다"라고 말하고 있다.[7] 또한 '사담회' 불과 3개월 전에 아사히 신문사가 주최한 좌담회에서는 "지요다를 선두로 위풍당당 인천항을 향해 가자 오후 4시 20분경에 코레츠가 태연히 나왔다. 우리 쪽은 우선 육군을 상륙시키기까지는 평화롭게 보이지 않으면 안 되어서 그대로 지나가도록 했는데, 어느새 대수롭지 않은 격전이 시작돼버렸습니다. 이것이 러일전쟁의 첫째 포화였다"고 말했다. 이 회상 부분은

---

7) 『戰袍余薰 懷舊錄第二輯 日露戰役之卷』(有終會, 1926), 43쪽.

「개전 제일탄 "코레츠"로부터 개시」라는 타이틀을 붙여 출판되었다.[8] 모리야마는 "작은 경합", "대수롭지 않은 격전"이라는 표현에서 코레츠가 먼저 공격했다고 한 번도 말하고 있지 않지만, 코레츠가 먼저 공격한 것이 '상식'으로 되어 있는 중에서, 먼저 공격한 것이 일본 측이라고 감히 말하는 일은 없었다.

세간을 향한 이들 발언에 비해, 해군 부내(部內)에서 비공개로 행해지고 그 기록은 '부외비(部外秘)'로 엄중히 관리되는 것이 약속된 '사담회'에서의 모리야마의 발언은 일본에서 사료가 어떻게 개찬되고, 그것이 어떻게 이용되었는가를 가르쳐주는 것으로 극히 귀중한 증언이다.

---

8) 『名將回顧 日露大戰秘史 海軍編』 154쪽, 朝日新聞社, 1926년.

제4장 뤼순함대 '행방불명' 전보의 정체
— 해군대신 야마모토 곤베에(山本權兵衛)의 개전 유도 책략

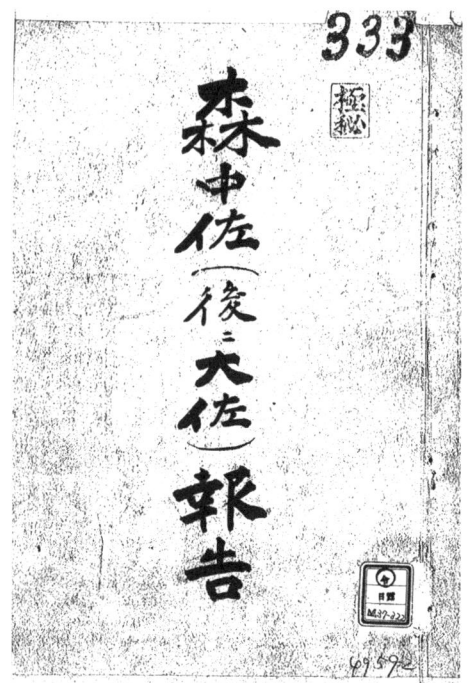

〈그림 10〉『극비 모리 중좌(후에 대좌) 보고』 표지(방위
연구소 소장. JACAR C09050593100)

대해령(大海令) 제1호

개전 직전인 1904년 2월 5일, 야마모토 해군대신은 이토 유코(스케유키)(伊東祐亨, 혹은 스케유키) 군령부장과 이쥬인 고로(伊集院五郞) 군령차장을 데리고 궁을 참내하여 작전명령안의 재가(천황의 허가)를 구했다. 재가를 얻은 야마모토는 같은 날 오후 1시 30분 해군대신 남작 야마모토 곤노효에 이름으로 연합함대 사령장관 도고 헤이하치로(東鄕平八郞)와 제3함대사령장관 가타오카 시치로(片岡七郞) 앞으로 대해령(大海令) 제1호(군령 제1호라고도 부른다)의 발령을 전달했다. 대해령 제1호의 전문은 다음과 같다.

러시아의 행동은 우리에게 적의(敵意)를 표한 것으로 인정하여 제국함대로 하여금 아래의 행동을 취하도록 한다.
1. 연합함대 사령장관 및 제3함대 사령장관은 동양에 있는 러시아함대의 전멸을 꾀할 것.
2. 연합함대 사령장관은 속히 발진하여 황해 방면에 있는 러시아함대를 격파할 것. 임시한국파견대의 해상수송 중 행동은 연합함대 사령관

이 이를 지시할 것.
3. 제3함대 사령장관은 속히 진해만을 점령하고 조선해협을 경계할 것.1)

이 군령의 요지는, 연합함대 사령장관은 뤼순의 러시아함대를 기습 공격함과 동시에 육군부대를 수송하여 한국에 상륙시켜라. 제3함대 사령장관은 한국의 진해만을 점령하여 대한해협을 지켜라. 그리고 양자 공동으로 동양에 있는 러시아함대를 섬멸하라는 것이다. 당시 군령부 참모였던 다카라베 타케시(財部彪)의 증언에 따르면, 사실 이 대해령 1호는 천황의 재가를 얻기 며칠 전 군령부에서 이쥬인 차장·에가시라 야스타로(江頭安太郎) 대좌·야마시타 겐타로(山下源太郎) 대좌·다카라베(財部) 중좌 등 4명이 작성하여 글씨를 잘 쓰는 이쥬인 토시(伊集院俊) 대위를 불러 정서하도록 하고 그 자리에서 밀봉했다 한다.2) 이것을 미리 히로시마(廣島)의 제3함대 사령장관과 사세보(佐世保)의 연합함대 사령장관에게 전하기 위해 야마시타(山下) 대좌가 도쿄 신바시(新橋)에서 열차로 출발한 것은 2월 3일 오후 6시였다. [야마시타의 출발을 2월 4일 밤이라 한 시바 료타로(司馬遼太郎)의 『언덕 위의 구름(坂の上の雲)』의 기술은 잘못이다.]

야마시타는 4일에 히로시마의 나카무라(中村) 제3함대 참모장에게, 그리고 5일에 사세보의 도고(東郷) 연합함대 사령장관에게 밀봉 명령서

---

1) 『極秘海戰史』 1부 1권, 79쪽(JACAR C05110031200).
2) 『史談會記錄』 1권, 69쪽(JACAR C09050717900).

를 건넸다. 야마시타가 도쿄를 출발한 1시간 후에 즈푸(芝罘, 현 옌타이) 주재 모리 요시타로(森義太郎) 중좌로부터 뤼순함대가 출동하여 행방불명이라는 중대 전보가 도달하고, 이 전보를 사용해 야마모토 해군대신이 2월 4일의 어전회의에서 단숨에 군사행동 개시로 유도한 경위는 제2장 '어전회의'에서 상세히 기술했다. 야마모토 해군대신은 천황의 재가를 얻기 전에 연합함대 사령장관과 제3함대 사령장관에게 밀봉명령서를 전해두고, 그 개봉을 2월 5일 오후 1시 30분에 전보로 명령했던 것이다. 이것은 2월 4일 어전회의에서, 최후통첩을 베를린의 주독공사를 경유해서 페테르부르크의 주러공사에게 발신함과 동시에 함대에 발진명령을 내린다고 결정한 것을 따른 조치이기도 했다.

야마시타 대좌의 사세보 도착이 2월 5일 오후 5시였다는 것에 대해서는 30년 후 '러일전쟁 참가자 사담회'(제3장 참조, 이하 '사담회'로 줄임)에서 아리마 료키츠(有馬良橘) 대장(러일 개전 당시는 중좌로 연합함대 기함 미카사(三笠)의 참모)이 증언하고 있다. 요컨대 미카사에는 밀봉 명령서보다도, 그것을 개봉하라는 야마시타 해군대신의 전보 명령이 먼저 도달한 것이다.3) 또한 야마모토 해군대신은 2월 4일 밤에 구레(吳) 군항의 가타오카(片岡) 사령장관에게 쓰시마(對馬) 다케시키(竹敷) 요항(要港)으로 항해하라고 명령하였다. 가타오카는 명령에 따라 5일 아침부터 제3함대를 거느리고 구레를 출항, 다케시키를 향해 항해 중이었다. 그 때문에 해군대신은 모지(門司) 항의 3등 해방함 야마토(大和) 함장에게 제3함대의 기함 이츠쿠시마(嚴島)가 시모노세키해협을 통과

---

3) 『史談會記錄』 2권, 31쪽(JACAR C09050718100).

할 적에 군령 제1호를 개봉할 것을 전달하라고 명하고, 나아가 시모노세키해협을 나오면 보이는 무츠레지마(六連島)의 망루에는 이츠쿠시마가 통과할 때 야마토로부터 명령을 수취하지 못했으면 수취할 것을 전하라고 명했다. 가타오카 사령장관은 오후 7시 30분경 시모노세키해협을 통과할 적에 야마토로부터 명령을 전달받았다. 가타오카가 무츠레지마 부근에 제3함대를 집합시키고 각 함장을 기함 이츠쿠시마에 모아 대해령 제1호를 전달한 것은 오후 11시경이다.[4)]

그런데 야마모토 해군대신은 뒤에 다음과 같이 회상하고 있다.

2월 3일 마침 러시아함대가 뤼순에서 출동했다는 보고가 있었다. 이 일이 우리에게 하나의 동기를 주게 되어 마침내 최후의 결정으로 나아갔다. 양국의 교섭을 끊고 자유행동으로 들어간다는 성단(聖斷)이 있으신 경위다. (중략) 2월 5일에 우리 함대 발진의 군령에 대한 재가를 얻어 이를 전달하자, 이것과 앞뒤로 즈푸 주재 모리 중좌로부터 정보가 왔다. 3일 출항한 러시아함대는 그날 밤 다롄(大連)에 임시 정박하고 4일 오후 3시경 뤼순 항구로 돌아와 전부 항구 바깥에 정박했으며, 4일 밤 이곳 항 바깥의 함대 정박지 주위는 구축함 4척이 호위하여 해류의 경계가 엄중하다고 운운한 것이었다. 이 정보는 즉시 우리 사령장관·사령관 등에 전보로 알렸다.

이 시기가 얼마나 우리 해군의 책동에 이롭고 그 기선을 제압하는

---

4) 방위연구소 소장「極秘綴」(1)(JACAR C09050647500). 이 부책(簿冊)에 철해진 '대해령 제1호'에는 "이 문서는 무츠레지마에서 오후 11시 이를 들었다"라고 기입되어 있는데 이는 도고 마사미치(東鄕正路)가 기입한 것으로 보인다.

데 편리했는지. 이렇게 해서 우리 함대는 첫머리에 스스로 희생을 치르지 않고 저들 함대에 일대 통렬한 공격을 가해 다대한 손상을 입히고 그 사기를 꺾었다. 나아가 전국(戰局)의 앞날에 역시 커다란 영향을 줄 수 있었다(海軍大臣官房編, 『山本權兵衛と海軍』, 原書房, 1966, 208쪽).

요컨대 2월 3일에 우연히 뤼순함대 출동의 전보가 도달한 것이 개전에 이르는 동가가 되어, 러일교섭을 단절하고 자유행동(군사행동이란 의미)으로 이행하는 천황의 재가가 나왔다. 야마모토는 2월 5일에 함대 발진의 군령(대해령 제1호)에 대한 재가를 얻어 사령장관에게 전달했다. 이것과 전후로 즈푸 주재 모리 중좌로부터 3일 출항한 러시아함대는 그날 밤 다롄 만에 들어와 임시로 정박하고, 4일에 뤼순항으로 귀항하여 전부 항구 바깥에 정박하고 있다는 보고가 도달했는데, 이 타이밍이 일본 해군에 매우 유리하게 작동하였다. 덕분에 우리 함대는 개전 벽두에 스스로의 희생을 치르지 않고 러시아함대에 일대 통격(痛擊)을 주어 그 후의 전국에 큰 영향을 줄 수 있었다는 것이다.

즈푸에서 온 '행방불명' 전보, 이것은 정말로 우연한 일이었는가. 또 모리 중좌가 발신했다는 것은 사실인가. 아무래도 절묘한 타이밍에 도달하여 단숨에 개전으로 돌진하는 계기가 된 뤼순함대 '행방불명' 전보에 대해 자세히 검증해볼 필요가 있을 것이다.

즈푸에서 해군의 첩보활동

산둥반도 북안에 있는 즈푸항은 보하이해협을 사이에 두고 랴오둥반도 남단의 뤼순항과 마주보고 있다. 즈푸는 당시 남쪽의 상하이와 병칭될 정도로 번영한 항구였다. 항구의 동남지구에는 중국 정부의 전신국이 덴마크 자본의 대북(大北)전신국, 영국 자본의 대동(大東)전신국과 동일한 건물 안에 있으며 그 부근에는 러시아 영사관도 있었다. 그리고 일·미·프·독 영사관은 옌타이산(烟台山)이라 불리는 높은 지대에 나란히 세워져 항내를 내려다보고 있다.5)

청일전쟁 직후 1895년 5월 러시아는 삼국간섭으로 일본이 랴오둥반도를 반환하자 3년 후인 1898년 6월 청국으로부터 군항 뤼순을 포함하는 랴오둥반도 남부의 관동주(關東州)와 주변 수역을 조차했다. 이어서 뤼순을 러시아해군의 극동 거점으로 정하고 그때까지 나가사키에 두었던 블라디보스토크함대의 월동지도 이곳으로 옮겼다. 동시에 뤼순에서 동북동 방향으로 50킬로미터에 있는 다롄만을 일대 상업항구로 만들기 위한 대규모 공사에 착수했다.

즈푸에서 뤼순·다롄·나가사키에는 러청 합자회사인 동청철도회사 기선이 정기항로를 개설했다. 또 즈푸 - 뤼순 - 다롄 사이에는 청의 기선이나 다수의 정크(중국의 독특한 범선)도 끊임없이 왕래했기 때문에 중국인 노동자 무리에 섞여 두 항구에 잠입하는 것은 용이했다.

해군 군령부 참모 야마시타 겐타로 대좌와 모리 요시타로 중좌는

---

5) 日本電信電話公社海底線施設事務所 編, 『海底線百年の歩み』(電氣通信協會, 1971), 168쪽.

러일 개전 이전부터 일본이 즈푸를 거점으로 행한 첩보활동의 중심 인물이다. 둘 다 해군병학교 제10기(1883년 10월 졸업)로 최종 계급은 모리가 해군 중장, 야마시타는 해군 대장까지 승진했다. 야마시타가 즈푸에서 행한 임무에 대해서는 해군 군령부가 편찬한 『극비해전사』에 상세히 쓰여 있다.

야마시타는 마스다(增田)·다카세(高瀨) 두 대위와 하사졸(下士卒) 4명을 지휘하여 즈푸를 거점으로 랴오둥 방면의 정찰 임무에 종사하고 때때로 뤼순 항구 등에 밀항하여 방비 상황을 시찰했다. 또한 군령부는 야마시타의 요청에 따라 러시아인 신문기자를 1903년 12월 12일부터 6개월간 밀정으로 고용했다. 게다가 야마시타는 청나라 북양함대로부터 장교를 선발, 뤼순에 파견하여 정찰에 종사시키기 위해 베이징의 일본공사관 배속 무관 육군 포병 대좌 아오키 노부즈미(靑木宣純)에게 의뢰하여 직예총독(直隸總督) 위안스카이(袁世凱)의 협력을 구하는 일까지 했다.[6]

야마시타 대좌는 모리 중좌에게 임무를 인계하고 1904년 1월말에 귀국했다. 그리고 귀국하자마자 2월 3일에 밀봉 명령서를 가지고 열차편으로 도쿄를 출발, 히로시마를 거쳐 사세보로 간 것에 대해서는 앞에서 서술했다. 당시 야마시타와 함께 군령부 참모였던 다카라베 타케시(財部彪)의 증언에 따르면, 자신이 가지 않고 야마시타가 귀국하자마자 간 까닭은, 연합함대에서는 발동 명령을 받으면 바로 구축함을 선발로 파견할 의향이었지만, 뤼순함대 쪽에서는 매일 노빅(Novik)(3등

---

6) 『極秘海戰史』 1부 1권 34쪽(JACAR C05110031200).

순양함, 3,080톤)이나 바얀(Bayan)(1등 순양함, 7,726톤)을 보내 경계하고, 더구나 이 당시 랴오둥 방면의 해면은 거칠어 구축함이 폭풍을 만나 곤경에 처해 있는 때에 노빅 부근에서 발견된다면 큰일이기 때문에 현지의 상세한 정보를 연합함대 사령부에 알릴 필요가 있었기 때문이라 한다.[7]

당시의 구축함은 300톤 정도의 비장갑 고속정이고 어뢰를 장착하여 적함을 야습하는 데에 사용되었다. 도고 헤이하치로의 '뤼순기습작전'은 어디까지나 구축함대에 의한 야습이 중심이어서 전함을 뤼순 해안 포대의 포화에 노출시키는 위험을 무릅쓰지 않아도 되었다. 아마 연합함대는 이 야마시타 대좌의 의견을 받아들여 구축함만의 선발은 취소하고 뤼순 근해의 유안다오(圓島) 부근까지 한 덩어리로 행동했을 것이다. 그러나 전함은 어디까지나 구축함 호위로 출격했으며, 일반적 이해와 달리 뤼순 항구 외부에 정박한 러시아함대에 일본 연합함대가 포격한 것은 구축함대의 야습이 끝난 다음날 9일 정오부터 40분간이었다. 야습의 피해로 혼란한 러시아함대가 아직 해안포대 아래를 떠나지 않은 상황에서, 그 앞을 8,000미터 거리를 두고 단지 1회 단종진열(單縱陣列; 세로 방향으로 외줄로 친 진열)로 통과했을 때뿐이었다.

이후 연합함대는 뤼순 근해를 떠나 일본 해군이, 한국의 어떤 양해도 없이, 일본 해군의 제3 집합지로 정한 한국 서해안의 아산만으로 향했다.

---

[7] 『史談會記錄』 1권, 81-82쪽. JACAR C09050717900.

모리 중좌가 본 '뤼순항 기습작전'

모리 중좌는 2월 8일 오전 9시 즈푸영사가 영국 상선을 세내어 거류민 철수를 위해 뤼순 항구로 가자 스스로 경부(警部)로 변장해서 동행했다. 이때 러시아함대는 여전히 외부 정박지에 있었다. 이 러시아 함대를 그날 심야부터 9일 미명까지 일본의 구축함대가 야습한 것이다. 모리는 뤼순에서 "첩자에게 이런저런 주의를 해둔" 후 9일 오전 9시에 뤼순을 출발하여 귀로에 오르는데, 그때 러시아함대의 정박지로 향해 항진해오는 일본의 연합함대와 조우했다. 모리는 "매우 기뻐서 말로 표현할 수 없을 정도였다"고 쓰고 있다. 그러나 모리가 기대한 포성은 들을 수 없었다. 이것은 모리를 매우 실망시켰다. 그 이유는, 모리의 정보에 따르면 이때 뤼순항은 완전히 무방비 상태이고 일본 함대가 총공격을 가할 절호의 찬스로 생각했기 때문이다. 모리는 2월 9일 오후 4시 30분 즈푸에서 다음과 같이 발신했다. 전거 자료에 대한 설명은 후술한다.

본관은 8일 오전 9시 뤼순항으로 갔다. 함대 전부가 여전히 항구 바깥에 있다. 이날 오전 9시 뤼순항을 떠나(한 글자 불명-원주) 18해리의 해면에서 우리 연합함대가 당당히 저들의 정박지를 향해 항진하는 것을 보았다. 유감이지만 포성을 듣지 못했다. 오후 3시 도착, 자세한 것은 뒤에(『極秘 森中佐〈後ニ大佐〉報告』, JACAR C09050593200)

다음으로 모리는 2월 9일 오후 10시에, 뤼순항에서 즈푸에 도착한 영국 상선 콜롬비아 선장의 보고에 따라 일본 수뢰정이 9일 오전 4시에 러시아 전함 2척과 대순양함 1척을 타파하였으며, 일본 함대는 미미한 손상도 없다는 것과 일본 함대의 진형은 정연한 것에 비해 러시아 함대는 혼란해 있다고 발신했다. 모리는 계속해서 다음날 오전 8시에 꽤 긴 전신을 보냈다. 그 중에서 모리는 뤼순항에 "항구 방재(防材)가 보이지 않는다. 수뢰 부설은 준비조차 없다", "오늘 연합함대 출정은 뜻밖이었을 것이다. 저들의 낭패를 생각해 볼 수 있다"고 하였다. 뤼순항에는 방재(외적의 진입을 막는 설비)가 설치되어 있지 않다. 수뢰 부설 등은 준비조차 하지 않았다. 결국 뤼순항은 완전히 무방비 상태에서 불의의 타격을 입었다. 일본 함대는 찰과상도 없이 정연히 진형을 갖추고 있는 것에 비해 러시아 함대는 혼란에 빠져 있다고 보고하여 암묵적으로 일본 연합함대가 총공격할 찬스라는 것을 시사하고 있다.

그러나 이때 연합함대는 이미 한국 서해안의 아산만으로 떠난 뒤였다는 것은 전술했다.

러시아 뤼순함대는 혼란 중에 뤼순 항내로 도망쳐 돌아왔고, 그 후 오래 동안 항내에 숨어 있었다. 이에 일본 연합함대는 잘 알려진 것처럼 결사대를 모집하여 노후선박을 항내로 돌입, 자침시키는 뤼순항 폐쇄작전을 3회에 걸쳐 실시했지만, 히로세(廣瀨) 중좌를 포함해 많은 인명과 선박을 잃었음에도 목적을 달성할 수는 없었다.

즈푸로부터의 전보

시간을 다시 개전 전으로 돌리면, 『극비해전사』에는 2월 3일 오후 7시에 "즈푸주재 해군 중좌 모리 요시타로로부터 아래의 전보가 도착하다"라고 하면서 아래와 같은 전문(電文)을 싣고 있다. (방점은 필자가 부가. 그리고 『극비해전사』에는 '행위行衛불명'으로 쓰여 있지만 자료 안에 있는 것을 제외하고 모두 '행방불명'으로 표기한다.)

러시아 군함 레트비잔·포베다·페트로파브로브스크·포르타바·페르세베트·체사레비치·바얀·팔라다·디아나·아스코리드·보야린·노비크·아무르·에니세이·기리야크 오전 10시 출항 행위불명 (『극비해전사』 1부 1권, 72쪽, JACAR C05110031200). [8]

『극비해전사』에는, 위의 전보를 수취한 후 해군대신 관사에서 해군대신(야마모토 곤베에), 군령부장(이토 스케유키), 군령부 차장(이쥬인 고로), 해군성 부관(사이토 코시齋藤孝至), 해군성 부관 겸 비서관(노마구치 카네오野間口兼雄), 해군성 부관 겸 비서관(이다 켄지井田謙治), 군령부 참모 겸 부관(에가시라 야스타로江頭安太郎), 군령부 참모(다카라베 타케

---

[8] 여기서 들고 있는 군함 명은 『극비해전사』 1부 1권 92쪽에 게재되어 있는 「메이지 37년 (1904) 2월 5일 현재 동양에 있는 러시아 함선정(艦船艇)의 소재」 중의 '뤼순항 항외' 소재 군함명과 완전히 일치한다. 그 명칭은 다음과 같다.

전함 페트로파브로브스크, 동(同) 포르타바, 동 포베타, 동 체사레비치, 동 페르세베트, 동 레트비잔, 장갑순양함 바얀, 방호순양함 아스코리드, 동 팔라다, 동 디아나, 순양함 노비크, 동 보야린, 항양(航洋)포함 기리야크, 수뢰부설선 아무르, 동 에니세이.

시), 이상 8명이 모여 여러 방면에 대해 경계를 더할 것을 의결하고 각지에 수뢰 부설을 명했다고 쓰여 있다.

그리고 다음날 4일의 어전회의에서 해군대신이 천황에게 보고하고 허가를 얻어 그날 오후 8시에는 다케시키(竹敷) 요항부(要港部) 사령관과 그곳에 있던 제3함대 제7전대 사령관에게 "오구치만(大口灣) 입구 가까이서 적의를 표하는 것으로 인정될 때는 곧바로 이를 격파할 것"을 명령했다. 오구치만은 쓰시마 중부의 서쪽에 있는 아소만(淺茅灣) 입구 부근을 가리킨다. 아소만 안쪽의 다케시키 지구에는 일본 해군의 요항부(군항에 다음가는 해군기지)가 설치되어 있다. 또한 동시에 일본 해군의 본거지인 사세보 군항에 있던 연합함대 사령장관과 사세보 진수부 사령장관, 구레 군항에 있던 제3함대 사령장관에게도 같은 명령을 내렸다. 요컨대 해군대신 야마모토 곤베에는 2월 4일의 어전회의에서 행방불명이 된 뤼순함대가 쓰시마 혹은 사세보를 습격할 가능성을 시사하고 그 경우에 바로 러시아함대를 격파하라는 명령의 허가를 천황으로부터 얻었던 것이다. 이것이 군사행동 개시의 신호가 되었다.

그러나 야마모토 곤베에가 이때 정말로 러시아함대가 일본을 습격할 가능성이 있다고 믿고 있었다고는 생각할 수 없다는 것, 2월 3일 밤 해군대신 관사에 모인 참모들의 정세분석에서도 러시아 측이 공격을 걸어올 가능성은 부정되었던 것에 대해서는 제2장 '어전회의'에서 서술했다. 야마모토 해군대신은 의도적으로 뤼순함대 '행방불명' 전보를 이용해서 단숨에 개전으로 유도했던 것이다.

『극비해전사』에는 본문 중에 인용된 뤼순함대 '행방불명' 전보 외에도 제1부 제1권의 권말 '비고문서' 중에 모리 중좌의 보고서 4통(1월 27일 자, 1월 31일 자, 2월 2일 자, 2월 5일 자)이 수록되어 있다. 1월 27일 자, 1월 31일 자의 것은 모리가 군령부장 앞으로 보낸 전보이고, 2월 2일 자와 2월 5일 자의 것은 모리가 밀정으로 사용한 러시아인 신문기자의 보고를 전송(轉送)한 기밀 서간이다. 실제 이것들의 출전이 된 『극비 모리 중좌(후에 대좌) 보고』(이 장의 첫 페이지 사진)가 방위연구소에 소장되어 있으며 근년에 아시아역사자료센터에 공개되었다. 이것은 판심(版心)에 '37, 8년 해전사(卅七八年海戰史)' '해군'으로 인쇄된 패지에 붓으로 베낀 것으로, 군령부가 러일전사 편찬사업의 일환으로 수집한 사료의 하나였다고 생각된다. 『극비해전사』에는 뤼순함대 '행방불명' 전보가 2월 3일 오후 7시 도쿄에 도착했다고 되어 있지만, 『극비 모리 중좌(후에 대좌) 보고』에는 "즈푸 모리 중좌 발(3일 오후 3시 40분 발)"로 발신 시각 기록밖에 없고 수신처 및 도착 시각은 기재되어 있지 않다. 그리고 이 전보에 이어 2월 5일 오전 10시 25분에 모리 중좌가 군령부장 앞으로 발신한 전보가 다음과 같이 통지할 곳까지 포함하여 기록되어 있다.

　　3일 출항한 러시아함대, 3일 저녁 다롄만에 임시 정박하고 어제 4일 오후 3시를 전후하여 귀항. 전부 항 바깥에서 정박.
　　통지할 곳
　　봉정(奉呈) 시종무관장
　　총리 육해군대신 참모총장 외무

그러나 이 두 개의 전보 사이에 한 통의 전보도 없다. 요컨대 2일간의 공백이 있다. 이것은 정말로 이해하기 어려운 일이다. 2월 3일 오후 3시 40분에, 3일 오전 10시에 뤼순 항구를 출항한 러시아 군함 15척의 이름을 열거하고 '행방불명'이라고 발신한 모리 중좌가 5일 오전 10시까지 아무것도 보고하지 않았다고는 도저히 생각할 수 없기 때문이다. 또한 『극비 모리 중좌(후에 대좌) 보고』에 수록된 모리의 전보 보고 흐름 중에 이 두 통의 전보를 두고 보면 다른 전보와의 차이에 기이한 생각을 하지 않을 수 없다. 애초부터 모리 중좌가 뤼순함대 '행방불명'이라고 절대로 보고할 수 없었다. 왜냐하면 모리는 뤼순함대가 대거 출항한 이유, 즉 산둥반도 동쪽 해상에서 뤼순함대가 연습한다는 것을 사전에 알고 있었을 터이기 때문이다.

다음으로 『극비 모리 중좌(후에 대좌) 보고』에 따라 1월말부터 러일 개전에 이르는 모리 보고의 개략을 살펴보자. (전보 중의 러시아 군함 명칭은 러시아어를 가타카나로 표기했기 때문에 이해하기 매우 어렵다. 『극비 해전사』를 참고하여 통상적으로 사용되고 있는 표기로 고쳤다.)

『극비 모리 중좌(후에 대좌) 보고』

모리는 1월 27일 군령부장 앞으로 뤼순 항구의 첩자(밀정으로 고용된 러시아인 신문기자)의 보고에 의거하여, 극동총독은 최근 노비크가 속력 시험에서 19노트(계획 속력 25노트)밖에 내지 못한 것을 개탄하고, 그 원인은 기관부원의 기술 미숙에 있다고 인식하여 각 함정은 이제 열심히 기술 수련에 힘쓰도록 엄중히 시달했다고 보고했다. 또 밀정이 아무개 장관으로부터 들은 바에 따르면, 총독은 피지워(皮子窩, 다롄 북동쪽에 있는 항만)에서 압록강에 이르는 연안 방어를 중시하여 이미 여러 부대를 출발시켰음에도 육군대신은 이것에 반하는 작전을 입안하고 황제의 허가를 얻어 전명(電命)해 왔다고 보고했다. 게다가 추신에는 근래 총독부와 육군대신 사이에 자주 의견 충돌이 일어난 것 같다고 부가했다.

다음으로 모리는 1월 31일 오전 9시 35분발로 육군대신이 계획하여 칙명을 얻은 병력 배치 계획을 상세히 보고했다. 그 내용은 연안 방어 병사를 줄여 철도선로를 따라 배치하려는 것이고, 펑톈부(奉天府) 랴오양주(遼陽州)에 사령부를 두고, 연안 방어는 피지워에서 압록강 사이 14개소에 각 1개 중대를 배치하고, 그 사령부는 '와팡뎬(瓦房店)'에 설치한다는 것이다. 이를 위해 군량이 이미 발주되었으며 통신을 위한 전서구가 뤼순 항구에 180마리, 펑톈부 '하루'에 360마리가 있다고 쓰여 있다. 이것은 매우 고도의 군사 기밀 정보다.

또 이 전보의 추신에서는 밀정으로 사용하고 있는 러시아인이 러시아군으로부터 군사통신원으로 공인되어 해륙군 참모장교와 동행하여 구축함으로 뤼순 항구의 뒤쪽을 순시 중이라고 보고했다. 이날부터 모리의 보고에는 오전 6시의 기상(기온, 풍파 등)이 부기되게 되었다. 이것을 지시한 전보는 이 보고서 중에 수록되어 있지 않지만 연합함대의 발진을 보류한 군령부가 현지의 기상정보를 수집할 목적으로 모리 중좌에게 지시한 것은 틀림이 없을 것이다.

2월 1일 오후 3시 15분에 군령부장 앞으로 발신된 전보에는 31일에 전함 포베다(12,674톤)와 순양함 디아나(6,630톤)와 수뢰부설선 에니세이(2,500톤)가 항 바깥으로 나왔다, 따라서 항 바깥에 있는 것은 전함 3척, 순양함 7척이다, 라즈보이니크(1,329톤)와 지기트(1,334톤)는 다롄 만에 있다, 기리야크는 수리가 끝나 도크에서 나왔다, 영국 상선 콜롬비아와 중국 기선 충칭호(重慶號)는 다롄을 왕래하고, 군항[뤼순] 왕래는 러시아 상선만 하여, 통신이 자유롭지 못하지만 아직 지장이 없다고 보고했다.

2월 1일 오후 5시 55분발로 에가시라(江頭) 참모 앞으로 발신되어 오후 8시 35분 군령부에 도착한 전보는 약간 바뀌어 있다. 앞머리에 "알았다"라고 되어 있다. 무엇을 알았는지는 알 수 없다. 이것에 이어 오전 2시 정박 위치 변동에 대해 '월터' 앞으로 발신했는데 도달했는지 묻고 있다. '월터'가 누구인지 알 수 없다. 그리고 오전 2시에 발신했다는 모리의 전보는 이 보고서 중에 수록되어 있지 않다. 모리는 더 나아가 가크다레마크·후사드니크·앙가라는 항내에 있고, 바야린은 항외에 정박, 소재(所在)의 개정을 요한다고 썼다.

이상에서 본 것처럼 모리 중좌는 늘 러시아 함정의 소재 위치를 파악해 그것을 시시각각 군령부에 보고하고 있다. 러시아군으로부터 군사통신원으로 공인되어 참모장교의 순시에 동행하고 있는 러시아인 신문기자를 밀정으로 사용하여 고도의 기밀정보를 얻고 있다. 밀정과의 통신은 즈푸-뤼순-다롄 사이를 왕래하는 영국 상선이나 중국 기선이 사용되었다. 야마시타 대좌로부터 인계받은 부하들(마스다·다카세 두 대위와 하사졸 4명)도 각지에 배치되어 정보수집 업무를 담당했을 것이다.

모리는 2월 1일 오후 5시 5분에 군령부 참모 에가시라 대좌에게 "알았다"고 답신했다. 동시에 러시아 함정의 위치를 정정할 필요가 있다고 통지했다.

그 다음 전보가 2월 3일 오후 3시 40분발의 뤼순함대 '행방불명' 전보다. 다만 이 전보에 수신처가 쓰여 있지 않다는 것은 앞에서 서술했다. 모리는 이 전보를 누구 앞으로 발신했던 것인가. 에가시라 참모에게 "알았다"고 답신한 것이 이 문제와 관계있는 것이 아닌가. 이들 의문에 대해서는 뒤에 다시 검토하겠다.

한편 에가시라 참모는 해군병학교 12기 수석, 해군대학교 5기 수석으로 1913년에 현역 해군 중장인 채 47세라는 젊은 나이에 사망한 에가시라 야스타로(江頭安太郎)다. 러일개전 직전에 해군 대좌로 승진, 군령부 부관 겸 참모가 되었다. 당시의 동료들이 30년 후에 "에가시라라는 사람은 젊은이이지만 매우 머리가 좋은 사람이었다"(다카라베 대장), "그 사람은 희로애락을 얼굴에 나타내지 않았다"(노마구치 대장), "[해군에서] 비밀이 잘 유지된 것은 군령부 부관으로 있던 에가시라 대좌의 성격과 잘 맞아 떨어졌기 때문일 것이라고 생각한다"(노마구치 대장)고 말하고 있다.[9]

---

9) 『사담회기록』 1권, 78-79쪽, JACAR C09050717900.

일본의 밀정이 된 러시아인 신문기자

『극비 모리 중좌(후에 대좌) 보고』에는 2월 5일 오전 10시 25분 군령부장 앞으로 발신한 뤼순함대의 귀항을 보고한 전보 다음에 모리 중좌가 송부한 러시아력 1904년 1월 20일(서력으로 바꾸면 2월 2일) 자와 러시아력 1월 23일(2월 5일) 자 밀정 보고가 수록되어 있다. 이것은 전술한 것처럼 『극비해전사』 제1부 제1권 권말의 '비고(備考)문서' 중에,

「제36호 메이지 37(1904)년 2월 2일 모리 해군 중좌가 해군 군령부장에게 제출한 러시아인의 첩보」
「제37호 메이지 37년 2월 5일 모리 해군 중좌가 해군 군령부장에게 제출한 러시아인의 첩보」

로 수록되어 있는 것과 같은 것이다. 2월 2일 자인 전자에는 다음과 같이 쓰여 있다.

(전략) 모든 함대는 취역하여 내항 서쪽의 정박지에서 외항으로 나갔다. 각 함 모두 철저히 병사의 훈련에 종사하고 사관과 병사의 상륙도 함장은 크게 이를 제한했다. 1월 31일은 휴일인 일요일이지만 함대의 각 함정에서는 한 명의 수병도 상륙하는 자가 없고, 오직 내항에 정박한 함정의 승조원만 상륙한 것을 보아 그러함을 알 수 있다.
나는 오늘[2월 2일]과 내일[2월 3일]을 아뜨바즈니 및 쩨사레비치 함

안에서 보내려 한다. 이렇게 해서 모레 22일[2월 4일]에는 해군에 관한 완전한 보고를 귀하께 올릴 예정이다.

또 2월 5일 자 후자에는 다음과 같이 되어 있다.

(전략) 동양(東洋)을 항해 중인 각 함정은 태수[총독을 의미]의 훈령에 따라 특별히 그 도중에 수뢰정 방어 연습을 익히고, 아무르·에니세이 두 함은 다롄만에서 수뢰 부설 연습을 하고 있다. 두 함 모두 각 190개의 수뢰를 장착하고 있다. 함대가 시종 시행하는 훈련의 종류는 전투 및 수뢰 훈련(방어와 공격 모두)이다. 또 어떤 만의 입구로 줄지어 있는 도서에 육전대를 상륙시키는 등의 훈련을 했다(후략).

이 첩보를 써서 모리에게 제공한 인물이 1903년 12월 12일부터 6개월 간 일본의 밀정으로 고용된 러시아인 신문기자였다는 것과, 또 러시아 군으로부터 군사통신원으로 공인되어 참모장교의 순시에 동행하여 고도의 기밀정보를 알아내고 이를 일본에 제공했다는 것은 앞에서 서술했다. 모리는 이 밀정이 2월 2일 아직 뤼순의 내항에 남아 있던 아뜨바즈니에 올라타기 전에 전자를 수취했을 것이다. 여기에는 다음과 같이 쓰여 있다.

뤼순의 내항에는 앙가라(운송선)와 아뜨바즈니(포함)와 약간의 구축함만 남아 있고 다른 것은 모두 외항으로 나가 병사의 훈련에 예의(銳意)

종사하고 있다. 1월 31일은 휴일이었지만 내항에 정박한 함정의 승조원 외에 상륙하는 수병은 한 명도 없다. 자신은 오늘(2월 2일)과 내일(3일) 아뜨바즈니와 쩨사레비치(전함) 함내에서 지내고 모레 2월 4일에는 러시아해군에 관한 모든 정보를 귀하에게 제공할 예정이다.

분명히 말하진 않았지만 군사통신원으로 공인된 밀정이 2월 3일로 예정된 뤼순함대의 해상연습을 전함 위에서 견학하는 것이 암묵적 양해사항인 것처럼 읽힌다. 후자에는 산둥반도 동쪽 해상에서 행한 연습의 모양이 보고되고 있다. 그리고 이 연습이 예정 외의 일이라고 생각되는 기술은 전혀 없다. 뤼순함대가 2월 3일에 뤼순 외항을 출항하여 공해상에서 연습을 하는 것은 대단한 기밀사항도 아니고 현지의 관계자 간에는 주지의 사실이었을 것이다. 적어도 2월 2일의 첩보를 수취한 모리는 뤼순 내항의 정박지에서 순차적으로 외항으로 나간 뤼순함대가 3일에 나란히 출항하고 4일에는 돌아올 것을 알고 있었을 것이다.

결국 2월 3일에 뤼순함대 15척의 이름을 열거한 모리의 보고는 뤼순 외항에서 산둥반도 동쪽 해상에서의 연습에 참가하기 위해 출항한 군함 이름을 보고한 것이고, '행방불명' 따위의 글자는 원문에 들어있지 않은 것이 아닐까. 출항 목적과 귀항일을 알고 있던 모리가 '행방불명' 따위로 보고할 리가 없기 때문이다. 그럼 이 글자는 언제, 누가 무엇을 위해 삽입한 것인가.

모리 중좌의 첩보활동

이즈음 일본의 정치 군사 지도자는 대러 개전의 타이밍을 찾고 있었다(제2장 참조). 개전 벽두에 뤼순함대를 기습공격하여 일본 해군이 제해권을 장악한다. 그렇게 되면 육군부대를 전장 가까이 수송할 수 있다. 이것은 본래 해군의 주장이었지만 육군도 이에 동의하여 독자로 계획한 한국 상륙작전을 중지한 경위에 대해서는 다음 장에서 서술한다. 다만 개전은 국제적 비난을 받지 않도록 그 나름의 절차를 밟아야 한다. 이것은 주로 외무성이 담당한다. 그러나 모든 것을 총괄하여 최종 결단을 내리는 위치에 있었던 이는 바로 해군대신 야마모토 곤베에이고, 그 사무는 해군성 대신관방실에서 처리했다.

2월 1일 군령부 참모 에가시라 대좌는 모리 중좌에게, 이 중대 국면에 즈음하여 당분간 군령부가 아니라 직접 해군대신 앞으로 보고하라고 명한 것이 아닐까. 만약 이 추측이 맞는다면, 이 사이 모리의 전보가 군령부에 남아 있지 않아도 이상한 것은 아니다. 러일전사를 편찬하기 위해 사료를 수집하고 있던 오가사와라 나가나리(小笠原長生)가 『극비 모리 중좌(후에 대좌) 보고』를 정리할 적에 해군대신 관방실에서 적당히 수정된 2월 3일 모리의 보고만 수취했다고 가정한다면, 2월 1일 이후 2월 4일까지 모리의 전보가 이 한 통밖에 없다는 설명도 가능할 것이다.

러시아 뤼순함대에서는 1월 하순에 시행한 군함의 속력 시험 결과가 매우 나빴다. 극동총독 알렉세예프는 원인이 기관부원의 기술 미숙 때문이라고 인정하여 전 함정에 승조원의 기술 수련을 엄히 시달했다. 그 이후 모든 함정이 석탄을 때면서 순차적으로 뤼순 내항의 정박지에서 외항으로 나가 병사들의 훈련에 힘썼다. 이 상황은 모리에 의해 2월 1일까지 군령부에 상세히 보고되었다.

뤼순함대는 3일에 산둥 방면의 공해로 나가 함대운동 연습을 하고, 그 도중에 특별히 수뢰정 방어를 연습하고 그날 밤 다롄항에 들어왔다. 그런데『극비해전사』에도 그 전거가 된『극비 모리 중좌(후에 대좌) 보고』에도 이 사이의 모리로부터의 전보는 한 통도 수록되어 있지 않다. 그러나 실제로는 러시아 측의 이와 같은 움직임은 모리에 의해 하나하나 보고되었을 것이다.『극비해전사』에 보이는 것처럼 모리가 2월 3일 오후 3시 40분에 뤼순함대가 '행방불명'이라는 중대보고를 올린 이후에 40시간 이상이나 침묵을 계속하다가 2월 5일 오전 10시 25분이 되어서야 겨우, 3일에 출항한 뤼순함대는 그날 밤 다롄항에 들어오고, 4일 오후 3시경에 뤼순 항구로 돌아와 전부 항외에 정박하고 있다고 보고했다고는 도저히 믿기지 않는 것이다. 여기에는 뭔가 작위가 있었다고 생각할 수밖에 없다.

모리 중좌의 첩보활동이 어떤 수준에서 행해졌는지에 대해 앞에서 러시아인 신문기자를 사용해서 고도의 군사 기밀정보를 획득하고 있는 것을 소개했지만 이제 하나 더 스파이영화 같은 일례를 소개하려 한다.

육군 참모본부와 해군 군령부는 대러 개전에 앞서 1904년 2월 4일부터 5일까지 극동의 러시아 통신선 중에서 즈푸-뤼순 간의 해저전선 한 선만 남기고 모조리 절단했다. 그 후 2월 12일에 이르러 군령부장은 즈푸-뤼순 선의 절단도 모리 중좌에게 명하고 모리는 18일에 이를 실행했다. 이렇게 일본군에 의해 통신 봉쇄에 몰린 뤼순의 러시아군은 뤼순의 라오톄산(老鐵山) 꼭대기(뒤에 후앙진산黃金山으로 이전)에 큰 깃대를 세워 무선전신 발신기를 설치하고, 즈푸의 러시아영사관과 무선통신을 하려고 시도했다. 이 정보를 파악한 모리 중좌는 1904년 6월 12일 이쥬인 군령부차장 앞으로 명령이 있으면 중국인을 사용하여 즈푸의 러시아영사관을 소각하겠다고 제안했다. 같은 날 대본영 막료는 귀관의 제안은 아마 실행이 필요할 경우도 있을지 모르지만, 현재 협의 중이기 때문에 실행 수단과 방법 등의 연구에 그치도록 명령했다.

그 후 모리는 러시아영사관이 독일인 상회로부터 매수한 포도밭 기계실에 설치한 무전기를 프랑스인 밀정을 사용하여 촬영토록 하였으며 나아가 부품의 일부를 훔쳐 오도록 했다. 그리고 이것들을 군령부 앞으로 보냈다. 그래서 그 사진이 『극비해전사』에 게재되어 있다. 결국 러시아는 큰돈을 들여 무선통신을 개통하려 시도했지만 성공에 이르지 못한 것이 확인되어 즈푸 러시아영사관의 소각명령은 발령되지 않았다(『극비해전사』 제4부 제4권, 192-194쪽, JACAR C05110109800).

되풀이하지만, 이러한 수준의 첩보활동을 한 모리 중좌가 2월 3일에 뤼순함대가 '행방불명' 따위로, 멍청한 보고를 올렸다고는 도저히 믿을 수 없는 것이다.

발신자는 누구인가

뤼순함대 '행방불명' 전보를 받고 2월 3일 저녁에 해군대신 관사에 모인 8명 중의 한 사람인 다카라베 타케시는 30년 후 '러일전쟁 참가자 사담회'(제3장 참조) 석상에서 대단히 중대한 발언을 했다. '전사' 기록을 부정하는 다카라베의 발언에 대해 전사 편찬의 책임자였던 오가사와라 나가나리(小笠原長生) 중장의 반론도 포함해서 해당 부분을 『사담회기록』에서 발췌해보자.

> 다카라베 대장: 2월 3일에 야마시타 대좌가 신바시역에서 송출되어 왔다. 그렇게 있었는데 오후 7시가 되자 전보가 왔다. 그 전보는 모리 중좌로부터 왔다고 전사에 되어 있지만 나의 일기에는 그렇게 쓰여 있지 않다. 나의 일기에는 미즈노(水野) 영사로부터 외무대신에게 왔다고 쓰여 있다.
> 오가사와라 중장: 모리로부터도 왔을 것이다.
> 다카라베 대장: "야마시타가 명을 받아 오후 6시에 출발하다. 오후 7시 미즈노 영사로부터 외무대신 앞으로의 전보 도착, 오늘 오전 10시에 다시 러시아 군함 주력이 뤼순을 출발하다. 행선지는 불명이다"라고 쓰여 있다.
> 오가사와라 중장: 그것과 같은 것이 왔다(『사담회기록』1권, 82쪽, JACAR C09050717900).

이것은 1935년 6월 25일 '사담회' 자리에서 다카라베가 2월 3일 오후 7시에 모리 중좌로부터 전보가 왔다고 '전사'에는 되어 있지만 자신의 일기에는 그렇게 쓰여 있지 않다고 말하면서 일기를 낭독한 것이다. 이것에 대해 전사 편찬의 책임자였던 오가사와라 나가나리는 모리로부터도 같은 것이 왔다고 반론했다. 오가사와라는 러일 개전 직전에 인천항에서 러시아 군함을 망보는 역할로 간 '지요다'(千代田) 부함장에서 군령부 참모로 전근되어 전사 편찬의 내명을 받고 사료 수집에 힘쓴 인물이다. 그리고 러일전쟁 후 5년 남짓 동안 『극비 메이지 37, 8년 해전사』 전12부 150권을 편차하고, 그 사이 1909년에는 일반인을 위해 『메이지 37, 8년 해전사』 전4권을 간행했다. 오가사와라는 반론했지만, 다카라베의 일기 기술은 의심할 점이 없을 것이다. 다카라베가 뭔가 착각했다고도 생각하기 어렵다. 또한 오가사와라의 말처럼 모리로부터도 같은 것이 왔다면 다카라베가 굳이 미즈노 영사가 외무대신 앞으로 보낸 전보를 일기에 기록하는 일은 없었을 것이다.

1904년 2월 3일 저녁 해군대신 관사에서 열어서 보인 뤼순함대 '행방불명' 전보는 즈푸의 미즈노 영사가 외무대신 앞으로 보낸 것임에 틀림이 없을 것이다. 이것은 당시 육군대신이었던 데라우치 마사타케(寺內正毅)의 일기에 의해서도 확인된다. 데라우치의 일기에 "오후 4시 지나서 발신된 즈푸 발 전보에 뤼순에 있는 러시아 군함은 수선 중인 한 척을 남기고 다른 것은 모두 항구를 빠져나왔다. 행선지는 불명이라고 해서 바로 이를 필요한 곳곳에 전보로 알려두었다"라고 쓰여 있다. 게다가 데라우치는 수첩에 전보 내용을 아래 기록과 같이 필사했다.

즈푸 2월 3일 오후 4시 26분
　　도쿄 착(着) 6시 15분
목하 수선 중에 있는 하나의 군함을 제외하고 뤼순 항구에서 모든 유력한 러시아 군함은 출항했다. 그 행선은 불명
영사(山本四郎編, 『寺内正毅日記』, 京都女子大學, 1980, 201쪽)

다카라베도 데라우치도 2월 3일의 일기는 그날의 공무가 모두 종료된 이후에, 취침 전에 썼을 것이다. 결국 2월 3일 중에는 모리 중좌로부터 뤼순함대 '행방불명' 전보는 오지 않았다는 것이다.
한편 『일본외교문서』 37, 38권 별책 『일로전쟁(日露戰爭)』 제1권 89쪽에 다음과 같이 미즈노 영사의 전보가 수록되어 있다.

(제88호 문서) 메이지 37년 2월 3일, 즈푸 주재 미즈노 영사로부터 고무라 외무대신 앞(전보)
「러시아 뤼순함대 갑자기 출항하여 행선지 불명이라는 정보의 건」
2월 3일 오후 4시 26분 즈푸 발, 6시 15분 도쿄 착
　　고무라 외무대신　　　　　　　즈푸 주재 미즈노 영사
뤼순 항구에 있는 유력한 러시아 군함은 수선 중인 1척을 제하고 모두 출항했다. 행선은 불명이다.

'행방불명' 전보의 정체

지금까지 『극비해전사』를 포함해서 러일전쟁 관련 도서에 수록된 즈푸 주재 군령부 참모 모리 요시타로(森義太郎) 해군 중좌가 발신했다고 하는 뤼순함대 '행방불명' 전보에 대해 자세히 검증을 가해왔다. 결론으로 이 전보의 정체를 분명히 해두려 한다.

일본의 정치·군사 지도자가 1904년 1월 12일의 내각원로회의에서 대러 개전으로 의지를 통일한 다음, 준비가 정돈되기까지 시간벌기를 위해 러시아에 '최종 수정의견'을 보낸 것은 제2장 '개전으로 의지 통일'에서 서술했다. 이때 러시아가 일본의 요구에 응할 가능성은 없다는 것이 일본 수뇌부의 공통 인식이었다. 이후 일본정부와 육해군은 러일 교섭 단절을 전제로 개전 준비를 진행했다. 그런데 1월 29일 오후 6시 외무성에 도달한 주러공사 구리노 신이치로(栗野慎一郎)의 전보에 러시아가 일본의 요구를 수용하는 회답서를 2월 2일에 뤼순의 극동총독에게 보낼 예정이라고 쓰여 있었다. 이 예상 밖의 사태에 일본의 최고 수뇌부(이토·야마카타·가쓰라·야마모토·고무라)는 1월 30일에 러시아의 양보가 통지되기 전에 개전해야 한다고 합의했다(제2장 「이토가 주도한 '일도양단의 결정'」).

다음날 1월 31일, 야마모토 해군대신은 일본 해군의 최고 간부인 8명의 사령장관과 10명의 사령관에게 개전 전 최후의 극비훈시를 보내고 정부는 며칠 안에 평화인지 전쟁인지를 결정한다고 알렸다(제2장 「야마모토 해군대신의 최후 훈시」). 야마모토의 예고대로 2월 3일 일본의 지도자들은 내각원로회의를 열고 대러개전을 결정했다. 그 후 가쓰라 수상과 고무라 외상이 궁중에 참내하여 오후 3시부터 4시 반까지 천황에게 러시아와 전쟁을 피할 수 없는 사정을 설명하고, 다음날 4일에 어전회의를 개최할 것을 주청했다. 2월 4일의 어전회의에서 신속히 개전한다는 재가를 얻을 필요가 있었던 것이다.

궁중에서 외무성으로 돌아온 고무라는 오후 6시 15분에 즈푸 주재 미즈노 영사가 같은 날 오후 4시 26분에 발신한 전보를 수취했다. 거기에 "뤼순함대가 출항했지만 행선은 불명이다"라고 쓰여 있었다. 고무라는 이것을 중대정보로 육해군에 돌렸다. 해군대신에게는 오후 7시에 도착했다.

해군대신 야마모토 곤베에는 이보다 앞서 모리 중좌가 같은 날 오후 3시 40분에 발신한 러시아 군함 15척의 이름을 기재한 보고를 이미 받았을 터이다. 그러나 야마모토는 이 전보를 숨겼다.

같은 날 밤 해군대신 관사에 해군성과 군령부 참모들이 모였다. 여기서 야마모토 해군대신은 즈푸 주재 미즈노 영사가 고무라 외무대신 앞으로 보낸 전보만 보여주었다. 참모들이 미즈노 영사의 전보를 근거로 정세를 분석한 결론은, 제2장 「어전회의」에서 소개한 대로 뤼순함대가 출항한 목적으로, 러시아 측이 공격을 할 가능성을 부정한 다음 ① 훈련 상의 사정, ② 시위행동, ③ 블라디보스토크함대의 수용, ④ 육군의 한국 북부 상륙 등의 가능성을 들었다. 이것은 꽤 정확한 것이었다.

그러나 야마모토는 그 다음 날 2월 4일의 어전회의에서 미즈노 영사의 전보를 모리 중좌로부터의 중대정보로 바꿔치기해서 보고하고, 행방불명된 러시아 함대가 쓰시마나 혹은 사세보를 습격할 가능성을 시사하며 러시아 함대가 출현하면 격파하라고 명령할 허가를 천황에게 구했다. 천황은 이를 허가했다. 이것이 군사행동 개시라는 결정이 되었다. 야마모토가 어전회의에서 미즈노 영사의 보고를 모리 중좌로부터의 중대정보로 바꾸어 보고한 것은, 3일 밤 해군대신 관사에 모여 미즈노 영사의 전보를 본 해군 참모들 중에서 다음날 4일의 어전회의에 출석한 이토(伊東) 군령부장과 이쥬인 군령부차장만 알고 있는 비밀사항이었을 것이다.

따라서 이 장의 「발신자는 누구인가」에서 소개했듯이, 30년 후의 '사담회' 장소에서 다카라베 타카시가 전사에는 모리 중좌로부터 온 것으로 되어 있지만 "나의 일기에는 미즈노 영사로부터 외무대신에게 왔다고 쓰여 있다"고 발언했던 것이다. 그 당시 전사 편찬의 책임자였던 오가사와라 나가나리가 모리로부터도 같은 것이 왔다고 반론한 것은 해군대신 관방이 개찬된 모리 전보를 자료로 건네서 그렇게 믿고 있었기 때문일 것이다.

야마모토 해군대신이 그 후에도 전보의 개찬을 지시한 것에 대해서는 제3장에서 소개했다. 야마모토는, 2월 8일 오후 5시경 인천 앞바다에서 제2함대 제4전대 소속의 수뢰정이 러시아의 소형 포함 코레츠에 수뢰를 발사했지만 명중시키지 못하고 코레츠가 대포를 발사한 후 인천항으로 돌아갔다는 보고를 받았을 적에 일본이 선수를 친 것은 부적절하기 때문에 러시아가 선수를 친 것으로 전보를 정정해서 다시 발신하라고 명령했던 것이다. 러일전쟁에서 일본 해군의 최고 지휘관이었던 야마모토 해군대신은 전보를 개찬하는 것 따위에는 아무런 망설임도 없이 했던 것이다.

제5장 육해군의 대립과 합의
— 서울 점령 육군부대의 극비 수송 작전

〈그림 11〉 한국임시파견대의 서울 침입. 1904년 2월 9일 『러일전쟁사진화보』, 제1권, 박문관, 1904년 4월에서.

육군부대의 한성 점령

1904년 2월 8일 심야에서 9일의 미명까지 연합함대 제2함대 제4전대의 호위 아래 일본의 육군부대 4개 대대는 인천에 상륙하자마자 바로 대한제국의 수도 한성(이하 서울로 표기) 점령으로 나아갔다. 이 서울 점령 부대로 파견된 것이 한국임시파견대다. 이 작전은 '코로쿠'라는 암호로 불렸다. '코로쿠'는 참모본부가 계획하고 있던 암호명 '하치스카' 작전이 해군대신 야마모토 곤베에(山本權兵衛)의 반대로 중지로 내몰린 후 육군 참모본부와 해군 군령부의 합의(1903년 12월 30일) 아래 새로 계획된 것이다. 육해군 합의의 요점은, 전투는 해군이 개시한다, 그때까지 육군은 동원하지 않는다, 함대의 출발과 동시에 약 3천 명의 육군을 수송하여 인천(상황에 따라서는 아산·군산)에 상륙시킨다는 것이다. '동원'이란 군대가 평시편제에서 전시편제로 이행하는 것을 말하고, 전시편성 정원을 채우기 위한 충원소집이 필수다. 동원을 완결한 군대를 하나의 지점으로 집합시키는 것을 '집중'이라 하고 러일전쟁에서 육군의 집중지는 히로시마현 우지나(宇品)였다. 동원명령 - 충원소집 - 동원완결 - 집중을 거쳐 작전을 개시하는 것이 보통의 수순이었다.[1] 육군이 작전행동에 돌입하기 위해서는 한시바삐 '동원'을 완료해 줄 필요가 있다. 그러나 육군이 동원령을 발령하면 그것은 바로 러시아 측에 전해질 것이다. 해군이 최초의 일격, 곧 뤼순·인천 기습공격까지 육군의 동원을 허락하지 않은 이유가 여기에 있다.

그러나 해군의 작전상 사정에 따라 육군의 동원을 중지하는 것에 대해서는 참모본부 내에서 반발하는 세력이 존재했다. 참모본부 제1부장 마쓰카와 토시타네(松川敏胤) 대좌는 육해군의 합의에 반발한 세력의 한 사람이었다. 오늘날에도 러일전사 연구의 기본문헌인 다니 히사오(谷壽夫)의 『기밀일로전사(機密日露戰史)』(原書房, 1966년 복간)는 1925년 다니가 육군대학교에서 행한 강의록인데, 해군 주도의 작전에 반대한 마쓰카와(당시 대장으로 승진)에게서 청취한 내용에 의거한 바가 많다. 그 때문에 '코로쿠' 작전의 서술은 부정확하여 '하치스카' 작전의 실시에 선행해서 계획된 선발 징발대(徵發隊)와 혼동하고 있다. 마쓰카와 등은 '하치카와' 작전이 중지되었다고 하는 것을 인지하지 못하고 '코로쿠'를 '하치스카'의 선발부대로 자리매김하려 했기 때문일 것이다 (같은 책 104쪽).

또 이 책은, 1903년 12월 30일의 육해군회의에서 이쥬인 고로(伊集院五郎) 군령부 차장이 "해군은 명령이 한 번 내려지면 24시간 이내에 적을 향해 출범할 수 있다고 증언했다"라는 것을 근거로 육군은 한국 출병을 보류하고 해군의 희망에 부응했음에도 그 후 해군은 계속 구실을 만들어 개전을 연기했다고, 마치 마쓰카와의 한 맺힌 불평을 대변하

---

1) 大江志乃夫, 『日露戰爭の軍事史的硏究』(岩波書店, 1976), 65-68쪽.

고 있는 것처럼 쓰여 있다(같은 책, 101쪽).

그리고 많은 연구자가 무비판적으로 이 다니의 책에 의거하여 러일 개전 전야를 논하고 있기 때문에 '코로쿠' 작전을 언급한 것이 보이지 않는다. '코로쿠' 작전 실행부대로 선정되어, 1904년 2월 6일 연합함대의 사세보 출항과 함께 수송선으로 운송되어 2월 8일 심야부터 9일 미명까지 러시아 최신예 군함 바랴그 눈앞에서 인천에 상륙, 바로 서울로 침입한 것은 규슈에 배치된 제12사단 관할로 육군의 동원령 발령 이전에 극비리에 편성된 4개 대대 2,256명, 승용마 16두, 화물 53바리였다.

이 장에서는 야마모토 해군대신이 왜 '하치스카'에 반대했는지, '코로쿠'는 어떤 작전이었는지를 밝히려 한다.

야마모토 해군대신의 특별훈령

해군대신 야마모토 곤베에는 1903년 4월 29일 자로 각 사령관 앞으로 극비의 특별훈령을 내어, 러일 개전 때 기선을 제압할 필요상 절대로 이쪽의 결의를 적이 알아채지 못하도록 해야 한다고 훈시했다. 이에 따라 해군 수뇌부의 극히 일부만 야마모토의 러시아에 대한 개전 결의를 알고 있었는데, 비밀이 잘 유지되어 외부에 누설되지 않았다 한다. 각 사령관은 해군 군령부장(이토 스케유키), 요코스카 진수부 사령장관(이노우에 요시카井上良馨), 구레(吳) 진수부 사령장관(시바야마 야하치柴山矢八), 사세보 진수부 사령장관(사메지마 카즈노리鮫島員規), 마이즈루

(舞鶴) 진수부 사령장관(도고 헤이하치로), 상비함대 사령장관(히다카 소노조日高壯之丞) 등 모두 6명이다. 이들이 당시 일본 해군의 최고 간부들이었다.

야마모토의 극비훈령에 대해서는 당시 군령부에서 이토 군령부장 부관으로 근무한 가미이즈미 토쿠야(上泉德彌)가 30년 후인 1935년 3월 8일에 아사히와 오사카마이니치신문사가 주최한 좌담회 자리에서 다음과 같이 말하였다.

> 사실 나는 작금에야 겨우 들어서 알게 된 것입니다만, 야마모토 해군대신은 메이지 36년(1904) 4월 29일 자로 7항으로 된 극비의 특별훈령을 내렸습니다. 이것은 각 사령관에게 극비로 내린 것이어서 군령부 부관이었던 자신도 금일까지 알지 못했던 것입니다. 그 훈령에 따르면 개전할 때 기선을 제압할 필요상 절대로 우리 쪽에 이상한 결심이 있는 것을 적이 알아채지 못하도록 훈시했던 것입니다. 자신은 그런 것이 있는 것을 전혀 알지 못하고 대신이나 부장과 논의하였기 때문에 번거로웠던 것도 무리는 아니었다고 최근에 겨우 알게 되었습니다.[2]

가미이즈미는 이 좌담회 3개월 후인 6월 25일 해군성의 위촉을 받아 해군 유종회(有終會)가 주최한 '일로전역 참가자 사담회'(이하 '사담회'로 약칭, 이 회에 대해서는 제3장 참조)에서도 같은 발언을 하고, 나아가 다음과 같이 말했다.

---

2) 東京日日新聞社・大阪毎日新聞社編, 『參戰二十提督 日露大海戰を語る』, 1935, 41쪽.

전쟁이 끝나자 해군대신은 우리들을 향해, "우리들은 처음부터 전쟁을 할 심산으로 계산하고 있었다. 그대들처럼 떠들어대서는 전쟁이 가능하겠는가"라고 꾸짖었다. "그렇습니까. 그렇다면 이쪽에서 몇 번이라도 안을 내어 압록강을 경계로 화해했다면 전쟁이 일어나지 않은 것이 아닐까요"라고 솔직한 의견을 말하면 듣지도 않을 것 같아 중단해버렸다.

가미이즈미는 당시 해군 대좌로 1903년 4월에 군령부 부관이 되었다. 그 이후 참모본부 부관 호리우치 분지로(堀內文次郎) 등과 함께 육해군친목회라는 명목으로 대러 개전 촉진론자를 규합하고, 거기에 외무성 정무국장 야마자 엔지로(山座円次郎)나 개전론을 상주(上奏)한 '7박사'로 불린 도쿄대학 교수들도 가담하여 함께 조기개전론을 선동했던 인물이다. 해군대신 야마모토 곤베에 집에는 네 번이나 찾아가 의논했는데, "전비 20억은 어떻게 마련하느냐?"라고 물으면, "돈은 당신 쪽에서 만들면 좋겠다"라고 승강이로 끝나서 해군대신 본래의 의지는 끝내 알지 못했다고 회상하고 있다.[3]

1903년 4월 29일자 야마모토 해군대신의 극비 특별훈령은 해군 군령부가 편찬하여 근년까지 비밀스럽게 감추어온 『극비해전사』(이 책에 대해서는 제3장 참조) 제1부 제1권 22쪽에 기재되어 있는 6항목의 훈령을 지칭한다(가미이즈미가 '7항'으로 말한 것은 오류). 각 항목의 요지는 다음과 같다.

---

3) 東京日日新聞社 · 大阪每日新聞社編, 『參戰二十提督 日露大海戰を語る』, 1935, 39쪽.

1. 러시아는 청나라에 7개조 요구를 제출했다.
2. 러시아는 동양에 대해 깊이 기획하는 바가 있는 듯하다.
3. 지금 러시아의 동양에 있는 해군력은 우리 해군에 필적하고 있어 경시할 수 없다.
4. 우리 정부의 방침은 항상 동양의 평화를 유지하는 것에 있다.
5. 우리 해군은 만일 비상한 명령이 있으면 조금도 오산이 없도록 준비해야 한다.
6. 외국인은 물론 국외자가 우리에게 남다른 각오가 있다는 것을 추지(推知)하지 못하게 해야 한다.

야마모토의 훈령은 당시 수상의 지위에 있던 가쓰라 타로(桂太郎)가 러일 개전의 결심은 1903년 4월 21일 교토 무린암(無隣庵) 회의에서 결정되었다고 자서전에서 반복해서 서술한 것과 부합한다. 가쓰라의 주장은 명쾌하다. 『가쓰라자전(桂太郎自傳)』(平凡社 東洋文庫, 1993) 272-274쪽 및 316-317쪽에 서술되어 있는 것을 요약하면 아래와 같다.

[1903년] 4월 8일은 베이징조약에 따라 러시아가 랴오허(遼河) 이동의 병력을 철수하는 기일(제2회 철병기한)이었지만 러시아는 실행하지 않았다. 일본은 이것을 이용해서 러시아와 담판하고, 러일 간에 현안이 되어 있는 한국 문제, 곧 한국은 완전히 일본의 지배 아래에 둔다는 것을 러시아에 인정케 해야 한다. 지금까지는 한국 문제만을 가지고 러일 양국이 다투어 왔기 때문에 해결할 수 없었다. 이번에는 만주에서

러시아의 권리를 인정하는 대신 한국에서 일본의 권리를 인정하라고 말할 수 있다. 그러나 일본이 압록강까지를 요구하는 것은 러시아의 랴오둥 경영을 위기에 빠뜨리는 것이기 때문에 러시아는 받아들이지 않을 것이다. 따라서 담판을 개시하기 전에 전쟁도 불사한다는 각오였다.

가쓰라 수상은 고무라 주타로(小村壽太郞) 외상을 데리고 1903년 4월 21일 야마가타 아리토모(山縣有朋)의 별장인 교토의 무린암을 방문하고 거기서 이토 히로부미를 초대하여 4자가 회담한 결과, 위의 견해에 합의하고 러시아와 담판을 개시하기로 결정했다고 서술하고 있다. 또한 가쓰라는 일본의 주장이 "2개의 물건을 2개로 나누는 도리이므로 공평한 이론의 근거"가 있다고 하면서 이 근거 위에서 러시아와 담판을 개시하고, "어떤 곤란을 만나더라도 어쩔 수 없다는 결심을 하여" 먼저 이토와 야마가타를 설득한 다음 실제로 착수해야 한다고 생각해서 무린암 회의에 불렀다고 말하고 있다. 그리고 "러일의 전투는 실제로 메이지 37년(1904) 2월에 개전이 되었지만, 나의 입장에서 말하면 러일의 전쟁은 이미 메이지 36년 4월 21일 서경(西京)회의[무린암 회의]에서 개시된 것이나 마찬가지"라고 쓰고 있다.[4]

교토에서 돌아온 가쓰라와 고무라는 각료를 모아 무린암 회의의 전말을 보고했을 것이다. 야마모토 해군대신이 이 정략에 완전히 동의

---

[4] 지바 이사오(千葉功)는 "이들 발언은 다소 감안하여 생각할 필요가 있다. 사후에, 일찍부터 러일전쟁을 각오했다고 자기를 내세우기 위해 그렇게 주장했다고 생각되기 때문이다"(『桂太郞』, 中公新書, 2012, 97쪽)라고 지적하고 있지만, 야마모토 해군대신이 4월 29일 각 사령관 앞으로 보낸 극비훈령을 방증으로 한다면 그럴 필요는 없었다고 생각하는 것이 필자의 입장이다.

했는지는 알 수 없다. 그러나 실제로 야마모토는 해군의 총지휘관으로서 전쟁 준비에 착수했다. 야마모토가 최초로 한 일이 앞에서 서술한 4월 29일의 각 사령관 앞으로 보낸 극비 특별훈령이었던 것이다.5) 이 훈령의 주안은 가미이즈미 토쿠야(上泉德彌)가 말했듯이, 개전 때에 기선을 제압할 필요상 개전의 결의를 감추려는 데 있었다. 그래서 야마모토 해군대신의 대러 개전 방침은 해군의 최고 간부에게 공유되었지만, 그것을 실행하기 위해서는 독자적으로 한국 상륙작전을 계획하고 있던 육군을 억제해야만 했다.

'하치스카' 작전의 중지

1903년 가을 육군 참모본부는 암호명 '하치스카'로 불린 한국 상륙작전을 실행하려 했다. 그것은 비밀리에 병사 수천 명을 철도 인부로 변장시켜 미리 한국에 파견해두고 일단 개전이 되면 러시아에 앞서 서울을 점령한다는 것이었다.

당시 군령부 참모로 야마모토 해군대신의 사위였던 다카라베 타카시(財部彪)가 30년 후인 1935년 6월 25일 '사담회' 첫째 날에 말한 바에 따르면, '하치스카'를 막은 때는 1903년 10월 22일이었다. 어떤 회의 자리에서 야마모토 해군대신이 이것에 크게 반대하여 "육군의 계획은

---

5) 다니 히사오(谷壽夫)는 "당시 해군의 실세인 야마모토 해상(海相)은 우리 해군의 미약한 세력을 돌이켜보고 조선을 러시아의 손에 맡겨도 우리의 고유영토를 보존할 수 있다면 이 역시 국방을 온전히 할 수 있는 것이라 하여 우리 참모본부의 의견과 완전히 근저에서부터 방침을 달리하는 것이 있었다"(『機密日露戰史』, 100쪽)라고 쓰고 있다. 이것이 야마모토의 본심이었는지, 전쟁 의도를 감추기 위한 방편이었는지 판단하기 어렵다.

쓸모없다. 그런 자들과 일을 함께 하는 일은 없을 것이다"라고 말하고 돌아와 버렸다 한다.6) 다카라베는 '사담회'에 출석하기 전에, 30년 전의 자신의 일기를 되풀이해서 읽었을 것이다. 일본국회도서관 헌정자료실(憲政資料室)에 소장되어 있는 『다카라베 타카시 일기(財部彪日記)』 1903년 10월 22일자에는 다음과 같이 쓰여 있다.

오늘밤 고요칸(紅葉館)에서 해륙군 장교 친목회를 열다. 출석자는 72명, 10시경 귀가하다. 참모본부는 먼저 2, 3천 명의 병력을 한국에 변장 입국시키는 것을 계획하여 해군대신으로부터 저지되었지만, 이번에 또 100여 명의 측량반을 들여보낼 것을 기도했지만, 꽤 큰일을 앞두고 있는 이때에 이런 안은 생각할 수 없다고 하여 해군대신으로부터 저지되었다 한다.

야마모토가 육군의 한국 상륙작전에 반대한 이유는, 러시아에 승리하기 위해서는 무엇보다도 전쟁 벽두에 러시아함대를 기습 공격하여 제해권을 잡아야 한다고 생각했기 때문이다. 제해권을 잃으면 가령 일단 서울을 점령해도 서울의 일본군은 고립되어 진퇴양난이 될 것이다. 또 변장했다 해도 다수의 병력이 한국에 들어가면 러시아는 일본의 개전 의도를 알아채서 해군의 기습공격은 성립하지 못하게 된다. 일본과 한국은 대한해협으로 격리되어 있다. 해군의 협력을 얻지 못하는 한 육군 단독으로 한국 상륙작전을 실행하는 것은 불가능하기 때문에

---

6) 『사담회기록』 제1권, 54쪽, JACAR C09050717800.

육군은 어쩔 수 없이 '하치스카'를 중지했다. 그러나 내심 분한 마음을 풀 길이 없다고 생각했음에 틀림없다.

다시 다카베라의 증언이지만, 1903년 12월 30일 참모본부에서 중요한 군사회의가 개최되었다. 고다마 겐타로(兒玉源太郎) 참모차장은 이 회의의 벽두에 "육군의 책임 해제 성명"을 발표해버렸다 한다. 내용은 현재 서울의 상황이 매우 위험하다. 러시아 병력이 언제 올지 알 수 없고 조선인이 언제 봉기할지도 모른다. 그런데 서울에는 일본 병력이 2개 중대밖에 없다. 이 병력으로는 어떤 것도 할 수 없다. 그래서 육군은 적당한 병력을 들여보내려 계획했지만, 해군의 작전상 그것을 해서는 안 된다 하여 중지했다. 그러나 2개 중대 병력으로는 책임을 다할 수 없다. 따라서 육군은 재류 일본 신민의 생명과 재산을 보호하는 책임을 해제해야 한다는 것이었다.[7] 고다마의 연설 내용은 다카라베의 기억에 기초한 것이지만 이 회의 출석자 이름은 다카라베의 일기에 기록되어 있다.

그것에 따르면 육군 측에서 참모총장(오야마 이와오大山巖), 참모차장(고다마 겐타로), 총무부장(이구치 쇼고井口省吾), 제1부장(마쓰카와 토시타네松川敏胤), 제5부장(오치아이 토요사부로落合豊三郎), 해군 측에서 군령부장(이토 스케유키伊東祐亨), 군령부차장(이쥬인 고로伊集院五郎), 군령부 부관(가미이즈미 토쿠야上泉德彌), 군령부 참모(다카라베 타카시, 나카노 나오에中野直枝)다. 나아가 일기에는 '쇼와(昭和) 10년(1935) 6월 23일 추기(追記)'로 이 회의에 야마가타 아리토모 원수도 출석한 것과 회의 벽

---
7) 『사담회기록』 제1권, 22-24쪽.

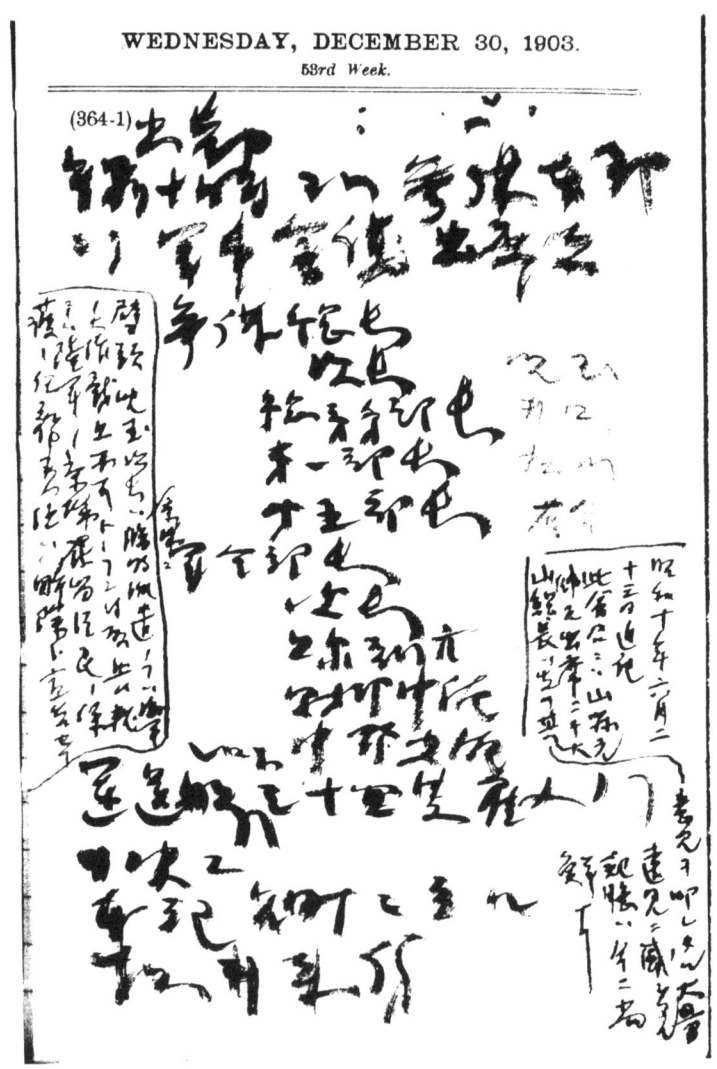

〈그림 12〉 「1903년 12월 30일 중요군사회의 출석자명」, 『다카라베 타카시 일기(財部彪日記)』 (국회도서관 헌정자료실 소장)

두에 고다마 참모차장이 "육군의 경성 거류민 보호 임무와 책임은 해제"를 선언한 것이 기입되어 있다. 이것은 '사담회'를 앞두고 일기를 다시 읽었을 때 기입한 것으로 생각된다(〈그림 12〉).

이 사담회 자리에서 다카라베는 이 고다마의 연설 장면을 다음과 같이 선명히 기억하고 있다.

> 갑작스런 일이라서 모두가 침묵하고 있다. 이토(伊東) 씨도 침묵하고 있다. 모두가 침묵하여 어색한 분위기였다. 그때 오야마 씨가 옆에 있는 야마가타 씨를 보고 야마가타 씨에게 "어떻습니까?"라고 하자 야마가타 씨는 "좋습니다"라고 한다. 그러자 오야마 씨는 "그것으로 좋습니다"라고 하였다.[8]

고다마의 연설은 '하치스카'를 중지로 몰고 간 해군에 대한 최대한의 빈정거림, 희롱이었지만, 흥이 깨진 분위기를 오야마·야마가타의 한마디로 되돌리고 그때부터 이런저런 이야기가 시작되었다 한다.

> 그때 이쥬인 씨가 말을 꺼냈다. "고다마 씨, 육군 쪽은 절차가 번잡하여 지체되면 안 된다. 좀 더 서둘러야 한다. 미리 동원을 하지 않고 평시 편성대로 인원을 편성하여 상당한 병력을 이루고, 하나의 함대가 출동하면 함께 그것을 출동하면 어떤가. 함께 어디에도 도착하는 것이 가능하다"고 시사했다. 마쓰카와(松川)나 다른 참모들은 불가능하다고

---

[8] 『사담회기록』 제1권, 24쪽.

말하고 있었다. 고다마 씨가 "합시다"라고 말한다. "어떤 일이 있어도 해야 한다"고 한다. 그래서 하는 것으로 되어 2월 6일에 함께 사세보를 출발하게 되었다. 기고시(木越) 부대가 곧 그것이었다. 그것을 육군에서는 '코로쿠'(小六)라고 칭하고 있었다. 왜 '코로쿠'라고 칭했는가 하면, 그 전에 출동하기로 되어 있던 부대가 '하치스카'(蜂須賀)라는 암호를 사용하고 있었기 때문이다.9)

이쥬인(군령부 차장)이 동원을 하지 않고 평시 편성인 채로 인원을 편성하여 상당한 병력을 함대의 진발과 함께 출동시키면 어떤가라고 제안했던 바, 마쓰카와(참모본부 제1부장)를 비롯해 다른 참모들은 그런 것은 불가능하다고 말했지만, 고다마(참모차장)가 "합시다"라 말하고 "하라"고 명령하여 '코로쿠' 작전이 결정되었다. 작전 암호명이 '코로쿠'로 된 것은 육군이 그 전에 출병하려고 했던 부대명이 '하치스카'라는 암호로 불렸기 때문이라 한다. '하치스카 코로쿠'(蜂須賀小六)는 도요토미 히데요시를 섬긴 저명한 센고쿠(戰國)시대 무장의 이름이다.

1904년 1월 7일 참모본부 차장 고다마 겐타로는 제12사단장에게 "한국임시파견대를 무장한 채 파견"함에 즈음하여 알아야 하는 것으로 11항목을 열거하여 통지했다. 그 중 제9항이 "무장한 임시파견대에 관한 은어는 (코로쿠)로 약속할 것이다"였다.10)

---

9) 『사담회기록』 제1권, 25쪽.
10) 참모본부 차장으로부터 제12사단장에의 통첩은 1904년 1월 7일에 참모본부 차장 고다마 겐타로가 육군차관 이시모토 신로쿠(石本新六) 앞으로 제출한 '한국임시파견대를 무장한 채 파견하는 경우에 관해 통지하는 건'(『만밀대일기(滿密大日記)』明治 37년 1월』所收)의 별지로 첨부된 것이다. JACAR C03020012200.

'코로쿠' 작전의 결정

1903년 12월 30일 참모본부에서 열린 '중요 군사회의'의 결정사항에 대해 『극비해전사』에는 다음과 같이 쓰여 있다.

숙의한 끝에 전투는 해군으로써 개시할 것, 그 발동 24시간 이전에 이를 참모본부에 통지하고, 이와 동시에 육군에서는 제12사단 중에서 약 3천의 병력을 '코로쿠'라 가칭하여 사세보 근방에서 승선시켜 함대와 함께 출발, 인천 부근에 상륙시킨다. 만약 불가능한 상황일 때는 아산만・군산진(群山鎭)으로부터 임기응변으로 상륙시킬 것. 그 운송선은 구레 군항에서 의장(艤裝)한 다음 사세보 군항으로 회항시켜둘 것. 제12사단 잔여 병력은 개전 후의 형세에 따라 한국 남안으로부터 상륙시키는 것 등을 결의했다. (후략)[11]

이처럼 1903년 말에는 대러 개전에 즈음하여 전투는 해군이 개시할 것, 해군은 발동 24시간 이전에 참모본부에 통지할 것, 육군은 '코로쿠'라 가칭하는 약 3천의 병력을 함대와 함께 출발시켜 인천에 상륙시킬 것 등에 대해 해군과 육군은 합의하였다는 것이 『극비해전사』에도 명기되어 있다. 다만 여기에는 해군의 요청에 따라 육군의 동원이 금지된 것을 다루지 않고 있지만, 이 책 제1부 제1권 78쪽에는 1904년 2월 4일 어전회의 후에 열린 육해군합동회의에서 "이전부터 육군의

---

[11] 『極秘海戰史』 제1부 제1권 37쪽, JACAR C05110031200.

동원령은 해군이 적에게 최초의 타격을 가함과 동시에 발령한다고 협의했지만, 이제는 이를 기다릴 시기가 아니기 때문에 언제 시행되더라도 해군은 지장이 없다는 것"이 해군 측에서 표명되었다고 쓰여 있다. 결국 '코로쿠' 작전은 육군의 동원금지와 한 몸이었다는 것을 알 수 있다.

1904년에 접어들자 참모본부는 「임시파견대 편성요령」을 정리해서 이것을 1월 9일자로 참모총장 오야마 이와오가 육군대신 데라우치 마사타케(寺內正毅)에게 보내고, 긴급 시에 바로 양자가 연서하여 천황의 허가를 얻기 위해, 미리 협의해두고자 한다고 제안했다. 데라우치는 그날 바로 "이의 없다"고 회답하였다. 나아가 4월 15일에 오야마는 데라우치에게 "오늘 재가하셨습니다"라고 통지하였다. 결국 연합함대의 출동과 동시에 육군이 서울 점령을 목적으로 임시파견대를 출동시킨다는 것은 1904년 1월 15일에 이미 천황의 재가를 얻었던 것이다. 다음날 1월 16일 「임시파견대 편성요령」은 육군성에서 인쇄하여 육군대신이 참모총장, 대만총독, 각 사단장, 한국주차대 사령관에게 '군사기밀'로 송부하였다.

이상은 방위연구소가 소장하고 근년에 아시아역사자료센터에서 공개한 부책(簿冊)『만밀대일기(滿密大日記) 메이지 37년 2월』에 수록되어 있는 「임시파견대 편성요령 반려의 건」(JACAR C03020020500)을 통해 알 수 있다. 위의 자료에 수록되어 있는 「임시파견대 편성요령」은 아래와 같다. 그리고 여기에 특별히 선발된 제12사단은 1898년에 후쿠오카현 고쿠라(小倉) 성안에 사령부를 두고 발족한 사단이다.

임시파견대 편성요령

제1, 임시파견대는 보병대대 4개로 하여 소장의 지휘를 받고, 제12사단에서 편성한다. 그 편성 담임은 제12사단장으로 한다.

제2, 임시파견 보병대대의 편성은 부표(附表)와 같다.

제3, 임시파견대는 제12사단 각 보병연대의 아무개 1대대를 기간(基幹)으로 하고, 여기에 해당 연대의 다른 대대의 인원을 더해 편성하는 것으로 한다. 기간대대는 동원을 실시할 때 필요로 하는 자를 잔류시키는 것으로 한다.

제4, 파견대 사령관은 제12사단 아무개 보병 여단장(승용마 2, 마졸 2명을 배속)으로 하고 여기에 부관으로 위관 1명[승용마 1, 마졸 1, 주계(主計, 재정담당자) 1명을 배속)] 부가한다.

제5, 이 파견대에서 사용하는 병졸은 메이지 34년(1901), 35년차 병사로 이에 충당하고 마졸은 고용하여 이에 충당할 수 있다.

제6, 파견대 요원의 무기와 피복은 해당 연대에서 보관하는 전시 용품을 사용한다.

제7, 제12사단은 이 편성 때문에 생기는 결원을 보전하기 위해 귀휴병(歸休兵) 모두를 소집한다.

제8, 편성 담임관은 편성 명령 수령 후 24시간 이내에 사세보 부근에서 승선을 완료할 수 있도록 편성을 완결하고 바로 이를 육군대신 및 참모총장에 전보한다. 또 장교, 장교 상당관 직원표 및 인원 일람표를 작성하여 이를 육군대신 및 참모총장에게 제출한다.

이「요령」에 첨부된 부표「임시파견 보병대대 편성표」에는 대대본부와 4개 중대로 이루어진 1개 대대(560명과 마 3두)의 인적 구성이 일람표로 제시되어 있다. 그 중 의료진으로 대대본부에 군의 1명, 수간호사[看護長] 1명, 중대마다 간호사[看護手] 1명이 배치되는 것으로 되어 있는데 이것은 원래 '동원'에 의해 비로소 가능한 체제여서 평시 편성의 대대에 항상 갖추고 있는 것이 아니다.

그런데 한국임시파견대는 이러한 '동원' 절차를 거치지 않고 편성되어 송출되었다. 따라서「편성 요령」제3항에 있듯이, 보병연대 안에서 기간이 될 대대를 선발하고, 장래 실시될 동원을 위해 필요한 인원은 남겨둔 다음, '편제표'에 비추어 부족한 인원은 다른 대대 및 연대본부에서 보충하는 것으로 했을 뿐이다. 이 때문에 제7항에 있듯이 12사단에서는 귀휴병(정원을 초과하는 현역병으로 복무 기간을 단축하여 귀향한 병사)을 모두 소집했다. 또 제8항에서 보듯이 임시파견대 편성 담임관(12사단장)은 편성 명령 수령 후 24시간 이내에 사세보 부근에서 승선을 완료시키는 것이 가능하도록 임시파견대의 편성을 완료하고, 육군대신과 참모총장에게 전보하라는 명령을 받았다. 이쥬인 군령부 차장이 제언한 "사전에 동원하지 않고 평시 편성인 채로 편성해서 상당한 병력"으로 한다는 것은 이런 것을 말하고, 마쓰카와 참모본부 제1부장이 "그런 것은 불가능하다"고 말한 이유도 여기에 있었다.

이렇게 육군은 '동원' 없이 출병 준비를 추진했다. 그러면 육군은 언제 '동원'을 시행했는가. 최초의 동원은 1904년 2월 5일에, 한국에서의 작전을 위해 제1군사령부, 근위·제2·제12사단에, 또 내지의 연안

방비를 위해 하코다테(函館)·쓰시마·사세보·나가사키·펑후도(澎湖島)·도쿄만·유라(由良)·히로시마·마이즈루(舞鶴)·시모노세키·지룽(基隆)의 각 요새에 명령이 내려진 것이었다.12)

이것은 전술했듯이 2월 4일의 어전회의 후, 그때까지 해군의 요청으로 정지되어 있던 육군의 동원령이 해제되었기 때문이다. 이것에 대해서도 다카라베의 증언을 들어보자.

육군에서는 동원이라는 것을 매우 중시하고 있었습니다. 육군은 동원을 하지 못하면 아무것도 할 수 없다. 그래서 육군에서는 동원을 빨리 하고 싶어 했다. 우지나(宇品)가 동원 집결지여서 우지나 주변에 육군을 모으려 했다. 그러나 해군이 동의하지 않았다. 육군이 동원을 하게 되면 일본의 의지가 바로 간파되는 것이다. 적 해군에 일격을 가하기까지 우리 해군은 꽤 자중하였으며 육군의 동원에 대해서는 매우 시끄러웠지만 오야마 참모총장·고다마 참모차장 등이 해군의 진짜 의중을 헤아려 육군을 억제했다. 그래서 동원을 하지 않고 2월 4일까지 왔던 것이다. 그렇지만 오늘밤에 대체적인 일은 결정되었다. 코로쿠 등의 일도 결정되어 이쥬인 씨가 대단히 좋다고 말했던 것입니다. (중략) 그때 비로소 육군이 동원령을 내렸던 것입니다만, 그 부분은 아슬아슬한 고비였습니다.13)

---

12) 參謀本部編, 『明治三十七·八年秘密日露戰史』 제2권(巖南堂書店, 1977), 2쪽.
13) 『사담회기록』 제1권 106~108쪽, JACAR C09050717900.

다카라베가 말하고 있듯이, 육군에서는 '동원'을 매우 중요시했다. 또 동원령 발령부터 작전 개시, 즉 실제로 군대가 움직이기 시작할 때까지 통상 2주간 정도가 필요하다. 따라서 야마가타를 필두로 육군의 일부에서는 조기 동원을 요구하는 움직임이 있었다. 이것을 오야마·고다마 등이 눌렀던 것이다.

원로인 야마가타 아리토모는 1월 16일 「가쓰라·데라우치 두 장군 막하(幕下) 밀계(密啓)」라고 겉봉에 쓴 편지를 보내, 금일의 정략·전략상 동원령을 2, 3개 사단에 발령하는 것이 "급무 중 가장 중요하고 긴급한 일대 사건"이라고 호소했다. 왜냐하면 오늘 동원령을 발령해도 이달 말이 아니면 '정돈'되지 않고, 서울에 도착하려면 인천에 상륙할 수 있어도 며칠이 더 걸리고, 더구나 다른 곳에 상륙하면 더 많이 걸린다. 그래서 서울을 장악하여 "군사상 만반의 기지"로 하기 위해서는 하루빨리 동원의 하명이 필요하다고 썼다.[14] 야마가타가 이와 같은 견해를 가지고 가쓰라와 데라우치에게 제의한 것은 사실이지만 이것에 의해 1903년 말의 육해군합의(전투는 해군이 시작한다. 함대의 진발과 함께 약 3천의 병력을 인천에 상륙시킨다. 그때까지 육군은 동원을 하지 않는다)가 동요했던 것은 아니다.

한국임시파견대 사령관에게 주는 훈령

1904년 1월 15일 참모본부는 「임시파견대 편성 요령」과 동시에

---

14) 千葉功, 『桂太郎關係文書』(東京大學出版會, 2010), 397쪽.

한국임시파견대 사령관에게 주는 훈령안 갑·을 두 가지에 대해서도 천황의 재가를 얻었다. 이것도 역시 1월 16일에 참모총장이 육군대신을 통해 봉함명령서로 제12사단장 이노우에 히카루(井上光) 중장에게 교부하고, 계획 실시 전보를 수령 후 곧바로 임시파견대 사령관에게 교부하라고 명령하였다.

『만밀대일기 메이지 37년 1월』에 실린 「한국임시파견대 사령관에게 훈령하는 건」에 수록되어 있는 갑호 훈령은 아래에 적은 것과 같다 (JACAR C03020012600).

1, 귀관은 한국임시파견대를 지휘하여 사세보 동쪽 스기오가와(杉尾川)의 하구 동쪽 포구 부근에서 승선하고, 우리 연합함대의 원호에 따라 한국 인천항으로 항행, 바로 그곳에 상륙할 것.
2, 승선에 관해서는 사세보 진수부 사령장관과 협의하고 운송선과 함대의 관계에 대해서는 연합함대 사령장관의 지시에 따라 행동할 것.
3, 인천 상륙 후는 속히 경성에 진입하여 그곳 점령을 확실히 유지하는 것에 힘쓸 것.
4, 귀관의 군사적 행동으로 인하여 외교상으로 관계되는 것은 경성 주재 우리 전권공사와 협의함을 요한다.
5, 한국주차대는 임시파견대 상륙 후부터 제12사단의 경성 도착까지 일시적으로 귀관의 지휘에 속하게 함.
6, 연합함대의 행동은 인천 상륙의 안전을 기할 수 없는 경우를 만나면 을호 훈령을 개봉할 것.

7. 상륙을 완료하면 운송선이 가지고 간 양륙(揚陸) 재료와 부속인원 및 대만(臺灣) 육군보급본창에서 파견한 장교는 속히 우지나를 향해 귀항시킬 것.

8. 귀관은 이제부터 참모총장의 구처(區處)를 받을 것. 본 훈령은 사단장이 계획 실시의 전보를 수령한 후 스스로 개봉해서 임시파견대 사령관에게 교부하도록 할 것.

이 훈령에서 한국임시파견대 사령관에게 주어진 주요 임무는 인천 상륙 후 바로 서울에 침입하여 서울 점령을 확실히 유지하라는 것이다.

이상은 갑호 훈령이다. 또 하나 을호 훈령은 인천에 상륙하지 못하고 아산·군산 등에서 육로로 서울을 목표로 할 경우를 상정한 것이지만, "귀관의 임무는 갑호 훈령대로"라 하면서도 "행군 도중의 급양(식량 보급)은 될 수 있으면 지방의 물자에 의거하도록 힘쓸 것"으로 쓰여 있다. 인천에 상륙하지 못하고 만약 아산에 상륙하는 경우 육로로 서울까지 4일이 걸린다. 군산이라면 그 배가 된다. 행군 중 병사의 급양 문제가 얼마나 곤란하기 그지없는지 예상되었다. 따라서 육군에게 해군이 한국임시파견대를 인천까지 실어올 수 있는지 없는지가 '코로쿠' 작전의 성패를 가르는 열쇠였다.

한편 1904년 2월 4일 어전회의에서 러일국교 단절, 군사행동 개시에 대한 천황의 승인이 이루어졌다. 이어서 해군성 해군대신실에서 육해군합동회의가 개최되어 '코로쿠' 작전의 실시가 결정되었다. 4일 오후 9시 30분 육군대신 데라우치 마사다케는 고쿠라의 제12사단장에게 임시파견대 편성과 한국 파견을 전보로 명령했다. 제12사단장은 바로 임시파견대 편성에 착수하고, 다음날 5일 정오에 완결했다. 제12사단 관할하의 보병 제14연대의 제1대대, 제47연대의 제3대대, 제24연대의 제1대대, 제46연대의 제2대대를 기간부대로 하여 편성된 한국임시파견대는 곧바로 각각의 위수지(衛戌地, 고쿠라·후쿠오카·오무라)에서 사세보 근교의 하이키(早岐) 정거장에 철도로 수송되었다.

임시파견대 사령관에 임명된 제23여단장 기고시 야스쓰나(木越安綱) 소장은 5일 오후 3시 하이키에서 제12사단 참모 보병 대위 다네다 히데미(種子田秀實)로부터 앞의 훈령 갑호와 을호를 수취했다. 하이키까지 철도로 수송된 임시파견대는 거기서 도보로 승선장으로 가서 5일 오후 4시 30분부터 수송선에 탑승, 다음날 6일 오후 2시 15분에 승선을 완료했다.15) 결국 2월 4일 오후 9시 30분에 데라우치 육군대신이 12사단장에게 작전 개시를 전보로 명령한 지 겨우 2일 5시간 만에 2천 수백 명에 이르는 병사들을 극비리에 2척의 수송선에 승선시킨 것이다.

한국임시파견대의 수송

한국임시파견대를 실어 나른 수송선은 우선회사(郵船會社) 소유의 기선 오타루마루(小樽丸)·다이렌마루(大連丸)인데 해군성 용선(用船) 명목으로 세냈다. 이들 선박은 1월 8일부터 구레 군항에서 의장(艤裝)을

---

15) 參謀本部編, 『日露戰史』 제1권, 165쪽.

갖추고 13일에 사세보로 항행할 예정이었지만, 12일에 육군이 육군성에서 빌린 오사카상선회사의 기선 헤이조마루(平壤丸)도 오타루마루·다이렌마루의 수송을 보조할 목적으로 동행코자 한다고 말하여 결국 2월 6일 오후 2시에 연합함대 제4전대와 함께 출항한 수송선은 3척이 되었다.

『극비해전사』에는 다이렌마루와 오타루마루에 탑승한 부대와 인원수 기록밖에 없다. 그 기록은 아래와 같다.

> 다이렌마루: 보병 제23여단 사령부, 보병 제24연대 제1대대, 보병 제46연대 제2대대.
> 오카루마루: 보병 제14연대 제1중대, 보병 제14연대 제1대대(1중대 결), 보병 제47연대 제3대대.
> 합계: 장군 1명, 좌관(영관) 4명, 위관·위관 상당관·준사관 73명, 하사졸 2,159명, 마정(馬丁, 마부) 15명, 계 2,252명, 승용마 16두, 화물 53바리.[16]

『극비해전사』의 승선 기록에 따라 한국임시파견대는「임시파견대 편성 요령」대로 12사단 관할하의 전 보병연대에서 1개 대대씩 불러모아 편성된 것을 알 수 있다. 그럼에도 이 대대 자체가 다른 대대 및 연대본부에서 보충을 받아 간신히「임시파견 보병대대 편성표」에 준한 체재를 갖춘 것이었다. 그렇지만 육군의 당초 계획인 약 3천의

---

16) 『極秘海戰史』제1부 제2권, 74-75쪽, JACAR C05110031800.

병력에는 이르지 못했다. 지금 상황에서 헤이조마루(平壤丸)로 수송된 것을 특정할 수 없지만, 앞의 「한국임시파견대 사령관에 훈령하는 건」 제7항 "상륙을 완료하면 운송선이 가지고 간 양륙(揚陸) 재료와 부속인원 및 대만 육군보급본창에서 파견한 장교는 속히 우지나를 향해 귀항시킬 것"이라는 명령으로 봐서, 병력·말·짐의 인천 양륙을 보조하기 위한 '양륙 재료'와 그것을 조작하는 인원 및 그것을 감독하는 장교(대만 육군보급본창 소속)들이었다고 생각된다. 그들은 임무가 끝나자마자 우지나로 귀항하라는 명령을 받았다.

한국임시파견대원의 회상

'코로쿠' 부대가 실제로 어떻게 모여 수송선을 타게 되었는지에 대해서는 수송선을 호위해서 인천으로 데려다 준 연합함대 제2함대 제4전대의 참모장이었던 모리야마 케이자부로(森山慶三郎)가 '코로쿠' 부대의 '육군 사관'이었던 이로부터 30년 후에 직접 들은 이야기로 전하고 있는 것이 있다.

[1904년 2월] 5일 밤 11시경이었다. 비상소집을 받고 무슨 일인지 몰랐지만, 급히 달려가 본 곳에 피복이 나와 있었다. 그리고 그것을 입으라고 하여 그 피복을 모두에게 건네 입도록 했다. 그로부터 연습이라 하면서 기차를 타고 하이키(早岐)에서 내린다는 것이다. 간부인 대대장 정도까지는 뤼순에 가는 게 아닌가라고 알고 있었지만 대부분은 연습이라는 정도

로 생각하고 있었다. 하이키에 철도로 가서 내려보니 [공백] 쪽에서 잇달아 오고 있었다. 거기서 계속 사세보로 향해 갔는데, 모두가 연습을 하는 것은 아니라고 생각하고 있는 중에 무슨 일인지 몰라도 앞쪽의 녀석들이 바다 쪽으로 자꾸 들어가는 것이다. 우리도 계속 가니 그쪽에 배가 매우 많이 정박하고 있다. 그것에 잔교가 설치되어 있었다. 그래서 배에 올라타고 말았다. 거기서 계속 앞바다를 행해 나아갔는데, 아마 어디로 연행되어 가는 것 같다고 말하는 중에 앞 바다로 나와 버렸다. 그러자 운송선이 온 배에 치장처럼 등을 켜고 있다. "타라"고 하여 배에 올라타 버렸다. 배에 올라타고부터 비로소 출정한다고 들었다. 출정한다고 해도 인천에 간다고는 아직 아무도 알아채지 못했다. 부산 부근까지 갈 것이라고 생각하고 있었던 것이다.[17]

이 이야기는 1935년 6월의 '사담회' 자리에서 모리야마가 "저번에 기후(岐阜)에서 강연"했는데, 강연을 들으러 온 '육군 사관'이 "당신이 그때 함대의 참모였어요?"라고 말을 걸자, 모리야마 쪽에서 "그대들은 도대체 어떻게 해서 그때 오게 됐는가?"라고 하여 들은 것을 말한 것이다. 동석한 사람은 다카라베 대장, 가미이즈미 중장 등 러일전쟁 당시 해군 군령부 참모로서 육군의 '코로쿠' 작전에 관해서도 충분히 알고 있던 이들이었다. 그러나 그들도 육군이 2천 명이 넘는 병사들을 어떻게 극비리에 수송선에 태웠는지는 경이롭게 여기고 있었다. '육군 사관'은 비상소집에 응하여 달려갔는데 피복이 준비되어 있어 갈아입

---

17) 『史談會記錄』 제1권, 113-114쪽, JACAR C09050717900.

었다고 말하고 있지만, 이것은 단순히 군복을 갈아입은 것만을 이야기 하는 것은 아니다.

앞에서 소개한 「임시파견대 편성 요령」 제6항에 "파견대 요원의 무기와 피복은 해당 연대에서 보관하고 있는 전투용품을 사용할 것"이라 했듯이, 임시파견대 요원에게는 보병연대에서 보관하고 있는 전시용 무기·피복이 주어졌다. 그것뿐만 아니라 앞서 소개한 참모본부 차장 고다마 겐타로가 제12사단장에게 준 11개조 통지 중 제8항에는 "장교 이하에게는 휴대식량 8일분, 천막 및 모포 1장씩을 휴대케 할 것"으로 되어 있다. 비상 소집된 장교 이하 각각이 그 자리에서 전시용 피복으로 갈아입고 무기와 8일분의 휴대식량·텐트·모포 1장을 휴대하여 연습이라 칭하면서 기차에 올라탔던 것이다. 인천에 상륙할 수 없는 경우에는 아산이나 군산에 상륙하여 육로로 서울을 향하게 되어 있었다. 엄동 중의 행군에는 텐트도 모포도 필수품이다.

나가사키현 사세보 시에 소재하는 하이키역은 현재에도 나가사키현 북부 철도교통의 요충이다. 규슈철도 나가사키선의 역으로 1897년에 개통했다. 규슈철도는 규슈 최초의 철도회사로 1887년에 설립되어 1889년에 하카다(博多) - 치토세가와(千歲川) 간의 철도를 개통했다. 91년에는 모지(門司)역까지 동진하고, 또 구마모토(熊本)역까지 남진했다. 이것이 현재 가고시마(鹿兒島) 본선에 인계되어 있다. 모지 - 구마모토 구간의 거의 중간에 있는 토스(鳥栖)에서 하이키를 거쳐 나가사키에 이르는 나가사키선은 1898년에 전 구간이 개통되었다. 같은 해 하이키 - 오무라(大村) 간, 하이키 - 사세보 간도 개통했다. 이 철도망에 의해 고쿠라·후쿠오카·오무라에 소재하는 12사단 관할하의 보병 연대부터 사세보 군항까지 용이하게 군대를 수송할 수 있게 되었다.

한국임시파견대 요원이 종점인 사세보역의 앞 역인 하이키역에서 내린 것은 승선지가 하이키-사세보의 중간점, "사세보 동쪽 스기오가와(杉尾川)의 하구 동쪽 포구 부근"(전게 「한국임시파견대 사령관에게 주는 훈령」)이었기 때문이다. 이것도 육군의 승선을 감추기 위한 조치였다.

종래 충분히 해명되지 못한 한국임시파견대에 대해 주로 『극비해전사』와 『사담회기록』에 의거하여 분명히 밝혔다. 두 책 모두 근년 아시아역사자료센터에서 공개되면서 일반인도 비로소 이용할 수 있게 된 것이다.

이 장에서 밝혔듯이 1903년 가을 단계에서 육군은 대러 전략상 서울 점령의 중요성을 감안해서 '하치스카'라 칭하는 2, 3천 명의 병력을 철도 인부로 변장시켜 보내려 했다. 이것은 한국에서의 병력에 대해 러일 간에 약속한 기정의 협정을 위반하는 것을 피하기 위해 참모본부가 고안한 고육책이었다. 이를 열심히 주장한 것은 원로 야마가타 아리토모다.

그리고 여기에 정면으로 반대한 이가 해군대신 야마모토 곤베에였다. 이 장에서 상세히 소개할 수 없었지만, 야마모토가 야마가타를 얼마나 논파했는지, 노해서 오이소(大磯) 별장으로 내려 가버린 야마가타를 달래기 위해 원로인 이토 히로부미가 중개했지만 야마가타는 단호하여 양보하지 않은 것, 참모총장 오야마 이와오가 야마가타를 지지한 것 등이 야마모토의 관점에서 「야마모토 백작의 실제 경험담」(海軍大臣官房編, 『山本權兵衛と海軍』, 原書房, 1966)에 쓰여 있다.

1903년 말에 이르러 육군과 해군은 합의에 도달했다. 그 요점은 대러 개전의 최초의 일격은 해군이 한다. 그때까지 육군은 동원을 실시하지 않는다. 그 대신 해군의 발진과 동시에 3천 명의 육군을 인천에 상륙시킨다는 것이다. 이것을 '코로쿠'라 부른다.

이후 육해군은 협력하여 개전 준비를 추진했다. 이 사이 다시 야마가타가 육군 동원령의 조기 발령과 한국으로 1, 2사단을 파견할 것을 주장하고 각 방면에서 압력을 넣었다. 참모본부 내에서도 그것에 동조하는 참모가 있었다. 그러나 이것을 가지고 육군과 해군 사이에 대러 개전 전략의 대립이 있은 것처럼 보는 것은 옳지 않다. 일본의 육군과 해군은 1903년 말에 대러 개전 전략에 대해 합의했다. 이후 개전 벽두에 뤼순항의 러시아함대와 인천항의 러시아군함 2척을 기습공격하고, 동시에 서울을 점령하기 위해 육군부대 '한국임시파견대'를 인천에 상륙시키기 위해 협력하면서 착착 준비를 진행하고 있었던 것이다.

제6장 일본 해군의 통신전략
―한국 연안에서 국제법규를 중시할 필요가 없다(야마모토 곤베에)

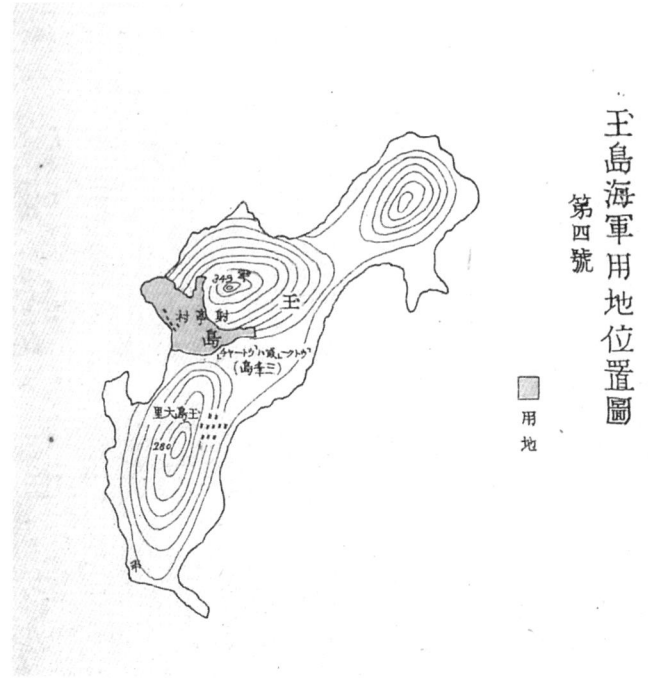

〈그림 13〉「옥도 해군용지 위치도」(『극비해전사』제8부 권6 소수, 방위연구소 소장. JACAR C05110158400,23/74).

가고시마-오키나와-대만 간의 통신 개통

　청일전쟁 후 초대 대만총독에 취임한 가바야마 스케노리(樺山資紀)는 1895년 5월 내각총리대신 이토 히로부미 앞으로 가고시마(鹿兒島)의 오스미(大隅)반도에서 오키나와(沖繩)를 거쳐 대만의 지룽(基隆)까지 해저전선을 부설할 것, 그것을 위해 해저전선 부설선 1척을 새로 제조할 것, 또 이 항로의 안전을 위해 등표(燈標, 등대)를 설치할 것을 상신했다. 이 상신은 바로 승인되어 천황의 재가를 얻었다.

　다음 달 6월 4일 육군성 소속 아래에 임시대만전신건설부와 임시대만등표건설부가 설치되어 고다마 겐타로(兒玉源太郎)가 두 부서의 장에 취임했다. 또 일본정부는 두 부서의 설치에 앞서 해저전선 부설선을 영국 글래스고우의 로브니츠사(Lobnitz & Company)에 발주했다. 고다마는 부장에 취임하자 나가사키의 니시도마리(西泊) 해안에 해저전선 보관을 위해 거대한 저선지(貯線池) 축조에 착수했다. 또한 대량의 해저전선을 미쓰이물산과 오쿠라구미(大倉組)를 통해서 영국에 발주했다.

　글래스고우에서 1896년 4월에 준공한 해저전선 부설선은 현지에서 일본 측에 인도되어 오키나와마루(沖繩丸, 2,278톤)로 명명되었다. 건조

비용은 53만 엔이었다.

한편 해저전선 쪽은 이것의 3배나 되는 금액을 투자해 1,388해리(약 2,570km)분이 구입되었다. 육군성은 이 외에도 대량의 해저전선을 구입했지만, 군사비밀이라서 전선의 길이는 불분명하다.[1]

일본의 회항요원(선장은 영국인)에게 인도된 오키나와마루는 런던에서 236해리분의 해저전선을 실은 후 5월 6일에 일본을 향해 출항했다. 그로부터 55일간의 항해 후인 6월 27일 나가사키에 도착했다. 나가사키 저선지에는 이미 대량의 해저전선이 반입되어 있었다.

오키나와마루는 7월 13일부터 즉시 해저전선 부설공사를 개시하여 1년 후인 1897년 7월 15일에, 떨어진 섬을 연결한 지선을 합해서 약 1,000해리에 이르는 부설공사를 준공하고 가고시마 - 오키나와 - 대만 간의 통신을 개통시켰다. 그 후 같은 해 9월 30일에 임시대만전신건설부가 폐지되자 오키나와마루는 체신성으로 이관되었다.

서장에서 소개했듯이, 일본의 국제통신은 모두 덴마크의 대북(大北) 통신회사 나가사키지사를 통해서 하도록 약정되어 있었다. 따라서 스스로 국제통신선을 부설하는 것도 금지되었다. 그런 일본이 가고시마에서 대만까지 해저전선을 부설할 수 있었던 것은 청일전쟁으로 대만을 자국 영토로 편입했기 때문이다. 이것의 중요성은 종래 충분히 인식되지 않았다. 만약 이 해저전선이 없었으면 러일전쟁 양상은 꽤나 달라졌을 것이다.

대만까지 해저전선을 부설한 일본은 1898년 12월에 대만의 단수이

---

1) 日本電信電話公社海底線施設事務所編, 『海底線百年の步み』(電氣通信協會, 1971), 142쪽.

(淡水)와 그 대안의 푸젠성(福建省) 푸저우(福州) 간에 부설된 해저전선을 중국전보공사(中國電報公司)로부터 매수했다. 여기에는 대북전신회사로부터 계약위반이라는 클레임이 걸려 있어서, 일본은 대만 발착의 통신 외에는 사용하지 않을 것을 약속하였다.2)

그러나 러일 개전이 목전에 닥치자, 다음 절에서 서술하듯이, 일본은 이 선을 최대한 활용하게 된다. 왜냐하면 대북전신회사의 대주주가 러시아 황실이고 일본이 러시아와 전쟁을 하는 경우 일본의 정보가 대북전신회사를 통해 러시아 측에 누설되는 것을 우려했기 때문이다. 이것은 다음과 같은 과거에 겪은 경험에서 나온 판단이었다. 청일전쟁 때 일본은 대북전신회사 상하이 지사장 헤닝센(Jacob Henningsen)을 통해서 청나라 정보를 입수했다. 헤닝센의 부하가 전신국 통신수로 중국의 요소에 배치되어 있었던 것이다. 특히 뤼순 군항에는 기사가 상주해 있었는데, 그들은 중국의 군사정보를 헤닝센에게 보고하고 헤닝센은 이 정보를 일본 통신성에 고용된 외국인 스톤(William H. Stone)에게 제공하였다. 따라서 체신성 통신국장 덴 켄지로(田健治郎)는 해외정보를 매우 신속히 알 수 있었다고 그의 전기에 쓰고 있다.

그뿐만 아니라 덴 켄지로는 헤닝센을 이용하여 일본 측에 유리한 정보를 서양에 유통시키는 일도 하였다. 당시 상하이에『센트럴 뉴스』라는 유력한 통신사가 있었다. 이 통신사로부터 헤닝선을 매개로 스톤에게 일본 육해군 공보를 보도할 수 있는 통신원을 도쿄와 요코하마

---

2) 貴志俊彦,「植民地初期日本ー臺灣間における海底電信線の買收・敷設・所有權の移轉」,『東洋史研究』70(2), 2011년 9월.

사이에서 찾고자 한다는 의뢰가 있었다. 덴은 스스로 이것을 무보수로 맡았다. '무보수'라는 것은 고액의 전신 요금을 일본이 부담하는 대신 일본에 유리한 정보를 유통시킨다는 것이다.

예컨대 청일전쟁 시기 랴오둥반도에 상륙한 일본군이 뤼순 시내에 들어가 무차별 대학살을 자행했지만, 이것이 종군기자 크릴만(James Creelman)에 의해 미국의 월드(뉴욕 월드) 신문에 보도되었을 때, 이것을 부정하는 뉴스를 통신국장 덴 켄지로가 『센트럴 뉴스』를 이용해서 신속히 유통시킨 것이다. 그러한 '업적'도 그의 전기에 쓰여 있다.[3]

이 장에서는 해군대신 야마모토 곤베에(山本權兵衛)가 러일 개전에 앞서 어떤 통신전략을 세우고 실행해갔는가를 밝히려 한다. 그리고 그 행위가 대한제국의 영토와 영해에 대한 명백한 국제법 위반임을 야마모토 자신이 충분히 알고 있었다는 것도 논하려 한다.

야마모토 해군대신의 통신전략

러일 개전을 앞두고 해군대신 야마모토 곤베에는 대북전신회사 관리 하에 있는 해저전선을 경유하여 발신하는 것보다 영국 대동확장해저전신회사(서장 주 1) 참조)를 사용하는 쪽이 안전하다고 생각했다. 1903년 12월 26일 대만총독부 해군참모장 야마가타 분조(山縣文藏) 중좌에게 훈령하여 당분간 해군성 및 해군 군령부에서 청국·한국·유럽 등에 발신하는 중요 전보는 일단 대만의 야마가타 중좌 앞으로 보내고

---

[3] 田健治郎傳記編纂會, 『田健治郎傳』, 1932, 비매품.

거기서 각각의 수신처로 전송(轉送)하는 것으로 했다. 결국 나가사키의 대북전신회사를 경유하지 않고 일본 국내선으로 가고시마에서 오키나와를 경유하여 대만까지 보내고, 거기서 각지로 전송하는 것으로 했던 것이다. 야마가타는 이 야마모토 해군대신의 훈령을 실시하기 위해 다음과 같은 방법을 사용했다고 군령부 편『극비해전사』(이 책에 대해서는 제3장 참조)에 쓰여 있다. [ ]부분은 필자의 보충이다.

- 유럽으로 가는 것은 영국 대동확장해저전신회사선[이하 '대동선'으로 약칭]에 의해 라부안(Labuan)[보르네오 섬]을 경유해서 보낸다.
- 미국으로 가는 것은 마닐라까지 대동선으로 보낸다. [거기서 미국의 태평양 횡단선으로 샌프란시스코에.]
- 청나라의 푸저우와 상하이 간은 대동선으로 보낸다.
- 상하이와 톈진 간은 대동·대북선에 의해 보낸다. [이 사이의 해저선은 대북·대동 양사가 공동으로 부설했다.]
- 톈진 이북은 육로 전신선을 경유한다.
- 한국으로 가는 것은 대만의 지룽(基隆)에서 나가사키를 경유해서 부산[일본 우편국]에 이르고, 육로 전신선[일본선]을 경유해서 서울[일본우편국]로 보낸다. 그리고 이들 전보는 모두 '조교(照校) 전보'로 발송했다(『극비해전사』 4부 4권, 1-2쪽, JACAR C05110109600).

한국으로 가는 것을 일단 대만에 보내고 대만에서 나가사키를 경유해서 부산에 보낸 까닭은 통상 일본에서 해외로 발신하는 전보는 모두 나가사키의 대북전신회사에서 대북사 사원의 손에 의해 전신부호로 변환되는 것에 비해, 대만에서 보내는 경우는 일본 통치하의 지룽전신국에서 부호화된 후에 푸저우·상하이·나가사키로 자동 접속되기 때문이다. '조교 전보'란 수신국이 송신국에 복창하고 대조하면서 중계해가는 방식이다. 주로 암호전보를 보내는 경우에 사용되었다.

대러작전계획의 결정

1903년 말 해군 군령부와 육군 참모본부는 러일 개전에 당하여 전투행동은 해군이 개시할 것, 해군은 그 발동 24시간 이전에 참모본부에 통지할 것, 육군은 약 3천의 병력을 사세보 근방에서 탑승시켜 함대와 함께 출발하여 한국에 상륙시킬 것을 결정했다(제5장 참조). 또한 동시에 일본군의 전용회선으로 한국 방면에 해저전선을 부설하는 것도 합의했다. 그러나 그 루트에 대해서는 참모본부가 모지(門司) 항에서 쓰시마를 경유해서 부산에 이르고, 거기서 곧바로 서쪽의 진해만에 도달하는 안을 주장한 것에 대해, 군령부는 그렇게 되면 함대와 통신할 때 우회할 뿐만 아니라 군사기밀이 누설될 우려가 있다고 반대했다.

결국 육군이 주장을 굽혀 모지 - 부산 간의 통신은 기설의 일반전선을 이용하는 것으로 하고 특설선은 사세보와 팔구포(八口浦)(한국 남서단 목포항 바깥) 간, 그리고 쓰시마와 진해만 간으로 결정되었다. 이것은 팔구포를 '함대 집결지'로, 진해만을 '임시 근거지'로 새로 선정했기 때문이다.[4]

참모본부와 조정을 끝낸 군령부는 1904년 1월 초에 '대러작전 제1계획'에서 '제4계획'까지 결정했다. 그 중 '제1계획'은 러시아함대가 뤼순 항구와 블라디보스토크 방면으로 나뉘어 그 경비가 아직 정해지지 않은 사이에 일본이 먼저 공격하여 기선을 제압한다는 것이고, 해군으로서 가장 바람직한 것이었다. 아울러 개전이 지체되는 경우를 상정해서 러시아해군의 준비가 정돈됨에 따라 '제2계획'에서 '제4계획'이 준비되었다. 그 경우는 "해군 작전의 진행은 이외로 지연될 것이다, 따라서 작전의 초기에 조선반도에서 제국의 이권을 유지함은 매우 곤란할 것이다, 아마 일시적으로 이를 단념하기에 이를 것"이라 되어 있다. 그 때문에 "개전할 때 가장 빠르게 최대로 유리한 효과를 얻을 수 있는 것은 실로 제1계획을 단행함에 있다"라는 것이 해군의 주장이었다.

한편 『극비해전사』에 기재된 '제1계획(요령)'은 다음과 같은 것이다.

1. 내외에 대해 우리 군대행동의 비밀을 유지하기 위해 가능한 한 수단을 다해 연합함대(제1, 제2함대)를 사세보에서 출발시켜 뤼순 항구 방면의 적 함대를 급습하도록 한다.
2. 연합함대의 사세보 출항에 이어 제3함대가 조선해협을 장악해서 블라디보스토크 방면의 적에 대해서 해협을 경비토록 한다.
3. 함대 발진 후 기회를 봐서 해군전시편성을 실시한다.
4. 임시 근거지를 진해만에 설치한다.
5. 사세보·팔구포 간에 부설하는 해저전선에 의거하여 한국 남서 바다

---

4) 『극비해전사』 제1부 제1권, 38-39쪽, JACAR C05110031200.

에서 작전하는 우리 함대와 통신연락을 유지한다.
6. 쓰시마에서 거제도를 경유하여 마산포로 통하는 전신선을 부설하고 임시 근거지 및 한국 내지와 통신연락을 유지한다.
7. 함대 발진과 동시에 될 수 있으면 육군을 출발시키고 이를 인천에 수송, 상륙시킨다. 이를 위해 매우 내밀하게 필요한 병력을 사세보에서 승선시킬 필요가 있다(『극비해전사』제1부 제1권, 44-45쪽, JACAR C05110031200).

이 '제1계획(요령)'에는 '비고'가 붙어 있는데, 거기엔 진해만 점령을 "피아의 상황 여하에 관계없이 먼저 이를 점령하려 한다"고 쓰여 있다. 더욱이 "우리 함대 발동의 비밀을 유지하기 위해 해륙 전선 절단 및 외국 전보 압수 등의 수단도 취하려 한다"고 쓰여 있다. 이처럼 일본 해군은 러시아 해군과 싸우기 위해 한반도 남서부 목포항 바깥에 있는 팔구포를 일본 함대의 집결지로, 부산 서쪽에 있는 진해만을 일본 함대의 근거지로 하는 것을 한국에 아무런 양해도 구하지 않고 마음대로 정했다. 전술한 것처럼 그곳에 개전까지 일본 해군의 본거지인 사세보에서 이 지역 간의 통신선을 확보하기 위해 해저전선 부설을 계획했다. 또 러시아 해군의 준비가 이루어지지 않은 중에 기선을 제압하여 러시아함대를 급습하는 것이 최선이라고 생각하였다. 그리고 실제로 거의 이 '제1계획'대로 전쟁은 시작되었다.

'제1계획'에 서술된 것은 주로 통신전략이다. 구체적으로는 일본 측의 통신선을 확보함과 동시에 러시아 측의 통신선을 절단하여 일본 해군의 발동을 감추고 기습공격을 성공시키는 것이다. 이것이 일본 해군의 대러개전계획의 핵심이었다. 개전 시기의 통신전략이야말로 대러시아 전쟁의 승패를 가르는 요체라고 인식하고 있었던 것이다. 이 통신전략을 성공으로 이끌기 위해 군령부는 어떤 일을 했는지 살펴보자.

해저전선 부설계획

1903년 12월 26일 야마모토 해군대신은 대만총독부 해군참모장 야마가타 중좌에게 중요 전보의 중계를 명함과 동시에 대장대신(大藏大臣) 소네 아라스케(曾禰荒助), 육군대신 데라우치 마사다케, 체신대신 오우라 카네타케(大浦兼武)와 협의하여 연명으로 총리대신 가쓰라 타로에게 유사시 일·청·한 각지에 해저전선을 부설하고 그 연락을 꾀하는 것이 작전상 가장 긴요한 일이지만, 현재 국내에 있는 예비 해저선은 500해리에 불과하여 도저히 수요를 충족할 수 없으므로 영국 대동확장 해저전신회사가 저장하고 있는 1,000해리 해저선을 구입하기 위해 150만 엔을 임시비로 지출해줄 것을 품청했다. 이것은 2일 후인 12월 28일 각의(閣議)에서 가결되어 바로 구입에 착수하였다.[5]

『극비해전사』에 따르면 군용 해저전선의 부설은 다음과 같은 수순으로 진행되었다고 설명되어 있다.

1904년 1월 4일 야마모토 해군대신은 오우라 체신대신에게 기존

---

5) 『극비해전사』 제4부 제4권, 1-2쪽, JACAR C05110109600.

통신선 외에 군용선으로 규슈 및 쓰시마와 한국 간에 해저전선 부설을 위탁하는 조회를 보냈다. 그것에 첨부된 '부설 요령서'에는 다음과 같다 되어 있다(지명은 〈그림 14-1〉〈그림 14-2〉〈그림 14-3〉 참조. 방점은 필자).

제1선(사세보 및 팔구포 선)

1. 히젠국(肥前國) 사세보 전신국을 기점으로 해서 육로로 아이노우라(相ノ浦)에서 나와서, 그곳에서 해저선으로 구로시마(黑島)의 북쪽 및 고시키시마(古志岐島) 부근을 경유하여 한국 거문도에서 육양(陸揚)하고, 다시 해저선으로 소안도(所安島) 남쪽 및 장죽수도(長竹水道)를 경유하여 팔구포 내 옥도(玉島)에 이른다. 이 선의 경우에 거문도를 중계국으로 한다.

제2선(이즈하라 및 마산포 선)

1. 쓰시마국(對馬國) 이즈하라(嚴原) 전신국을 기점으로 해서 육로로 쓰쓰(豆酘)에 이르고, 그곳에서 해저선으로 한국 거제도와 그 북동에 있는 이호도(利湖島) 사이, 혹은 그 부근을 경과하고, 한 번 거제도 관포(冠浦) 부근에서 육양하여 거제도 광지말(廣池末) 부근에서 다시 해저선으로 잠도(蠶島) 및 실리도(實里島)의 각 서남을 거쳐 칠원(漆原)반도 남부 적당한 지점에 육양하여 육선으로써 마산포에 이른다. 이 선의 경우에 거제도 송진(松眞) 부근에 중계국을 설치한다(『극비해전사』 제8부 제6권, 1~2쪽, JACAR C05110158200, 4부 4권에 실린 같은 사료는 방점 부분이 빠져 있다).

258

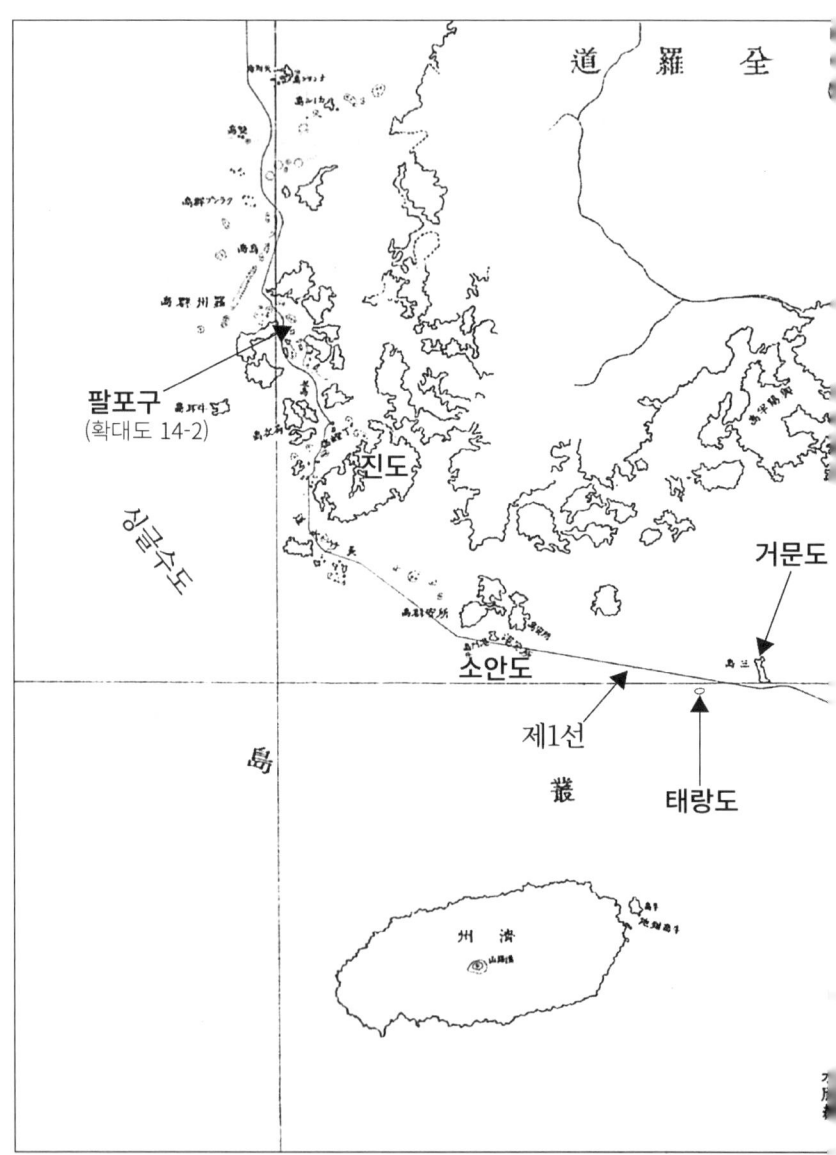

〈그림 14-1〉「군용해저전선 부설」(JACAR C05110158200, 7/33)『극비해전사』제8부 권6 소수 「조선연안」에 지명을 삽입했다. 원도에는 해저선이 적색, 육상선이 청색으로 표기되었다.

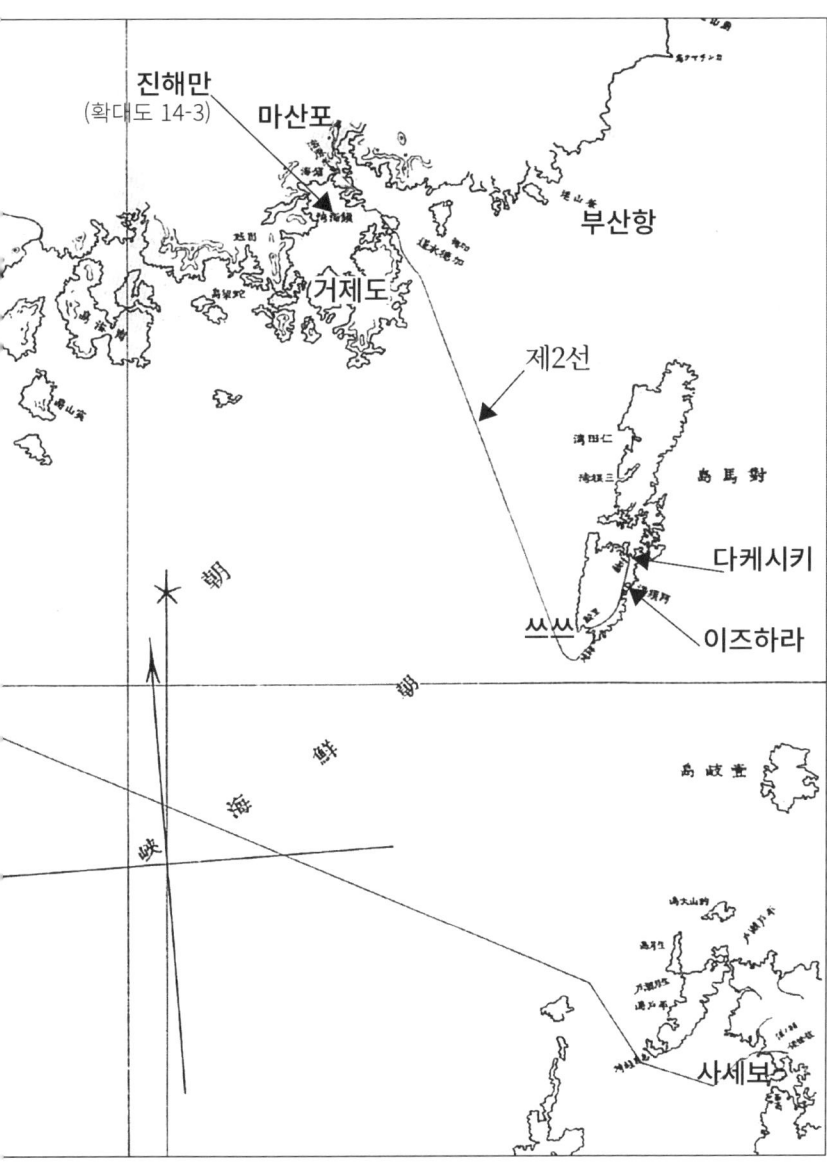

위의 조회를 받은 오우라 체신대신은 1월 6일 가지우라(梶浦) 체신기사에게 체신성 소속 해저전선 부설선 오키나와마루(沖繩丸)를 사용해서 급히 이를 시행하도록 명했다.

1월 7일 야마모토 해군대신은 수로부 부원 누노메 미쓰조(布目滿造) 해군 소좌에게 오키나와마루를 탑승하고 이 전선의 부설을 비밀리에, 그리고 신속히 완성하기 위해 여러 관헌과의 교섭과 사업의 감독을 맡도록 명했다. 또 도고 연합함대 사령장관에게 전훈(電訓)하여, 오키나와마루를 호위하기 위하여 군함 아카시(明石)를 출발시키도록 의뢰했다. 나아가 외무대신 고무라 주타로(小村壽太郎)에게 목포주재 영사에 대해 누노메 소좌로부터 요구가 있으면 가능한 한 편의를 주도록 전훈할 것을 의뢰했다.6)

이상이 『극비해전사』에 기재되어 있는 설명이지만, 실제로는 이보다 앞선 1903년 12월 중에 군령부는 참모본부·체신성과 협의하여 일본해군의 본거지 사세보에서 한국의 진해만과 팔구포에 이르는 해저전선을 부설하기 위한 3자간 협정을 한국과 어떤 상담도 없이 맺었다. 군령부에서 이것을 담당한 이는 해군 중좌 다카라베 타카시 참모다. 일본 국회도서관 헌정자료실에 소장되어 있는 「다카라베 일기」에 다음과 같이 기록되어 있다.

오전 8시 기상, 비, 출근. 통신국장 고마쓰(小松) 및 공무(工務)과장

---

6) 『극비해전사』 제4부 제4권, 28-29쪽, JACAR C05110109700.

오이(大井) 박사가 해저선 건과 관련하여 왔으므로, 참모본부의 니시카와 (西川) 소좌도 오도록 촉구했다. 쓰쓰 - 마산 간 전선 및 사세보 - 팔구포 간 전선부설 계획을 위해, 또 해저 1천 해리 매입 준비를 소좌·국장과 협정하다. 귀로에 사이토(齋藤) 차관을 방문하여 후자를 제출하다(「財部 日記」 1903년 12월 29일).

이 기록을 통해 한국 영해에 해저전선을 부설하는 것에 관해 군령부의 다카라베 참모를 중심으로 참모본부의 보병 소좌 니시카와 토라지로(西川虎次郎), 체신성의 통신국장 고마쓰 켄지로(小松謙次郎)와 공무과장 공학박사 오이 사이타로(大井才太郎)가 협의에 참가하여 1903년 12월 29일에 군령부·참모본부·체신성 간의 협정이 이루어지고, 문서화되어 해군차관 사이토 마코토에게 제출되었음을 알 수 있다. 1904년 1월 4일 야마모토 해군대신이 오우라 체신대신에게 보낸 조회장은 이미 착수된 것의 추인, 혹은 형식을 갖추기 위한 것이었다.

다음으로 일본 해군이 대러 개전 1개월도 전에 한국의 허가도 없이 한국의 영해와 영토에 어떻게 해저전선을 부설했는가를 밝히고자 한다. 특별히 언급하지 않는 한 의거한 사료는 『극비해전사』 제4부 제4권에 수록된 「유선전신」이고, 또 이것의 전거가 된 해군 소좌 누노메 미쓰조가 이토(伊東) 군령부장 앞으로 보낸 보고서다. 양자 사이에 다른 기술이 있는 경우 기본적으로 후자를 채택했다.[7]

---

7) 『극비해전사』 제4부 제4권에 수록된 「유선전신」(JACAR C05110109700). 누노메 미쓰조의 정식 명칭은 "메이지 37, 8년 1월 9일부터 2월 10일까지 아이노우라와 옥도간, 쓰쓰만과 마산간 해륙전선 공사의 전말"로 방위연구소 소장 『메이지 37·8년 전선관계(電線關

제1선(사세보-팔구포 선)의 부설

체신성 소속의 해저전선 부설선 오키나와마루는 1903년 12월 30일에 "아마미오시마(奄美大島)·도쿠노시마(德ノ島) 및 시모노세키해협의 해저전선 수리"라는 거짓 명의로 요코하마 항을 출항하여 이듬해 1904년 1월 2일에 나가사키에 도착, 해저전선을 적재한 후에 사세보로 돌아왔다. 거기서 오키나와마루의 하얀 선체를 흑색으로 바꿔 칠하고 배 이름도 후지마루(富士丸)로 위장하였다.

야마모토 해군대신이 이 사업의 책임자로 선발한 것은 앞에서 서술하였듯이 해군대신에 직속하여 해도 제작을 담당하는 수로부의 도지과원(圖誌科員, 측량과원도 겸임) 누노메 미쓰조 해군 소좌였다. 누노메는 그 후 1905년 2월에 해군 중좌로 진급하고 연합함대 기함 미카사(三笠)의 항해장으로 취임하였다. 잘 알려져 있는 도조 쇼타로(東城鉦太郎)의 회화 '미카사 함교(艦橋)의 그림'에도 묘사되어 있는 인물이다.

위장한 오키나와마루는 일본 해군의 본거지 사세보에서 일본 함대의 집결지로 예정되어 있던 한국의 팔구포까지 통신선을 확보하기 위해 해저전선을 부설하고, 팔구포 안의 옥도에 육양(陸揚)하여 통신소를 설치하는 작업에 착수했다.

팔구포는 전라남도 목포항 바깥, 진도의 북서쪽에 있다. ㉠기좌도(箕佐島), ㉡장산도(長山島), ㉢상태도(上苔島), ㉣하의도(荷衣島), ㉤도

係) 작전반(作戰班)』에 수록되어 있다. 이 책은 표지와 (1)에서 (10)까지 11부분으로 분할되어 아시아역사자료센터(JACAR)에서 공개하고 있는데, 누노메의 보고는 그 중 『전선관계』(4)(JACAR C09050587500)에 수록되어 있다.

제6장 일본 해군의 통신전략 ‖ 263

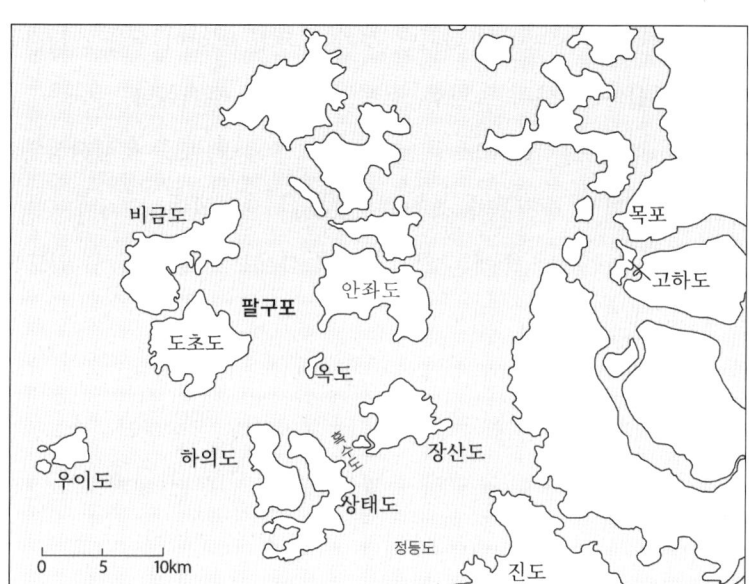

〈그림 14-2〉 팔구포 주변 약도.

초도(都草島), ㉥비금도(飛禽島)로 둘러싸인 내해다. 그 중심에 ㉦옥도(玉島)라는 작은 섬이 있다. 〈그림 14-2〉.

팔구포의 남서 해역은 싱글(single) 수도라 불리며 나가사키·시모노세키 방면에서 인천·대동강으로 향하는 선박의 통상적인 항로였다[일본 해군성 수로부(水路部)가 1902년에 편찬한 『朝鮮水路誌追補 第1』 21쪽에 따르면 싱글 수도의 중심은 우이도(牛耳島)이고, 우이도 남서쪽 약 8해리에 있는 교맥도(蕎麥島, 매물섬)를 싱글 섬(싱글 아일랜드)이라고 불렀다—옮긴이]. 이 해역이 연합함대의 제1 집결지점이 되었다. 상세한 것은 후술하지만 1904년 2월 6일 오전 9시부터 속속 사세보를 출항한 연합함대는 일단 여기에 집결하여 옥도 통신소에서 출항 후의 정보를 수취하고 뤼순과 인천으로 나뉘어 출격했던 것이다. 일본 해군이 실은 2년 전부터도 이곳을 주목하여 측량한 것에 대해서도 후술한다.

한편 1904년 1월 7일 누노메 소좌는 도쿄를 출발, 도중에 체신성에서 파견한 주임기사 가지우라 조조(梶浦重藏)와 상담하여, 오키나와마루는 될 수 있으면 9일 중에 나가사키에서 사세보로 항해할 수 있도록 준비해 두라고 전보로 지시했다.

9일 오전 중에 누노메는 나가사키에 도착, 바로 오키나와마루를 타고 오후 1시 출항, 오후 5시 사세보에 도착했다. 우에하라(上原) 진수부 참모장과 교섭한 다음 급히 선체의 도장을 바꾸고 뱃머리의 전선주출부(走出部)의 피복물(被覆物) 제작, 지상 천막, 고다이리키센(五大力船, 바다와 하천 겸용의 전통 운반선) 등의 차용 승낙을 얻었다. 그 후 누노메 소좌는 오키나와마루의 호위함 아카시의 임무에 관해 제1 함대 참모장 시마무라(島村) 대좌, 미야치(宮地) 함장과 협의했다.

1월 10일 누노메는 사세보 근교의 아이노우라(相ノ浦)에 출장, 전선을 육지로 끌어올릴 지점의 위치를 선정했다. 거문도 지상용 전신기는 일단 사세보의 창고에 맡겨두었다. 다음으로 아카시와 항해 중의 규약 신호를 정하고 아카시로부터 신호병 2명을 오키나와마루로 옮겨 태웠다. 그날 저녁 오키나와마루의 선체 도장 교체는 끝났으며 뱃머리의 의장(艤裝)도 다음날 미명에 완료했다.

11일 오전 9시 오키나와마루는 사세보를 출항, 고다이리키센을 예인하면서 오전 10시 40분 아이노우라 남쪽의 산넨가우라(三年ヶ浦) 부근에 닻을 내리고, 바로 그곳으로 해저전선의 육양(陸揚)을 시작하여 오후 1시경에 종료했다.

12일 0시 오키나와마루는 아이노우라에서 닻을 올리고 아카시에 선도되어 시속 6노트 반(약 12㎞)의 속력으로 해저전선을 부설하면서, 구로시마(黑島) 남단에서 고시키(古志岐) 등대의 북동쪽을 경유하여 거문도로 향했다. 약 21시간 후 오후 9시경에 거문도 남쪽에 다가갔다. 이미 한국의 영해다.

앞서 소개했듯이 야마모토 해군대신이 오우라 체신대신에게 보낸 「부설요령서」에는 한국의 영토인 거문도에서 해저 케이블을 육양하는 것으로 되어 있지만, 『극비해전사』의 기술에 따르면 이 시점에서는 육양하지 않고 "해안에서 약 2해리[3.7㎞] 떨어진 곳을 따라 항해하면서 케이블에 약간의 여유"를 남기고 아카시에 향도되어 다음의 목적지로 향했다. 결국 언제든지 육양할 수 있도록 연안에 여분의 케이블을 부설해 두었던 것이다.

이렇게 해서 거문도를 뒤에 둔 오키나와마루는 한반도 남서안을 따라 태랑도(太郎島, 여서도) 북쪽을 지나, 강우 속에서도 소안도(所安島) 남쪽으로 향했다. 청산도(靑山島)를 지났을 무렵인 13일 오전 6시에 농무 때문에 케이블을 끌면서 3시간 동안 오지도 가지도 못했다. 간신히 안개가 걷혔기에 속력을 올려 7노트로 하고 목적지로 향했다.

13일 오후 1시 장죽수도(진도 남서안)에 들어가고 4시 경에 양득도(兩得島, 양덕도—옮긴이)와 주지도(主之島)의 중앙을 통과하여 등대가 있는 바다로 들어갔다. 오후 5시 팔구포로 들어가는 길목인 혹수도(惑水道, 장산도와 상태도 사이) 입구 부근에 닻을 내렸다. 여기서 케이블을 절단하고 그 끝에 부표를 달아 바다에 투입하고 아카시는 그곳에 정박하면서 부표를 감시하고, 오키나와마루는 닻을 올려 다음의 목적지인 목포항으로 향했다.

오키나와마루가 목포 앞바다에 닻을 내린 것은 13일 오후 7시경이다. 누노메 소좌는 전마선(傳馬船)에 옥도 지상에서 사용할 전신기를 싣고, 소중기선이 이것을 끌면서 기사 2명, 인부 몇 명을 거느리고 어둠 속에서 목포로 향했다. 도중에 일본어를 할 수 있는 '한국 뱃사공'을 만나고 그를 수로 안내인으로 하여 목포에 도착했다. 짐수레 5량을 세내어 기계를 옮겨 싣고 영사관에 맡긴 것이 오후 11시였다.

목포영사 와카마쓰 토사부로(若松兎三郞)

야마모토 해군대신이 고무라 외무대신에게 협력을 요청한 것에 기초하여 고무라가 목포영사에게 사전에 지시를 하지 않았다면 이 같은 극비의 상륙작전은 실행할 수 없었을 것임이 틀림없다.

그 후 누노메 소좌는 목포영사 와카마쓰 토사부로를 면회하고 영사관 경찰서장 우메자키 신타로(梅崎辰太郞)도 불러 "옥도에 양륙(揚陸)하는 전신선의 비밀 보호 및 전신주의 격납, 파수꾼 등"에 대해 협의했다. 그 결과 옥도에 순사 구보 키헤이지(久保喜平次)와 별도로 고용한 일본인 뱃사공 3명을 두어 통신원이 도착할 때까지 주야로 한국인을 경계토록 했다. 필요하다면 지상에 가옥(假屋)을 지어 기거시킬 것, 전신주 40개는 고다이리키센을 세내서 적재하고 목포의 전면에 있는 고하도

(高下島) 안의 일본 해군 측량선 등을 맡기는 장소에 측량용 재료라 칭하고 비밀리에 수장할 것을 결정했다.

외국이 한국에서 이런 일을 실수 없이 할 수 있었던 것은 사실 주도면밀한 준비 공작을 거듭해왔기 때문이다. 이보다 6년 정도 전인 1897년 10월로 거슬러 올라간다. 이 해 '진남포 및 목포 각국 조계장정'이 제정되어 목포에도 각국 공동조계가 설정되었다. 장정에는 외국인의 토지 소유를 조계 안과 그 주위 사방 10리(한국의 10리는 일본의 1리에 상당. 따라서 사방 4km)로 한정하였다. 물론 바다로 격리된 도서의 소유는 허용되지 않는다.

그래서 일본은 군사 기밀비 10만 엔을 지출하고 민간인 앞잡이를 동원하여 친일파 고관 이윤용(李允用) 명의로 고하도 토지를 매점토록 했다. 그 후 이윤용과 시부야 타쓰로(澁谷龍郎)라는 이름의 일본인 간에 영구 차용계약을 맺었다. 무안감리의 보고에 따라 이 사실을 안 한국의 외부대신은 조계장정에 없는 것이라고 강경하게 항의했지만 고하도의 일본 해군 기지화를 막을 수는 없었다.[8] 목포영사 와카마쓰 토사부로는 훗날 다음과 같이 회상하고 있다.

나의 목포 근무는 메이지 35년(1902) 5월부터 만 5년 동안이었다. 이 시기는 일본에게, 또 일본의 조선에 대한 관계에 있어 중대한 시기였다. 1902년과 1903년 2년에 걸쳐 해군은 목포항 바깥의 팔구포 부근의 해저를 측량했다. 나는 이것에 모든 편의를 제공했다. 1903년 12월

---

8) 高秉雲, 『近代朝鮮租界史の研究』(雄山閣出版, 1987), 143쪽.

13일[1904년 1월 13일의 착오]에 해군의 관용선 오키나와마루가 사세보에서 팔구포 안의 옥도까지 비밀리에 해저전선 부설을 끝내고 지상설비에 필요한 기구류를 내 쪽에 가지고 왔다. 나는 개전까지 이것의 보관을 맡고 또 부하 순사를 옥도에 보내 전선의 보호를 하도록 했다.9)

옥도에 해저전선을 올리다

한편 목포영사와 협의를 마친 누노메 소좌는 1904년 1월 14일 오전 7시 반경에 목포를 출발하여 소중기선으로 고다이리키센 1척, 전마선 2척, 커터 1척, 도합 5척을 끌고 오키나와마루로 귀선(歸船)하려 했다. 그런데 마침 역조(逆潮)를 만났다. 이 부근은 특히 조류가 빨라 진행이 곤란하였다. 오전 9시경 목포항의 해협에 접어들자 전혀 나아갈 수 없었다. 어쩔 수 없이 예인선을 분리하고 정박지에 두고 소중기선 단독으로 오키나와마루로 돌아와서 오키나와마루를 정박지로 보냈다. 이렇게 해서 같은 날 오후 2시경에 겨우 전신주를 고다이리키센에 내리고 이를 고하도로 보냈다. 오키나와마루는 다른 배들을 싣고 출항하여 오후 5시 30분 혹수도 입구 부근에서 부표를 지키고 있는 아카시 곁으로 돌아와 닻을 내렸다.

다음날 15일 오전 7시 오키나와마루는 닻을 올리고 혹수도 동쪽을 따라 항해하여 8시경에 옥도 북동단에서 약 1케이블(200m 남짓) 떨어진

---

9) 「或る朝鮮勤務高級官僚の自傳より」. http://www5b.biglobe.ne.jp/~korea-su/jkorea/nikkan/0604.html.

곳에 정박했다. 거기서 우선 순사와 뱃사공을 상륙시켜 "한인의 접근을 제지"토록 하면서 케이블의 육양에 착수, 오전 11시경에 종료했다. 누노메는 다음과 같이 보고하고 있다.

> 이 사이 다수의 한인이 신기한 듯이 3, 4백 미터의 거리까지 가까이 왔지만 순사들로 하여금 "우리의 새로운 측량함이 곧 내항하므로 세낸 선박이 미리 와서 부표를 건설하고 이를 지키는 것이다"라고 고하도록 했다. 그들도 특별히 수상하다고 여기지 않고 물러났다.[10]

옥도에 해저전선을 육양할 때 신기한 듯이 가까이 온 다수의 주민을 제지하고, 거짓으로 변명하고 있는 장면의 묘사다. 누노메의 보고서에는 있지만 『극비해전사』에는 완전히 삭제되어 있다.

천막을 치고 기사·기수·인부를 남겨놓고, 오키나와마루는 닻을 올리고 케이블을 부설하면서 항해하였다. 혹수도를 나와 먼저 투하해 둔 부표의 곁에까지 가서 케이블의 양단을 접합했다. 다음으로 옥도에 신호를 보내 옥도와 아이노우라 간의 통신시험을 하고 오후 5시에 양호한 결과를 얻었다.

이보다 앞서 사세보 우편국에서 아이노우라의 해저전선 육양지(陸揚地)에 이르는 지상전선은 나가사키 우편국이 가설하여 이미 1월 12일에 준공했다. 이렇게 해서 1904년 1월 15일 오후 5시에 제1선(사세보-팔구포 간)의 해저선 부설은 완료되었다.

---

10) 「自明治37, 8年1月9日至同年2月10日, 相ノ浦玉島間, 豆酘灣馬山間, 海陸電線工事ノ顚末」.

다음날 1월 16일 풍랑이 심해 소증기선으로는 옥도와 교통이 곤란하여 오키나와마루는 다시 흑수도를 거쳐 옥도 부근에 이르렀다. 막 개통한 통신선을 사용하여 누노메는 도쿄 군령부의 다카라베 참모에게 다음과 같이 전보를 쳤다.

지상전선 건설은 바로 한국정부 및 러시아정부에 알려질 우려가 있다. 실제 통신의 필요가 있을 때까지 보류하는 것이 옳다고 생각한다. 지상전선 건설을 위해 인부 2명을 목포에 남겨두었으니 이 기회에 통신원과 함께 기계를 장치하는 기수(技手)만 보내는 것으로 하고, 오키나와마루는 우선 돌아가는 것이 옳다고 생각한다. 회답 전보를 기다린다.[11]

누노메의 제안을 받아들인 이토 스케유키(伊東祐亨) 군령부장은 육선의 건설을 유보하도록 명했다. 그래서 옥포에는 순사와 파수꾼을, 목포에는 인부 2명을 남기고, 오키나와마루는 1월 16일 오후 8시를 지나서 닻을 올리고 아카시의 선도에 따라 사세보로 향했다.
1월 17일 오후 5시 사세보에 돌아온 누노메 소좌는 그날 오후 8시 47분발로 도쿄의 이토 군령부장 앞으로 타전했다. 이것은 1시간 반 후인 9시 10분에 도착했다.

오키나와마루 도착, 팔구포 해저전선 성공, 한인이 알아차릴 우려는 없다. 내일 나가사키항으로 돌아간다.[12]

---

11) 『明治37, 8年 電線關係』(1), JACAR C09050587200.

1904년 1월 15일 한국의 영토인 옥도에 일본인 순사와 뱃사공·기사·기수·인부들이 갑자기 상륙하여 "한인의 근접을 제지"하면서 해저 케이블을 육양했다. 게다가 천막을 치고 통신기자재를 반입했다. 다음날 1월 16일 천막에 순사와 파수꾼을 남기고 오키나와마루는 군함 아카시에 선도되어 사세보로 돌아왔다. 거의 하루 낮밤의 항해 후에 사세보에 돌아온 누노메 소좌는 "한인이 알아차릴 우려가 없다"고 이토 군령부장에게 보고했던 것이다.

싱글수도의 연합함대

뤼순항에 대한 기습공격을 실행하는 전야에 한국 팔구포의 옥도에 설치된 통신소가 어떻게 활용되었는지를 『군함 미카사(三笠) 전시일지』 (JACAR C09050336100)에 의거해 소개하고자 한다. 미카사는 주지하듯이 연합함대의 기함이다.

이 책 제1권의 첫째 날인 2월 6일조에 기재된 「연합함대 행동 예정표」에는 연합함대 소속 제1-제4전대, 제1-제5구축대(驅逐隊), 제9, 제14 수뢰정대, 기타 수송선의 2월 6일부터 2월 8일까지 행동 계획이 적혀 있다. 그것에 따르면 6일 오전 9시에 제3전대가 전 구축대와 수뢰정대 및 수송선 3척을 거느리고 사세보를 출항했다. 7일 이른 아침에 제1 집결지점, 곧 팔구포에 도착하고, 여기서 구축대와 수뢰정대는 석탄과 물을 보충했다. 전함과 달리 소형이고 쾌속 위주로 설계된 구축함이나

---

12) 위와 같음.

수뢰정은, 사세보를 출항하여 뤼순까지 가서 기습공격을 행한 다음 일본에 돌아올 수 있을 정도의 석탄이나 물을 탑재할 수 없다. 팔구포는 보급기지이기도 했다. 이들 소형선의 석탄과 물의 보급 시간을 계산한 다음 7일 오후 4시까지 싱글수도에서 제1전대와 합동할 수 있도록 제3전대를 선발시켰던 것이다.

다음으로 제2전대가 6일 오전 11시에, 제1전대가 같은 날 정오에 사세보를 출항하고 7일 오후 1시까지 싱글수도에 도달할 예정이었다. 마지막으로 인천으로 향한 제4전대가 서울 점령을 위해 육군부대를 실은 수송선 3척을 거느리고 오후 2시에 출항, 7일 오후 3시까지 싱글수도에 이를 예정이었다. 나아가 「연합함대 행동 예정표」 비고란에는 군함 아카시의 행동이 아래 기록처럼 특필되어 있다.

아카시는 5일 오후 팔구포를 향해 선발, 해저전선을 접속하여 함대 출발 후의 정보를 얻고, 7일 정오 싱글수도에서 제1 전대와 만나 통신한 후 제4 전대에 합류한다.

아카시에는, 연합함대 출항보다 하루 이른 2월 5일 오후에 사세보를 출항하여 팔구포로 향하고, 거기서 연합함대 출발 후의 정보를 도쿄로부터 수취하여 그것을 7일 정오에 제1함대의 기함 미카사에 탑승하고 있는 연합함대 사령장관 도고 헤이하치로에게 전달하는 임무가 부여되었던 것이다.

이 일지 2월 7일조에는 다음과 같은 기사가 있다.

오후 1시 기신호(旗信號)에 따라 전대(全隊) 싱글수도에서 표박(漂泊)하다. 이 사이 아카시는 팔구포로부터 와서 옥도전신국에서 얻은 정보를 가지고 와서 위 함정에 이를 통지했다. 그 정보는 아래와 같다. (중략)

한국 팔구포,　　군함 미카사

　　　　　　도고 연합함대 사령장관 앞

모리 중좌의 보고, 6일 뤼순항 바깥 정박 위치 아래와 같다

열외(列外) 동에서 서로, 아스코리드 · 페르세베트 · 레트비잔 · 팔라다 · 디아나 · 바얀 · 앙가라 · 에니세이,

2열, 체사레비치 · 포르타바 · 페트로파브로브스크 · 포베타 · 하야린 · 아무르,

열외, 노비크 · 기리야크 출항,

이상의 외에 항내 정박, 구축함 전부 항내

　　　　　　　　　　　　　군령부장

연합함대의 함정들은 예정보다 빨리 7일 오후 1시에는 전대가 싱글수도에 집합한 것 같다. 아카시는 옥도전신국에서 얻은 정보를 미카사에 전달하고, 이 정보는 싱글수도의 전 함정에 통지되었다. 누노메 소좌가 사세보에서 부설하러 가서 옥도에 끌어올려, 천막을 치고 순사와 파수꾼에게 지키도록 한 해저전선이 벌써 '옥도전신국'으로 불리고 있다. 아카시가 인원과 자재를 싣고 가서 급히 설치했을 것이다.

한편 아카시가 옥도전신국에서 수취하여 미카사의 도고 사령장관에

게 전달한 전보는 즈푸 주재 모리 중좌가 도쿄의 군령부에 보고한 뤼순함대 각 함선의 정박 위치를 상세히 적은 것이었다. 『극비해전사』에 따르면 이 전보는 6일 밤중에 군령부에 도달한 것인데, 이토 군령부장은 바로 팔구포를 경유해 이 정보를 항해 중인 연합함대에 전전(轉電)했다 한다. 또 7일에는 무라카미(村上) 지요다(千代田) 함장으로부터 인천에 정박 중인 러시아 군함의 동정에 이상이 없다는 보고가 있어서 이것도 즉시 통고했다고 쓰여 있다(『극비해전사』1부 1권, 97-98쪽, JACAR C05110031200).

이들 최신정보가 도고가 얻을 수 있었던 최후의 정보이기도 했다. 『군함 미카사(三笠) 전시일지』에는 도고가 2월 7일에 싱글수도에서 발령한 연합함대명령(연대기밀 제123호)이 기재되어 있다.

1, 적의 상황은 그대로이다, 별지 전보와 같다.
2, 연합함대는 예정 행동을 속행한다.
3, 싱글수도에서 제5 집결지점에 이르는 오늘밤의 항해서열은 아래 그림과 같다. (그림 생략)
4, 제3전대는 단독으로 먼저 출발하여 내일 8일 오전 8시에 소청도 남서미서(南西微西) 약 30해리 지점에 이르러 사방을 정찰하여 적의 유무를 확정하고 본대로 돌아와 보고할 것.
5, 천우(天佑)를 확신하고 우리 연합함대의 대성효(大成效)를 달성하라.

2월 6일 사세보를 출항한 연합함대의 사령장관 도고 헤이하치로는

2월 7일에 연합함대의 제1 집결지점인 한국의 팔구포에서, 한국의 영토인 옥도에 불법으로 설치한 전신국에서, 도쿄로부터 뤼순과 인천의 최신정보를 수취하고, 다시 연합함대의 전 함선에 대해서 "예정행동을 속행하라"고 선언했던 것이다.

제2선(이즈하라–마산포 선)의 부설

제1선 부설을 완료한 지 10일도 지나지 않은 1904년 1월 24일 오후 7시 반, 누노메 소좌는 제2회 해저전선 부설을 쓰시마의 쓰쓰(豆酘)만과 진해만 사이에 시행할 명을 띠고 도쿄를 출발, 25일 오후 4시에 모지(門司)에 도착했다. 오키나와마루는 나가사키에서 회항, 오후 6시에 모지항 앞바다의 무쓰레시마(六連島) 부근에 정박했다. 누노메는 모지항의 항무부(港務部)로부터 소증기선을 빌려 오키나와마루에 싣고 쓰시마의 다케시키항(竹敷港)으로 향했다. 26일 오후 7시 오키나와마루는 다케시키 항내에 정박했다.

다케시키항은 쓰시마 중부에 서쪽으로 열려 있는 아소만(淺茅灣)의 안쪽에 있다. 1896년 일본 해군은 여기를 '군항'에 버금가는 중요 항만인 '요항(要港)'으로 지정하고 요항부를 설치했다. 1900년에는 다케시키항과 쓰시마 동부의 미우라만(三浦灣) 사이에 운하(만제키세토萬關瀨戶)가 뚫려 수뢰정은 여기를 통해서 자유롭게 쓰시마의 동서를 오갈 수 있게 되었다.

누노메 소좌는 1월 27일에 다케시키 요항부의 다케시키마루를 타고 기사들과 함께 쓰시마 남단의 쓰쓰만으로 가서 전선 육양지(陸揚地)를 시찰했다.

이보다 앞서 1월 7일 야마모토 해군대신은 수송선 부요마루(武陽丸)에 승선한 해군 중위 마쓰야마 렌스케(松山廉介)에게 훈령을 내렸다. 체신성 관리와 협의하여 지상전선 가설 재료와 기술자 10명, 인부 30명을 탑재하고 쓰시마로 급히 가서, 이즈하라(嚴原)와 쓰쓰에 일부를 육양하고 다케시키 요항으로 돌아와서 추후의 명령을 기다리라고 명했다. 1월 17일 부요마루는 임무를 수행하고 다케시키에 도착했다. 1월 29일 다케시키 요항에 있던 오키나와마루는 야마모토 해군대신의 명에 따라 부요마루로부터 "송진(松眞) - 마산 간 지상전선 재료"와 기사·기수·인부들을 양도받고 추후의 명령을 기다렸다. 이처럼 야마모토 해군대신은 모든 준비를 갖춘 다음 누노메 소좌에게 출발신호를 낼 타이밍을 찾고 있었던 것이다.

그런데 이 장의 모두에서 일본 해군이 1904년 1월 초에 '대러 작전계획'을 작성한 것을 소개했다. 그리고 거기에는 상황의 여하에 관계없이 우선 진해만을 점령하라고 쓰여 있다. 진해만은 한반도 남안 부산항의 서쪽에 있다. 가덕도와 거제도와 통영반도로 둘러싸여 바깥바다의 풍파로부터 지켜주는 넓은 만 안쪽은 해군의 근거지로서도, 또 쓰시마와 대치하여 대한해협을 수비하는 곳으로도 절호의 입지다.

진해만의 동북 모퉁이에서 북쪽으로 육지 안쪽으로 깊이 들어간 작은 만이 마산만이다. 만 안은 늘 호수처럼 잔잔하고 게다가 수심이 깊어 큰 선박이 들어가기에도 적합하다. 이 같은 마산만의 안쪽에 선착장으로 형성된 것이 마산포다. 대한제국 경상남도 창원군에 속했다. 마산포는 1899년 5월에 개항장이 되고, 8월 20일에 창원우체사, 8월 29일에 창원전보사(電報司)가 인접하여 개설되어 우편과 전신업무가 개시되었다(제7장 참조).

일본 해군은 러일 개전에 앞서 이 진해만을 점령하여 거제도의 북부 송진포에 일본 해군의 근거지를 구축하려 계획했다. 따라서 쓰시마와 송진포 간에 전신선을 부설할 뿐만 아니라 한국 내의 전신선과 연결되는 마산포와 송진포 간에도 전신선을 부설하려 했던 것이다. 그것은 쓰시마 남단 쓰쓰만으로부터 해저 케이블을 깔아 거제도의 북부 가덕수도 옆의 관포(冠浦) 부근에서 일단 육양해서 지상선으로 송진포까지 연결하고, 거제도 북단의 광지말(廣池末)에서 다시 해저 케이블로 잠도(蠶島)·실리도(實里島)의 서남을 통과해서 진해만 북안에서 육양하고 나아가 마산포까지 지상선을 가설하려는 것이었다. 훗날 이 송진포가 연합함대 기함 미카사의 전용 정박지가 되고, 미카사는 송진 군용전신취급소를 통해 항상 도쿄와 연락을 취했던 것이다(제8장 참조).

1904년 2월 5일 오후 3시 30분 누노메 소좌는 야마모토 해군대신으로부터 예정대로 쓰쓰·거제도·마산 간 전선부설에 착수하라, 또 시행에 관해서는 호소야(細谷) 제3함대 사령관의 지시를 받으라는 명령을 수취했다. 그래서 누노메는 호소야를 면회하고 다음 날 6일부터 착수하기로 정했다. 2월 6일 오전 7시 오키나와마루는 다케시키를 출발, 정오에 쓰쓰만에 도착했다. 바로 케이블 육양공사에 착수했지만 선박과 육지의 거리가 멀어서 오후 6시까지 오래 걸렸다. 통신시험 결과가 양호해서 오후 10시에 거제도로 향했다. 이 사이 사세보로부터 연합함대(제1, 제2 함대)가 속속 출격함과 동시에, 제3함대에 의해 진해만의 점령과 마산전신국의 점거가 거의 완료되었다(제7장 참조).

다음날 7일 오전 9시 쓰쓰만에서부터 부설해온 오키나와마루는 거제도의 북동부에 부속한 작은 섬 이호도(利湖島)의 남쪽에 임시로 정박했다. 여기서 일단 케이블을 절단하고 부표를 달아 바다에 던지고, 육양 지점을 수색했다. 그 결과 궁농만(宮農灣) 궁농리(거제도 가덕수도 옆) 해안으로 결정하고, 오후 1시 30분부터 케이블 육양에 착수하여 오후 3시 지나서 끝냈다. 이어서 지상의 전신주와 기타 재료를 육양하고 기수·인부들을 상륙시키고 오후 5시에 닻을 올렸다. 해저 케이블을 부설하면서 이호도·거제도 간의 좁은 수도를 통과하여, 이전에 바다 속에 던져 둔 부표 위치로 돌아와 케이블을 접합한 후 통신시험을 했다. "오후 9시 지나 좋은 결과로써 완료"라고 누노메는 쓰고 있다.

오키나와마루는 다시 궁농만으로 돌아와 정박했다. 다음날 8일 오전 7시 다시 전신주 일부를 육양하고 기수·인부들을 상륙시켜 어젯밤 이래 당직을 선 통신원들과 교대시키고 출항했다. 오전 9시를 지나 거제도 북단의 광지말에 닻을 내려 전선 육양 지점을 선정한 후 바로 출항했다. 칠원반도(漆原半島)의 끝 설진동(雪津洞) 왼쪽을 육양 지점으로 정하고 오전 11시 30분부터 전선의 육양에 착수하여 오후 1시경에 완료했기 때문에, 실리도와 잠도에 접근하여 전선을 부설하고 광지말의 예정지에 이르러 육양에 착수하여 오후 5시경에 완료했다. 여기서도 통신시험이 양호하였기 때문에 오키나와마루는 곧바로 마산포로 회항

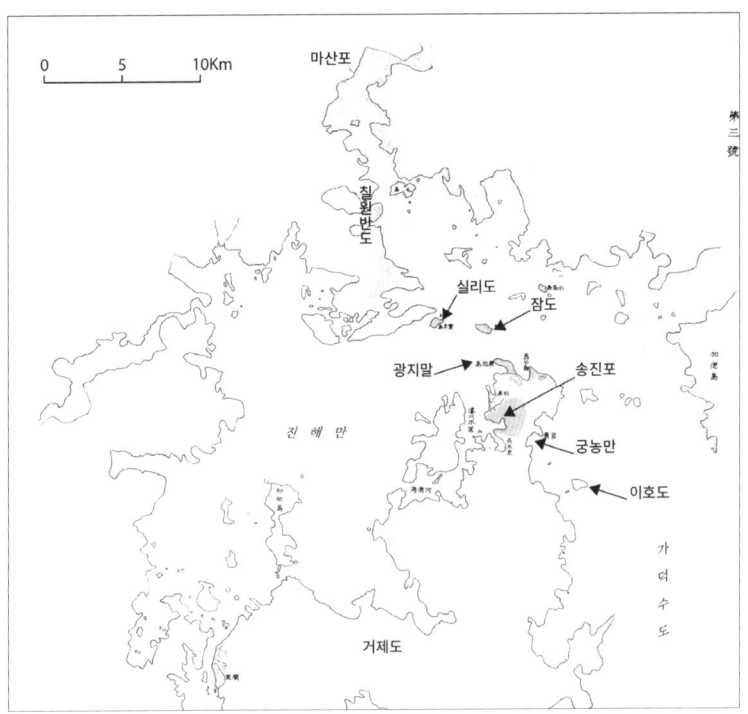

〈그림 14-3〉 「진해만과 거제도」,『극비해전사』제8부 권6 소수 「임시근거지 수용지」(JACAR C5110158400, 18/74)에 지명과 축척을 삽입했다.

하여 전신주 및 여러 기계류의 보관 및 통신원의 배치에 관해서 영사 및 우편국장과 협의했다.

2월 9일 오키나와마루는 전신주 약 5백 개와 기타 재료·기계 등을 마산우편국에 육양하고 다시 송진 앞바다에 이르러, 마산에서부터 승선한 2명의 통신원과 통역을 상륙시켜 재료 등을 육양하고 가이몬(海門) 함장 다카하시 모리미치(高橋守道) 중좌에게 통신 및 지상선 공사에 관해 협력을 구했다. 이날 궁농리에서 송진에 이르는 지상 전선 공사가 완성되었다. 결국 2월 7일 오후 및 8일 아침에 오키나와마루가 거제도 동부 궁농만에 육양한 전신주·기수·인부에 의해 거제도 서부에 있는 송진포를 향해 지상전선 가설공사가 개시되어, 가이몬 함장의 협력을 얻어 2월 9일 중에 완료한 것을 알 수 있다.

2월 9일 오후 12시 오키나와마루는 송진 앞바다를 출발하여 다음날 10일 오전 7시 쓰시마 쓰쓰만에 닻을 내리고, 소토가하마(卒土ヶ濱)에 남겨둔 통신원과 기계 등을 수용해서 해상선과 지상선을 접합했다. 오전 9시 반 출항하여 오후 5시 사세보에 돌아왔다. 쓰쓰 육양지와 이즈하라 - 다케시키 간의 전선 가설은 나가사키우편국이 이미 1월 중에 완성시켰기 때문에, 이즈하라우편국에서 진해만 송진을 경유하여 마산에 이르는 해저전선 부설공사는 여기서 완성을 보았다.

또한 칠원반도 육양지에서 마산포에 이르는 40리 17정(丁, 1정은 약 109미터) 남짓의 지상전선 가설은 오사카우편국에서 파견한 기수(技手)의 감독하에 2월 21일에 준공했다.13)

이상 일본 해군이 러일전쟁을 수행하기 위해 한국의 아무런 양해도 없이 한국의 영토와 영해에 연합함대의 제1 집결지(팔구포)와 연합함대의 근거지(진해만)를 설정한 것과 또 일본 해군의 본거지인 사세보에서 두 지점과 통신선을 확보하기 위해 러일 개전 1개월 전부터 극비리에 해저 케이블을 부설한 것을 밝혔다. 그러면 다음으로 러시아에 통하는 전신선을 어떻게 절단했는지를 서술해보겠다.

---

13) 『극비해전사』 제4부 제4권, 35-37쪽, JACAR C05110109700.

러시아 전신선을 절단하다

일본 해군은 자기의 통신선 확보를 꾀함과 동시에 "적의 통신을 두절함으로써 저들 상호간의 의사소통을 방지하는 것 역시 전략상 결여할 수 없는 일이다. 그 중 개전 당초에 있어 이것이 가장 긴요하다"고 생각했다(『극비해전사』 제1부 제1권, 39쪽). 그래서 해군 군령부는 육군 참모본부와 협의해서 다음의 전선을 절단하기로 결정했다.

(1) 경성[서울]에서 북한 방면 및 의주 방면[중국 국경]에 이르는 지상선
(2) 뤼순·잉커우에서 베이징 방면 및 펑톈·지린 등을 경유해서 시베리아 횡단선에 연결되는 지상선
(3) 베이징에서 캬흐타(恰克圖)에 이르러 시베리아 횡단선에 연결되는 지상선
(4) 뤼순에서 [보하이만을 횡단해서] 즈푸에 이르는 해저선

군령부와 참모본부는 (1)에 대해서는 한국공사관 배속 해군 소좌 요시다 마스지로(吉田增次郎)에게 명하고, (4)에 대해서는 즈푸 주재 군령부 참모 해군 중좌 모리 요시타로(森義太郎)에게 명했다. (2)와 (3)에 대해서는 육군이 절단하는 것으로 결정했다(『극비해전사』 제4부 제4권, 3쪽). 1904년 1월 18일 요시다 소좌는 "개전 4일 전에 전명(電命)이 있을 것이니 경성 - 뤼순선, 경성 - 원산 - 블라디보스토크 전신선을 절단할 준비를 갖추어 둘 것"이라는 명령을 받았다. 요시다 소좌는

블라디보스토크 방면 전신선에 대해서는 원산 이북에서, 뤼순 방면 전신선에 대해서는 개성 이북에서 절단하기로 계획했다. 그리고 그 절단 실행을 전자는 원산수비대에 의뢰하고 후자는 적당한 일본인을 고용하여 먼저 개성에 파견해두고, 요시다의 전보를 받고서 그날 밤 바로 전신선을 절단하고 그 후 1주 동안 전신선을 따라 북진하면서 매일 밤에 계속 절단하는 것으로 했다.

요시다는 자신의 수기에 뤼순 방면 전신선을 절단한 민간인 이야기를 기록하고 있다. "전신주에 올라 전선을 절단한 순간 전선은 이상한 소리를 내고 급속히 말리고, 그 소리가 밤중에 울려 퍼져 정말로 무서웠다, 이런 용무는 앞으로 사양하겠다"고 쓰여 있다(이 장의 말미에 실은 참고자료 1「해군 중장 요시다 마스지로(吉田增次郞) 수기」참조).

또 (4)에 대해서는 당초 여러 방면의 전신선을 각각 절단하면 통신이 일시에 두절되어, 오히려 적에게 의심을 불러일으킬 뿐만 아니라 일본도 적의 동정을 파악할 수단이 없게 되기 때문에 "즈푸와 뤼순 항구 사이의 해저선만은 그대로 두는 것으로 했다"(『극비해전사』제1부 제1권, 39쪽)고 되어 있지만, 2월 12일에 이르러 군령부장은 모리 중좌에게 "해저전선 이용의 전망이 없으면 절단하라"고 명했다.

모리는 바로 해저전선 절단에 착수했지만 갖가지 곤란으로 절단을 완료한 것은 2월 18일이었다. 『모리 중좌(후에 대좌) 보고』(제4장 참조)에서 모리가 얼마나 힘들게 즈푸 - 뤼순 선을 절단했는가를 볼 수 있다. 모리는 2월 14일 오전 7시 30분 군령부장 앞으로 "12일에 결행하려 했지만 항구 밖의 풍파 때문에 방해를 받아 아직 끝나지 않았다"고 발신했다. 그 2일 후인 16일 오전 10시 7분 "탐해(探海) 건은 이런저런 장애가 있어 아직 목적을 달성하지 못했다. 어젯밤 본관이 출장하여 [절단] 장소를 확정했다. 일단 보고한다"고 발신했다. 그리고 다음 날 17일 오전 4시 5분에 "오전 1시에 쌍암(雙岩)에서 1해리 떨어진 곳을 절단했다"고 발신했다.

모리는 다음날 18일에 상세한 전말을 보고했다. 그것에 따르면 최초에 사용한 어선은 조류에 떠내려가서 작업을 할 수 없었기 때문에 15일부터는 11톤 어선을 세내어 모리 자신이 현장에서 지휘하면서 케이블을 탐색하고 이것을 폭파하려 했지만 폭약이 발화하지 않았다. 초조한 끝에 일본인 대장장이 중에 기술이 뛰어난 이가 있는 것을 알고, 영사를 중개로 밀담한 결과 톱을 사용하기로 했다. 케이블을 해저에서 약간 말아 올리고 잠수부가 톱질해서 절단했다 한다.

한편 육군에서는 2월 4일 참모총장 오야마 이와오(大山巖)가 베이징 주재 육군 포병 대좌 아오키 노부즈미(靑木宣純)에게 전훈(電訓)하여 바다링(八達嶺) 부근에서 베이징 - 캬흐타 간의 전신선을 파괴시켰다. 다음날 5일에는 잉커우주재 육군 보병 대위 가와사키 료자부로(川崎良三郎)에게 뤼순 - 잉커우 전신선을 파괴하도록 했다.

캬흐타는 1727년 러시아와 청나라 사이에 통상조약이 체결된 것을 계기로 양국 간의 교역거점으로 발전한 국경도시다. 대북전신회사는 베이징에서 고비사막을 넘어 캬흐타까지 전신선을 가설하고 이것을 시베리아 횡단선에 접속했다. 당시 베이징 - 페테르부르크를 최단거리로 연결하는 전신선이기도 했다. 이것을 베이징 서북쪽의 만리장성에서 유명한 바다링 부근에서 2월 4일 절단하도록 했던 것이다.

또 잉커우는 랴오둥반도 서북 끝에 위치하고 보하이만에 접한 교통·통신의 요충이다. 뤼순에서 온 전신선은 여기서 베이징 방면으로 가는 것과 펑톈(奉天, 瀋陽)·지린을 거쳐 시베리아 횡단선에 접속하는 것으로 분기한다. 2월 5일 가와사키 대위에 의해 파괴되었다.

해외 발송 전보의 정지

1904년 2월 4일 야마모토 해군대신이 체신대신 오우라 카네타케(大浦兼武)에게 조회하여 2월 5일 정오부터 72시간 동안 해외 발송 전보의 정지를 의뢰한 것은 제2장에서 소개했다. 이것은 1904년 1월 16일에 해군성과 체신성이 협의하여 약정한 것에 따른 조치였다. 이 약정 내용에 대해서는 『극비해전사』 제9부 「국제사건」 제1권 제2편 제8장 '해외전보 취급에 관한 건'(권 1에 수록)에 다음과 같이 쓰여 있다.

개전 당시에 군기 누설을 막기 위해 해외전보 단속에 관해 체신성과 교섭한 다음 메이지 37년(1904) 1월 16일 다음과 같이 협의·결정했다. 필요한 시기에 즈음하면 해외전보를 아래와 같이 취급하고자 한다.
一, 해외로 발송하는 전보는, 러시아 이외 나라의 공신 및 우리 관청·공서(公署)의 통신을 제외하고, 72시간 그 발송을 정지한다.
단, 보통상업전보 및 신문전보(암호로 된 것은 번역토록 해서)는 일체 체신성에서 검열하고 군사와 관련된 것은 이를 정지하고,

지장 없다고 인정되는 것은 이를 발송할 것.

一, 위의 발송 시기는 해군대신이 체신대신에게 통지한다.

이 약정에 따라 2월 4일 야마모토 해군대신은 체신대신 오우라 카네타케에게 아래 조회를 발하고, 2월 5일 정오부터 협정의 실행을 의뢰했다고 『극비해전사』에 쓰여 있다.

이전에 협의해둔, 필요한 시기에 즈음한 해외전보 취급방식의 건은 내일 5일 정오부터 실시하는 것으로 처리하고자 합니다. 이를 조회합니다(『극비해전사』 9부 1권, 190쪽, JACAR C05110188900).

결국 러시아 이외의 외국공관과 일본 관공서에서 발송하는 전보를 제하고, 일본 국내에서 해외로 발송되는 전보의 발송을 2월 5일 정오부터 72시간 정지한 것이다. 다만 상업용과 신문전보는 모두 체신성에서 검열하여 지장 없다고 인정된 것만 발송하는 것으로 했다. 이것은 일본군의 군수품 조달 등의 측면에서도 필요했기 때문일 것이다.

2월 5일 정오부터 72시간은 2월 8일 정오까지다. 앞서 소개한 「연합함대 행동 예정표」에 따르면 연합함대 주력은 2월 8일 오전 8시에 제5 집결지점(소청도 남쪽 약 10해리)에 이르고, 나아가 뤼순 근해의 유안다오(圓島)를 목표로 전진할 예정이었다. 또 제4 전대는 7일 오후에 싱글수도에서 본대와 떨어져, 서울 점령을 위한 육군부대를 태운 수송선을 호위하면서 인천을 향하고, 2월 8일 오전 8시에 백아도 부근에 이르러, 인천항에서 몰래 탈출해온 지요다(千代田)와 회합하여 인천의 최신정보를 얻은 후에 육군부대의 상륙지를 결정하고 행동할 예정이었다. 2월 8일 정오 이후에 어떤 정보가 일본 국내에서 발신되더라도 뤼순·인천 기습과 육군부대의 한국 상륙작전에 영향이 없다고 야마모토 해군대신은 판단한 것이다. 이렇게 "뤼순항의 이목"을 끊음으로써 일본 해군의 출동이 러시아 측에 전해지는 것을 막았던 것이다. 뤼순·인천 기습공격을 성공시키기 위해서였다.

뤼순·인천 기습작전은 '위법한 개전 기습'은 아니라는 논의가 일본에는 지금도 많다. 그 논거는 2월 6일 오후 4시에 구리노(栗野) 공사가 러시아 람즈도르프 외무대신에게 최후통첩을 건네주었으며 실제 공격은 그로부터 2일이나 지나서 이루어졌다는 것이다(大江志乃夫,『バルチック艦隊』, 178쪽). 그러나 이 논의는 일본이 그 사이에 러시아 통신을 위법한 수단으로 차단한 사실을 전혀 알지 못하고 주장된 것이다. 일본은 '개전 기습'을 성공시키기 위해 개전 전에 일본의 통신선을 위법으로 부설하고, 러시아 통신선을 위법으로 절단한 것이다. 뤼순·인천 기습작전은 '위법한 개전 기습'이었다고 해야 한다.

한국 영해에 부설한 해저전신선

1903년 12월 29일 군령부·참모본부·체신성의 대표자는 한국 영해에 해저전선을 부설하기로 합의했다. 체신성 소속의 해저전선 부설선 오키나와마루는 12월 30일에 요코하마를 출항하여 나가사키를 향하고 해저전선을 적재했다. 공사 감독을 맡은 수로부 소속의 누노메 해군 소좌는 1월 7일에 도쿄를 출발했다. 누노메는 1월 11일 오전 9시 '후지마루'로 위장된 오키나와마루를 타고 사세보를 출항하여 케이블을 부설하면서 한국 남서단의 팔구포로 향했다.

이것은 1904년 1월 초에 군령부가 작성한 '대러 작전 제1계획'의 제5조 "사세보 - 팔구포 간에 부설하는 해저전신선에 의해 한국 남서 해면에서 작전하는 우리 함대와 통신 연락을 유지한다"가 이미 실행에 옮겨진 것을 의미한다. 이 계획의 제6조 "쓰시마에서 거제도를 경유하여 마산포로 통하는 전신선을 부설하고, 임시 근거지 및 한국 내지와 통신연락을 유지"한다는 것과 관련하여, 모든 준비를 갖추고 쓰시마에 대기한 누노메 소좌에게 야마모토 해군대신이 예정대로의 실행을 명한 것은 2월 5일 오후 3시 30분이었다. 그리고 이 계획의 제4조 "임시 근거지를 진해만에 설치"한다는 것은 당시 해군대신 지휘하에 놓여있던 제3함대에 의해 2월 6일 미명부터 실행에 옮겨졌다(제7장 참조).

1904년 1월 31일, 며칠 안에 개전한다고 결의한 해군대신 야마모토 곤베에는 각 사령장관과 사령관에게 개전 전 최후의 훈시를 보냈다. 그 중에 "우리 군대의 행동은 항상 인도(人道)에 벗어나는 것 같은 일 없이 시종 빛나는 문명의 대표자로서 부끄러운 바 없기를 기하는 것이 본 대신이 절실히 바라는 바이다"(방점은 필자, 이하 같음)라고 했다. 이것에 대해서는 제2장에서 소개했다.

그런데 이때 야마모토는 인천항에서 러시아 군함을 계속 감시한 지요다 함장 무라카미 대좌에게도 훈시를 보냈다. 그것에는 다음과 같이 되어 있다.

　(전략) 앞으로 혹시 전신의 불통을 보는 것 같은 일이 있더라도 귀관은 우리 연합함대가 그 방면으로 출현하기까지 그곳에 머무르는 것으로 명심하고 임기응변의 조치는 귀관의 전단(專斷)에 맡긴다. 또 한국 연안에서는 다른 열강과 관계를 야기하지 않은 한 국제공법상의 예규를 중시할 필요가 없다(『극비해전사』 제1부 1권, 58쪽).

　개전을 결의한 야마모토 해군대신은 인천항의 지요다 함장 무라카미 대좌에게, 앞으로는 전신이 불통되는 일이 있을지도 모르지만 지요다는 연합함대가 인천에 나타날 때까지 그곳에 머무르는 것으로 명심하라. 또 한국 연안에서는 다른 열강과의 관계에서 문제만 생기지 않으면 국제법을 신경 쓰지 않아도 좋다고 훈령했던 것이다.

　그 나라의 주권이 미치는 '영해'라는 관념은 18세기 초 영국과 프랑스 간의 분쟁이 발생하자 네덜란드가 타국의 군함이 자국의 3해리(5.5km) 이내에 마음대로 들어오는 것을 거절하면서 주장한 것이 국제적으로 인정되면서부터 시작되었다 한다.

　3해리는 당시 대포가 도달하는 거리였다. 그 후 대포가 도달하는 거리의 연장과 함께 3해리를 더 연장해야 한다는 논의가 각국에서 나왔다.[14] 따라서 한국의 허가 없이 한국의 영해에 해저전선을 부설하는 것이 한국의 주권을 침해하고 국제법을 위반하는 일이라는 것은

---

14) 현재는 1982년 유엔해양법조약에 따라 최대 12해리(약 22.2km)까지 연장되어 있다.

야마모토를 비롯해 해군도 체신성도 외무성도 잘 인식하고 있었을 것이다.

　대러 개전의 결의를 굳힌 해군대신 야마모토 곤베에는 일본 군대가 "시종 빛나는 문명의 대표자로서 부끄러운 바 없기를" 훈시하는 한편, 한국 연안에서는 다른 열강과 문제를 일으키지 않는 한 "국제법상의 예규를 중시할 필요가 없다"고 훈령했다. 러일전쟁이 국제법을 위반하여 한국의 영토와 영해에 대한 침략전쟁으로 개시된 것을 야마모토 해군대신 스스로가 인정한 것이다.

참고자료 1: 「해군중장 요시다 마스지로(吉田增次郎)(수기)」

　　요시다 마스지로는 시즈오카(靜岡) 출신으로 해군병학교를 17기로 졸업했다. 동기로는 아키야마 사네유키(秋山眞之) · 모리야마 케이자부로(森山慶三郎) 등이 있다. 1902년 1월에 청국공사관 배속으로 명받고 텐진에 부임하지만 1903년 2월에 한국공사관 배속이 되어 서울로 전임한다. 1905년 12월에 귀국을 명받기까지 러일전쟁 전 기간을 한국에서 기밀공작에 종사했다. 러일전쟁 후는 군령부 참모, 가토리(香取) 함장, 임시남양군도방비대 사령관 등을 역임하고 1920년에 해군 중장이 되었다. 1923년 3월 예비역으로 편입되고 1942년 3월 14일 74세로 사망했다.

　　예비역 편입 후인 1935년 6월 해군성의 위촉을 받은 해군유종회(有終會)가 주최하는 '러일전쟁[日露戰役] 참가자 사담회'가 3일 동안 열렸다(제3장 참조). 요시다는 여기에 출석하여 새로 주어진 주제인 '첩보 · 선전 및 기밀 유지에 관한 사항'에 대해 강연했다. 요시다는 이때 강연 원고를 작성했다. 주어진 시간은 1인당 1회 10분으로 정해졌지만, 아무리해도 반 정도도 이야기하지 못했다. 『러일전쟁 참가자 사담회 기록』에는 「해군 중장 요시다 마스지로(수기)」로 전문이 수록되어 있다(JACAR C09050719100). 그 목차는 아래 기록과 같다.

　　가, 개전 전 한국 지상전신선의 처치, 기타 통신에 관한 건
　　나, 개전 전후 인천 · 경성의 정황

다, 진위와 아산만 고온포 간 지상전선 가설

라, 개전 후 경성주재 러시아 공사 이하 관원 및 호위병의 처분

이 중 가 부분만 현대어로 고쳐 소개하고자 한다. ( )는 원주이고 [ ]는 필자의 보주다. 적절한 곳에서 행을 바꾸었다. 그리고 '경성'은 가능한 한 '서울'로 바꾸었다.

「개전 전 한국 지상전신선의 처치, 기타 통신에 관한 건」

당시 한국정부의 전신 간선(幹線)은 서울을 중심으로 서울 - 부산 간, 서울 - 의주 간(뤼순으로 통하는 것) 및 서울 - 원산 - 두만강 간(블라디보스토크로 통하는 것)의 3선이 있었다. 일본 소관의 전선은 서울 - 부산 간으로 부산에서 대북해저전선과 접속하고 있으며, 이 해저선에 의해 부산을 경유해서 서울에 오는 전보는 일본선으로 들어가고 '경성 일본우편국'으로 들어간다.

나는 메이지 37년(1904) 1월 18일 전선 절단에 관한 아래의 훈령을 접했다.

개전 4일 전에 전명(電命)할 터이니 '경성 - 뤼순선', '경성 - 원산 - 블라디보스토크선'을 절단할 준비를 갖추어두라는 것이었다.(경성 - 부산 간 한국 전신선은 후일 우리 군이 사용하기 위해 절단하지 않는다.) 따라서 블라디보스토크 방면 전신선은 원산 이북에서, 뤼순 방면 전신선은 개성부 이북에서 절단할 계획을 세웠다. 그 절단 실행을 전자는 원산수비대에 의뢰하고 후자는 적당한 자를 고용하여 먼저 개성에 파견해두고, 나의 전보 명령을 받고서 그날 밤 바로 절단하고, 그 후 1주 동안

전신선을 따라 북진하면서 매일 밤에 계속 절단하는 것으로 했다.

블라디보스토크선은 수비대에 의뢰했기 때문에 확실하지만, 가장 중요한 뤼순선은 굳이 책임을 지지 않는 일반인을 사용하는 것이어서 약간 불안했다. 이때 참모본부로부터 마쓰이시(松石) 보병 중좌가 파견되어 서울에 있었기 때문에 내밀히 이 계획을 말하고 육군을 사용할 수 없는가라고 상담했는데, 마쓰이시 중좌는 지금 도고(東鄕) 소좌(유감이지만 개전 직후 정주 부근에서 러시아 군에게 잡혔다)가 의주 방면에 있으니 그 소좌에게도 절단토록 하면 한층 안심일 것이라고 말해주어 실행을 의뢰했다. 그런데 이것이 뜻밖의 문제를 야기했다.

그 이유는 당시 용암포 감시를 위해 베이징공사관으로부터 파견되어 '경성공사관'의 지시를 받고 있던 오카베(岡部) 외교관보는 도고 소좌와 함께 의주 방면에 체재하고 있었는데, 도고 소좌로부터 전신 절단의 내밀한 얘기를 들었는지, 오카베 씨는 '경성 공사'에게 전선을 절단하려 하는데 자신의 진퇴는 어떻게 하면 좋은가라고 품의했기 때문이다.

공사는 의외의 일에 놀라, 필시 마쓰이시 중좌의 계획임에 틀림없다고 생각하여 그 중좌를 불러 물었더니 그 중좌는 알지 못한다. 게다가 공사관 배속 노즈(野津) 육군 소좌에게 물어도 그는 관여하지 않아 모른다. 그래서 나의 계획이라 추단하여 전화로 즉시 나의 내관(來館)을 요구하였다. 공사관으로 가니 갑자기 왜 소속장인 공사에게 한 마디 상의도 없이 마음대로 전선을 절단하려 하는가, 개전 전에 전선이 절단되면 어떻게 평양이나 성진 등의 영사관원에게 철수를 명할 수 있는가라고 질책을 받았다.

　나는 내 자신의 계획이라고도 그런 것이 아니라고도 대답하지 않고 다만 일본과 러시아가 정말 싸우면 우리 사상자는 수천만을 웃돌 것이다. 경우에 따라서는 일본 전부가 초토화될 각오를 해야 한다. 고작 외무성 십수 명이 포로가 된다고 문제가 되지 않는다고 거리낌 없이 소신을 말하여 통렬히 공사를 분개시켜 버렸던 것이다.

　공사가 말한 것은 지극히 당연한 것이지만 내가 공사에게 분명히 밝히지 않은 이유는, 당시 거류민이 러일 개전을 알아채고 전전긍긍하고 있었으며 나의 행동도 일반이 주시하는 표적이 되고 있었다. 예컨대 어느 날 종복(從僕)이 버들고리짝을 베란다에서 말리는 것을 보고 벌써 개전이 임박하여 내가 철수한다는 설이 유포될 정도여서 만약 공사가 일선 영사에게 철수를 새로 명령하면 부주의한 영사서기생이나 그 가족은 소동을 일으키고 그로 인해 러시아 측에 우리의 개전 결의를 알려주어 버리는 것을 우려했기 때문이다.

　2월 5일 전선을 절단하라는 전명을 접하고 즉시 계획대로 실행했다. 이처럼 개전 전에 전선을 절단한 것은 말할 것도 없이 인천에 정박한 바랴그·코레츠를 놓치지 않기 위해서다.

　전임자 시기부터 일을 부탁해온 한국 조정 내의 밀정 박의병(朴義秉)의 보고에 따르면, 용암포 문제에 대한 일본과 영국의 항의에 국왕도 매우 곤란하여, 러시아 공사 파블로프에게 일본의 항의는 무시하기 어렵고 자신이 가장 두려워하는 바는 대원군의 예처럼 일본이 그 군함에 자신을 구금하여 일본에 연행할지도 모른다는 것이라고 말했다. 러시아 공사는 결코 그런 걱정은 하지 말고 용암포 문제는 러시아의 요구를 받아들이는 것이 좋다, 일본이 군함 1척을 인천에 두면 러시아는 2척을 두어 항상 우세를 유지하기 때문에 걱정할 필요가 없다고 주상했다 한다.

진위는 확실하지 않지만, 실제로 지요다에 대응해서 바랴그・코레츠 2척이 있다. 그렇다면 지요다가 인천에 있는 한 두 함도 아직 정박하고 있을 것으로 생각되지만 안심할 수는 없다.

또 2월 5일 이후 우리 내지에서는 러시아 관헌이 주고받는 전보를 어떻게 취급하는지 알지 못하여, 약간 독단의 혐의가 있지만 다나카(田中) 경성우편국장에게 부산 방면에서 일본 전신선으로 러시아공사관에 오는 전보는 적절히 문자를 고치거나 삭제하고 조교(照校)는 전보 폭주를 핑계로 지연하도록, 그리고 일본인 일반이 주고받는 암호전보는 우리 함대와 군대의 동정을 알릴 위험이 있으니 일체 몰수할 것을 교섭했는데, 처음에 국장도 법규를 방패막이로 하여 응하지 않았지만, 러일의 형세를 설명하자 끝내 승낙해준 것에 깊이 감사했다. (미쓰이물산만 육군의 식량준비와 관계가 있어 암호전보 사용을 허가했다.)

한편 인천에 사람을 파견하여 러시아 군함의 동정을 감시토록 했다. 때때로 전화가 왔는데 아무래도 미숙하여 연돌(煙突)에서 검은 연기가 올라가는 것을 보고는 바랴그는 지금 출항하려 한다는 따위로 전화해서 자주 나를 낭패시켰다.

그런데 의외로 부산에서 우리 군함이 러시아 상선을 나포했다는 급보(부산 헌병의 전보)가 있어 실로 깜짝 놀랐다. 만약 부산 - 경성 간의 한국전신선에 의해(전술한 것처럼 본선은 절단하지 않았다) 러시아공사관으로 전보가 들어가면 대사가 실패해버린다. 일각의 주저도 허용되지 않는 긴급사태이기 때문에 육군에 의뢰해서 헌병에게 도끼를 휴대시키고 말을 달려 한강을 건너 전신주를 절단토록 했다.

또 호소야(細谷) 사령관으로부터, 마산전신국을 점거했다, 귀관은 경성전신국을 점거하면 어떠한가라는 전보가 있었다. 점점 의외의 일에 놀라 사령관에게 이쪽의 정세는 아직 그럴 시기가 아니라고 답전했다.

러시아 상선 나포 사건은 위와 같이 한국전신선을 절단했기 때문에 러시아공사관에는 아마 전보가 들어가지 않았을 걸로 생각되지만, 여전히 걱정이었다. 다른 공사관은 어떨까 하여 영국공사관을 방문, 내가 평소 일본어를 가르치고 있는 친한 사이인 존스 선장을 찾았는데, 상선 포획 건은 부산세관장으로부터 영국공사관에 전보가 있었지만 조던 공사는 이 건은 절대 비밀을 지키라고 관원 일동에게 훈계했다 한다. 혹시 러시아공사관에도 전보가 들어갔는지 몰라 실로 8일까지는 걱정에 걱정을 더했다.

아무튼 위와 같이 러시아공사관도 바랴그도 아는 바가 없어 우류(瓜生) 함대의 인천 출현까지 안온하였다.

8일 코레즈가 출항, 뤼순으로 향하려 해서 팔미도 부근에서 우리 수뢰정대에 저지되어 항내로 돌아왔다. 그 이유는 물론 지요다가 갑자기 자취를 감추었기 때문이지만, 뒤에 들은 바에 따르면 바랴그 함장

루티네프 대령은 주위 형세에 어쩐지 불온함을 느끼고 있는데 뤼순으로부터 아무 통보도 없고 또 문의에 대해 답전이 없어 더욱 불안을 품고, 파브로프 공사에게 뤼순 항해를 교섭했지만 공사는 승낙하지 않아 논쟁 끝에 그러면 코레츠를 출항시키자고 했다고 한다.

개성 방면에서 전신선 절단자가 와서 말하기를, 전신주에 올라 전선을 절단할 때 전선은 이상한 소리를 내고 급하게 말린다, 야간에 한 일이라서 그 소리가 울려 퍼지면 정말로 무서웠다, 이러한 용무는 앞으로 사양하겠다고 했다 한다.

또 훗날에 도고 소좌는 안주 부근에서 철사로 전선과 피뢰선을 접착하면 불통되는 것을 알고, 전신주를 잘라 넘어뜨리거나 전선을 절단하는 것은 졸책이고, 또 그 절단 부분을 쉽게 알 수 있기 때문에 전선과 피뢰선을 접착시키는 것이 좋은 방법이지만, 전기 지식이 없는 사람을 사용하는 이상 절단은 부득이한 방법이다. 장래를 위해 과거를 생각해 둘 필요가 있다.

제7장 감춰진 한국침략전쟁
―러일전쟁은 진해만 점령에서 시작되었다

〈그림 15〉 마산포의 러시아영사관(우)과 일본영사관(좌).『일로전쟁사진화보』제1권(박문관, 1904년)에서.

러일전쟁 최초의 전투행위

종래 러일 개전은 1904년 2월 8일 오후 11시 30분에 개시된 연합함대의 뤼순항 러시아함대에 대한 기습공격부터라고 이야기되어 왔다. 혹은 그보다 몇 시간 전인 오후 4시경, 서울 점령을 위해 극비리에 파견되는 육군부대를 가득 실은 수송선을 호위하고 인천항으로 향한 제2함대 제4전대 소속 수뢰정이 인천항에서 나오려 한 러시아 소형포함 코레츠를 수뢰 공격하고, 코레츠가 이에 응전한 사실을 지적하는 쪽도 있다(제3장 참조).

아무튼 2월 6일 오전 9시부터 속속 사세보(佐世保)를 출항한 연합함대가 만 이틀 밤낮의 항해를 거쳐 2월 8일 아침에 인천항과 뤼순항의 근해에 도착하여, 전혀 예상하지 못한 러시아함대를 기습 공격한 것이다. 이와 같은 작전이 어떻게 가능했을까? 러시아함대는 2월 8일 기습을 받기까지 어째서 일본 대함대의 접근을 알지 못했을까?

이 문제에 답하기 위해서는 인천 및 뤼순 기습작전에 선행해서 2월 6일에 실행된 한국 진해만의 점령과 마산전신국의 점거, 또 부산 근해에서 러시아 선박을 나포한 것을 밝혀야 한다. 그것에 의해, 연합함대와 별도로 편성된 제3함대가 실행한 이들 작전이야말로, 러일전쟁이라 부르는 전쟁의 최초의 전투행위였음이 확정된다.

그러나 그것은 당시에도 분명히 국제법 위반으로 추궁된 것이었기 때문에 오늘에 이르기까지 용의주도하게 숨겨져 왔다. 이 점은 와다 하루키(和田春樹)의 『러일전쟁』 하권(岩波書店, 2010년 2월) 302쪽에서 처음으로 지적되었다.

이 장에서는 1904년 2월 6일 연합함대의 사세보 출항에 앞서 결행된 제3함대의 한국 진해만 점령과 마산전신국 점거, 한국 영해에서 러시아 선박을 나포한 사실을 분명히 하려 한다. 이것은 러일전쟁이 일본에 의한 한국침략전쟁으로서 1904년 2월 6일에 개시된 것을 증명하는 일이기도 하다.

의거한 주요 사료는 아래 기록 대로다. 이 중 아시아역사자료센터에서 공개된 것은 그 레퍼런스 번호를, 미공개된 것은 소장관의 청구기호를 밝혀둔다. 본문 중에서는 레퍼런스 번호를 생략한다.

- 방위연구소 소장 『극비해전사』 제1부 제10권에 수록된 「제3함대의 조선해협 출동」(JACAR C05110071600).
- 『극비해전사』 제4부 제4권에 수록된 「유선전신」(JACAR C05110109700).
- 방위연구소 소장 『군함 아타고(愛宕) 전시일지』(JACAR C09050424600).
- 방위연구소 소장 『쓰쿠시(筑紫) 전시일지』(JACAR C09050409200).
- 외교사료관 소장 『한국전신국 점령 일건』(청구기호 3-6-11-14, 현재

아시아역사자료센터에서 공개되고 있다. JACAR B12081358500——옮긴이).

제3함대와 진해만 점령

일본 해군은 러일 개전에 대비해 1903년 연말이 임박한 12월 28일 상비함대 편제를 풀고 군함(전함·순양함·포함 등) 11척과 구축함 11척을 가진 제1함대를, 군함 11척과 구축함 8척을 가진 제2함대를, 군함 15척을 가진 제3함대를 편제했다. 그 중 제1, 제2 함대로 연합함대를 조직했다. 해군 중장 도고 헤이하치로가 제1함대 겸 연합함대 사령장관에, 해군 중장 가미무라 히코노조(上村彦之丞)가 제2함대 사령장관에, 해군 중장 가타오카 시치로(片岡七郞)가 제3함대 사령장관에 취임했다.

제1함대에는 제1·제3 전대, 제2함대에는 제2·제4 전대, 제3함대에는 제5·제6·제7 전대가 소속되었다. 그리고 제3함대도 개전한 지 얼마 안 된 3월 4일에 연합함대에 편입되지만 그때까지는 해군대신 야마모토 곤베에의 직접 지휘하에 있었다.

1904년 1월 26일 히로시마(廣島) 구레(吳) 군항에 있던 가타오카 제3함대 사령장관은 야마모토 해군대신의 전명(電命)에 따라 사세보로 출장하여 도고 연합함대 사령장관과 개전에 즈음하여 연합함대가 취할 방침과 제3함대의 조선해협(대한해협) 경계에 관한 방법 등을 협의했다.

구레로 돌아온 가타오카 사령장관은 2월 3일 호소야(細谷) 제7전대 사령관에게 거제도 방면(진해만) 점령계획을 수립하도록 명했다. 또 같은 날 휘하의 각 군함에 화탄(和炭)은 이틀분만 남기고 나머지는 영탄(英炭)을 만재하라고 명했다. 화탄은 일본산 일반 석탄을 말하는 것이고, 이에 비해 영탄은 영국산 무연탄으로 화력이 강하고 매연이 적다. 위의 하령(下令)을 보면 가타오카가 이틀 뒤의 출격을 예상하고 있었음을 알 수 있을 것이다.

2월 4일 가타오카 사령장관은 군령부 참모 야마시타(山下) 대좌를 통해 야마모토 해군대신의 밀봉명령(명령이 있기까지 개봉을 금한 명령, 대해령大海令 제1호)을 수취했다. 또 이를 전후해서 해군대신으로부터 뤼순항의 유력 군함은 모두 3일에 출항하여 행선지가 불명이니 엄히 경계할 것과 사세보 군항과 쓰시마 다케시키(竹敷) 요항(要港)에는 수뢰 부설의 실시를 명했다는 전보를 수취했다. 이것을 받은 가타오카 사령장관은 휘하 각 함장에게 다음날 5일 오전 8시 이후에는 명령이 있으면 4시간 이내에 출항할 수 있도록 준비하라고 명했다(『극비해전사』 1부 10권, 5-7쪽).

4일 밤 가타오카 사령장관은 해군대신으로부터 다케시키로 회항하라는 전명을 받았다. 가타오카는 즉시 구레 방면에 있는 휘하 함정에 "상부의 명령에 따라 내일 5일 오전 7시 30분 다케시키항을 향해 출항"하라고 명했다. 이 전개는 가타오카의 예상을 상회하는 스피드였다. 다음날 5일 오전 7시 30분 먼저 도고 마사미치(東鄕正路) 제6전대 사령관에게 전대를 이끌고 먼저 출발시키고 오전 8시 가타오카 자신도 제5전대를 이끌고 구레 군항을 출항했다. 그로부터 12시간 후인 오후 7시 30분 가타오카는 시모노세키(下關)해협을 통과할 때 그곳에 정박 중인 3등 해방함 야마토(大和)로부터 야마시타 대좌가 교부한 밀봉명령을 개봉하라는 야마모토 해군대신의 전명을 전달받았다.

가타오카 사령장관은 시모노세키해협이 현해탄 쪽으로 나온 곳에 있는 무쓰레시마(六連島) 부근에 제5전대와 제6전대를 집결시키고 사령관과 함장을 기함 이쓰쿠시마(嚴島)에 불러 모아 아래의 전투 행동 개시 명령을 발령했다. 이 명령은 쓰시마 다케시키항에 있던 호소야 제7전대 사령관에게는 우선 무선으로 통달하고 이어서 통보함 미야코(宮古)를 파견했다.

1, 우리 제국은 러시아에 대해 단연코 자유행동을 취하기로 결정했다. 제3함대는 연합함대와 함께 동양(東洋)에 있는 러시아함대의 전멸을 꾀하고, 우선 진해만을 점령하여 조선해협을 경계하는 임무를 가진다.

2, 제7전대 및 제16정대(艇隊)는 즉시 진해만을 점령할 것(3~7항은 생략. 『극비해전사』 1부 10권 19~20쪽).

이에 따라 진해만 점령을 명받은 제3함대 제7전대의 호소야 사령관은 기함 후소(扶桑)에서 다음날 6일 오전 4시에 '7전대 명령'(7전기밀제13호)을 발령했다.

1, 오늘 오전 4시 제3함대장관의 전명에 따라 제7전대와 제16정대는 7전기밀 제10호 명령을 즉시 집행하려 한다.

2, 카이몬(海門) 함장은 본직(本職)의 도착을 기다리지 않고 카이몬·반조(磐城)·마야(摩耶)를 이끌고 오전 6시 30분 그곳(편자 주, 오자키만

(尾崎灣)이다 – 원주)을 출발, 진해만에 이르러 예정 사업을 실행할 것.
3, 지유안(濟遠, 사이엔)은 정비되는 대로 바로 출항할 것.
4, 나는 오전 6시 30분에 출발하려 한다(『극비해전사』 1부 10권 25쪽).

이 명령의 제1항에 있는 '7전기밀 제10호 명령'은 3일 전인 2월 3일에 가타오카 사령장관으로부터 진해만 점령계획 작성을 명받은 호소야 사령관이 같은 날 중에 휘하의 각 함장에게 내린 전 17항의 명령서로, 실행발동명령이 있기까지 각 함장이 밀봉 보관하라는 명령도 덧붙여져 있다. 제7전대의 임무를 기술한 제2항, 아타고에 마산전신국 점령과 러시아 선박 나포를 명한 제10항, 쓰쿠시에 부산전신국 점령과 러시아 선박의 나포를 명한 제11항만 아래에 게재하겠다.

2, 제7전대의 임무는 진해만을 점령하고, 거제도에 의거해서 조선해협을 감시하고 제5전대가 오기를 기다려 조선해협 초계를 준비함에 있다.
10, 마산포에 있는 아타고는 한국전신국을 점령하고, 러시아 선박이 있으면 포획하여 그 상황을 카이몬 함장에게 보고한 후 마산포에서 본대와 긴급통신 임무에 종사할 것.
11, 부산에 있는 쓰쿠시는 한국전신국을 점령하여 이를 우리 육군에 인도하고, 러시아 선박이 있으면 포획하고 본관의 도착을 기다려 본대에 합류할 것(『극비해전사』 1부 10권 23쪽).

이것에서 볼 수 있는 것처럼 대러 개전 벽두에 한국의 진해만과 마산 및 부산의 한국전신국을 점령하고, 또 그곳에 러시아 선박이 있으면 이것을 포획하는 것을 정식 군사작전으로 사전에 계획하여 실행했던 것이다. 그것을 우선 확인해두고자 한다. 그리고 이 제3함대 작전 전체를 지휘한 것이 해군대신 야마모토 곤베에였다.

광대한 양항(良港)

진해만은 한반도 남안에 있는 부산항의 서쪽에 있다. 통영반도와 거제도가 둘러싸서 외양의 풍파를 막고 있는 넓은 만은 해군의 근거지로서도, 또 쓰시마와 대치하여 대한해협을 수비하는 곳으로서도 절호의 입지였다(현재도 한국 해군의 주요 군항이다).

제6장에서 상술했듯이, 해군 군령부는 1904년 1월 초에 전 7항목으로 된「대러 작전 제1계획」을 책정하는데, 그 제4항목에 "임시 근거지를 진해만에 설치한다"라고 되어 있다. 게다가 '비고'에 "진해만은 조선해협의 장악을 확실히 하고, 한일 양국 간의 교통을 유지하는 데 필요하기 때문에 피아의 정황에 관계없이 우선 이를 점령하려 한다"고 쓰여 있다. 대러 개전과 동시에 진해만을 점령하고 이곳을 일본 해군의 근거지로 하는 것은 일본 해군의 확정 전략이었다.

진해만이 얼마나 탁월한 양항이었는지에 대해서, 러일전쟁 7년 후가 되지만, 1912년 6월 4일부터 7일까지「진해의 발전」(1)-(4)로『도쿄지지신보(東京時事新報)』에 게재된 기사 중에「이상적 진해」라는 제목을 달고 게재된 기사를 소개하려 한다.

　진해만은 가조도(加助島)·칠천도(漆川島) 등 크고 작은 도서를 뱃속에 품고, 거제도를 앞 벽으로 하고 한산도·욕지도·비진도·연화도·기타 무수한 도서를 외양에 대한 안벽(岸壁)으로 하고, 남쪽은 통영, 북쪽은 가덕의 협애한 두 수도를 통과하는 외에 선박이 교통하는 길은 없다. 그렇지만 통영 수도는 해저가 매우 얕아 300톤 이상 선박의 통항은 전혀 불가능하기 때문에 진해만으로의 교통은 오직 가덕 수도에 의지할 뿐이다. 만의 모양은 마치 자루 같고, 만 안은 풍랑이 거의 없기 때문에 온통 새파랗고 고요한 바다 거울을 보는 것 같다. 수심은 일곱 길 내지 스물일곱 길이나 되기 때문에 어떤 거함대박(巨艦大舶)도 안전하게 출입할 수 있다. 또 그 규모는 극히 광대 웅장하여 영국의 드레드노트(Dreadnought)를 능가하는 규모의 대함대가 쉽게 함대운동을 시행할 수 있다 하니 대략 그 넓이를 가늠할 수 있다. 이와 같이 광대한 양항은 내지(일본)에 절무(絶無)하다(『東京時事新報』메이지 45년 6월 4일자).

　진해만으로 선박이 교통하기 위해서는 남쪽은 통영 수도, 북쪽은 가덕 수도라는 좁은 수도를 통과할 수밖에 없다. 그렇지만 통영 수도는 해저가 매우 얕아 300톤 이상의 선박은 통과할 수 없다. 따라서 진해만으로의 교통은 가덕 수도에 의지할 수밖에 없다. 요컨대 방어가 용이하다. 만 안에는 거의 풍파가 없고 마치 "거울을 보는" 듯하다. 수심은 일곱 길(12.6미터)에서 스물일곱 길(48.8미터)이나 돼 어떤 거함도 안전하게 출입할 수 있다. 더구나 규모는 극히 광대하여 '드레드노트를 초과하는 대함대'가 쉽게 함대운동을 할 수 있다. 이와 같은 광대한 양항은 일본에 절무하다고 쓰고 있다. 일본 해군이 진해만 점령에 집착한 이유가 이해될 것이다.

그러나 잊어서는 안 되는 것은 이곳은 대한제국의 영토이고 연안과 섬들에는 많은 한국인이 살고 있다는 것이다. 일본 측 자료는 마치 사람이 살지 않는 땅에 가는 것처럼 쓰여 있고 오늘에 이르기까지 그것을 흉내 내는 언설이 횡행하고 있다. 그 최고봉이 시바 료타로(司馬遼太郎)의 『언덕 위의 구름(坂の上の雲)』이고, 이 소설 '진해만' 장에서 묘사된 정경, "한국 영토인 육상과는 아무 교통도 없었다"라는 기술이 얼마나 엉터리인지에 대해서는 이미 엄하게 지적된 적이 있다.[1]

러시아 해군이 바란 마산포

진해만의 동북 모퉁이에서 북쪽으로 육지 안쪽으로 깊이 들어간 작은 만으로 마산만이 있다.

[마산만 안쪽에는 저도(猪島)가 있고 섬 양쪽에 만안(灣岸)이 돌출하여 하나의 목을 이루고, 게다가 만의 입구가 부도(釜島) 수도에 의해 진해만으로 열린 부분에는 소모도(小毛島)가 있어 만의 입구를 장악하

---

1) 竹國友康, 『ある日本歷史の旅―鎭海の櫻』(朝日選書, 1999), 66쪽.

고 있다. 만의 안쪽은 늘 호수처럼 고요하고 평온하다. 더구나 만 안의 수심이 깊어 대선을 받아들임에 적합하다(『日本地理風俗大系』 17권, 新光社, 1930, 16쪽).

물이 깊고 호수처럼 고요하고 평온한 마산만의 안쪽에 선착장으로 형성된 것이 마산포다. 대한제국 경상남도 창원군에 속했다. 마산포는 러일전쟁 5년 전인 1899년 5월에 개항장이 되고 각국 거류지가 설치되었다. 마산 개항에 동반하여 마산포에는 일찍이 같은 해 8월 20일에 창원우편사, 8월 29일에 창원전보사가 인접하여 개설되었으며, 한국정부는 우편과 전신업무를 취급하기 시작했다.[2]

일본은 우선 이곳에 부산영사관 마산분관을 두고 영사관보로 목포에 근무하고 있던 사카타 주지로(坂田重次郎)를 전임시켰다. 다음 해 1900년 4월 1일자로 마산분관이 마산영사관으로 승격되면서 사카타가 초대 영사로 취임했다. 사카타는 영사관 내에 개설된 '마산일본우편국' 국장도 겸임했다.

이 마산포를 맨 먼저 주목한 것은 실은 러시아 해군이었다. 1900년 3월 30일 주한러시아공사 파블로프가 한국정부와 2개의 조약을 체결했다. 그 첫 번째 조약에서 한국은 러시아에 대해 마산포에 러시아함대를 위한 석탄저장소와 해군병원 각각 1개소를 설치하는 것을 허가했다. 그리고 두 번째 조약에서 러시아는 한국정부에 대해 거제도 및 그 대안의 육지와 부근 섬들의 조차를 결코 요구하지 않는다고 약속했다.[3]

---

2) 陳錤洪, 「한국통신사」, 『한국문화사대계』 III, 고려대학교 민족문화연구소, 1966.

러시아 해군은 사용 예정지에 말뚝을 박고 한국정부와 교섭에 들어갔다. 그러나 이 러시아의 방식은 정말이지 대범하였다. 그것을 초대 마산영사가 된 사카타 주지로가 묵과할 리가 없다. 러일전쟁 당시 체신성 통신국장이었던 고마쓰 켄지로(小松謙次郎)는 다음과 같이 회상하였다.

러시아는 일본이 진해만을 방비할 것을 우려하여 마산의 영사나 경성의 영사로 하여금 마산 부근의 토지를 매수하도록 했다. 그것을 들은 마산영사 겸 일본의 마산우편국장이었던 사카타 주지로라는 사내가, 후년에 통상국장·스페인 공사가 되었지만, 이것을 육군과 교섭하여 육군 군사비로 그 주변의 토지를 먼저 사버렸다.4)

결국 일본 외무성과 육군의 의향을 받고 암약한 '민간인'이 러시아의 해군기지 예정지를 잠식하였으므로, 러시아는 해군기지 계획을 단념해야만 했다.

그 후 사카타는 본성으로 돌아와 정무국 참사관으로 정무국장 야마자 엔지로(山座圓次郎)와 함께 외무대신 고무라 주타로의 러일 개전 외교를 추진하게 된다.

이렇게 해서 진해만과 마산포가 러시아의 해군기지가 되는 것을

---

3) 杉山萬太, 『鎭海』(鎭海印刷社, 1912), 62쪽.
4) 『田中次郎』, 426쪽. 이 책은 1901년 3월부터 1906년 2월까지 일본이 서울에 설치한 '경성우편국' 국장의 직에 있으면서 일본에 의한 한국 통신권 수탈에 비상한 '공적'이 있었던 다나카 지로의 1주기를 기해 1932년 7월 유족에 의해 비매품으로 출판된 것이다. 내용은 「연보」, 「자서전」, 「일기초(鈔)」, 「일화」, 「가집(歌集)」, 「고인을 말한다」로 되어 있다.

저지한 일본은 계속해서 이곳을 일거에 점령하는 것을 계획했다.

마산포의 군함 아타고

1904년 1월 11일 요코스카(橫須賀) 군항에 있던 2등 포함 아타고(愛宕, 622톤)는 제3함대에 편입되었다. 『극비해전사』에는 1월 10일에 편입된 것으로 되어 있지만 『군함 아타고 전시일지』의 기록 쪽을 택했다. 이하에서 특별히 언급하지 않는 한 전거는 후자다.

1월 14일 아타고 함장 구보타 히코시치(久保田彦七) 중좌는 제3함대 사령장관 가타오카 시치로 해군 중장의 전명을 받고 요코스카를 출항, 1월 27일에 쓰시마의 다케시키에 입항, 제7전대 사령관 호소야 스케우지(細谷資氏) 해군 소장의 지휘 아래에 들어갔다.

다음날 28일 구보타 함장은 호소야 사령관으로부터 다음의 훈령을 받았다.

> 그 함 및 군함 조카이(鳥海)를 한국 마산포 및 부산항 방면으로 파견하여 경비 임무에 복무토록 하고, 귀관은 속히 준비를 갖추어 마산포로 급히 항해해서 아카기(赤城) 함장으로부터 임무의 인계를 완료하고, 특히 러시아 함선의 거동에 주의하여 직접 이를 해군대신에게 보고할 것.

아타고는 마산포 경비 임무에 나갈 것, 특히 러시아 함선의 거동에 주의하여 이것을 해군대신에게 직접 보고하라고 명령을 받은 것이다.

그날 오후 아카기가 이미 마산포에서 부산으로 귀항했다고 듣고, 다음날 29일 오전 7시 8분 아타고는 조카이와 함께 부산을 향해 다케시키를 출항했다. 약 7시간의 항해 후 오후 2시 반 부산항에 도착한다. 오시마(大島)·아카기 두 함장과 회합하여 업무를 인수하고, 나아가 시데하라 키주로(幣原喜重郞) 부산영사 등과 현지의 정세를 파악하고 앞으로의 일을 협의했다.

아타고 함장은 조카이 함장과 연명으로 29일 오후 3시에 도쿄의 야마모토 해군대신과 다케시키의 호소야 사령관에게 "도착, 오시마·아카기로부터 임무를 인수"라고 전보를 쳤다. 호소야 사령관으로부터 "금후 러시아 군함과 러시아 상선이 다수 출몰하여 아타고·조카이만으로 도저히 임무를 기민하게 처리할 수 없는 우려가 있다고 인정될 때는 즉시 의견을 전보할 것"이라는 전보가 있었지만, 이것에 대해서는 "항내에 러시아 함선은 없다, 현 상황에서 2척으로 충분하다고 생각한다"고 답전했다. 이것이 1월 30일 오전 8시 30분의 일이다. 계속 이날 오전 9시발로 서울의 일본공사관 배속 요시다(吉田) 해군 소좌에게 "도착, 오시마·아카기의 임무를 인수했다, 긴급한 사항이 있으면 전보를 바란다"고 발신했다. 오전 11시에는 마산포의 미우라 야고로(三浦彌五郞) 영사에게도 "도착, 오시마·아카기의 임무를 인수했다, 곧 1척이 그곳으로 회항할 예정이지만 긴급한 사항이 있으면 전보를 바란다"고 발신했다. 이미 해군·육군·외무성의 제휴가 순조롭게 진행되고 있음을 볼 수 있다.

아타고 함장은 같은 날(1월 30일) 「경비보고 기일(其一)」을 썼다.

러시아 포경선은 며칠 전에 원산으로 떠나 부산항에는 1척의 외국선도 보이지 않는다. 거류민들은 아무런 동요도 없이 매우 조용하다. 저번에 러시아 사관이 해저전선을 절단했다고 운운한 건 부산우편국장이 아무 근거도 없이 체신대신에게 자신의 상상을 타전한 결과였다. 부산에는 육군 참모관이 와 있으며 육군의 양륙(揚陸) 준비가 이미 완성되고 있음을 영사로부터 들었다.

「경비보고 기일」에는 그렇게 쓰여 있다.

2월 1일 아타고는 마산포에 있다. 거기서 부산과 마산포에 정박한 군함과 양 영사관 사이의 상호 통신을 위한 규약이 다음과 같이 정해졌다. 이것은 오시마·아카기'가 하던 것을 인수한 듯하다.

우선 영사관이 회담을 필요로 하는 경우, 영사관의 깃대에 주간은 적기, 야간은 붉은 등을 내건다. 영사관이 정박함 앞으로 전보 등을 수령한 때는 적기 혹은 붉은 등을 절반 높이로 내건다. 회담을 필요로 하지 않는 경우는 가능한 한 속히 서면으로 상호통신의 신속을 꾀한다.

제3함대 제7전대 소속의 군함 12척 중에서 무선통신기를 싣고 있는 것은 호소야 사령관이 탑승한 기함 후소(扶桑)뿐이었다. 따라서 부산항 및 마산포에 정박하는 군함과 두 곳 영사관과의 통신방법이 주간은 적기, 야간은 붉은 등을 사용해서 행했던 것이다.[5]

다음날 2월 2일 '아타고'는 호소야 사령관으로부터 "러일의 시국이 더욱 절박하다, 바로 부산으로 회항하라"는 명령을 접하고 오전 7시에 마산포를 출발, 4시간 후인 11시 50분에 부산에 입항했다. 여기서 구보

---
5) 『기밀해전사』 제4부 제4권, 124쪽, 「개전 당시의 무선전신기 장비함 일람표」.

타 함장은 해군대신 앞으로, 1월 29일 부산 도착 이래 특별히 보고할 이상은 없지만 참고를 위해 소관이 견문하고 관찰한 현재의 상태를 개진한다고 하면서 제1보고서를 발신했다.

그 중에, 현재 부산에는 육군 장교가 와 있고, 다수의 한국인 통역을 고용하는 등 이미 개전을 준비하는 형적이 공공연한 비밀로 되어 있다고 서술하고 있다. 또 부산항의 감리(개항장에 있는 한국의 행정관) 오구영(吳龜榮)과 마산포 감리 이태정(李台珽)은 모두 "친러의 경향이 있고 혹은 러시아의 사주를 받고 있는지도 모른다"고 하였다. 결국 두 곳 모두 러시아가 일본의 군사적 행동의 비밀을 정찰하는 데 주도면밀한 수단을 갖고 있는 것이 확실하기 때문에, 사국(事局)의 추이에 따라 기민하게 통신기관을 두절시키는 조치를 취하는 것이 극히 필요하다고 생각된다고 서술하고 있다. 그리고 "호소야 사령관의 명령에 따라 [해군대신의] 명령이 있기만 하면 한국전보국을 점령하기 위한 수단은 두 곳 영사와 교섭하여 강구해두겠다"고 보고했다.

아타고 함장은 2월 2일 야마모토 해군대신에게 명령이 있으면 즉시 부산과 마산의 한국 전신국을 점령할 준비가 되어 있다고 보고한 것이다.

마산전신국 점령

4일 후인 2월 6일 아타고는 마산만에서 진해만으로 나와 내통포(內筒砲, 대포의 조준훈련을 위해 대포의 중심에 소총을 장치한 것) 사격훈련을 시행했다.

낮 12시 30분 같은 제7전대의 카이몬·반조·마야가 진해 점령을 위해 왔다. 그 카이몬 함장이 아타고 함장에게 호소야 사령관의 '7전기밀 제10호'의 실시명령을 전달했다. '7전기밀 제10호'는 전술했듯이 진해만 점령 작전명령이다. 제10항에 아타고의 마산전신국 점령을 명하고 있다. 그리고 제11항에 쓰쿠시의 부산전신국 점령을 명하고 있지만, 이때 부산항에 있던 쓰쿠시에 이 명령이 전해지지 않았다. 그 이유는 후술한다.

아타고의 구보타 함장은 즉시 마산포로 향했다. 도중인 오후 3시 반에 마산영사 앞으로 "본 함은 명에 따라 전신국을 점령하려 합니다. 따라서 전신 기수(技手) 및 통역 1명은 해안의 상륙 장에서 위의 육전대와 합류하도록 매우 급히 조치하기를 바랍니다. 이를 말씀드립니다"라고 편지를 써 승조원인 후지타니(藤谷) 소위에게 부탁하여 커터(cutter, 배에 싣고 있는 대형 보트)로 보냈다. 육전대는 해군의 지상 전투부대를 말한다.

이때 아타고 함장이 후지타니에게 준 명령은 "귀관은 본 함이 마산포에 닻을 내리면 즉시 영사관에 가서 미우라 영사를 면접하고 별지 조회서를 교부한다. 그리고 그곳에 체류하는 러시아인의 단속 건에 대해 그 처분 방법을 영사의 자문을 구하여 본관에게 보고할 것"이라는 것이다.

명령 중의 '별지 조회서'에는 "영사와 협의할 건"으로 다음의 7건이 거론되어 있다.

1, 러시아인의 감시 상황은 어떠한가. 그곳에 육전대를 상륙시킬 때까지 절대로 비밀로 하고자 한다.
2, 한인이 오해하지 않도록 고시(告示)를 내는 것은 어떤가.
3, 본 함의 임무를 설명하는 건.
4, 본 함과 통신 연락을 취하기 위해 징발할 수 있는 소증기선은 없는가.
5, 그곳에 있는 러시아 병영과 석탄고를 우리가 사용할 것.
6, 본 함이 필요로 하는 경우 징발할 수 있는 배는 몇 척 정도 있는가.
7, 군함용 물통, 음료수 및 식량의 준비를 제국 거류민에게 명령해주기 바란다.

후지타니 소위는 아타고함의 마산포 도착에 앞서 오후 3시 40분에 커터를 타고 출발, 4시 15분에 영사관에 도착하여 영사를 면회했다. 후지타니는 미우라 영사에게 함장의 편지를 건넨 다음 매우 급히 전신기수와 통역 각 1명을 상륙장까지 보내줄 것을 요구했다. 아울러 마산포에 체류하는 러시아인에 대한 단속 건에 대해 그 처분 방법을 상담했다.

『군함 아타고 전시일지』에 수록된 후지타니의 보고서에 따르면, 영사는 즉시 사람을 보내 약 20분 후에 전신 기수와 통역 각 1명을 상륙장으로 가게 하여 아타고로부터 상륙한 육전대와 합류시키고, 4시 50분에 육전대는 전신국을 향해 출발했다고 쓰여 있다. 단 이 시각에 대해서는 의문이 있다. 이것은 후술하겠다.

그런데 전신국 점령 후의 조치에 대한 영사의 의견은 아래 기록과 같았다.

1, 점령 후 당분간 병사 몇 명을 남겨 전신국을 지킬 것.
2, 원래 일본인 전신 기수는 한국인이 전신암호를 모르기 때문에, 만약 일본인만으로 전신국 사무를 취급할 때 부산과의 통신은 가능하지만 조선인이 취급하고 있는 경성·인천 등과의 통신은 완전히 두절되지 않을 수 없다. 그러므로 한인 기수 1명 내지 2명을 남기고, 엄중한 감시하에 저들로 하여금 사무의 일부분을 이행시킬 것. 단 이 경우에도 저들이 괴이한 통신을 하는 등 불온한 거동이 있을 때는 일본인만으로 사무를 취급하는 것은 물론이다.

또 체류 러시아인의 단속에 대해서 영사는 이미 "그 관계당국으로부터 명령"을 받았으며 그 대요는 아래 기록대로라고 말했다.

1, 체류 러시아인 또는 저들이 사역하는 한인이 암호통신 또는 괴이한 통신을 하는 일을 엄금할 것.
2, 저들이 위의 것을 따르지 않을 때는 구금하여 엄중히 처분할 것.

미우라 영사에게 명령을 내린 '그 관계당국'은 외무성 이외에 있을 수 없다.

한편 미우라 영사는 위의 외무성 명령을 실행하기 위해 영사관 경찰인 경부·순사·통역 각각 1명을 차출하고, 게다가 후지타니에게 육전대 병사 2명을 요구하여 합계 5명으로 러시아인 거택을 습격, 군사상 부득이한 이유로 전항 1, 2의 조건을 실행한다고 통지토록 했다. 후지타니 소위의 임무는 이것으로 끝났으며 영사관에는 15분만 있었을 뿐이다. 4시 30분에 영사관을 나와 4시 45분에 상륙장에 도착, 5시 5분에 아타고로 귀함했다.

이보다 약간 전인 오후 4시 아타고는 마산포에 닻을 내렸다. 구보타 함장은 분대장 대리 아마노(天野) 중위를 육전대 지휘관으로 임명하고, 육전대원 40명을 거느리고 상륙시켜 전신국을 점령하도록 하였다. 아마노 중위에게 준 명령은 아래와 같다.

귀관은 본 함이 마산포에 정박한 후, 육전대를 거느리고 마산포에 상륙하여 한국 전신국의 점령을 실행할 것. 다만 점령 후의 처분에 대해서는 마산포 영사 및 우편국장과 협의한 다음 단행하고, 필요한 병사를 남기고 귀함하여 그 상황을 보고할 것.

『군함 아타고 전시일지』에 수록된 육전대장 아마노 중위의 보고서를 요약하면, 전신국 점령은 아래 기록과 같이 실행되었다.

오후 4시 30분 육전대는 경부 사카이 마스타로(境益太郎)[6]와 일본 우편국장 외 국원 3명과 함께 창원전보사[국]에 도착, 즉시 점령했다. 전보사장(電報司長)은 부재였지만 주사 조충호(趙忠鎬)에게 점령 이유

---

6) 사카이 마스타로는 명성황후 시해 때 서울의 일본영사관 경찰서 순사로 경복궁에 침입, 살해에 가담했다. 히로시마 지방재판소 예심종결결정서에 이름이 올라 있는 48명 중 1명이다. 다시 외무성에 고용되어 경부로 승진한 것을 알 수 있다.

를 통고하고, 설비한 기계 등을 고장 없이 수취했다. 사장을 수색하기 위해 병사 2명에 국원 1명을 붙여 소재를 찾았는데 전보국 밖에서 발견했다 하여 바로 전보국으로 돌아오도록 하였다. 전보사 내에 한전(韓錢)이 있었지만, 이것들은 모두 사장에게 인도했다. 국원은 별로 저항 의지가 없는 것 같았다.

다수의 국원은 불필요하여 전보사에는 사장 서상철(徐相哲), 주사 조충호, 우체사에는 사장 정재은(鄭在恩), 주사 구자혁(具滋爀) 등 4명과 심부름꾼 2명을 남기고 나머지는 모두 국외로 방출했다. 전보사장으로부터 한국 전보는 종전대로 취급해 주기 바란다는 요청이 있었는데, 군사와 관계없는 것은 허가할 방침이지만 충분한 통역과 감독자를 얻기까지는 이것을 금지한다고 고지했다.

부산국이 아직 점령되지 않아서 마산포와 부산 간은 불통이다. 한인 기수로 하여금 취급토록 하면 통신할 수 있지만, 실제로 어떤 것을 통신하고 있는지 우리 기수가 알 수 없어 극히 불안하기 때문에 부산 점령을 기다려 통신을 회복·완비한다.

육전대는 오후 4시 50분에 점령을 완료했다. 군함기를 깃대에 게양하여 점령한 사실을 보였다.

아마노 중위는 육전대원 40명 중 16명을 남기고 귀함했다. 오후 8시 15분에 구보타 함장 앞으로 「한국 마산포전신국 점령 보고서」를 제출했다.

후지타니의 보고서와 아마노의 보고서에는 육전대가 마산전신국(정확히는 창원전보사와 같은 곳에 있던 우체사)에 도착한 시각 등이 다르다. 실제로 그곳을 점령한 것은 아마노이기 때문에 아마노의 보고서를 취하는 것으로 한다.

그날 밤, 날짜가 바뀐 7일 0시에 아타고는 마산포를 출발, 진해만 입구에서 카이몬 함장에게, 호소야 사령관 앞으로 보내는 「한국전신국 점령 복명보고서」를 제출하고, 다시 마산포로 돌아와 경계태세를 취하면서 정박했다. 이것은 「7전기밀 제10호 제11항」(전게) 명령대로의 행동이었다.

아타고는 마산전신국 점령 후에도 마산포에 머물면서 본대와 긴급통신 임무를 맡도록 명령을 받았다. 도쿄의 해군 군령부 및 다케시키의 제3함대 사령부, 또 서울의 일본공사관에서는 러시아함대의 정보를 수집하고 있었다. 그 정보 여하에 따라 진해만의 제7전대에는 긴급명령이 발령될 것이었다. 그리고 그 명령은 아타고가 점령한 마산전신국에 연결되는 한국 전신선을 경유해서 도달하는 것으로 되어 있었다.

부산항의 군함 쓰쿠시

그런데 진해만 점령 작전명령인 「7전기밀 제10호」 제4항에 "지유안 (濟遠, 일본 명 사이엔)은 급행으로 울산을 정찰하여 러시아 군함이 있으면 포획 인치(引致)하고, 이상이 없으면 바로 부산으로 가서 본대에 합류할 것"이라고 쓰여 있다.

지유안은 이 명령을 실행하기 위해 다른 함보다 앞서 2월 6일 오전

5시에 다케시키를 출항했다. 그리고 이 지유안이 러시아 휴직 해군 군인에 의해 운영되고 있던 '의용함대회사' 소유의 기선 에카테리노스라프호를 나포한 것은, 『일본외교문서』에 따르면 6일 오전 9시 부산 북방 3해리 해상이었다 한다.7)

『극비해전사』에는 오전 5시에 울산 방면으로 향했던 지유안이 중도에 해상에서 에카테리노스라프호를 나포했다고 쓰여 있으며 장소는 명시되어 있지 않지만, 그곳이 당시 국제적으로 인정된 해안선으로부터 3해리라는 한국 영해 내인 것은 틀림없을 것이다. 지유안은 명령대로 에카테리노스라프호를 나포하여 예인하면서 부산 항구에 있는 절영도 부근에서 본대의 도착을 기다렸다.

지유안에 이어 오전 6시 반에 다케시키를 출항한 후소·핑유안(平遠,

---

7) 1904년 2월 6일 오전 9시 부산 북방 3해리 해상에서 군함 지유안에 나포되어 사세보로 예인된 러시아 의용함대회사의 기선 에카테리노스라프호는 독일 합명회사 쿤스트상회 블라디보스토크 지점에서 오데사 지점으로 약기 등을 수송하는 도중이었다. 화물 소유자 독일인 쿤스트상회 지배인과 기선 소유자 러시아인 의용함대회사 대표이사의 대리인 변호사 마스지마 이치로(增島一郎)가 제기한 화물과 선박의 반환청구에 대해, 같은 해 5월 26일자로 사세보포획심검소가 제출한 검정서(판결문에 상당)는 청구인의 주장을 물리치고 화물과 선박을 몰수했다. 그 이유로 "메이지 37년(1904) 2월 5일 제국은 러시아에 대해 외교단절의 통지를 발하고, 이와 동시에 전비를 갖추어 다음날 6일 오전 7시 우리 함대는 러시아함대를 공격하기 위해 사세보를 출발했다. 곧 피아 함대의 행동과 당시의 정황으로 살펴보면 항적(抗敵)행위는 본 건 나포 이전에 공공연히 개시된 것이다, 그러므로 본 건 나포 당시에는 교전상태가 이미 성립한 것이 명백하다"고 쓰여 있다(『일본외교문서』 제37권·제38권 별책 1권, #238 「에카테리노스라프」호 사건, 241-242쪽).

이 검정서에서 드러난 견해는 일본이 러시아에 대해 2월 5일에 외교단절 전보를 발신하고, 2월 6일 오전 7시부터 러시아함대를 공격하기 위해 사세보를 출발했기 때문에, 6일 오전 9시에 에카테리노스라프호가 나포된 시점은 이미 교전상태가 성립되고 있기 때문에 나포는 정당하다는 것이다. 이것은 일본의 외교단절 통고가 러시아에 전해진 것이 현지시간으로 6일 오후 4시, 일본 시간으로 오후 9시라는 것, 일본 해군의 출격은 완전히 은닉되었다는 것을 무시한 폭론이긴 하지만, 일본의 군사행동 개시를 2월 6일 오전 7시로 인정하고 있는 점은 흥미롭다.

일본 명 헤이엔)과 제16정대는 낮 12시 30분에 부산항 바깥에 도달했다. 호소야 사령관은 지유안이 나포한 에카테리노스라프호를 제10정대 소속의 수뢰정(제42호)에 명해서 사세보로 보냈다(『극비해전사』 1부 10권, 61쪽).

당시 부산항에 있던 쓰쿠시의 일지인 『쓰쿠시 전시일지』 2월 6일조에는 다음과 같이 쓰여 있다.

정오, 쓰쿠시를 향해 후소 · 지유안 · 핑유안 3함과 수뢰정 3척이 가까이 오는 것이 보였다. 그리고 낮 12시 30분에 수뢰정 시라타카(白鷹)로부터 와카바야시(若林) 사령이 배로 와서, 지유안이 러시아 기선 1척을 나포한 것을 전하고 쓰쿠시도 바로 본대에 합류하라고 말했다.

같은 시각에 마산포에서 진해만으로 나온 아타고 함장이 카이몬 함장으로부터 「7전기밀 제10호」의 실시 명령을 전달받은 것은 전술했다. 그에 따라 아타고 함장은 바로 마산전신국 점령에 착수했다. 마찬가지로 와카바야시 사령은 쓰쿠시 함장에게 「7전기밀 제10호」의 실행명령을 전달해야만 했을 것이다. 그런데 무엇 때문인지 그렇게 하지 않고 본대로 합류하라는 명령만 전달한 것이다. 따라서 「7전기밀 제10호」에 의해 쓰쿠시에 명령된 부산전신국 점령은 실행되지 않은 채, 쓰쿠시는 닻을 올리고 부산 항구를 나왔는데, 지유안이 포획하여 예인해온 러시아 기선 에카테리노스라프호가 있었다. 쓰쿠시는 잠시 이 기선을 감시했다 한다.

부산항에서는 2월 6일에 또 한 척의 러시아선이 포획되었다. 그것은 '펑텐(奉天)' 또는 '묵덴'으로 불린 동청철도회사 소속의 기선이었다. '펑텐'은 중국 동북부의 중심도시 '선양(瀋陽)'의 옛 이름으로 만주어로는 묵덴으로 발음되었다. 묵덴의 포획에 대해서 『극비해전사』에는, 후소·핑유안을 따라 다케시키를 출항하여 부산으로 향한 제16정대에서 시라타카가 대열을 이탈, 급히 항해하여 호소야 사령관의 명령을 부산항에 있는 쓰쿠시에 전하고 돌아오는 중에 부산항 바깥에서 핑유안과 함께 러시아 동청철도회사 소유선 묵덴호를 나포하여 다케시키로 보냈다고 쓰여 있다.8)

그러나 『쓰쿠시 전시일지』에는 "핑유안 및 후소, 북항[부산 항내]에 입항하여 정박 중인 러시아 기선 펑텐호를 나포하고, 핑유안이 이를 인치하여 남항하다"라고 명확히 쓰여 있다. 일본 군함이 부산 항내에 들어가서 정박 중인 묵덴호를 포획한 것은 의심의 여지가 없다. 이 문제에 대해서는 야마모토 해군대신이 2월 8일자로 고무라 외무대신 앞으로 보낸 서간도 남아 있다. 거기에도 "러시아 동청철도회사 기선 묵덴, 이달 6일 군함 핑유안이 부산항에서 압류"라고 확실히 쓰여 있다.9)

『극비해전사』의 "부산항 바깥에서"라는 기사는 적선이더라도 중립

---

8) 『극비해전사』 제1부 제10권, 62쪽.
9) 외무성 외교사료관 소장, 『日露戰役關係外國船舶拿捕抑留關係雜件 露國船ノ部』 제2권 (JACAR B07090664300). 이 서간의 전반부에는 2월 6일에 나가사키에 정박 중인 러시아 기선 실카, 만추리아와 러시아 포경선 레스니크, 노르웨이 기선 슬립픈아를 일시 압류했는데 그날 중으로 해방시켰다고 서술하고 있지만, 해방은 사실이 아니다. 후반에는, 2월 6일에 부산 근처 및 부산 항내에서 러시아 기선 2척을 압류한 것과 다음날 7일에도 한국 연안에서 러시아 기선 2척을 압류, 4척은 사세보에 억류 중이라고 쓰여 있다.

국 항내에서는 나포할 수 없다는 전시국제법 위반을 피하기 위해 사실을 왜곡해서 기술한 것이다.『극비해전사』는 이것에 이어 호소야 사령관이 장교를 지상에 파견하여 한국 전신국의 현상을 조사시켰는데, 오늘 아침 벌써 "육군이 사실 이를 점령한 상태여서" 오후 4시 30분 후소·쓰쿠시, 제16정대를 거느리고 부산 항외를 출발했다고 쓰고 있지만, 이것도 사실이 아니다. 육군 수비대가 부산전신국을 점령한 것은 다음날인 2월 7일 아침까지 지체되었다.『극비해전사』의 기술은 해군의 명예를 위해, 명령 전달 불비에 의한 중대한 실수를 은폐한 것으로 보인다.

『쓰쿠시 전시일지』에 따르면 쓰쿠시는 후소를 따라 진해만으로 들어가고 오후 7시 30분 칠천(漆川) 수도에 닻을 내렸다. 그 후 쓰쿠시 함장은 기함 후소로 가서 비로소 "아래 기록한 명령이 이미 우송되었음을 알지만 도착 지연으로 본 함의 행동이 시의를 벗어난 것은 승무원 등이 대단히 유감으로 여기는 바이다"라고 하면서「7전기밀 제10호」전문을 게재하고 있다.

이것을 보면 2월 3일 다케시키의 후소에서 발령된「7전기밀 제10호」자체가 부산항에 있던 쓰쿠시에는 닿지 않은 것을 알 수 있다. 이 명령은 별도로 실행명령이 있기까지 각 함장에게 밀봉 보관하는 것으로 명령된 것이었지만 이날(2월 6일) 쓰쿠시 함장에게는「7전기밀 제10호」의 실행명령도 역시 전달되지 않았다. 이러한 이중의 실수를 임기응변으로 대처해서 이를 구한 것이 부산영사 시데하라 키주로(幣原喜重郎)였다.

부산영사 시데하라 키주로

시데하라 키주로는 주지하듯이 1945년 10월 미국의 군사점령하에서 제2차 대전 후 최초의 수상에 취임한 외교관이지만, 1928년 아사히신문사에서 출판된 『그때를 말한다(その頃を語る)』에 「부산영사 시절의 공적ㅡ러일 개전 찰나 꿈속의 전신국 점령」이라는 글을 기고하였다. 또 전후인 1951년에 마찬가지로 아사히신문사에서 출판된, 시데하라의 구술을 정리한 『외교 50년』 중에서도 「러시아영사의 항의」, 「우편국의 무용담」이라는 소제목으로 당시의 일을 말하고 있다. 앞의 책에서 시데하라는 다음과 같이 서술하였다.

지금도 잊을 수 없는 메이지 37(1904)년 2월 7일의 이른 아침, 나는 이전과 다름없이 기상하여 부산항을 한눈에 조망할 수 있는 영사관 창을 통해 문득 항내를 보니 2, 3일 전에 막 입항한 동청철도회사 부속상선 만추리아호에 심상치 않은 소동이 일어나고 있는 것 같았다. 급히 망원경을 꺼내 세밀히 보니 확실히 무장한 일본 수병이 잇따라 만추리아호에 올라타고 있는 게 아닌가라고 생각하고 있는데, 지금까지 게양된 러시아 국기가 일순간 일본의 군함기로 바뀌어버렸다.

시데하라는 이처럼 2월 7일 아침의 사건으로 말을 꺼냈지만, 이것은 2월 6일의 오류다. 또 배 이름도 '만추리아'가 아니라 '묵덴'이다. 이와 같이 몇 군데 기억의 착오가 있지만, 전시국제법 위반을 속이기 위해

『극비해전사』가 묵덴호의 포획을 부산 항외라고 쓰고 있는 것에 대해, 이것이 항내의 사건이었다는 것을 증언하는 점에서 시데하라의 회상은 중요하다. 계속해서 시데하라는 부산항에 입항한 포함 함장으로부터 러시아의 통신선 절단에 관해 상담을 받았던 것을 다음과 같이 말하고 있다.

그 전날 밤, 마침 입항한 포함의 함장으로 히로세 타케오(廣瀨武夫) 중좌의 친형인 히로세 카쓰히코(廣瀨勝比古) 군(당시 해군중좌)이 영사관에 와서 "아무튼 러일의 개전은 눈앞에 닥쳤다. 마침 나는 부산의 전신국을 점령하여 러시아 통신망을 끊는 임무를 띠고 있지만, 도대체 어떤 절차를 취하면 좋겠는가"라고 나에게 상담을 해왔던 것이다. (중략) 다음날 이른 아침에 중요한 임무를 지닌 히로세 함장은 팔구포 방면으로 출동하라는 명령을 받았다고 하면서 갑자기 부산을 출항해버리고 말았다. 중요한 임무를 띠고 있는 인물이 갑자기 출발해버리고 눈앞에는 벌써 전투행위가 시작되어, 전신국 점령에 대해 아무 임무도 가지지 않은 나로서도 가만히 있을 수 없다는 기분이 들었다. 나의 초조한 생각은 오로지 무의식적으로 부산의 전신국 압류를 나에게 명해버렸다.

히로세 카쓰히코는 오시마 함장으로 1월 20일에 마산영사와 부산영사에게 한국 전신국 점령에 관해 협력을 의뢰했다(이것에 대해서는 후술한다). 오시마는 1월 27일에 제1함대로 이동하게 되어 임무를 아타고와 조카이에 인계하고 부산을 떠났다. 시데하라는 29일에 아타고·조카이 함장과도 협의했다. 이것은 이미 소개했다. 다음날 30일 기관 고장을 일으킨 조카이 대신 부산항에 들어온 것이 쓰쿠시였다. 전투행위가 개시되었음에도 쓰쿠시가 전신국 점령을 시행하지 않은 채 부산을 출항해버린 일은 전술했다. 시데하라의 회상에서는 이 사이의 사정을 모두 생략하고 오시마함의 일을 말하고 있다.

또 이 회상에서는 시데하라가 어떤 수단으로 부산의 한국 전신국을 점령했는지에 대해서 전혀 다루지 않았지만 『외교 50년』에서는 꽤 구체적으로 말하고 있다. 시데하라는 부산 항내에서 일본 군함이 러시아 상선을 나포한 것에 대해서 러시아영사로부터 맹렬한 항의문이 왔지만, 이미 전쟁이 시작되었기 때문에 공문서를 수취할 까닭이 없다는 이유로 반환했다고 서술하고, 이어서 다음과 같이 말하고 있다.

러시아 영사는 그대로 있지 않을 것이다. 반드시 이 일을 본국 정부나 경성의 공사관에 전보를 칠 것이 분명하다. 인천 앞바다에는 러시아의 바랴그와 코레츠라는 경비정이 있다. 그렇다면 이들이 일본 배를 격침하든지 포획하든지 할 것이다. 어떻게 해서든 전보를 치지 못하도록 해야 한다. 이런저런 궁리 끝에, 꽤 좋은 방법은 아니지만 하나의 계책을 생각해냈다. 그래서 일본 경찰의 순사를 불러 "군, 무리한 부탁이지만 한 번 조선의 우편국에 가서 러시아 영사관으로부터 전보를 치면 그것을 접수하지 말도록, 칼 한 자루를 들고 가서 위협해주게. 물론 이것은 나쁜 일이어서 그 때문에 군이 면직될지도 모르네. 그리고 나 자신은 면직되어도 군 일신의 호구지책은 전력을 다해 보증하네. 또 경찰에 있는 것이 불가능하면 반드시 다른 직업을 알선할 테니 나를 믿고 눈 딱 감고 칼을 휘둘러 주게"라고 그 순사에게 일러주자 "잘 알겠습니다. 하겠습니다"라고 말하면서 순사는 우편국으로 달려갔다.

과연 러시아영사관의 심부름꾼이 긴 전보를 가지고 오고 우편국의 창구에서 이것을 접수하려 했다. 그래서 순사가 고함치며 들어가 그 전신을 수취하지 못하도록 했다. 수취하면 그대부터 베버리겠다고 하면서 칼을 뺐기 때문에 조선인 직원이 벌벌 떨었다. 그 사이에 순사는 그 전문을 쓴 종이를 빼앗아 찢어버렸다. (중략) 나는 우편국 창구 등에서 싸우는 것보다 이제 철저히 전선의 선로를 절단하는 방법 밖에 없다고 각오했다. 매우 난폭한 이야기지만 경찰로부터 한 부대를 출동시켜 전선절단이라는 비상수단을 취했던 것이다. (중략) "그때 우리는 전선을 점령할 계획을 가지고 있었는데 혼잡한 중에 손을 쓸 수가 없었다. 그것을 군이 절단시켜주어 매우 도움이 되었다. 고마웠다"고 해군 쪽에서 대단히 감사해 했던 것이다.

부산영사 시데하라 키주로가 영사관 경찰을 시켜 한국의 전신국 창구에서 러시아영사의 전보 수납을 저지함과 동시에 한국의 전신선 절단도 실행시켰던 것이다.

당시 부산 일본영사관 직속의 부산경찰서에는 경부 2명, 순사 31명이 배치되었다. 이것은 일본인 거류민에 대한 경찰권과 재판권을 집행한 영사 혼자의 생각으로 자유롭게 사용할 수 있는 강제력이다. 시데하라가 마치 알고 지내는 순사 한 사람에게 개인적으로 의뢰해서 행한 것처럼 서술하고 있는 것은 어디까지나 외부성의 관여를 부정하고 문제를 왜소화하기 위해서였다고 생각된다.

또 시데하라가 자주 이것은 나쁜 일이라서 면직을 각오하고 자신이 독단으로 한 것이고, 외무성에도 보고하지 않았다고 변명하는 것도 마찬가지 이유라서 신용할 수 없다. 시데하라가 한국 전신국 점령 임무를 띤 군함에 원조를 주는 것과 관련하여 고무라 외무대신에게 보고하여 허가를 얻은 것에 대해서는 후술한다.

다만 시데하라가 순사에게 가령 면직되더라도 호구지책은 반드시 책임진다고 설득했다는 것은 사실일 것이다. 시데하라는 이 1년 정도 전에 미쓰비시재벌의 창업자 이와사키 야타로(岩崎彌太郞)의 막내딸과 결혼하여 신부를 데리고 부산에 부임했다. 생활을 보살펴준다는 시데하라의 말은 확실히 설득력이 있었을 것이다.

또 후일 시데하라에게 감사의 말을 전한 해군사관은 아마 제7전대사령관 호소야 스케우지(細谷資氏) 해군 소장일 것이다. "혼잡한 중에 손을 쓸 수가 없었다"는 것은 러시아 선박 나포와 다케시키로의 예인에 정신을 빼앗겨버렸다는 의미일 것이다.

해군대신의 점령 해제 명령

2월 7일 오후 10시 30분 아타고 함장 구보타 중좌는 마산포에서 야마모토 해군대신으로부터 한 통의 전보를 받았다. 일본이 점령한 마산전신국으로 한 시간 전에 당도한 것이다. 영사관의 깃대 중간쯤에 붉은 등을 걸어 전보가 당도했음을 아타고에게 알렸을 것이다.

발신 2월 7일 오후 8시 54분, 착신 2월 7일 오후 9시 30분
　내일 8일 오전 8시에 마산포 및 부산항의 한국 전신국 점령을 해제할 것. 또 외국인을 박해하고 함부로 한국의 지상에서 병력을 사용하는 것 같은 행위를 하지 않도록 거듭 유의할 것. 이 취지를 사령관에게 전하라. 이 전보를 21번으로 한다. 수령하면 수령했다고 전보하라. 해군대신.

　이것에 보이는 대로 해군대신 야마모토 곤베에는 2월 7일 오후 8시 54분 아타고 함장에게 전신을 보내, 내일 오전 8시에 한국 전신국의 점령을 해제하라, 또 이것을 사령관에게 전하라, 수령하면 수령했다고 답전하라고 명령했다(점령해제 이유에 대해서는 후술한다). 해군대신이 일개 군함의 함장 앞으로 직접 명령을 내린다는 것은 당연한 일은 아닐 것이다. 이 사실은 한국 전신국 점령이 얼마나 중요한 군사작전이었는지를 보여주고 있다.
　한편 이 전보를 수취한 아타고 함장의 행동은 불분명한 점이 많다. 다만 마산전신국을 점령하고 있던 아타고의 육전대 잔류인원 16명이 8일 오전 5시 50분에 마산전신국을 부산의 육군 분견대에 인도하고 귀함한 것만은 확실하다. 결국 아타고 함장은 "점령을 해제하라"는 해군대신의 명령을 실행하지 않고 육군 수비대에 인도하여 점령을

계속하도록 했던 것이다.

그리고 이후 아타고 함장은 해군대신에게 오전 8시 반과 9시에 아래와 같이 두 통의 전보를 발신했다.

21번 전보는 즉시 호소야 사령관에게 전했다. 부산항의 전신국은 당해 사령관의 희망을 전하고 부산항의 수비대가 이를 점령했다. 또 마산포전신국도 어젯밤 부산항에서 육군수비대 일부가 와서 인도를 마쳤다. 이미 육군의 손에 넘어갔다. 위를 보고한다.
37년(1904) 2월 8일 오전 8시 반 함장

마산포전신국 점령의 수단에 대해서는 지극히 온건한 방침을 취했으며 또 재류하는 러시아인의 조치에 대해서는, 마산포영사가 외무성의 훈령을 접한 주안은 본관의 의견과 같아 이를 결행했다. 제국의 군사적 행동을 다른 곳에 누설하지 말라고 고지하고 이를 감시했지만 특별히 강박을 가하지는 않았다. 자세한 것은 서면으로 (보고하겠다).
2월 8일 오전 9시 함장

해군대신의 직접 전보, 그것도 "수령하면 수령했다고 전보하라"고 일부러 지시한 전보를 2월 7일 오후 10시 30분에 수취한 아타고 함장이 10시간이나 지난 다음날 8일 오전 8시 반이 되어서야 비로소 회신한 것은 참으로 늦은 것이다. 또 그 내용도 8일 오전 8시에 "점령을 해제할 것"이라는 명령에 대해, 이미 육군 수비대 손에 인계했기 때문에 명령을 실행할 수 없다고 회신한 것이다. 더구나 실제로 마산전신국을 육군 수비대에 인계한 것이 8일 오전 5시 50분이었음에도 해군대신에게는 "어젯밤"이라고 허위보고를 하였다. 여기에는 도대체 무슨 일이 있었는지, 다음으로 외무성 사료로 검토해보자.

외무성과 한국 전신국 점령

외무성 외교사료관 소장 『한국 전신국 점령 일건』에는 마산영사 미우라 야고로(三浦彌五郞)와 부산영사 시데하라 키주로(幣原喜重郞)가 외무대신 고무라 주타로(小村壽太郞) 앞으로 보낸 보고서가 철해져 있다. 마산영사의 것은 전보 4통과 기밀우편 3통이 수록되어 있지만, 부산영사의 것은 전보 3통뿐인데 그 중에 1통은 마산영사의 전보를 단순히 전송한 것이다. 이것에 대한 고무라의 회신은 부산영사의 제1전보에 답한 것밖에 수록되어 있지 않다.[10]

시데하라 키주로와 미우라 야고로는 함께 도쿄제국대학 법과대학을 졸업 후 외무성의 '외교관 및 영사관시험'에 합격하여 외무 관료가

---

10) 전신은 전신부호에 의한 수신 후 외무성의 수신용지에 베껴 쓴 것으로 '대신', '총무장관', '전신과장', '주관(主管)'란에 열람을 마쳤다는 서명 또는 압인이 되어 있다. 대신은 고무라 주타로, 총무장관은 차관으로 진다 스테미(珍田捨巳), 전신과장은 이시이 키쿠지로(石井菊次郞), 주관은 정무국으로 국장 야마자 엔지로(山座圓次郞), 참사관 사카타 주지로(坂田重次郞), 참사관 구라치 데쓰키치(倉知鐵吉)가 압인하였다.

기밀우편은 '在朝鮮國馬山日本領事館' 이름이 들어간 괘지에 모필로 쓴 것이고, 난외에 '접수연월일', '기밀수신번호', '주관 정무국' 등이 붉은 글씨의 고무인으로 찍혀, '山座', '坂田'이라는 서명이 기입되어 있다. 난외에 '次官了'로 기입되어 있는 것도 있다. 여기에 이름이 거론된 멤버야말로 러일전쟁 시기 고무라 외교를 지탱한 이들이다.

되었다. 시데하라는 제4회(1896년 9월)에 합격, 미우라는 제5회(1897년 4월)에 합격하였다. 당시 합격자는 매회 몇 명에 불과하기 때문에 엘리트 중의 엘리트임에 틀림없다.

시데하라는 그 후 외무대신(1924-26, 29-31)이 되어 시데하라 외교라 불리는 '국제협조 외교'를 전개하려 했지만 군부와 대립하여 물러났다. 60세였다. 실의, 불우의 14년을 거쳐 1945년 10월, 74세의 시데하라는 미군의 점령 하에서 천황으로부터 내각총리대신으로 친임(親任)되어 시데하라 내각을 조각했다. 이듬해 5월 요시다 시게루(吉田茂)에게 배턴터치하고 총리 자리에서 내려오기까지, '인간 천황 선언' 초안을 기안하고 「일본국헌법 개정초안 요강」을 발표하는 등 전후 일본의 재생에 극히 중요한 역할을 해냈다. 1951년 3월 80세로 사망. 같은 해 9월 시데하라 평화재단이 조직되고, 1955년 10월에 이 재단의 편집 겸 발행으로 『시데하라 키주로(幣原喜重郎)』가 비매품으로 출판되었다.

이 책에 따르면 시데하라가 부산영사로 부임한 것은 1901년 9월부터 1904년 3월까지다. 부임 당시의 부산은 일본인 가옥이 이미 1,000호 이상으로 그 인구도 5,000명 이상을 넘겨 마치 일본의 소도시와 같은 경관을 보이고 있다고 쓰여 있다. 나아가 그 4년 후 러일전쟁이 끝난 때에는 일본인 호구 수도 인구도 배 이상이 되었다.[11]

용두산(龍頭山) 중턱 부근의 일본영사관은 부산에서 첫째가는 건물이었다 한다. 2층의 발코니에 오르면 전 시가가 한눈에 들어오고 멀리 바닷가까지 볼 수 있다. 이 발코니에서 2월 6일 시데하라가 무엇을

---

11) 相澤仁助, 『釜山港勢一班』(日韓昌文社, 1905), 59쪽.

봤는지에 대해서는 전술했다.

한편 미우라 야고로는 1921년 스위스공사를 최후로 퇴관했다. 『제국대학 출신 명감(名鑑)』(交通調查會, 1932)에 따르면 미우라는 1872년 지바현(千葉縣)에서 태어나 1896년 도쿄제대 법과대학(법률과 영국법 전공)을 졸업했다 한다.

미우라의 동기로 아르헨티나 주재 특명전권공사 등을 역임한 모로이 로쿠로(諸井六郞)가 있다. 1930년 10월 6일 도쿄 법조회관에서 개최된 '고 모로이 로쿠로 씨 추억회'에서 시데하라가 발기인 인사와 사회를 보고 미우라가 첫 번째로 고인의 추억을 말했다.

그 중에서 미우라는 모로이와 제일고등중학교 이래의 동창으로 법과대학에서 모로이는 정치과로 자신은 법률과로 나뉘었지만, 1897년 4월에 '외교관 및 영사관시험'에 함께 합격하고, 이듬해 5월에 모로이는 영사관보로 상하이에, 자신은 외교관보로 브라질에 부임했다고 회상했다.[12]

1899년에 마산포가 개항되자 부산영사관 마산분관이 설치되어 영사관보로 목포에 근무하고 있던 사카타 주지로가 전임해왔다. 1900년 4월 1일자로 마산분관을 폐하고 마산영사관을 설치하면서 사카타가 초대 영사로 취임했다. 이 무렵 경성영사는 야마자 엔지로였다.

1901년 9월 고무라 주타로가 외무대신으로 취임하자 35세의 야마자를 정무국장으로 발탁하여 도쿄로 불러들였다. 이듬해 1902년 12월에 사카타도 외무참사관으로 본성에 돌아와 정무국장 야마자 엔지로의

---

12) 『諸井六郞君追悼遺芳錄』, 비매품, 1931.

보좌역이 되었다. 사카타 후임으로 제2대 마산영사에 취임한 것이 미우라 야고로였다.

1904년 1월 8일 가타오카 제3함대 사령장관은 마산포·거제도 방면에서 러시아 군함의 동정을 감시하기 위해 군함 미야코(宮古)를 그곳으로 급파했다. 그 후 미야코와 교대하여 오시마(大島)가 1월 16일에 마산포로 들어왔다. 오시마 함장 히로세 카쓰히코(廣瀬勝比古, 해군 중좌)는 마산영사 미우라 야고로와 부산영사 시데하라 키주로에게 1월 20일에 한국 전신국 점령에 대한 협력을 요청했다. 이것에 대해 두 영사가 어떻게 대응했는지를 보자.

먼저 시데하라 부산영사는 고무라 외무대신 앞으로 다음과 같이 발신하고 회훈(回訓)을 구했다.

제3호, 만일의 경우에(원서의 "萬一に於て"를 원 사료를 참조해서 "萬一の場合に於て"로 바로잡았다—옮긴이) 한국 전신국을 우리 수중에 넣든가 혹은 외국인의 전보를 지체시킬 필요에 대해 비밀리에 그 준비를 해두어야 한다고, 이 항에 정박한 오시마함 함장이 관계 당국으로부터 전훈(電訓)을 받았다면서(원서의 "受けたる趣在り"를 원 사료를 참조해서 "受けたる趣を以て"로 바로잡았다—옮긴이) 그 임무의 시행방법에 대해 본관과 협의하고자 한다. 이와 같은 군사적 행동에 관해 본관은 상당한 도움을 주어야 하는지 회훈을 바란다(電受 133호, 메이지 37년 2월 21일 낮 12시 10분 발, 동(同) 45분 착).

이것에 대한 고무라의 회답은 다음과 같았다.

귀전(貴電) 3호와 관련하여 품신(稟申)한 건은 지장이 없다. 다만 극히 비밀리에 수단을 취할 것(電送 제59호, 메이지 37년 1월 21일 오후 11시 발).

1904년 1월 21일 시데하라 부산영사는 부산항에 정박 중인 오시마함의 함장이 한국 전신국 점령과 외국인 전보의 압수 준비를 해두도록 명령을 받고 그 임무 수행을 위해 협력을 구하였는데, 이와 같은 '군사적 행동'에 원조를 주어도 좋은지 외무대신에게 물었다. 같은 날 외무대신 고무라 주타로는 "지장 없다", 다만 "극히 비밀리에 하라"고 훈령했던 것이다.

마산영사 미우라 야고로

미우라 마산영사는 1월 22일자로 「마산에 있는 한국 전신국 점령에 관한 건」이라고 제목을 붙인 기밀우편을 외무대신 고무라 주타로 앞으로 보냈다. 이 중에서 고무라는 전신 기술자는 이미 도착해 있기 때문에 마산전신국은 육군의 상륙과 동시에 점령하면 좋고, 오시마 함장의 말처럼 "동원발령 소식을 얻었을 때"에 군함의 수병이 전신국을 점령하는 것은 "평지풍파를 일으킬 우려"가 있어 졸책에 지나지 않는다고 비판하였다. 미우라의 이해에 따르면 동원령 발령 후 군대가 출발하기까지 1주일은 걸린다고 생각했기 때문이다.

그런데 실제로는 육군이 동원령을 발령(2월 5일)하기 이전에 제12사단 관할로 임시한국파견대가 편성되어, 사세보 근교에 정박한 수송선에 몰래 승선하여, 2월 6일의 연합함대 출동과 함께 출발했다. 그러나 암호명 '코로쿠'로 불린 이 작전은 육군 내부에서도 극비리에 준비된 것이어서 외무관료 미우라 야고로의 이해를 뛰어넘는 움직임이었다(제5장 참조).

미우라의 2월 8일자 보고 「마산전신국 점령 후 금일에 이르기까지의 상황 보고의 건」에 따르면, 육군은 마산포를 상륙지점으로 정하고, 이를 위해 필요한 물자를 집적하고 있었다. 8일에는 상륙 예정부대 중의 선발징발대가 호위병으로서, 장교 6명 하사관 이하 160명이 마산포에 도착하여 바야흐로 공공연히 군사행동을 개시하려 하고 있었.

육군의 마산상륙작전 중지 결정이 현지에 통지된 것은 2월 10일이지만, 그때 이미 "신탄(薪炭)·과미맥 등의 군수품은 마산·진해·진주·노량진(露梁津) 등의 중요한 장소에 많이 집적"한 상황이었다(2월 12일자 보고서). 미우라 영사가 육군의 이와 같은 군수물자 집적작업에 협력하기 위해 그곳의 한국인 관리들을 얼마나 강박하고 회유하면서 "사기수단과 유사한 선박의 배치와 육양(陸揚) 등"을 했는지는 2월 8일자 보고서에 다음과 같이 쓰여 있다.

당항(當港)의 감리 및 경무관 등 한국 관리 쪽은 정말 공포의 의념(疑念)을 품고 전율하고 있는 모양이니, 이 기회에 저들로 하여금 한편으로는 우리에게 호의를 표하는 실제 모습을 보이도록 하고, 다른 한편으로는 충분히 보호해 주는 것이 득책(원서의 得業을 得策으로 바로잡았다―옮긴이)이라 사료합니다. 그러므로 그 방침으로 이것저것 촉구한 바가 있었는데 감리는 자진해서 인부와 우마 등의 징발은 힘닿는 대로 진력하겠다고 자청했습니다. 또 한인들이 만약 도망하는 일이 있으면 오히려 우리 군대에 불이익이 된다는 구실로 충분한 보호를 의뢰해 왔으므로 위의 제안을 받아들이고, 우리 군대는 27, 8년 전역[청일전쟁을 지칭] 때와 마찬가지로 조금도 침해하는 일이 없을 것이라고 간곡히 타일러 두었으므로 앞으로 이곳 부근에서 행할 징발 등은 필시 순조롭게 진행될 전망이 충분합니다.

이곳 해관 지서장(支署長)은 본관과 일심동체가 되어 해관 수속의 각종 편의를 제공해주었음에도 지금까지 모든 일을 오로지 비밀로 일관하고, 그 이면으로는 사기수단과 유사한 배선(配船)·육양 등을 했습니다. 해관 지서장은 가능한 한 이를 묵과하고 또는 변호했기 때문에 부산 해관으로부터 힐책을 받은 것이 한두 번이 아닙니다. 그 사정을 일일이 본관에게 털어놓으면서 앞으로 또다시 이렇게 규칙에 어긋나는 일을 허용하면 즉시 파면될 것이라고까지 말하고 있습니다. (후략)

개항장인 마산포에는 한국의 행정관[감리]을 두었고 치안단속을 위해 '경무관', 세관업무를 위해 '부산해관 지서'를 두었다.

일본 육군부대의 상륙·진주에 대해 마산포의 감리나 경무관 등, 한국 관리들은 공포심을 품고 전율했다. 이 기회에 저들에 대해서 일본에 협력하는 실질을 보이게 하는 한편, 충분한 보호를 제공하는 것이 득책이라 생각하여 이런저런 일을 하고 있다고 미우라는 우선 보고했다.

그 성과가 있어서 한국 감리는 인마의 징발에 가능한 한 협력하고자 한다, 그러나 징발된 한국인이 도망가 버리면 오히려 일본의 불이익이 될 것이기 때문에 충분히 보호해줄 것을 제안했다. 그래서 미우라는 이 제안을 받아들여, 일본 군대는 청일전쟁 때와 마찬가지로 조금도 침해하는 바가 없을 것이라고 친절히 설명했으므로 앞으로 이곳에서의 징발은 순조롭게 진행될 전망이라고 미우라는 쓰고 있다.

또 마산포의 해관 지서장이 미우라에게 특별한 편의를 주고, 일본의 '사기적 수단'을 묵인해주었기 때문에 부산해관으로부터 몇 번이나 힐책을 받은 것도 밝히고 있다. "사기수단과 유사한 배선과 육양"이란 일본 육군이 정식 세관 수속을 밟지 않고 마산포에 군수물자를 육양하고 집적한 것을 가리키는 것이다.

한편 미우라의 이 졸속 비판에도 불구하고 전술한 대로 오시마로부터 임무를 인수한 아타고는 2월 6일 육전대를 내어 마산전신국을 점령했다. 미우라는 외무대신에게 다음과 같이 전신으로 보고했다.

아타고함은 어제 6일 오후 4시 반에 마산전신국을 점령했다(1904년 2월 7일 오후 2시 25분 발, 오후 3시 1분 착).

이 전신이 7일 오후 2시까지 하루 밤낮 가까이 발신될 수 없었던 것은 이유가 있다. 그것에 대해 다시 미우라의 말을 들어보자.

　사실 점령 당시 아타고함은 마산전신국을 점령했어도 쓰쿠시함은 부산전신국 점령을 보류하고 출항했기 때문에 마산전신국에는 일본 기수(技手)가 있어 일본 부호로 통신하려 시도해도 부산의 한국 기수와는 통할 리가 없었다. 다음 날 아침 부산 주차대가 그곳 전신국을 점령하기까지 무려 12시간 동안 완전히 전신 불통의 상황이 되었다. 이와 같은 불통일에 대해서 본관은 아타고 함장에게 질문해도 함장은 쓰쿠시함도 아타고함과 똑같은 명령을 받고 있다고 답변할 뿐이어서 착오의 원인은 도무지 알 수 없다. 어젯밤에 후소함이 입항하여 호소야 사령관을 면접할 기회를 얻었으므로, 이같이 착오를 일으키는 일이 있어서는 자못 유감이라고 자세히 말해두었다(원서의 開陳을 縷陳으로 바로잡았다―옮긴이).(2월 8일자 「馬山電信局占領後今日に至る迄の狀況報告の件」)

　2월 6일 오후 4시 반 마산전신국은 아타고에 의해 점령되었지만, 같은 명령을 받았을 터인 쓰쿠시는 부산전신국을 점령하지 않은 채 출항해버렸다. 그 때문에 마산전신국을 점령한 일본인 기수가 일본 부호로써 부산국과 통신을 하려 해도 부산의 한국인 기수와는 통신이 될 리가 없었다. 다음날 7일 아침 일본이 부산 주차대가 그곳 전신국을 점령하기까지 약 12시간 동안 완전히 통신이 불통되었다. 따라서 마산 영사가 마산전신국 점령을 외무성에 발신하는 것도 다음날이 아니면 불가능했던 것이다. 2월 7일 밤 미우라는 마산에 입항한 호소야 제7전대 사령관에게 고언을 올렸다.

이해할 수 없었던 '점령 해제 명령'

여기서 앞서 서술한 해군대신 야마모토 곤베에가 2월 7일 밤늦게 아타고 함장에게 보낸 마산과 부산의 전신국 점령해제 명령으로 돌아간다.

미우라 영사는 군함(해군)이 한국 전신국을 점령하는 것에 대해서는 그 졸속을 비판했다. 그러나 일단 점령한 전신국을 2월 8일 오전 8시까지 해제하라는 해군대신의 명령은 도저히 납득할 수 없었다. 계속해서 미우라의 기밀보고서 2월 8일자 「마산전신국 점령 후 금일에 이르기까지의 상황 보고의 건」을 보자.

이달 6일 마산전신국을 점령한 아타고함의 육전대(최초 점령 때는 장교 1명, 수병 32명, 뒤에 10여 명으로 감소)는 부산에서 도착한 부산주차대[육군의 장교 1명, 병사 12명과 오늘 아침에 교대하였습니다. 본관은 처음부터 군함이 전신국을 점령하는 것을 부득책이라고 믿었기 때문에 주로 위와 같은 교체를 촉구했던 것입니다. 오늘 아침 아타고 함장이 내관하여 본관에게 말한 바에 따르면 해군대신이 오늘 오전 8시를 기한으로 전신국의 점령을 해제하라고 아타고 함장에게 전명(電命)했다는 취지인데, 아타고함의 급속한 점령에 대해서는(원서의 "節[接]"을 "對"로 바로잡았다─옮긴이) 본관이 가부의 의견을 표명할 겨를도 없었지만,

일단 점령을 완료한 금일에 이르러 다시 이를 해방함은 오히려 온당하지 못하다고 생각합니다.

마산전신국의 점령이 '아타고'함의 육전대에서 부산주차의 육군부대로 옮겨진 시각에 대해서 미우라는 "오늘 이른 아침" 곧 2월 8일 이른 아침의 일이라고 했다. 미우라는 자신이 이 교대를 촉구했다고 말하고 있지만 '아타고' 함장이 해군대신 명령을 전한 뒤인지 아닌지에 대해서도 일부러 애매하게 쓰여 있다. 앞서 본 것처럼 '아타고' 함장은 해군대신으로부터 직접 8일 오전 8시에 "점령을 해제할 것", "수령하면 수령했다고 전보하라"고 특별히 지시된 전신을 2월 7일 오후 10시 30분에 수취했다. 미우라 보고서를 솔직히 읽으면 아타고 함장이 8일 아침에 비로소 영사관에 가서 미우라에게 해군대신의 명령을 전했는데, 마침 부산에서 육군부대가 와서 육전대와 교대한 후라서 해군대신의 명령은 실행할 수 없게 되었다는 것이 되지만, 이것은 매우 부자연스럽다. 아타고 함장은 아마 해군대신 명령을 수취하자마자 곧바로 미우라에게 전했을 것이다. 그런데 미우라는 애써 점령한 전신국을 이대로 넘길 이유가 없다고 생각하여, 밤새도록 부산주차대에 작업을 한 결과 8일 이른 아침에 아타고의 육전대와 교대하는 육군부대가 마산전신국에 도착한 것이 진상이 아닐까.

아타고 함장은 2월 8일 오전 8시 반에 비로소 마산전신국 점령은 이미 육군수비대 손으로 넘어갔기 때문에 명령을 실행할 수 없다고 해군대신에게 회신했다. 아타고 함장도 야마모토 해군대신의 의도를 읽을 수 없어 미우라의 점령해제 반대의견에 끌려간 결과였을 터이다. 자신의 명령이 관철되지 않고, 부산과 마산의 전신국 점령이 육군의 손에 의해 여전히 계속되고 있는 것을 안 해군대신 야마모토 곤베에는 육군대신 데라우치 마사타케와 교섭했다. 그 결과 2월 9일 데라우치는 부산주차대장에게 부산과 마산전신국 점령해제를 명했다. 이것에 대해 부산영사 시데하라 키주로와 마산영사 미우라 야고로가 잇달아 외무대신 고무라 주타로 앞으로 점령 계속을 호소하는 전보를 보냈다. 미우라뿐만 아니라 시데하라 역시 전신국 점령해제를 반대했다.

시데하라→고무라(메이지 37년 2월 9일 오후 4시 55분 발, 오후 7시 착)
지난번 이래 우리 함대 및 군대가 점령한 마산 및 이곳(부산) 전신국은, 이번에 해제하라고 관계당국으로부터 명령이 있었다 합니다. 이 때문에 군사행동상의 불편은 별문제로 하더라도 일단 점령한 이상 지금 다시 이를 해제하는 것은 우리의 체면상 바람직하지 않다고 생각합니다. 위 명령의 이유는(원자료를 토대로 옮긴이가 추가) 분명하지 않더라도 가능하면 점령의 계속을 바랍니다.

미우라→고무라(메이지 37년 2월 9일 오후 7시 발, 오후 8시 착)
육군대신은 마산전신국의 점령을 해제하라고 오늘 그 관계자에게 명령하였다. 그런데 점령 후 이미 4일을 경과하여 응급의 준비가 점차 그 자리를 찾아가고 또 점령에 대해 한국 관민이 조금도 괴이하게 여기지 않는 상태에서, 이후 3, 4일이 지나지 않아 다시 점령을 행할 필요가 생기는 것이 필연임에도 불구하고, 금일 갑자기 이것을 해방함은 교각살우의 조치라 인정합니다. 본관은 시기(時機)를 그르친 전신국 점령에 대해서는 동의하지 않았지만 이제 이것을 해방함은 군대의 위신에도 관계되어 그 불리와 꼴사나움은 한층 커진다고 사고합니다. 다행히 비견(卑見)을 채용하신다면 급히 관계당국에 조회하시어 재고를 구하시도록 절실히 바라마지 않습니다.

당시 부산에서도 마산에서도 육군의 선발징발대가 상륙, 다가올 일본군의 상륙에 대비하여 신탄(薪炭)과 미맥 등 군수품의 조달, 요충지에의 집적을 거의 공공연하게 진행하고 있었다. 현지의 영사들은 외무성의 지시 아래에서 이것에 협력했다. 따라서 시데하라도 미우라도 앞으로 3, 4일이 지나면 육군 대부대가 상륙하여 전신국을 다시 점령할 필요가 있음에도 불구하고 전신국 점령을 해제하라는 명령이 나온 이유를 도저히 이해할 수 없었던 것이다.

숨겨진 해군대신의 의도

야마모토 해군대신이 전신국 점령해제를 명한 '2월 8일 오전 8시'는 어떤 시각이었는가. 야마모토가 6일 정오에 인천항에서 러시아 군함의 감시임무를 맡았던 지요다 함장 무라카미 대좌에게 준 전명은 아래와 같다.

연합함대는 6일 사세보를 출발한다. 귀관은 8일 오전 8시 백아도 남방에서 우류(瓜生) 사령관이 이끄는 제4전대에 합류할 수 있도록 인천항을 출발할 것. 8일 오전 8시 제1전대와 기타는 소청도 남방에 있다(『극비해전사』 1부 1권, 96쪽).

연합함대가 사세보를 출항하고 있을 때 야마모토 해군대신은 인천항의 지요다 함장에게 2월 8일 오전 8시에 백아도(아산만 밖) 남방에서 제4전대에 합류할 수 있도록 인천항을 출발하라고 명령했다. 그리고 같은 시각에 연합함대의 주력은 소청도 남방에 있다고 전했다. 소청도는 인천 서북방, 황해에 떠 있는 섬 이름이다. 연합함대가 뤼순항을 기습공격하는 예정 항로 상에 있다.

야마모토 해군대신은 한국이 세계를 향해 '중립선언'을 발표하고, 일본을 제외한 주요국이 이것을 승인하고 있는 상황 아래에서 한국의 전신국을 군사 점령하는 것이 국제법을 위반하는 행위임을 충분히 알고 있었다. 또 교전상태가 출현하기 전에 러시아 상선을 나포하는 것도 마찬가지라는 것, 하물며 중립국 항내에서 이것을 나포하는 것은 명백한 국제법 위반이 된다는 것도 충분히 알고 있었다.

그러나 야마모토는 열강 각국의 주목을 끌지 않는 범위 안이라면 한국 연안에서는 국제법 위반도 어쩔 수 없다고 생각하였다. 이것에 대해서는 1월 31일 야마모토가 지요다 함장에게 "한국 연안에서는 다른 열강과 관계를 야기하지 않는 한에서 국제공법상의 예규를 중시할 필요가 없다"고 훈시한 것을 앞 장에서 소개했다. 야마모토는 연합함대의 발진을 숨기고, 뤼순 및 인천항 기습공격을 성공시키기 위해, 또 진해만을 점령한 함대와 통신선을 확보할 수 있을 때까지 다른 열강과 관계를 일으키지 않는 범위에서 최단시간만 군함의 육전대가 한국 전신국을 점령하는 것을 고려했던 것이다. 마찬가지로 연합함대의 발진 정보를 숨기기 위해 부산 근해에서 러시아 의용함대회사와 동청철도회사의 기선을 나포하도록 했던 것이다.

2월 7일 오후 8시 54분발로 "내일 8일 오전 8시에 마산포 및 부산항의 한국 전신국 점령을 해제할 것"이라는 명령을 낸 것은, 그 시점에 해군대신 아래에 모인 정보에 따라, 2월 8일 오전 8시에는 연합함대 주력이 소청도에, 육군을 실은 수송선을 거느린 제4전대는 아산만 바깥의 백아도 부근에 도착하는 것이 확실해졌기 때문이다. 야마모토는 2월 8일 오전 8시 이후에 연합함대의 발진 정보가 러시아 측에 누설되어도 작전에 영향이 없다고 판단했던 것이다. 또 야마모토 해군대신이 2월 5일 누노메(布目) 소좌에게 명한, 쓰시마 쓰쓰만(豆酘灣)에서 거제도를 경유하여 마산포에 이르는 전신선 부설공사(제2선의 부설)는, 7일 중에 거제도 궁농만(宮農灣) 궁농리에 해저 케이블과 지상재료의 육양(陸揚)으로 완료되었다. 쓰쓰만의 육양지와 이즈하라(嚴原)우편국 간의 지상전선 가설공사는 나가사키우편국이 이미 1월 중에 완성시켰다. 따라서 2월 7일 중에는 한국의 거제도에서 쓰시마의 쓰쓰·이즈하라를 경유하여 나가사키·도쿄로의 통신이 연결되었던 것이다(제6장 참조).

이로써 진해만 점령을 맡은 제3함대 제7전대의 통신선이 확보되었다. 요컨대 이제 한국의 전신선과 전신국을 이용해서 제7전대와 통신할 필요가 없게 된 것이다. 그러나 이들 사실은 현지의 외교 관료나 육군수비대뿐만 아니라 현지의 해군 아타고 함장에게조차 전혀 알려지지 않은 일이었다.

이상의 판단에서 야마모토는 한국 전신국 점령 해제를 명한 것이었지만, 야마모토의 의도에 반해서 육군수비대의 손으로 넘어갔기 때문에 그 명령은 실행되지 않았다. 그래서 야마모토는 데라우치 육군대신을 통해 다시 명령을 내려야만 했다. 그러나 이 데라우치의 명령에 대해서도 부산영사와 마산영사가 외무대신에게 이의를 주장했던 것이다. 두 영사가 납득하게 된 것은, 연합함대의 기습공격이 일단 성공하여 일본 해군이 황해의 제해권을 장악했기 때문에, 육군의 상륙지점이 서울에 가까운 인천으로, 나아가 북쪽의 대동강 입구 진남포로 변경됨에 따라 육군이 제2안인 부산·마산 상륙계획을 중지하고 선발징발대의 철수명령이 나왔기 때문이다.

한편 『극비해전사』는 마산과 부산의 전신국 점령을 제3함대 제7전대 사령관 호소야 스케우지(細谷資氏) 해군 소장의 독단에 의한 것처럼 서술하여 쓰쿠시가 명령을 실행하지 않은 것을 전혀 언급하지 않았다. 또 점령 사실을 안 야마모토 해군대신이 바로 점령을 해제하도록 아타고 함장에게 명령했는데, 마산전신국은 이미 육군수비대의 손에 넘어갔기 때문에 데라우치 육군대신과 교섭하여 점령을 해제했다고 사실과 다른 설명을 하였다.13)

---

13) 『극비해전사』 제4부 제4권 96-99쪽에 다음과 같이 쓰여 있다.

이것은 『극비해전사』 역시 사실 그 자체를 서술한 것이 결코 아니라 의도적인 개찬이 보인다는 사실을 재확인시켜 주고 있다.

러일전쟁은 언제 시작되었는가?

여기서는 러일전쟁이 언제 시작되었는가라는 문제를 생각해보고자 한다. 원래 교전상태란 개전 의사를 상대에게 통고한 때, 또는 실제 전투행위가 그것에 선행한 경우는 그 전투행위가 있었던 때부터 성립한다고 간주되고 있다. 러일 양국 간의 병력 충돌은 2월 8일 오후 4시 40분 인천 앞바다에서 러시아 소형 포함 코레츠와 일본 연합함대 제4전대(우류 함대) 간에 시작되었다. 그 몇 시간 후에 일본 연합함대의 호위를 받은 구축함대가 뤼순항 외부 정박지의 러시아함대를 기습 공격했다. 개전의사의 통고(선전포고)는 러시아가 2월 9일부 '선전 조서(詔書)'를 2월 10일의 『관보』 1면 톱으로 크게 발표하고, 일본도 '선전 조칙'을 10일 밤의 『관보』 호외로 배포했다. 이상의 사실에 따라 러일전

2월 3일 조선해협(대한해협) 감시 임무를 맡고 장차 진해만 점령에 종사하려는 제3함대 사령관 해군 소장 호소야 스케우지 씨는 진해만 및 부산 등에서 우리의 군사행동을 감추기 위해 부산 및 마산에서 한국 전신국을 처분할 필요를 인식하고 아타고로 하여금 마산전신국을 점령토록 했다. 또 부산 육군수비대와 교섭하여 그곳의 전신국을 점령하는 것으로 내정하고 2월 6일 이것의 실행을 명했다. (중략) 이어 2월 7일 저녁 부산 육군주차대장은 호소야 제3함대사령관의 의뢰에 응하여 부산전신국을 점령하고, 마산포와 통신을 개통했다. 그런데 우리 해군은 연합함대가 확실히 적에게 최초의 타격을 주기까지는 힘껏 행동을 숨기려는 방침이었기 때문에 야마모토 해군대신은 이상의 두 전신국 점령 보고를 접하자 구보타 아타고 함장에게 즉시 이를 해제하고, 또 외국인을 박해해서 함부로 한국 지상에서 병력을 사용하는 것 같은 행동을 하지 말도록 주의하라는 훈령을 주고, 그리고 이를 호소야 제3함대사령관에게 전하도록 했다(하략).

쟁의 개시는 2월 8일로 되어왔다.

그러나 일본정부가 전쟁의 개시를 2월 6일로 한다고 각의(閣議)에서 결정한 것은 이외로 알려지지 않았다. 그래서 우선 어떤 수순으로 러일전쟁이 2월 6일부터 시작되었다고 각의에서 결정하기에 이르렀는지를 소개해두려 한다.

야마모토 해군대신은 1904년 2월 18일에 외무대신 고무라 주타로 앞으로 「전시·평시 구분결정 조회의 건」(관방官房 기밀 제42호)을 보냈다. 거기에는 다음과 같이 쓰여 있다.

> 전시와 평시를 구분하는 건에 대해 별지와 같이 귀 대신이 연서하여 각의에 제출하였으므로, 이의가 없으면 날인한 다음 내각에 송부하고자 하여 이를 조회합니다.

이 조회에 「별지」로 첨부된 각의제출안 「전시·평시 구분의 건」(관방기밀 제45호의 2)은 다음과 같다. (방점은 필자, 이하 동일)

> 이번에 러시아와 전단을 열게 되었으므로, 우리나라가 전시상태로 이행한 시기(時機)를 분명히 할 필요가 인정되기 때문에 이달 6일, 곧 정부가 러일 양국이 외교를 단절함에 따라 우리나라는 자유행동을 취한다고 선고한 날부터 전시로 정하고자 합니다. 위는 중대하기 때문에 이에 각의를 청합니다.
>
> 메이지 37(1904)년 2월 18일

육군대신　데라우치 마사타케
외무대신　남작 고무라 주타로
해군대신 남작 야마모토 곤베에

내각총리대신 백작 가쓰라 타로 전(殿)

요컨대 야마모토 해군대신이 2월 18일자로 육군대신·외무대신·해군대신 3자 연명으로 내각총리대신 앞으로 제출하는 각의 안「전시·평시 구분의 건」을 작성하여 두 사람에게 동의를 구했다. 그 내용은, 전시의 개시를 2월 6일로 하고자 한다, 이것은 매우 중요한 일이기 때문에 각의에서의 결정을 요청하고자 한다, 이의가 없으면 날인한 다음 내각에 송부해주기 바란다는 것이다.

이어서 1주일 후인 2월 25일자로 야마모토 해군대신은 외무대신 고무라 주타로 앞으로「전시·평시 구분 내각으로부터 통달의 건」(관방기밀 425호의 4)을 보냈다. 그 내용은 아래와 같다.

귀 대신이 연서하여 각의에 제출한 전시·평시 구분의 건에 대해 별지 사본대로 내각에서 통달하였으므로 이를 통첩(通牒)합니다.

「별지 사본」은 이 문서에 첨부된「내각통달 사본」(내각비批 제5호)으로 아래 기록과 같다.

메이지 37년 2월 18일 관방기밀 제425호의 2

전시・평시 구분의 건, 청의(請議)한 대로

메이지 37년 2월 24일

내각총리대신 백작 가쓰라 타로

(『일본외교문서』 37권・38권 별책 1권, 40-41쪽)

    요약하면, 실제로 각의에서 심의되었는지 어떤지는 불분명하지만 내각총리대신 가쓰라 타로는 1904년 2월 24일에 2월 18일자 육군대신 데라우치 마사타케, 외무대신 고무라 주타로, 해군대신 야마모토 곤베에 3자 연명으로 제출한 각의안 「전시・평시 구분의 건」에 대해 "청의한 대로"라고 하여 승인하고 러일전쟁 개시를 1904년 2월 6일로 하는 것을 인정했다. 이 각의안을 작성하여 외무대신 고무라 주타로에게 동의를 구한 것도, 각의에서 승인되었다는 내각통달 사본을 고무라 외무대신에게 보낸 것도 야마모토 해군대신이었다. 야마모토가 전쟁 개시를 2월 6일로 해야 한다고 생각한 이유는 다음의 두 가지다.

① 2월 6일 오전 10시(실제로는 9시)부터 러시아 의용함대 소속의 선박에 대해 교전권의 한 수단인 나포를 행한 것.

② 2월 8일 오전에 고무라 외무대신이 주일영국공사에게, 러일 양국 간 분쟁사건의 평화적 해결에 관한 랜스다운(Lansdowne) 영국 외무장관의 제언에 대해, 시국은 이미 전쟁상태의 영역에 도달하였다고 단언하면서 거부한 것.

야마모토 해군대신은 ①, ②의 사실을 합리화하기 위해 미국·스페인전쟁 때 미국이 최후통첩을 발한 날짜로 소급하여 전시시기를 정한 사례를 본받아, 2월 6일 일본이 러시아에 대해 국교단절과 자유행동을 취하겠다고 선언한 날짜를 전시의 시작으로 하는 것이 타당하다는 것이다. 이것은, 일본의 군사행동 개시가 서양 열강으로부터 국제법 위반으로 비난받지 않도록, 야마모토 해군대신이 고심 끝에 생각해낸 방편이었다. 그러나 엄밀히 말하면 2월 6일 일본이 러시아에 국교단절을 통고한 것은 현지 시간으로 오후 4시, 일본 시간으로 하면 오후 9시이고, 러시아 선박의 나포는 그날 오전 9시부터 행해졌기 때문에 국제법 위반을 면할 수 없다.

그런데 후세의 일본 역사가들은 2월 6일 러시아 선박의 나포문제 등을 전혀 문제 삼지 않고, 또 전쟁의 최고 지도자였던 야마모토 해군대신의 이와 같은 고심도 고려하지 않고 러일전쟁의 시작을 2월 8일 심야의 연합함대에 의한 뤼순함대 기습공격으로 여겨왔던 것이다.

그리고 전쟁 개시일을 확정할 필요성은 군인은급법(恩給法) 상의 전시가산(2년)을 적용하기 위해서도 명확히 해야 할 문제였다. 해군성은 메이지 37년(1904) 4월 19일자로 "올해 2월 6일 이후에 최종적으로 제국 항만을 출발한 날, 또 2월 6일 이전부터 청국 북부 및 한국에 있었던 함선 및 해군 군인은 2월 6일로 메이지 37년 전역(戰役)에 종군한 해의 시작일로 해서 군인은급법 제21조 제1호에 따라 2개년을 가산하는 것으로 해야 한다"는 기안을 작성하여 4월 20일자로 해군대신 야마모토 곤베에의 결재를 받았다.[14]

당시 일본 정부의 인식에서 봐도, 일본 법제상의 규정에서 봐도 2월 6일부터 전시에 들어갔다고 해야 한다. 더욱 중요한 것은 이 장에서 분명히 밝혔듯이 러일전쟁에서 일본군의 최초 무력행사는 2월 6일 미명부터 개시된 제3함대의 진해만 점령과 마산전신국의 점거였다는 사실이다. 서양 열강으로부터 국제법 위반이라는 추궁에는 극히 민감한 야마모토도 한국에 대해서 국제법을 준수할 생각은 털끝만큼도 없었다. 다만 이것은 공언할 수 있는 것이 아니어서 진해만 점령과 마산전신국 점거는 공간사료에서 사라지고 없었던 일이 되었던 것이다.

러일전쟁은 한국침략으로부터 시작되었다

1904년 2월 6일 오전 9시부터 연합함대(제1, 제2 함대)는 뤼순과 인천을 목표로 사세보를 출항하였다. 이것에 앞서 6일 미명에 쓰시마의 오자키항(尾崎港) 및 다케시키항에 있던 제3함대 제7전대는 한국 진해만과 전신국 점령, 러시아 선박 나포를 위해 출항했다.

7전대 소속의 지유안(濟遠)은 6일 오전 9시에 부산 북방의 한국 영해 내에서 러시아 상선 에카테리노스라프호를, 핑유안(平遠)은 부산 항내에서 묵덴호를 나포하여 모두 다케시키로 예인했다.

러시아 영사의 항의를 받은 부산영사 시데하라 키주로는 영사관 경찰대를 시켜 러시아 영사의 전보 발신을 저지하고 나아가 한국의 전신선을 절단시켰다.

---
14) 『메이지 37~38년 전시서류』 권149, 「잡건」, JACAR C09020265200).

또 아타고 함의 육전대는 6일 오후 4시 50분에 마산의 한국 전신국 점령을 완료했다. 다음날 7일 아침 육군의 부산수비대는 부산의 한국 전신국을 점령했다.

2월 7일 오후 9시 야마모토 해군대신은 아타고 함장에게 다음날 8일 오전 8시에 전신국 점령을 해제하라고 전보로 명령했다. 그러나 이 명령은 육군 병력의 마산 및 부산 상륙을 준비하고 있던 육군과 이것에 협력하고 있던 부산·마산의 양 영사에 의해 거부되어 두 전신국의 점령은 육군의 부산수비대 손에 의해 계속되었다.

해군의 뤼순·인천 기습작전 성공의 결과 육군의 상륙 지점은 인천 이북으로 변경되어 2월 10일에 마산 및 부산의 육군 선발징발대에 철수명령이 내려졌기 때문에 부산전신국은 2월 10일 심야에, 마산전신국은 다음날 11일 오전 8시에 점령이 해제되었다.

해군의 공식전사인 군령부 편찬의 『메이지 37, 38년 해전사』 전4권(1909)에는 1904년 2월 6일의 한국 진해만 및 전신국 점령 사실이 완전히 은폐되었다. 같은 군령부가 편찬하고 근년에 이르기까지 비밀로 숨겨온 『극비 메이지 37, 38년 해전사』 전150권에는 진해만 점령 사실은 기술되어 있지만, 한국 전신국 점령에 대해서는 제3함대 제7전대 사령관 호소야 스케우지 해군 소장의 독단인 것처럼 서술하고, 그것을 안 야마모토 해군대신이 "즉시 이를 해제"하라고 명령했다고 사실을 왜곡해서 기술하였다. 한국 전신국 점령은 해군대신 야마모토 곤베에가 국제법 위반을 인식하면서도 직접 명령한 군사작전이었던 것은 이 장에서 상술했다.

러일전쟁은 1904년 2월 6일 한국의 진해만과 마산전신국 점령, 한국 영해에서 러시아 선박의 포획으로 개시되었다.

이보다 앞서 대한제국 황제 고종은 일본의 대러밀약 체결의 압력을 물리치고 러시아공사와 프랑스대리공사의 협력을 얻어 비밀리에 사자를 중국 산둥반도 북안의 즈푸에 보내, 1904년 1월 21일에 즈푸전신국에서 세계를 향해 한국의 전시국외중립을 선언하고, 일본을 제외한 주요국으로부터 승인의 회답을 얻었다(제1장 참조).

해군대신 야마모토 곤베에의 지휘하에 제3함대 제7전대에 의해 2월 6일에 실행된 한국의 진해만과 마산전신국 점령은 국외중립을 선언한 대한제국에 대한 명백한 침략전쟁이고, 개전 후 재빠르게 서울을 점령한 일본군이 2월 23일 한국에 불법적으로 강요한 '한일의정서'에 의해서도 결코 합리화할 수 없는 것이었다. 따라서 오늘날에 이르기까지 용의주도하게 은폐되어 왔다.

그러나 사실이 분명히 밝혀진 이상 러일 개전 2월 8일설에 숨겨진 역사의 왜곡을 바로잡고, 러일전쟁이 2월 6일의 한국침략으로부터 시작되었다는 것이 올바로 인식되지 않으면 안 된다.

제8장 쓰시마해전과 독도
―대한해협의 전략봉쇄와 X점

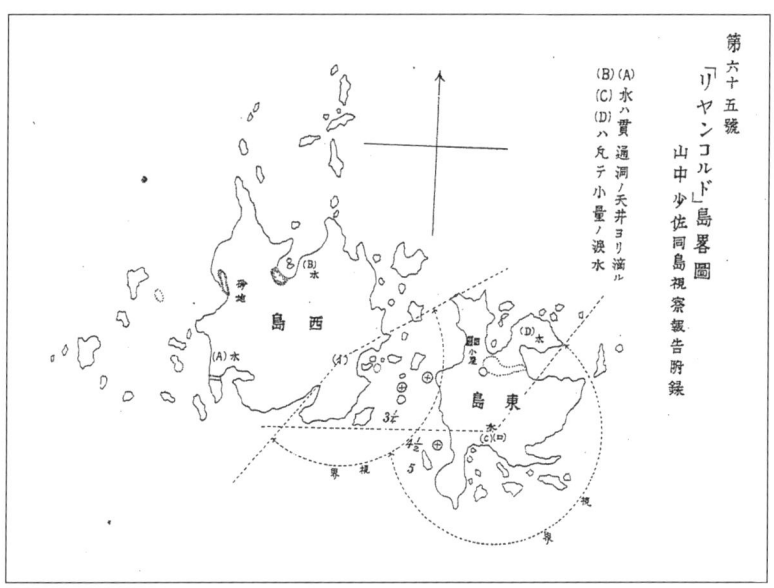

〈그림 16〉「리앙코루드」섬(독도) 약도. 『극비메이지37-8년해전사』, 제1부 권 10-11 부표 및 부도 소수(방위연구소 소장, JACAR C05111008290O).

발트함대

1905년 5월 27일부터 28일까지, 일본에서는 '일본해해전'으로 부르고, 러시아에서는 '쓰시마해전'으로 부르는 러일 두 함대의 일대 해전이 있었고 일본의 연합함대가 러시아의 제2, 제3 태평양함대(발트함대)를 괴멸시켰다. 이 전년인 1904년 2월 8일 심야에 뤼순항을 본거지로 한 러시아 태평양함대가 일본 구축함대의 기습공격을 받고, 그 후 뤼순 항내에 봉쇄된 상황 하에서 러시아 해군은 1904년 4월 30일에 제2 태평양함대 편성과 극동 파견을 발표했다. 다만 이때 새로 편성된 함대의 주력이 될 전함은 건조 중이어서 아직 준공의 전망조차 서지 않았다. 따라서 제2 태평양함대가 실제 발트해의 리바우 군항을 출항한 것은 1904년 10월 15일이 되어서야 가능했다. 더구나 장비의 점검, 시운전, 승무원의 훈련 등 모든 것이 불충분한 상태에서의 출발이었다.

발트해에서 북해로 들어가, 영불해협을 통과하여 대서양을 남하한 발트함대는 지브롤터해협에 면한 모로코의 탕헤르에서 수에즈운하의 통행이 가능한 흘수(吃水)가 얕은 2척의 전함을 중심으로 한 지대(支隊)와 아프리카 최남단의 희망봉을 우회하는 5척의 전함이 거느리는 본대로 나뉘었다. 양자는 1905년 1월 11일에 마다가스카르 섬 북단부에서 합류하고, 여기서 뤼순항을 내려다보는 203고지의 격전을 거쳐 뤼순항이 함락되었다는 소식을 들었다.

뤼순함대의 전멸이라는 사태에 직면한 러시아 해군은 급히 노후선박을 긁어모아 제3 태평양함대를 편성하고 제2 태평양함대의 뒤를 좇아가게 한다는 추가 작전을 세웠다. 이 때문에 제2 태평양함대는 적도 바로 아래 섬에서 2개월이나 발이 묶이게 되어 승조원의 신체와 정신이 손상되었을 뿐만 아니라 뤼순함대 공략을 끝낸 일본 연합함대에 충분한 준비시간을 주고 말았다.

쓰시마해전은, 7개월 동안 2만 킬로미터나 항해를 계속했기 때문에 선체도 승조원도 극도로 피폐한 러시아 발트함대와 충분한 휴식과 훈련기간이 주어져 모든 함선을 독(dock)에 넣고 기다린 일본의 연합함대가 충돌한 해전이었다. 따라서 양자가 정면에서 부닥치는 경우 일본 측이 승리하는 것은 당연했다. 이에 대해서는 두 함대의 물적 전력을 면밀히 분석한 다음 "일본 연합함대의 발트함대에 대한 압도적 우위는 절대적이다, 만의 하나도 패배할 가능성은 없었다"고 단정한 군사사 연구자의 말을 소개해두려 한다.[1]

일본에서는 일반적으로 거대한 해군력을 가진 러시아제국에 과감히 도전하여 기적적으로 승리한 일본 해군이라는 신화가 널리 퍼져 있지만, 그것은 사실이 아니다. 이 점은 러시아 측도 인식하고 있었다. 발트함대 사령관 로제스트벤스키(Rozhdestvensky)는 5월 14일 최후의

---

1) 大江志乃夫, 『バルチック艦隊』(中公新書, 1999), 196쪽.

기항지가 된 프랑스령 인도차이나의 반퐁(Van Phong)만(현재의 베트남)을 출항할 때 페테르부르크를 향해 자신의 함대가 몹시 약체이기 때문에 제해권을 잡는 것은 불가능하다고 써 보냈다.[2] 또 로제스트벤스키는 대한해협(쓰시마의 동서 두 수도를 포함)으로 돌입하기 직전인 5월 23일에 최후의 훈령을 내고, "함대의 직접 목적은 블라디보스토크에 도달하는 데 있다"고 분명히 말했다.[3] 로제스트벤스키는 일본해군을 만난 순간 결코 결전을 바라지 않았다. 일본 해군과의 결전은 블라디보스토크에서 함선을 수리하고 함대를 재건한 다음에 가능한 것이었다.

이 관점에서 봐도 발트함대의 태평양 우회라는 선택은 있을 수 없다. 속도가 느린 석탄보급선대를 동반하여 천천히 일본 동쪽의 태평양을 북상하고, 5월에는 짙은 안개가 발생하는 소야(宗谷)해협을 통과할 이유는 없었고, 또 기뢰로 봉쇄되어 있음에 틀림없는 쓰가루(津輕)해협을 통과할 이유도 없었기 때문이다.

자세한 것은 후술하지만 발트함대가 대한해협을 통과할 수밖에 없다는 점에 대해 해군 수뇌부의 견해는 일치하였다. 그것을 전제로 1905년 초에 대한해협의 초계계획이 결정되었던 것이다. 대한해협을 초계하는 함정이 얼마나 빨리 러시아함대를 발견하는가. 그리고 그 정보를 얼마나 빨리, 또 정확히 사령부에 전달하는가. 또한 사령부의 명령을 어떻게 전 함정에 통지하는가. 이 문제는, 처음에는 대한해협에

---

2) ロストーノフ, 『ソ連から見た日露戰爭』(原書房, 1980년) 336쪽.
3) 外山三郎, 『日露海戰新史』(東京出版, 1987년) 223쪽.

출몰하여 일본 육군의 보급선을 위협한 블라디보스토크함대에 대한 대책으로, 다음에는 대한해협에 출현할 발트함대를 영격(迎擊)할 대책으로 일본 해군이 씨름하지 않으며 안 되는 가장 중요한 과제였다.

이 장에서는 러일전쟁 승패를 결정한 '쓰시마해전'은 무선전신과 유선전신을 조합하여 대한해협의 전략적 봉쇄를 구축한 일본 해군의 하이테크작전에 의한 승리였음을 서술하려 한다. 아울러 일본 해군이 이 전략적 봉쇄망을 구축해나가는 과정에서 갑자기 클로즈업된 것이 울릉도와 리양코섬(현재의 독도)이었다는 것도.

바뀐 섬 이름

오키(隱岐)제도의 서북방, 조선과의 사이에 두 개의 섬이 있는 것은 일본에서 오래전부터 알려졌으며 그것이 일본에 가까운 쪽부터 마쓰시마(松島), 다케시마(竹島)로 불린다. 마쓰시마가 현재의 독도(다케시마), 다케시마가 울릉도다.

오키에 관한 가장 오래된 지지(地誌) 『은주시청합기(隱州視聽合紀)』 (1667) 권 1 「국대기(國代記)」에 "술방(戌方)과 해방(亥方) 사이로 이틀과 하룻밤을 가면 마쓰시마가 있고, 또 하루 거리에 다케시마가 있다"고 쓰여 있다. 서북방으로 이틀과 하룻밤을 항해하면 마쓰시마가 있고, 하루 정도 더 가면 다케시마가 있다는 것이다.[4]

---

4) 『隱州視聽合紀』는 이즈모(出雲, 현재의 시마네현 동부) 마쓰에(松江) 번사(藩士) 사이토 토요노부(齋藤豊宣)가 오키제도를 순회하고 얻은 견문을 기록하여 번에 제출한 것으로 일본의 서북 한계를 오키국이라 하였다(池内敏, 『竹島問題とは何にか』, 名古屋大學出版會,

범선 시대에 오키를 출발하여 3일째에 마쓰시마(현재의 독도)에 도착하고, 이 섬을 일출 때 출항하면 일몰 때 다케시마(울릉도)에 도착하는 바닷길이 있었음을 알 수 있다. 절해에 우뚝 선 암초 섬인 마쓰시마(현재의 독도)는 일본에서 다케시마(울릉도)로 건너가는 코스에 있으며 울릉도를 기지로 하면 어장도 되었다. 두 섬이 세트로 취급되었음은 '송'과 '죽'이라는 이름에도 나타나 있다.

에도(江戶)막부는 '다케시마 일건'으로 불리는 조일교섭을 거쳐 1696년(겐로쿠元祿 9) 돗토리(鳥取) 번주에게 일본인의 울릉도 '도항금지'를 명했다. 이것은 돗토리 번령(藩領)인 요나고(米子)의 조닌(町人, 상인)으로부터 조선인의 다케시마(울릉도) 출어를 단속해달라는 청원을 받은 돗토리번이 막부에 선처를 요청한 것에서부터 막부가 쓰시마번에 명해서 시작된 조일교섭이었지만, 그 과정에서 막부는 울릉도가 조선 영토임을 인식하고, 일전(一轉)해서 일본인의 도항을 금했다는 것이다.

그러나 그 후에도 금령을 범하고 울릉도에 건너가 입목(立木) 등을 벌채해서 가지고 돌아온 이와미국(石見國) 하마다번(濱田藩)의 아이즈야 하치에몬(會津屋八右衛門)을 처형했다. 그리고 이듬해 2월에는 전국에 고찰(高札, 게시판)을 세워 "이국(異國) 도해를 거듭 금지함"이라고 다시 훈령했다. 막부가 다케시마(울릉도)를 이국(조선 영토)으로 인정해 일본인의 도항을 금지한 데에는 이론의 여지가 없다. 다만 막부의 겐로쿠, 덴포(天保)의 두 금령은 마쓰시마(현 독도)를 언급하지 않았다. 여기서 막부의 '다케시마 도해 금령'에 마쓰시마는 포함되지 않는다는

2012, 18쪽).

주장(외무성 홈페이지 등)이 생기는 여지가 있다.

그러나 막부의 '겐로쿠 다케시마 도해 금령'은 다케시마도 마쓰시마도 돗토리 번령이 아니라는 돗토리번의 회답서를 근거로 해서 나온 것이고, 막부의 의도가 두 섬을 조선의 영토로 인정하여 두 섬으로의 일본인 도항을 금지함에 있었던 것은 이미 분명히 밝혀져 있다.[5]

또 '덴포 다케시마 도해 금령'은 그것을 다시 확인하고 전국적으로 주지시키기 위함이었다는 것, 두 금령이 특별히 마쓰시마(독도)를 언급하지 않은 것은 당시에 마쓰시마 단독으로는 위험을 무릅쓰고 도항할 가치가 전혀 없었기 때문이다. 이것에 대해서도 논증되어 있다.[6]

메이지유신정부는 당초에는 막부의 견해를 계승했다. 그것은 메이지유신정부가 최초로 편찬하여 1875년 1월에 천황에게 헌상한 지리서 『일본지지제요(日本地誌提要)』에 두 섬이 오키의 부속 섬 바깥으로 기재되어 있는 것에서도 알 수 있다. 게다가 그 2년 후인 1877년 3월에는 "다케시마 외 일도(一島)의 건은 본방과 관계없는 것으로 명심할 것"이라고 태정관(太政官, 지금의 내각에 상당)에서 명확히 결의했다. 이것은 시마네현(당시는 돗토리현도 포함)이 제출한 「일본해 내의 다케시마 외 일도를 지적(地籍)에 편찬하는 방법에 관한 품의」에 대해서 답한 것인데, '다케시마 외 일도'가 울릉도와 현재의 독도임은 시마네현이 품의서에서 첨부한 '유래서(由來書)와 지도'에 의해 명백하다. 메이지 10년(1877) 단계에서 일본정부가 다케시마(울릉도) 및 마쓰시마(독도)를 일

---

[5] 池内敏, 『竹島問題とは何にか』, 24-30쪽; 内藤正中, 『史的檢証 竹島・獨島』(岩波書店, 2007), 40-43쪽.

[6] 池内敏, 『竹島問題とは何にか』, 31-35쪽.

본 영토가 아니라고 선언한 것도 의문의 여지는 없다.

그 후 일본에서 다케시마, · 마쓰시마의 이름이 바뀌어버린다. 기원은 18세기말 프랑스와 영국이 울릉도에 붙인 각각의 이름 '다쥴레'와 '아르고노트'가 별개의 섬으로 서양 지도에 기재되고, 더구나 시볼트의 『일본』부록의 「일본지도」와 「일본변경약도」에 동쪽의 '다쥴레'에 'Matsusima', 서쪽의 '아르고노트'에 'Takasima'라는 일본 이름이 달린 데에 있다. 일찍이 일본에 있었던 시볼트가 일본과 조선 사이에 2개의 섬이 존재하고, 일본에서는 동쪽의 것을 '마쓰시마', 서쪽의 것을 '다케시마'로 부르는 것을 알고 있었기 때문에 일어난 오류였다.[7]

서양의 해도나 수로지를 바탕으로 일본 근해의 해도나 수로지를 작성한 해군수로국의 출판물에서는, 1883년 4월 발행의 『환영수로지(寰瀛水路誌)』 제2권 「러한연안(露韓沿岸)」 이후, 울릉도를 '일명 마쓰시마'라 하고, 종래 '마쓰시마'로 불러온 섬을 '리양코르트열암(列岩)'으로 표기하였다.[8]

해군수로국은 1878년 군함 아마기(天城)를 파견하여 조선의 연안을 조사하고 울릉도의 정확한 위치는 '다쥴레' 쪽이고, 그 서쪽에 위치한다고 한 '아르고노트'는 존재하지 않음을 확인하고 있지만, 시볼트가 울릉도에 붙인 '마쓰시마'라는 이름은 그 후에도 정정되지 않고 유지되었던 것이다. 해군수로국이 동해 해상에 있는 또 하나이 섬에 붙인 '리양코르

---

7) 시볼트의 『일본』은 1832년에 네덜란드 라이덴에서 분책의 형태로 간행이 시작되어, 1853년까지 20분책이 예약 구입자에게 반포되었다. 1866년 시볼트 사후 그의 남은 저작을 일괄 구입한 영국의 고서적상이 1869년에 다시 간행하였다.

8) 일본 해군수로국은 메이지 19년(1886) 이후 해군수로부가 되고 21년(1888) 이후엔 수로부가 된다.

트'라는 이름은 1849년 프랑스 포경선 리앙쿠르(Liancourt)호가 처음 발견했다 하여 선명과 연관시켜 붙인 이름이다.

이렇게 해서 일본에서는 에도시대부터 '다케시마'로 불러온 울릉도가 '마쓰시마'가 되고, '마쓰시마'로 불러온 섬의 이름이 '리양코르트', 줄여서 '리양코섬'으로 부르게 되었던 것이다.

한편 리양코섬은 좁은 수도(해협)을 끼고 동서로 두 개의 암초가 마주보는 형태의 돌섬이다. 휘몰아치는 해풍을 맞아 수목도 자라지 않고 음료수도 거의 없어 사람이 살 수 있는 섬은 아니다. 다만 수도 양측에 아주 조금의 평탄한 자갈땅이 있어 거기에 배를 끌어올려 임시로 집을 짓고, 가져간 물과 음식으로 생활하면서 강치잡이나 전복채취를 할 수 있다. 단 그러한 어업은 울릉도를 기지로 해서 이루어졌다. 당시의 어선으로는, 울릉도에 피난 기지와 가공 기지를 가지지 않으면, 리양코섬에서의 어업은 성립하지 않는다. 리양코섬이 울릉도의 부속섬으로 간주된 이유다.

그런데 일본정부는 러일전쟁 중인 1905년 1월 28일의 각의(閣議)에서 리양코섬을 새로 '다케시마(竹島)'로 명명하고, 일본의 영토에 편입하는 것을 결정했다. 그리고 그 4개월 후에 이 리양코섬 부근의 해역이 러일 두 함대의 최후 결전장이 되었던 것이다.

블라디보스토크(우라지오)함대의 위협

러일 개전 당시 극동의 러시아 해군(대평양함대)은 한반도의 서쪽에 본대인 뤼순함대, 동쪽에 분대인 블라디보스토크함대를 두고, 그리고 인천항에 2척의 군함을 두었다. 뤼순함대의 주요 군함은 전함 7척, 1등 순양함(장갑순양함) 4척이고, 블라디보스토크함대에는 전함은 없고 1등 순양함 러시아·그로모보이(Gromoboy)·류릭(Rurik)의 3척과 2등 순양함 보가티르(Bogatyr)가 있었을 뿐이다.

이들 러시아 태평양함대의 전력은 일본이 청일전쟁 후에 청으로부터 얻은 막대한 배상금을 기반으로 최신예 6·6함대(전함 6척, 1등 순양함 6척)을 구축하고, 게다가 러일 개전 직전에 이탈리아에서 건조 중인 아르헨티나의 1등 순양함 2척의 구입에 성공한 일본 해군의 전력에 비하면, 총배수량에서도 전함의 성능에서도 뒤지는 것이었다.[9]

개전에 즈음하여 일본 연합함대는 러시아의 주력인 뤼순함대를 기습하고, 제2함대의 제4전대로 인천항의 러시아 군함 2척을 격파하고 육군부대의 인천 상륙을 실행했다(제3장 참조). 또 1904년 3월 4일에 연합함대로 편입되기까지 해군대신의 직접 지휘 아래에 놓인 제3함대는 연합함대의 기습공격에 앞서 진해만과 마산의 한국 전신국을 점령했다(제7장 참조).

제3함대는 주로 노후함으로 구성되었다. 탑재한 무전기도 연합함대에는 최신의 36년식 무전기가 탑재되어 있는 것에 비해 제3함대에는 기함과 통보함을 제하고는 구식인 34년식을 갖추었고 무전기를 탑재하지 않은 군함도 많았다.[10]

---

9) 러시아 해군 군령부 편, 일본 해군 군령부 역, 『千九百四, 五年露日海戰史』(芙蓉書房出版復刻, 2004) 상권, 20쪽.
10) 군령부 편, 『極秘明治三十七八年海戰史』(이하 『극비해전사』로 약칭) 4부 4권, 124쪽의 '개

연합함대 사령장관 도고 헤이하치로는 1903년 12월 15일자 이토 스케유키(伊東祐亨) 군령부장의 사신에 대한 답신에서, 블라디보스토크함대가 홋카이도를 위협하는 것에 대해서는 취할 대책이 딱히 없다, 다만 가능한 한 속히 요코스카(橫須賀)의 정대(艇隊)를 파견하여 쓰가루(津輕)해협의 경비를 맡도록 하고 오타루(小樽)의 방비는 내버려 두어도 좋다, 어쩔 수 없으면 젠유안(鎭遠, 진엔)·후소(扶桑)·마쓰시마(松島)·이쓰쿠시마(嚴島)·하시다테(橋立)·스마(須磨)·아카시(明石) 등을 보내면 좋다고 답했다.[11]

도고가 열거한 군함명은 아카시를 제하고, 그 후 곧바로 편성된 제3함대 중에서 무전기 탑재함을 뽑은 것이다. 결국 개전 초 도고의 작전계획에는 블라디보스토크함대에 대한 대책은 딱히 없었다. 부득이한 경우에 대한해협 경비를 맡은 함선 중에서 무전기 탑재함 몇 척을 보내면 좋다고 생각했던 것이다.

개전 초에 해군대신이 지휘한 제3함대가 1904년 3월 4일에 연합함대에 편입된 후, 도고는 제3함대를 대신해 제2함대 사령장관 가미무라 히코노조(上村彦之丞) 해군 중장에게 대한해협 경비를 명했다. 제3함대를 한국 및 랴오둥반도에 상륙하는 육군부대의 지원에 충당하고 제2함대를 대한해협 경비로 돌린 것은 도고의 전략이 블라디보스토크함대에 대한 대책 쪽으로 비중을 옮기고 있었음을 말해준다.

블라디보스토크함대는 일본 구축함대가 뤼순함대를 기습 공격한

전 당시 무선전신기 장비함 일람표', JACAR C05110109800.
11) 『극비해전사』 1부 2권, 25쪽, JACAR C05110031700.

직후인 1904년 2월 11일 쓰가루해협 부근에 나타나 일본 소기선 몇 척을 격침시킨 것을 시작으로, 같은 해 8월 14일의 울산 앞바다 해전(후술)에서 패배하기까지 반 년 동안 총 7회 출격하여 일본 육군의 보급선을 위협했다. 가미무라함대(제2함대)는 블라디보스토크함대를 좀처럼 포착할 수 없었다.

1904년 8월 동해안에 있는 울산항 앞바다에서 마침내 가미무라함대에 포착된 블라디보스토크함대는 1등 순양함 류릭이 침몰하고, 1등 순양함 러시아와 그로모보이는 블라디보스토크로 돌아갔지만, 그 후 블라디보스토크함대는 전력을 회복할 수 없었다. 그러나 이것을 일본 해군은 알지 못했다. 따라서 블라디보스토크함대의 '위협'은 오랫동안, '쓰시마해전' 후에도 계속 존재했던 것이다.

블라디보스토크함대의 7회에 걸친 출격 중 6월의 제4차 출격, 7월의 제6차 출격, 그리고 최후가 된 8월의 제7차 출격(울산 앞바다 해전)을 보기로 하자.

가미무라함대가 왜 블라디보스토크함대 포착에 계속 실패했는가. 일본 해군은 그 때문에 어떤 대책을 채택했는가. 이 문제를 해명하는 것이야말로 '쓰시마해전'의 진짜 승인(勝因)을 이해하는 것이다. 그것에 의해 '쓰시마해전'의 승인을 둘러싸고 끝없이 되풀이된 T자전법을 둘러싼 논의는 지나치게 근시안적이라는 것이 분명해질 것이다.

1904년 6월 15일 이른 아침 러시아(12,195톤)·그로모보이(12,359톤)·류릭(6,175톤)이 현해탄에 출현하여 육군 수송선 이즈미마루(和泉丸, 3,229톤)와 히타치마루(常陸丸, 6,175톤)를 격침하고 사도마루(佐渡丸,

6,226톤)에 두 발의 수뢰를 발사한 후, 침몰을 확인하지 않은 채 떠났다.

이즈미마루는 랴오둥반도의 옌타이오(鹽大澳)에 육군부대를 상륙시킨 후 빈 배로 우지나(宇品)로 귀항 중이었는데, 러시아 함대의 정선명령에 항거하여 도주하다가 포격을 받아 침몰했다. 승조원 112명 중 7명이 사망, 105명이 러시아 함에 구조되어 포로가 되었지만, 그 중 23명은 다음날 석방되었다.

히타치마루의 조난은 가장 비참했다. 그 배에는 랴오둥반도 뿌리부분의 다구산(大孤山)으로 향하는 근위후비보병 제1연대 장병들 1,238명이 타고 있었는데 그 중 1,091명이 사망했다. 생존자는 147명으로 포로가 된 자는 없다.

사도마루는 야전철도 제리부(提理部)의 장병 867명을 비롯해 제2임시축성단(築城團), 공성포병사령부 등, 모두 1,258명을 태우고 옌타이오로 항행 중이었다. 236명이 사망하고 오구라 모토키치(小椋元吉) 해군소좌 이하 29명이 포로가 되었지만, 이 배는 침몰을 면하여 30시간 표류 끝에 현해탄의 고도 오키노시마(沖ノ島)에 겨우 이르렀다. 생존자는 993명이다.[12]

사실 이때 제2함대 제4전대 소속의 2등 순양함 쓰시마(對馬, 3,420톤)가 블라디보스토크함대를 재빠르게 발견하고 긴급경보를 발신했다. 쓰시마 함장 해군 중좌 센토 타케나카(仙頭武央)가 제출한 「적전(敵前)

---

12) 『극비 해전사』 1부 10, 11권 「부표 및 부도」.
　　제10호 「佐渡丸, 常陸丸, 和泉丸 승조원 인원 및 생존자 員數表」, JACAR C05110074200.
　　제11호 「佐渡丸, 常陸丸, 和泉丸 전사자료」, JACAR C05110074300.
　　제12호 「佐渡丸, 常陸丸, 和泉丸 被捕者 일람표」, JACAR C05110074400.

행동 보고」에 다음과 같이 쓰여 있다.13)

쓰시마는 6월 14일 이른 아침부터 '쓰시마해협 초계' 근무에 나섰다 (당시 사료에 쓰시마해협이라 하는 경우는 쓰시마의 동쪽, 대한해협의 동쪽 수도를 지칭한다).

6월 15일 오전 7시 20분 쓰시마는 초계근무를 마치고 귀항 중에 오키노시마의 남서 해상에서 동북쪽의 희미한 연기를 인지했다. 얼마 안 있어 돛 3개와 연돌 4개의 함선이 나타나고, 이어서 같은 모양의 함선과 돛 3개 연돌 2개의 함선이 출현하자, 그로모보이·러시아·류릭의 3함으로 편성된 블라디보스토크함대가 남하해오는 것을 확인했다. 쓰시마는 서쪽으로 도피하면서 쓰쓰(豆酘)무선전신소(대마도 남서단)를 거쳐 "적 함대 출현" 경보를 잇달아 보냈지만 응답이 없었다. 혼선 형적이 있어 이번에는 "돛 세 개를 단 블라디보스토크함대 3척이 오키노시마 부근을 남하"라고 발신했지만 역시 응답이 없었다.

쓰시마는 신호를 계속 보내는 한편 시계 안에 있는 일본 기선 우고마루(羽後丸)·후요마루(芙蓉丸)·마이코마루(舞子丸) 외 1척(선명 불명) 을 피난시켰다. 러시아 군함은 쓰시마를 추격하지 않고 오키노시마에서 남하하는 것 같았다.

오전 8시 15분 다카치호(高千穗)가 이즈모(出雲)와 나니와(浪速)에 발신한 전신 "지금 'BM'에서 'P'로 보낸 전신 이해했는가"(BM은 쓰시마,

---

13) 『극비해전사』 1부 10권, 「비고문서」 제22호 「메이지 37년 6월 18일 쓰시마 함장 해군중좌 센토 타케나카(仙頭武央)가 제출한 6월 15일 군함 쓰시마의 적전행동 보고」, JACAR C05110072200.

P는 쓰쓰무선전신소의 약호인가?)를 방수(傍受)하여, 쓰시마는 경보가 확실히 도달했다고 확신하고 침로를 동미북(東微北, 동과 동북동 사이)으로 바꾸어 러시아 군함을 감시하러 갔다. 항행 중에 앞쪽에서 몇 발의 포성을 들었다.

가미무라함대의 블라디보스토크함대 수색활동

당시 제2함대 소속 함정은 제2전대[기함 이즈모 · 아즈마(吾妻) · 도키와(常磐) · 이와테(磐手)]와 제4전대[기함 나니와 · 다카치호 · 니타카(新高) · 쓰시마 · 지하야(千早)], 제11 · 제15 · 제19정대로 구성되었다. 제2전대는 대마도 중앙부 서쪽에 있는 아소만(淺茅灣) 입구 부근의 오자키만(尾崎灣)을, 제4전대는 만 안쪽의 다케시키만을 전용 정박지로 했다.[14]

쓰시마의 무선에 의한 경보에 대해 제2함대 사령부는 어떻게 대응했는가를 보기로 하자. 가미무라 제2함대 사령장관이 제출한「제2함대 행동 상보(詳報)」에는 다음과 같이 쓰여 있다.[15]

6월 15일 오전 7시 40분 이즈모의 무선전신기는 쓰시마가 쓰쓰무선전신소에 보낸 신호를 감지했지만 의미가 명료하지 않았다. 조사 결과 "적의 주력함이 보인다"는 긴급신호임이 판명되었다. 또 이와테로부터

---

14) 1896년에 쓰시마 주변을 방위하는 거점으로 대마도 서부의 아소만 안에 다케시키 요항부가 설치되었다. 아소만은 1900년에 개통된 운하 '만제키세토(萬關瀬戶)'에 의해 대마도 동부의 미우라만(三浦灣)과 연결되었다.
15) 『극비해전사』 1부 10권, 「비고문서」 제23호 「6월 15일부터 19일에 이르는 浦鹽艦隊 策敵(적 수색)에 관한 제2함대의 행동 상보」, JACAR C05110072200.

쓰시마가 쓰쓰로 발신한 "돛 세 개를 단 블라디보스토크함대 3척이 오키노시마 부근을 남하하다"를 수신했다는 보고를 받았다. 그래서 급히 출항을 결정했다.

가미무라 장관은 오자키만에 있는 모든 군함에 "급히 모든 기관에 점화하라. 출항준비를 하라"고 깃발로 명령하고, 다케시키에 있는 함정에는 급히 오자키만으로 회항하라고 전신으로 명했다. 대한해협의 서쪽 수도 초계를 위해 북항 중인 지하야에는 오카와우치(大河內)무선전신소(쓰시마도 북부에 소재)를 경유해서 "속히 돌아오라"고 명령하고, 시모노세키 항무부(港務部)에 경보를 발신하여 선박의 서항(西航)을 정지시켰다. 이때가 오전 8시 20분이었다.

그 직후 오전 8시 35분 쓰시마로부터 "적은 오키노시마 부근에 있다, 우리는 이것을 놓치지 않기 위해 그쪽으로 향한다"라는 무선이 들어왔다. 또 9시에는 "적은 오키노시마 남쪽에서 우리 상선을 포격하고 있다"고 전신이 들어왔다.

일단 기관을 끈 증기선은 점화해도 곧바로 출동할 수 없다. 가미무라 사령장관은 제2함대 함선에 "증기가 나오는 대로 정비 깃발을 올리라"고 명했다.

가미무라 사령장관은 쓰시마와 무선통신을 유지하기 위해 쓰시마도 남부를 우회해서 오키노시마 북쪽을 목표로 삼았다. 가미무라함대가 오자키를 출항한 것은 오전 10시였다. 쓰시마에게 "본대는 지금 오자키를 나왔다"고 발신했다. 오전 11시경부터 비가 점점 세차게 내려 시계는 3,000미터에 불과했다. 그 때문에 가미무라 사령장관은 제2전대를 따르고 있는 제4전대의 소재를 잃어버렸다.

『군함 쓰시마 전시일지』에 따르면 이 날의 날씨는 오전 4시경까지 "전망이 매우 양호"하였지만, 4시 이후 "점차 음울(陰鬱)"하여 7시에 이르러 "온 하늘이 난운(亂雲)"으로 덮였지만 전망은 여전히 좋았다. 8시경부터 '농무'가 발생하고 9시 반경부터는 "폭우가 쏟아졌다", 오후가 되자 "시계가 1케이블(185미터) 내외"에 불과하였다고 쓰여 있다.16)

쓰시마는 도중에 몇 번이나 블라디보스토크함대를 놓치면서도 오후 1시 반경까지 접촉을 유지했지만, 마침내 완전히 놓쳐버렸다. 쓰시마가 블라디보스토크함대를 최후로 확인했을 때 그 함대는 북서쪽으로 항행하고 있는 것처럼 보였다. 그 취지를 보고함과 동시에 쓰시마는 제2함대에 합류하고자 북서로 침로를 바꾸었다.

이 무렵 비바람이 점점 세차고 연무가 점점 짙어져 시계가 막혔다. 제2함대에서는 함대의 조종이 대단히 곤란하게 되었다. 더구나 오후 2시에 이즈모의 무선전신 수직선(垂直線)이 바람 때문에 절단되어, 편리하게 쓰시마와 직접 통신하는 기능을 잃게 되었다. 이즈모는 후속함인 아즈마에 전신의 중계를 명했다.

오후 2시 10분 아즈마는 쓰시마의 무선을 다음과 같이 이즈모에 신호로 보냈다.

"적은 쓰시마로부터 약 4천 미터에 있다, 비가 세차 전망할 수 없다,

---

16) 『軍艦對馬戰時日誌』 (3), JACAR C09050402600.

또 놓쳤다, 귀(貴) 함대의 위치를 알고 싶다."

가미무라 사령장관은 블라디보스토크함대가 일본 함대의 접근에도 불구하고 아직 오키노시마 부근에 머물고 있다고 판단하여 함대의 침로를 동남미동(南東微東, 동남동과 남동 사이─옮긴이)으로 바꾸어 오키노시마 남쪽으로 향했다.

오후 3시 30분 이즈모는 갑자기 우현 함수 방향에서 오키노시마를 발견하고 키를 급히 돌려 충돌을 피했다. 거리는 2해리에 불과했다. 이때 후속의 제4전대 기함 나니와로부터 쓰시' 대열에 합류한 것을 전했다. 가미무라 사령장관은 블라디보스토크함대가 이미 제2함대의 대열 사이를 통과하여 북쪽으로 항행했다고 판단했다. 그래서 이것을 뒤따라올 모든 함정에 대해서 "오키노시마 서쪽 3해리부터 침로를 북북서로 바꾼다"고 발신했다.

오후 7시 20분 다시 모든 함정에 "어쩔 수 없는 경우를 제외하고 무선전신을 사용하지 말 것, 내일 아침 집결점은 울릉도"라고 발신했다. 오후 10시 연무가 심하여 후속함을 보는 것조차 불가능했기 때문에 어쩔 수 없이 함미등을 켜고 만일의 접촉사고를 예방했다.

가미무라 사령장관은 블라디보스토크함대가 울릉도 부근을 통과하여 블라디보스토크로 귀항할 것이라고 예측하고, 다음날 16일 아침에 제2함대를 울릉도에 집결시켜 매복시키는 작전을 취한 것이다. 그 때문에 블라디보스토크함대에 일본 함대의 소재를 알려줄 우려가 있는 무선의 사용을 금지했다. 그런데 그의 예상은 빗나가 블라디보스토크함대는 나타나지 않았다. 가미무라함대는 17일에는 원산까지 북상하여 수색했다.

실제로 블라디보스토크함대는 16일에 오키(隱岐) 앞바다에서 석탄을 만재한 영국기선 앨런턴(Allanton)호(4,253톤)를 나포하고, 제9 운코마루(運礦丸)를 정지시켜 여기에 이즈미마루의 포로 105명 중 23명을 옮겨 해방시켰다.

각지로부터 러시아함의 목격정보가 군령부에 모여 군령부로부터 각지의 진수부·요항부·외무성에도 통지되었다. 다만 블라디보스토크함대 포착을 위해 출동한 가미무라함대에는 연락할 방법이 없었다. 이때 울릉도에는 아직 군사시설은 설치되지 않았고 망루조차 없었다.

가미무라함대에 블라디보스토크함대의 목격정보가 전달된 것은 가미무라함대가 울릉도에서 더 북상하여 원산 앞바다에 이르러, 통보함 지하야를 원산에 입항시켜 가미무라 사령장관이 군령부장에게 보내는 보고의 타전을 원산주재 오키(大木) 부영사에게 의뢰했을 때였다. 이때 부영사로부터 군령부가 외무성을 통해 가미무라 사령장관 앞으로 보낸 전보를 수취하고 나서였다. 지하야는 원산 앞바다에 대기하는 기함 이즈모에 무선으로 전달했다. 이미 17일 오후 5시가 되어서였다.

지하야가 원산에서 수취한 3통의 전보 중 최신의 것은 가미무라함대의 본거지인 다케시키 요항부 사령부가 17일 오전 10시 42분발로 군령부에 발신한 것으로, 거기에는 17일 오전 9시 45분부터 10시 20분경까지 요항부 북동 방향 약 40해리 이상의 지점에서 6, 7발의 포성이 들렸다, 쓰노시마(角島) 및 이키(一岐) 망루(이키노시마 소재)에서도 포성

이 들렸다는 보고가 있었다는 것이었다.17)

　가미무라 사령장관은 17일 오후 11시에 모든 함정에 "내일 아침부터 수색 대열을 펼친다"고 무선으로 전했다.

　다음날 18일 오전 5시부터 개시된 함대운동에 따라 오전 7시에 수색대열을 갖추었다. 제4전대의 나니와·다카치호·니타카·쓰시마가 5해리 간격으로 일렬횡대로 늘어서고, 그 뒤로 10해리 거리를 두고 본대인 제2전대가 수뢰정대를 따라 전진하는 진형으로 남항을 시작했다.

　그날은 날씨가 청명하여 한국 해안의 산들과 울릉도를 동시에 볼 수 있었다. 가미무라는 만약 블라디보스토크함대가 북상해서 온다면 결코 놓칠 리가 없다고 기대했다. 그러나 기대에 반해 블라디보스토크함대는 나타나지 않았다. 오후 4시 가미무라 사령장관은 수색대열을 풀었다. 전 함정이 오자키만으로 귀항하고, 바로 석탄 적재를 시작한 것은 19일 오전 8시 20분이었다.

　사실 블라디보스토크함대는 6월 17일에 독도(리앙코섬)에 집합해 있었다. 자주 리앙코섬 부근을 항행한 후 북서쪽으로 갔다는 것을 울릉도에서 독도로 출어한 어부가 목격했다. 이것은 3개월 후에 울릉도에 상륙한 니카타 승조원이 알게 된다. 이것에 대해서는 후술하겠다.

---

17) 외무성 외교사료관 소장, 『日露戰役の際浦鹽艦隊玄界灘に來襲常陸丸, 佐渡丸及和泉丸遭難一件』, JACAR B07090680200, 33/100.

한국 동쪽 연안에 망루를 설치하다

블라디보스토크함대가 3일 동안이나 오키노시마 근해에 머무르고 있었음에도 제2함대가 그 포착에 실패한 것은 해군 군령부에 대해서 심각한 반성을 촉구했다. 『극비해전사』에는 다음과 같이 쓰여 있다.

> 조선해협(대한해협)의 요충에 해당하는 오키노시마에는 개전 당초 망루를 설치했음에도 해저전선의 연락이 없어 블라디보스토크함대의 남하에 대해서 작전상 유감이 적지 않은 것이 있다. 그리고 기타 중요한 지점에 통신기관을 설비할 필요를 인식하여 7월 5일 이토(伊東) 해군 군령부장은 야마모토 해군대신에게 아래와 같이 해군통신기관을 설비할 것을 상의했다. (후략)[18]

오키노시마에는 러일 개전 당초에 망루가 설치되었지만 해저전선이 깔리지 않았기 때문에 블라디보스토크함대를 목격해도 그것을 전달하는 데 지장이 있었다. 군령부장은 이 경험을 거울삼아 1904년 7월 5일에 해군대신에게 해군통신기관 설치계획을 제안했다. 그것은 다음과 같은 내용이다.

1, 한국 동쪽 연안의 도서인 홍도(鴻島)・절영도・울릉도(2개소)와 현해탄에 떠 있는 미시마(見島, 야마구치현)에 가설망루를 설치한다.

---

[18] 『극비해전사』 4부 4권, 10쪽, JACAR C05110109600.

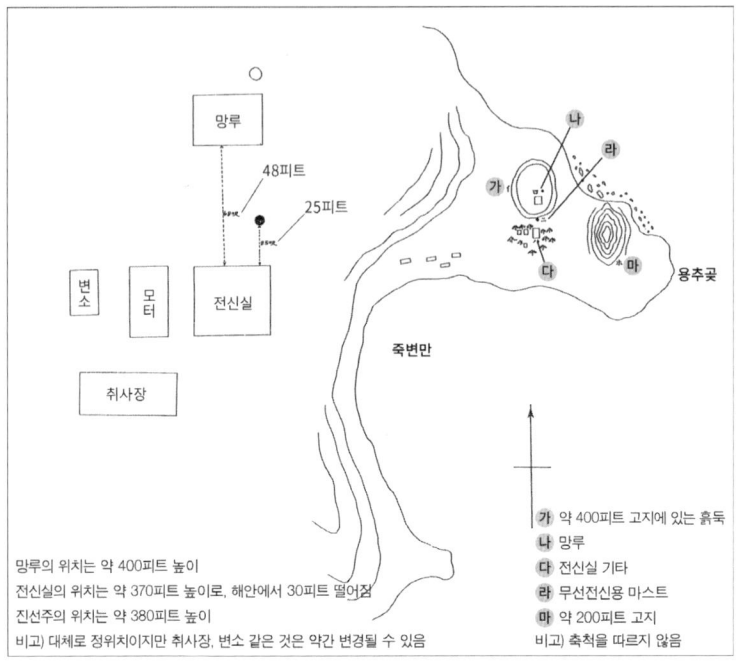

〈그림 17〉 죽변 가설망루 위치 약도(『극비해전사』 4부 4권「비고문서」 50호 JACAR C05110110100 375/441. *지도 속의 문자는 판독하기 쉽게 하려고 새로 넣은 것이다.

2, 해저전선을 제2함대사령부(쓰시마의 다케시키)와 연합함대사령부(진해만의 송진) 사이, 다케시키와 오키노시마·쓰노시마·미시마 사이, 한국 동해안의 죽변(竹邊)과 울릉도 사이(울릉도의 두 망루는 지상선으로 연결)에 부설한다.

3, 오키노시마 망루에서 전신사무를 개시한다.

4, 홋카이도의 각 등대 소재지에 해군감시병을 배치한다.[19]

---

19) 위와 같음.

이 중에서 한국 동쪽 연안에 망루를 설치하는 것은 블라디보스토크 함대를 놓친 것이 판명된 직후부터 야마모토 해군대신의 명령에 따라 이미 착수하고 있었다. 〈그림 17〉은 죽변만 망루의 위치 선정과 재료 운반 임무를 수행한 해군 중위 무라코시 하치로(村越八郞)가 7월 8일자로 제출한 보고서에 첨부된「죽변 가설망루 위치 약도」다.[20]

무라코시 중위의 보고서에 따르면, 6월 26일에 명을 받아 세이류마루(靑龍丸)에 기수(技手) 1명, 직공 16명, 인부 40명, 가설망루 건축 재료들과 양식 20일분을 싣고 다음날 27일에 사세보를 출항했다. 도중에 쓰시마의 오자키와 부산에 들러 제2함대 참모, 부산영사와 협의했다. 세이류마루는 군함 나니와와 수뢰정 카모메(鷗)의 호위를 받고 6월 30일 오전 8시 죽변만에 도착했다.

그날은 풍파가 강해서 재료 양륙이 용이하지 않았다. 무라코시는 "한인 어선을 세내려고 해도 파도가 거칠다는 핑계로 응하는 자가 없다. 간신히 이를 위압하여 사용하게 했다"고 쓰고 있다. 그렇지만 재료 양륙에 오후 8시까지 걸렸다.

그 사이 무라코시와 기수는 상륙하여 망루의 위치를 선정했다. 용추곶(龍湫岬) 가장 높은 부분에 마치 포대처럼 보이는 오목한 곳이 있어, 그곳으로 결정했다고 한다. 거기가 묘지인 것은 무라코시도 알지 못했다. 갑자기 나타난 일본군이 제멋대로 한국의 토지를, 그것도 본고장 사람들에게는 신성한 곳인 묘지를 군용지로 수용했던 것이다. 러일전쟁 중에 한국 영토에 20개소나 설치된 망루는 모두 이와 같이 해서

---

20)『극비해전사』4부 4권,「備考文書」제50호, JACAR C05110110100.

만들어진 것이다.

블라디보스토크함대, 도쿄만 근해에 나타나다

제2함대 사령부에는 각지의 망루로부터 함정 통과 보고가 이르렀다. 그러나 그 보고는 "무슨 함형(艦型) 군함 1척 통과"라고 말하는 경우가 많아, 그것이 러시아 함정인지 일본의 함정인지 판단이 어려웠다. 그래서 가미무라 사령장관은 1904년 7월 5일 제2함대 소속의 각 함정에 망루 소재지 부근 해상을 통행할 경우는 반드시 부호·신호와 선명한 군함기를 게양하도록 훈령하는 한편, 망루를 관할하는 각 진수부·요항부에도 관할하의 각 망루에 통달하도록 의뢰했다.[21]

그러나 블라디보스토크함대는 그런 감시를 재빨리 벗어나 7월 24일에는 도쿄만 근해에 출현하여 대본영을 당황시켰다. 대본영은 블라디보스토크함대가 도쿄만 근해에서 남서로 향해, 동중국해로부터 황해로 들어가 뤼순함대와 합동하려 하는 것으로 판단하여, 7월 24일 12시 가미무라 제2함대 사령장관에게 휘하 함대를 적절히 인솔하여 도이노미사키(都井崎, 미야자키현)에 이르러 후속 명령을 기다리라고 전보로 명령했다. 그런데 8시간 후인 24일 20시에 가미무라 사령장관은 도고 연합함대 사령장관으로부터 역방향인 홋카이도 방면으로 향해 블라디보스토크함대의 귀로를 차단하고 공격하라는 전보 명령을 수취했다. 사령장관 측은 블라디보스토크함대가 북상해서 쓰가루해협을 통해

---

21) 『극비해전사』 4부 4권, 219쪽, JACAR C05110109900.

블라디보스토크로 돌아간다고 봤기 때문이다. 그러나 제2함대는 이미 규슈 방면으로 출동한 지 6시간이 지나고 있었다. 가미무라 사령장관은 대본영 명령을 따랐다.

　이 대본영을 당황시킨 블라디보스토크함대의 제6차 출격은 원정 범위도 광대하고 더구나 전과도 가장 화려한 것이었다. 7월 17일 에센 사령관은 러시아에 탑승하여 그로모보이와 류릭을 거느리고 블라디보스토크항을 출항했다. 20일 새벽을 기다려 부설된 기뢰를 피하면서 쓰가루해협을 통과하여 태평양 쪽으로 나왔다. 거기서 다카시마마루(高島丸, 318톤)를 만나, 선원을 피난시킨 다음 격침했다. 그 후 같은 해역에서 일본 소기선과 범선의 임검(臨檢)과 격침을 거듭한 후, 21일 저녁부터 침로를 남쪽으로 돌려 다음날 22일 10시 30분경 후쿠시마현 시오야사키(鹽屋崎) 앞바다에서 독일 화물선 아라비아호(2,863톤)를 나포하여 블라디보스토크로 연행했다. 24일 오전 4시 30분경에는 시즈오카현 오마에자키(御前崎) 남쪽에서 철도재료를 싣고 요코하마로 향하는 영국 기선 나이트 커맨더(Knight Commander)호(4,306톤)를 나포했다. 이 선박은 블라디보스토크까지 가는 석탄을 보유하지 않았기 때문에 선원을 수용한 다음 격침했다. 그 후에는 동쪽으로 향해 25일 오전 9시 45분경 영국 기선 카르카스(Carcass)호(6,748톤)를 나포하여 블라디보스토크로 연행했다. 그 후 블라디보스토크함대는 북상하여 귀로에 오르고, 30일에 당당히 쓰가루해협을 통과하여 8월 1일에 블라디보스토크로 귀항했던 것이다.[22]

---

22) 外山三郞, 『日露海戰新史』(東京出版, 1987), 191-192쪽.

이 사이 7월 27일에 군령부는 블라디보스토크함대가 북상한다는 정보를 쥐고 있었지만 가미무라 사령장관에게, 제4전대는 기이(紀伊)반도에서 대기하거나 또는 귀항시켜도 좋다, 귀관은 제2전대만 거느리고 메라(布良) 망루(보소房總반도 남단) 부근까지 활동하라고 훈령했다. 그래서 가미무라는 제4전대의 쓰시마 귀항을 명한 후 제2전대를 거느리고 메라 망루 앞바다에 이르러 이즈(伊豆)제도 방면을 탐색했지만 이제 와서 블라디보스토크함대를 발견할 수는 없었다.

그 후 이토(伊東) 군령부장은 7월 30일 오전 3시 가미무라 사령장관에게 30일 새벽에 그곳을 출발하여 쓰시마 방면으로 돌아가라고 명했다. 제2전대가 메라 앞바다를 출발하여 도중에 사세보에서 석탄과 물을 보급한 후 쓰시마 오자키만으로 돌아온 것은 8월 4일이 되어서였다. 제4전대는 그에 앞서 7월 29일 쓰시마 다케시키항으로 귀항하여 대한해협의 초계임무를 수행했다.

황해해전

블라디보스토크함대에 휘둘린 제2함대가 본거지로 복귀하여 대한해협 초계임무에 나간 지 얼마 안 된 1904년 8월 10일 뤼순함대는 블라디보스토크로 탈출을 꾀해 대거 항 바깥으로 나왔다. 준비하고 기다린 연합함대는 이것을 포착하고 일대 해전을 벌였다. 결과는 일본의 일방적 승리였다.

이와 같은 결말이 날 것임은 뤼순함대의 사령장관 및 사령관 전원이 알고 있는 것이었다. 그들은 전력이 우세한 적이 수뢰를 부설하여 준비하고 기다리는 항 바깥으로의 탈출은 불가능하다고 생각했다. 1898년 미국과 스페인전쟁에서 쿠바 산티아고 만에 봉쇄된 스페인 대서양함대가 탈출을 시도하다가 준비하고 기다린 미국함대에 전멸된 전례도 있었다. 따라서 뤼순함대 사령관들의 주장은 뤼순 요새와 운명을 함께 하면서 제2 태평양함대(발트함대)를 기다린다는 것이었다. 다만 1904년 4월에 파견이 결정된 발트함대 출항의 전망은 이 해 여름 단계에서는 아직 서지 않았다.

한편 극동에서 군사권과 외교권을 니콜라이 황제로부터 위임받은 극동총독 알렉세예프는 발트함대의 도착까지 뤼순 요새가 버틸 수 있다고 생각하지 않았다. 그래서 뤼순함대 사령장관에게 황제의 명령으로써 앉아서 자멸의 길을 택하는 것보다 치고 나가서 혈로를 열라고 명했다. 이렇게 해서 뤼순항 탈출은 뤼순함대에게는 강요된 무모한 작전이 되었다. 따라서 당초부터 전의가 결여되었다.

해전에서 패한 뤼순함대의 주요 전함 5척과 순양함 1척, 구축함 4척, 병원선 1척은 그날 중에 뤼순항으로 되돌아갔다. 다른 한편 전함 1척, 순양함 3척, 구축함 3척이 피해 달아났지만, 자오저우만(膠州灣)·상하이·사이공 등 숨어 들어간 항만을 관리하는 독일·청·프랑스 관리의 손에 의해 무장해제되었다. 도망쳐 달아난 러시아함의 입항 정보를 얻은 일본 측의 인도 요구가 있었기 때문에 이런 조치를 했음은 말할 필요도 없다.

그러한 중에 자오저우만에서 석탄을 탑재한 후 재빠르게 출항하여 유일하게 무장해제를 면한 순양함 노비크만 동중국해에서 태평양으로 크게 돌아 소야(宗谷)해협까지 왔지만 여기서 쓰시마와 지토세에 잡혀 격파되었다.

뤼순함대 출항 때 블라디보스토크함대에 뤼순 출항 시각을 통지할 필요상, 뤼순에 잔류한 함정(블라디보스토크까지 항해가 불가능한 것) 중에서 구축함 레시테리누이가 선발되어 즈푸주재 러시아영사에게 긴급전보를 건네는 특별임무가 부여되었다. 뤼순이 일본에 의해 통신이 봉쇄되었기 때문이다.[23)]

러일 개전 이전에 일본이 뤼순으로 통하는 전신선 중 즈푸 - 뤼순 간 해저전선 외에 모두 절단한 것에 대해서는 제6장에서 서술했다. 이것은 "뤼순항구의 이목"을 잘라, 2월 6일 오전 9시부터 개시된 일본 연합함대의 출동 정보가 러시아에 전해지는 것을 막기 위한 조치였다.

러일 개전 후 이토 군령부장은 청나라 즈푸 출장 중인 대본영 참모 모리(森) 해군 중좌에게 명해서 즈푸 - 뤼순 간의 해저전선을 절단시켰다. 그 후 육군의 뤼순 포위작전에 의해 뤼순항이 육지 쪽에서도 포위되자 그곳의 러시아군은 완전히 통신이 봉쇄되었던 것이다.[24)]

레시테리누이의 즈푸 입항은 다음날 11일에 그곳에 주재한 모리 중좌에게 발견되었다. 산둥반도 북안에 있는 즈푸항에 대해서, 또 그곳을 거점으로 첩보활동에 종사한 모리 중좌에 대해서는 제4장에서 소개했다. 모리의 급보에 따라 다롄에 있던 호소야(細谷) 제3함대 제7전대

---

23) 러시아 해군 군령부 편, 일본 해군 군령부 역, 『千九百四, 五年露日海戰史』(芙蓉書房出版復刻, 2004) 하권, 130쪽.
24) 『극비해전사』 4부 4권, 188쪽, JACAR C05110109800.

사령관은 후지모토(藤本) 제1구축대 사령에게 즈푸로 향하는 레시테리누이를 처분할 것을 명했다. 후지모토는 즈푸에서 청국 관리의 제지를 무시하고 레시테리누이를 나포하여 다롄으로 예인했다.[25]

그러나 레시테리누이가 즈푸에 가지고 간 긴급전보는 러시아영사에 의해 타전되어 뤼순함대 출항 소식은 11일 저녁 블라디보스토크함대에 이르렀다. 블라디보스토크함대 사령관 에센 소장은 12일 오전 6시 러시아에 탑승하여 그로모보이·류릭을 거느리고 블라디보스토크를 출항, 뤼순함대를 맞이하기 위해 대한해협으로 향했다. 그러나 이때 에센은 뤼순함대가 이미 황해에서 패배하여 주요 함정이 다시 뤼순항으로 되돌아갔다는 것과 도망쳐 달아난 함정이 각지에서 무장해제된 것을 전혀 알지 못했다.[26]

뤼순함대의 구원에 나선다면 소야해협까지 도망간 노비크 단 한 척만 구원할 수 있었지만, 8월 12일 블라디보스토크를 출항한 에센으로서는 이제 새로운 정보를 입수할 방법이 없었던 것이다. 에센은 뤼순함대가 일본함대와 서로 포격하면서 한반도 남단을 거쳐 대한해협을 북상하여 올 것으로 예상하고, 그것을 엄호하기 위해 제2함대가 준비하고 기다린 대한해협으로 위험을 무릅쓰고 나갔던 것이다.

---

25) 레시테리누이는 그 후 쓰시마해전에서 러시아 구축함으로 위장하여 러시아함대의 침로에 수뢰를 부설하는 임무에 사용되었다.
26) 外山三郎, 『日露海戰新史』, 東京出版, 1987, 195쪽.

울산 앞바다 해전

1904년 8월 10일 일몰 후 황해에서 포격을 정지한 연합함대는 패주하는 뤼순함대의 수색활동으로 이행했다. 도망친 함선이 블라디보스토크로 도주할 가능성이 크다고 판단한 도고 사령장관은 제2함대에 도망친 러시아함의 대한해협 통과를 저지하고, 또 그것을 엄호하기 위해 출현할 블라디보스토크함대를 공격하는 임무를 주었다.

8월 14일 오전 5시경 가미무라 사령장관이 직접 거느리는 제2함대 제2전대는 한국 동쪽 연안을 일단 북상하여 울릉도에 이르렀다. 그곳에서 침로를 바꾸어 남하하던 중 울산 앞바다에서 드디어 블라디보스토크함대의 러시아·그로모보이·류릭을 발견하고 포격을 개시했다. 러시아의 3함은 일본 측의 추격을 뿌리치고 도주하려 했지만 속력이 느린 류릭에 포화가 집중되었다. 그래서 다른 2함은 몇 번이나 구출을 시도하려 가미무라 함대에 접근했다.

한편 제2함대 제4전대(우류 사령관)에는 근거지인 쓰시마에서 멀리 떨어지지 않은 범위 내에서 적을 요격하는 임무가 부여되었지만, 교전을 알고 울산 앞바다로 향해 오후 8시경에는 나니와와 다카치호가 교전하는 현장에 도착했다.

에센 소장은 최종적으로 류릭 구출을 단념하고 북방으로 침로를 급전하여 블라디보스토크로 도주했다. 가미무라 사령장관은 류릭을 제4전대에 맡기고 러시아·그로모보이 2함을 추적했지만 놓치고, 현장으로 돌아와 침몰하고 있는 류릭 선원의 구출을 지시했다(이 일로 일본

국내에서는 가미무라 사령장관을 러시아 스파이라고 규탄하는 여론이 갑자기 일어난다).

류릭 침몰 현장에 최후로 달려온 것은 제4전대의 니타카였다. 니타카는 대만의 위산(玉山)을 말한다. 청일전쟁 승리로 대만을 영토에 편입한 일본은 이 산을 니타카산(新高山)으로 이름 붙였다. 후지산보다 200미터 이상이나 높은 산은 제2차세계대전까지 일본의 최고봉이었다.

한편 8월 14일 새벽에 니타카는 쓰시마 남해상에서 초계임무를 수행하고 있었다. 니타카의 활동에 대해서는 『군함 니타카 행동일지』(방위연구소 소장)에 다음과 같이 쓰여 있다.

> [1904년 8월 14일] 오전 3시 쓰쓰 앞바다에서 수뢰정을 만나 우리 편 암호를 교환하다. 오전 6시 고자키(神埼) 망루 앞바다를 통과할 때 자주 "블라디보스토크함대 제7지점에 보인다"는 전신을 감지하여 그 지점으로 향해 항행하다. 오전 6시 반 합전 준비를 갖추고 속력을 상용 속력인 18노트로 하다. 오전 7시 20분 다카치호가 오코우치(大河內)로 발신한 무선전신에 따라, 지금 386지점에서 교전중임을 알고 그 지점으로 향하다. 오전 10시 20분 나니와·다카치호 2함이 러시아함 류릭과 교전하고 있음을 인지하고 각원들을 전투 배치했다. 사기가 자못 장하다. 오전 10시 30분 류릭이 침몰하는 것을 확인하고 본대에 합류하려고 나란히 항행했는데 마침 남하하는 본대를 만나 동행하다. 러시아함 류릭호의 물에 빠진 자 14명을 수용하고 본대와 함께 오자키로 향하다.27)

---

27) 『軍艦新高行動日誌』(5), JACAR C09050457300, 18/73. 이 자료는 니타카의 일지(1904년

쓰쓰는 쓰시마 남서쪽 끝, 고자키는 쓰시마 남쪽 끝에 있는 곳이다. 니타카는 8월 14일 오전 3시 쓰쓰 앞바다에서 동쪽으로 향해 오전 6시에 고자키 망루 앞바다를 통과하려 했을 때, "블라디보스토크함대 제7지점에 보인다"는 무전기가 자주 울렸다. 그래서 니타카는 쓰시마 동쪽 연안을 북상하여 해당 지점으로 향했다. 오전 7시 20분에 다카치호가 쓰시마 북부의 오코우치 망루로 발신한 무선통신에 따라 386지점에서 교전중이라는 것을 알았다.[28]

10시 20분 니타카는 나니와·다카치호 2함이 류릭과 교전하고 있는 것을 인지하고 승조원을 전투 배치했다. 10분 후 류릭이 침몰하는 것이 보였다. 그래서 니타카는 바다에 빠진 류릭 승조원 14명을 수용하여 본대와 함께 오자키만으로 향했다.

일본 해군은 러일전쟁에 이르기까지 무선전신 연구를 거듭해서 유효통신 거리를 비약적으로 신장시켜 왔다. 그러나 1904년(1903년의 잘못-옮긴이) 10월에 군함 후소에 최신식 통신기를 탑재시켜 14시간 동안 행한 실험 결과는, 최대 유효 통신거리가 58해리(107킬로미터), 전 30통의 전보 중 명해(明解) 수신전보는 19통, 반해(半解) 수신전보는

2월-11월) 전 11책 중 제5책으로, 1904년 8월 1일부터 9월 30일까지의 일지가 수록되어 있다. 러일전쟁 종결 후인 1906년 3월 20일 자로 니타카 함장 야마가타 분조(山縣文藏)가 제2 함대사령장관 데와 시게토(出羽重遠) 앞으로 제출한 것이다. 제2차대전 후 진주군인 미군이 접수했다가 1958년 4월에 반환한 구일본군기록의 하나이기도 하다.
28) 제7지점 및 386지점은 대한해협에서의 지점번호다. 1904년 5월 30일 오자키만에서 우류(瓜生) 사령관이 발령한 「4戰기밀 99호」에 첨부된 지도(特設地點信號圖)에 따르면 제7지점은 북위 35도 30분부터 50분, 동경 130도부터 동경 130도 20분까지 20분 간격이 경위도에 둘러싸인 지점이다(JACAR C09050637700, 28/55). 386지점은 불명이다. 그리고 이 지점번호는 기밀유지의 관점에서 자주 변경된 모양이다.

2통, 부달(不達) 전보 9통, 명해 전보 중 오류 글자 수 5개였다.[29]

이 시점에서 무선전신이 매우 불안정했음을 알 수 있다. 게다가 무선은 방수(傍受)될 우려가 있으며 방해전파에 의해 통신 불능이 되는 경우도 있었다.

이것을 보완하기 위해 일본 해군은 각지에 망루를 설치하고 망루 간을 유선으로 연결했다. 그리고 망루에 무선전신기를 설치했다. 망루는 눈과 망원경으로 감시하는 장소일 뿐만 아니라 얻은 정보를 바로 전달하는 기능을 가지고, 동시에 함선에 탑재된 무전기에 의한 통신을 중계하는 기능도 가지고 있다.

제2전대가 블라디보스토크함대가 발견된 울산 앞바다에, 2시간 후에는 제4전대의 나니와·다카치호가 달려오고, 나아가 그로부터 2시간 30분 후에 니타카가 달려온 것은, 무선과 망루와 유선에 의해 대한해협의 전략적 봉쇄가 성공하고 있음을 보여주고 있다. 그러나 이때에는 러시아·그로모보이 2함을 놓치고 말았다.

울릉도에 해저전선 부설

울산 앞바다 해전을 거친 1904년 9월 8일 가미무라 사령장관은 우류 사령관에게 새로운 훈령을 주었다. 그것은 한국의 죽변만(竹邊灣)과 울릉도에 해저전선을 부설하는 체신성 소속의 오키나와마루를 엄호할

---

[29] 『극비해전사』 4부 4권, 109쪽, 「自三十六年八月至同年十二月 無線電信試驗成績表」, JACAR C05110109800.

것, 또 직접 엄호하는 전진함과 본대(쓰시마의 제2 함대사령부)와의 통신을 중계하는 것이다. 후자의 임무에는 죽변만과 본대의 직접 통신 연락을 할 수 있을 때까지라는 기한이 붙어 있었으며, 그 사이 오키노시마 부근의 초계임무는 면제되었다. 오키나와마루의 임무는 다음과 같이 소요 일수가 예정되어 있었다.

① 죽변만 부근에서 블라디보스토크 전신선을 수색(예정 일수 3일간).
② 죽변만에 블라디보스토크 전신선을 육양(예정 일수 2일간).
③ 마쓰시마(울릉도) 죽변만 간 전신선 포설 및 마쓰시마에서 육양(예정 일수 3, 4일간)[30]

당시 한국 동해안에서 울릉도로 건너가려면 죽변만에서 출항했다 (죽변만은 대한제국 강원도 울진군에 속했지만, 현재는 경상북도에 속해 있다). 이 죽변만의 망루(명칭은 죽빈竹濱 망루)의 위치 선정과 재료 운반이 벌써 6월 중에 해군 중위 무라코시 하치로에 의해 실행되고 있었다는 것은 전술했다. 그 후 계속해서 망루 설치공사가 실시되어 7월 22일에 준공하고, 8월 10일부터 사용하기 시작했다. 마찬가지로 울릉도 동남부에 마쓰시마 동망루(東望樓)가, 동북부에 마쓰시마 서망루가 모두 9월 1일에 준공되고 다음 날부터 사용되기 시작했다.[31] 군령부는 1904년 7월 5일 해군대신에게 보고한 해군통신기관 설치계획대로, 울릉도

---

30) 『극비해전사』 4부 4권, 51쪽, JACAR C05110109700.
31) 『극비해전사』 4부 4권, 233쪽, 「明治三十七八年戰役中望樓一覽表」, JACAR C05110109900.

와 즉변만에 망루를 설치하여 그 사이를 해저전선으로 연결하고, 나아가 죽변만에 블라디보스토크 전신선을 끌어올리고 그것과 접속하여, 울릉도와 사세보를 해저전선으로 접속하려 했던 것이다.

블라디보스토크 전신선을 수색하여 인양한다는 것은 나가사키에 지사를 둔 덴마크 대북전신회사가 나가사키 - 블라디보스토크 간에 부설한 해저전선(2회선)을 인양하여 무단으로 사용한다는 것이다. 해군은 1904년 6월 중부터 나가사키 근교의 시지키(志自岐) 부근에서 대북선을 절단하여 사세보 진수부 안으로 연결을 변경하는 공사에 착수하고, 7월 9일에 완료했다.[32]

적국자산이라고 인정하기 곤란한 대북전신회사의 자산을 무단으로 사용하는 것이 전시국제법을 위반하는 것임은 해군성도 체신성도 충분히 인식하고 있었다. 따라서 포츠머스조약 체결 후 해군은 매우 급히 대북선 복구 작업을 시행했다.[33]

해군은 한국의 남해안 및 동해안에 망루를 건설하고, 일본의 규슈・산인(山陰, 혼슈 서부 - 옮긴이) 연안 및 도서에 설치된 망루와 합하여 대한해협을 순항하는 초계함의 무선통신이 망루를 경유하여 바로 제2함대 사령부(쓰시마의 다케시키)와 연합함대 사령부(진해만의 송진)에 이르고, 또 사령부에서 발신하는 명령이 바로 전 함정에 이르는 체제를 구축하려 했다. 이것이 블라디보스토크함대와 뤼순함대의 합동을 저지하기 위해서도, 또 언젠가는 출현할 발트함대를 맞받아치기 위해서

---

32) 『극비해전사』 4부 4권, 48-49쪽, JACAR C05110109700.
33) 『극비해전사』 4부 4권, 89쪽.

도 구축해야만 하는 인프라라고 인식되었다. 이러한 해군의 전략 속에서, 중요한 통신 및 감시 거점으로 갑자기 주목을 받게 된 것이 울릉도와 리양코섬이었다.

한편 울릉도와 죽변만의 망루 사이를 해저전선으로 연결하고, 게다가 대북선을 무단으로 사용하여 사세보에 연결하는 공사는 블라디보스토크함대의 습격을 경계하는 속에서 시행되었다. 그 때문에 우류 사령관은 오키나와마루를 직접 엄호하는 군함과 쓰시마의 사령부에 통신하는 중계함을 내기 위해 휘하의 5척 군함으로 로테이션 조를 편성했다.34)

1904년 9월 10일 오후 1시 오키나와마루가 쓰시마의 다케시키항을 출항했다. 최초의 엄호함이 된 것은 쓰시마이고, 나니와가 중계함이 되었다. 다음으로 9월 12일 니타카가 다케시키를 출항하여 13일 오전 6시에 중계지점에 도달하고 나니와와 교대했다. 나니와는 북진해서 엄호함이 되었다. 오후 10시 니타카는 쓰시마가 돌아가는 길에 만났다. 다음날 14일 오전 6시 니타카는 엄호함이 되기 위해 죽변 부근으로 향했다. 같은 날 오후 6시 오키나와마루는 죽변만에 대북선의 육양을 완료했다. 그래서 니타카는 중계함 지하야를 경유하여 다음과 같이 제2함대 사령부에 보고했다.

14일 오후 6시에 오키나와마루가 보고했다. 케이블 접속이 완료되어 지금부터 죽변만과 내지의 통신은 지장이 없다. 죽변만에서는 천막을 쳐서 임시로 통신을 하고 있다. 내일 역시 다른 하나의 선을 인양할

---
34) 『극비해전사』 4부 4권, 54쪽.

예정이다. 오늘밤 오키나와마루는 루드너(Krudner, 후포-옮긴이)곶 부근에서 가박(假泊), 본 함은 순항 경계를 한다.35)

오키나와마루는 9월 14일에 죽변만 부근에서 대북선을 절단하고, 죽변만에 천막을 치고 만든 임시통신소까지 인양하여 죽변-사세보 간의 통신을 완성시켰던 것이다. 다음날 15일 오키나와마루는 루드너곶 부근에서 또 하나의 회선을 인양하려 시도했지만, "해저가 매우 깊어 도저히 수색할 수 없기 때문에" 이 작업은 오전 9시에 중단되었다.36)

이후 오키나와마루는 죽변만으로 회항하여 대북선과 울릉도선 육양의 완성작업에 종사했다. 이것은 천막을 치고 임시로 통신하고 있던 상태에서 죽빈(竹濱) 망루 안으로 끌어넣는 것을 완료한다는 의미일 것이다. 이 사이 니타카는 경계를 위해 만 내를 순항했다.

니타카는 정오에 보고를 올렸다. 오후 3시 제2함대 사령장관으로부터 "중계함을 중단한다, 오늘부터 지하야를 오키노시마의 초계선(哨戒線)으로 이동한다, 쓰시마가 내일 교대하러 간다"는 전신을 수취했다.

중계함에는 죽변만과 제2함대 사령부가 직접 통신연락이 가능할 때까지라는 기한이 붙어 있었다는 것은 전술했다. 대북선을 사용해서 죽빈 망루와 사세보 진수부의 통신이 연결된 이상, 사세보를 경유해서 쓰시마의 제2함대 사령부와 통신도 가능하게 되어 중계함이 중단된

---

35) 『軍艦新高行動日誌』(5).
36) 루드너곶은 '빙장말(氷嶂末)'이다. 영일만과 용추(龍湫)곶 사이에 있고, "고준(高峻)한 원형의 소머리"가 바다에 돌출한 모습으로 되어 있다(水路部, 『朝鮮水路誌』, 1900, 269쪽). 북위 36도 40분 51초, 동경 129도 26분 53초(수로고시 1774호 5112항, 메이지 39년 2월 17일 관보 6788호).

것이다.

이후 니타카는 죽변만에서 울릉도로 해저전선을 부설하는 오키나와 마루의 호위함으로 울릉도로 향했다. 니타카가 남긴 일지에는 울릉도에서 수집한 리양코섬의 중요 정보가 기재되어 있다. 잠시 『군함 니타카 행동일지』를 읽어보자.

니타카의 리양코섬(독도) 정보

『군함 니타카 행동일지』 제5권((주 27) 참조)에는 다음과 같이 기재되어 있다. 날짜 뒤에 기록된 위치정보는 생략했다. [ ]은 필자의 보주다.

[1904년 9월] 16일(금)
오전 7시 오키나와마루를 만나 함께 마쓰시마[울릉도]로 향하다. 정오경부터 풍파가 점점 거칠어지다. 오후 2시 오키나와마루와 헤어지고 우선 마쓰시마에 이르러 망루로부터 이상 없다는 소식을 얻고 부근의 감시에 임하다. 오후 9시 오키나오마루가 마쓰시마 남쪽에 왔지만 풍파가 강하여 양호한 정박지를 발견하지 못하였기 때문에 마침내 9시 50분 그 케이블을 절단하고 부표를 달아 던져놓고, 오늘밤 이 부근에서 표박(漂泊)하기로 결정하다.
이에 오후 10시 아래의 보고를 하다.
죽변만과 마쓰시마 간의 케이블 포설을 완료했다. 내일 육양할 예정이다. 본 함은 오후 10시에 마쓰시마를 출발, 귀로에 오른다. 4교대 근무로 초병을 배치했다.

오후 10시 마쓰시마를 출발하여 오자키로 향하다. 북동쪽의 풍파가 더욱 거세 함의 경사가 30도가 넘은 적이 있다.

니타카는 울릉도 남쪽 해상을 표박하는 오키나와마루를 남기고, 16일 오후 10시에 울릉도를 출발, 다음날 17일 낮 12시 30분에 쓰시마의 다케시키에 입항했다. 이것은 군함 쓰시마가 교대하러 오는 것을 알았기 때문일 것이다. 그러나 쓰시마는 오지 않은 듯하다. 오키나와마루는 폭풍에 견딜 수 없어 밤 12시에 울릉도를 출발하여 다음날 17일 오후 6시 반에 다케시키에 입항했다.

9월 18일부터 21일까지 니타카는 휴가를 받았는지, 일지에는 석탄과 양식 적재와 다케시키항에 출입한 함정명만 철해져 있다.

그런데 22일부터 니타카는 다시 출동한다. 22일 오전 중에 출항한 오키나와마루에 뒤처져 니타카는 낮 12시 30분에 출항했지만, 오후 3시에 오키나와마루를 따라붙어 함께 울릉도로 향했다. 그런데 차츰 풍파가 강해지자 오키나와마루의 요청으로 목적지를 죽변만으로 변경했다.

23일(금)
죽변 부근에 임시 정박하다.
오전 7시 30분 오키나와마루와 함께 죽변만에 입항하여 용추곶의 남서미남(南西微南) 1/2남쪽 6케이블[약 1킬로미터] 지점에 닻을 내리다. 이날 풍파가 여전히 그치지 않아 마침내 이쪽에서의 작업 역시 종사할 수 없었다.

오후 10시에 출발. 오키나와마루와 동행하여 마쓰시마로 향하다. 4교대 근무로 초병을 배치했다.

잠수기를 사용하여 함의 바닥을 검사하다. 이상 없다. 승조원을 반수씩 교대로 상륙시켜 산보를 허락하다(약 2시간).

24일(토)
오전 5시 30분 마쓰시마 도착. 그 섬 부근에서 감시에 임하다.(후략)

23일은 풍파가 강하여 죽변만에서의 작업도 불가능했다. 그날 오후 10시에 죽변만을 출발, 24일 오전 5시 30분에 울릉도에 도착했다. 다음날 9월 24일 일지의 계속으로, 오키나와마루가 마쓰시마 동쪽 망루 남서쪽에 케이블의 일단을 육양하여, 그것과 전에 죽변만으로부터 깔아와서 부표를 달아 바다에 던져놓은 것을 해상에서 접합시키는 작업에 들어간 것이 쓰여 있다.

24일 오후 5시 10분에 제2함대 사령장관이 발신한 "블라디보스토크 함대가 수리를 완료했다는 보고가 있어, 오키나와마루가 하는 공사의 낙성을 매우 급히 할 필요가 있다. 진행 상황은 어떠한가"라는 전보를 '죽빈 무선전신 및 오키나와마루 전신'이 수신했다.

이것은 쓰시마의 제2함대 사령부로부터 사세보를 경유하여 죽변만의 죽빈 망루에 유선으로 도달한 전신을 울릉도의 니타카에 무선 및 공사 중인 유선으로 중계한 것이다. 죽빈 망루에는 36년식 무선전신기가 갖추어져 있었다.37)

이어서 "블라디보스토크함대가 21일 밤 출항했다는 보고가 있다. 오키나와마루의 공사를 중지시키고 오자키로 돌아오라"는 제2함대 사령장관의 명령을 '오키나와마루 전신'이 수신했다.

니타카는 "응급으로 접합하면 1시간 안에 끝낼 전망이므로 완료 후 12노트 속력으로 해안을 따라 남하한다"고 회신했다. 니타카는 오키나와마루의 지상 파견원을 수용하는 한편, 공사를 서둘러 하도록 했다. 오후 8시 반 접속공사를 완료했다. 9시 20분에 니타카는 오키나와마루를 인솔해서 울릉도를 출발하여 귀로에 올랐다.

다음날 9월 25일 오전 11시 부산 앞바다에서 오키나와마루와 헤어진 니타카는 속력을 올려 오후 3시 다케시키항에 귀착했다. 그보다 2시간 늦게 오키나와마루도 입항했다.

그런데 문제의 리양코섬 정보는 이것에 이어서 쓰여 있다.「리양코 약도」(오른쪽이 서도, 왼쪽이 동도)가「마쓰시마 동남 망루대에서 망원경으로 본『리양코』섬」이라는 그림과 함께 일지 중에 보고자 이름도 수신자 이름도 없이 보통 업무기록의 체재로 쓰여 있다. 〈그림 18〉

이것은, '리앙쿠르'암을 울릉도의 한국인은 '독도'라 쓰고, 일본인은 '리양코섬'으로 부르고 있는 것을 최초로 보고한 기록으로, 그리고 독도

---

37)『극비해전사』4부 4권, 143쪽,「戰役中無線電信機(三十六年式)を裝備せし諸望樓表」, JACAR C05110109800.

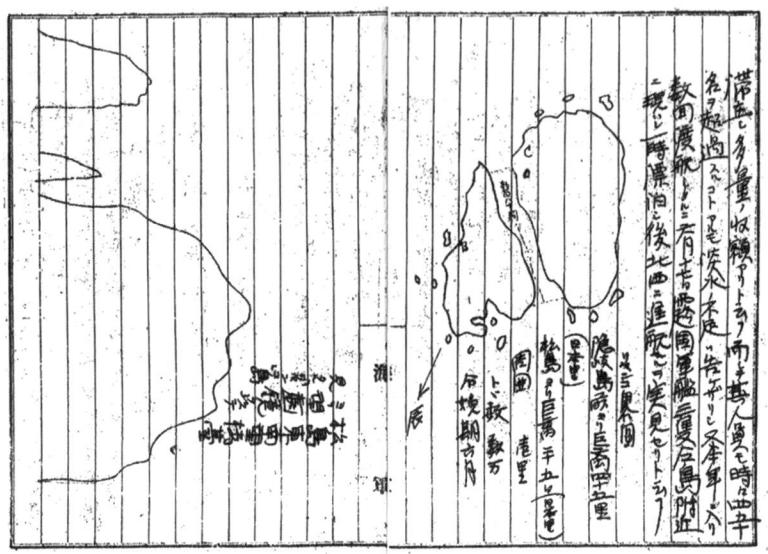

〈그림 18〉 리양코(독도) 약도. 마쓰시마(울릉도) 동남 망루에서 망원경으로 본 리양코 섬.『군함 니타카 행동일지』제5권 소수(JACAR C09050457300 68-69/73).
*그림 속의 진(辰)은 북에서 오른쪽으로 120도 방위.

에서의 강치잡이가 울릉도를 기지로 해서 이루어지고 있는 정황을 기록한 기록으로 중요한 사료이기 때문에 여기서 그림과 함께 원문을 게재하겠다.

아울러 9월 23일 일지 최후에 기록된 "잠수기를 사용하여 함의 바닥을 검사하다. 이상 없다. 승조원을 반수씩 교대로 상륙시켜 산보를 허락하다(약 2시간)"는 내용은 23일 오후 10시에 오키나와마루와 함께 죽변만을 출항한 니타카가 24일 오전 5시 30분에 울릉도에 도착한 후의 일이다. 따라서 25일조에 쓰여 있는 리양코섬 정보는 9월 24일 이른 아침에 니타카 승조원 반수씩을 교대로 울릉도에 상륙하여 산보하는 것을 허락한 2시간 동안에 얻은 정보임을 확인해두고자 한다.

마쓰시마에서 '리앙코루드(리앙쿠르)'암을 실견한 자로부터 청취한 정보.

'리앙코루드'암, 한인은 이를 독도라 쓰고, 본방 어부들은 생략해서 '리앙코'섬으로 호칭했다. 별지의 약도와 같이 2좌(坐)의 돌섬[巖嶼]으로 이루어져 있으며, 서쪽 섬[西嶼]은 높이 약 400피트로 험조(險阻)해서 오르는 것이 곤란하지만 동쪽 섬[東嶼]은 비교적 낮아 잡초가 자라고, 정상에는 약간 평탄한 땅이 있어 작은 집 두세 채를 짓기에 충분하다고 한다.

담수는 동쪽 섬 동면 어귀에서 조금 얻을 수 있다. 또 동쪽 섬 남쪽 B점, 수면에서 3간(間, 1간은 약 1,82미터) 정도 되는 곳에 샘이 있어 사방으로 흘러나온다. 그 양은 약간 많아 연중 마르는 일은 없다. 서쪽 섬의 서쪽 C점에도 또한 맑은 물이 있다.

섬 주위에 흩어져 있는 바위는 대체로 평평하여 큰 것은 돗자리 수십 개를 깔기에 충분하고, 항상 수면에 노출되어 있다. 해마海馬[강치]는 여기에 군집한다. 두 섬 사이에 배를 매어 두기에 충분해도 작은 배는 항상 육지에 올려놓고, 풍파가 강해 이 섬에 계박하기 어려울 때는 대체로 마쓰시마[울릉도]로 순풍을 얻어 피난한다고 한다.

마쓰시마에서 도항하여 강치잡이에 종사하는 자는 6, 70석 규모의 일본배를 사용하고, 섬 위에 헛간을 지어 매번 약 10일간 체재하는데 다량의 수확이 있다고 한다. 그리고 그 인원도 때로는 4, 50명을 넘는 경우도 있지만, 담수는 부족하지 않다고 한다. 또 올해에 들어와 몇 번 도항했는데 6월 17일에 러시아군함 3척이 이 섬 부근에 나타나 일시 표박한 후 북서쪽으로 항진하는 것을 실견했다고 한다.

당시 제2함대는 쓰시마에 본거지를 두고 블라디보스토크함대 포착에 나서고 있었는데, 블라디보스토크함대는 갑자기 나타나서 일본 육군부대를 싣고 랴오둥반도로 향하는 수송선이나 일본에 군수물자를 싣고 오는 외국 기선을 습격하여, 제2함대의 추격을 뿌리치고 블라디보스토크로 도망갔다는 것은 전술했다.

해군 군령부는 러시아함대의 발견과 통보를 보다 신속히 보다 정확히 하기 위해서 울릉도와 한국 동해안에 망루를 건설하고, 망루 사이를 해저전선으로 연결하는 공사를 서둘렀다. 해전전선 부설선 오키나와마루의 엄호함으로 울릉도에 파견된 니타카가 9월 24일에 얻은 리양코섬 정보, 특히 3개월 전인 6월 17일에 러시아군함 3척이 리양코섬 부근에 나타나 일시 표박한 후 북서쪽으로 갔다는 정보는 제2함대 사령부 및 대본영으로 하여금 리양코섬의 전략적 가치에 눈을 뜨게 한 계기가 되었다. 리양코섬이 블라디보스토크함대의 집결지점이 되고 있는 것을 일본 해군이 처음으로 알았던 것이다.

쓰시마의 리양코섬(독도) 상륙 조사

1904년 11월 9일 도고 연합함대 사령장관은 가미무라 제2함대 사령장관 앞으로 다음과 같이 전보로 훈령했다.

조선해협 양안 각지에 있는 무선전신소는 종래 감독이 불편하였기 때문에 적 함대 출몰 등의 때에 발신이 제각각이어서 서로 혼선을 초래하는 등 통신의 지연을 초래했던 적이 있었다고 알고 있다. 발트함대 내항이 가까워지는 금일에 동 해협에 있는 육해전신선·망루·무선전신소의 통신계통을 한층 분명히 하고, 중요한 통신소에 장교를 배치하는 등 통신연락의 민속(敏速)을 꾀함은 가장 필요한 일이라고 생각한다. 귀관은 동 해협 방면에서 종래의 경험을 거울삼아 가장 적당하다고 생각하는 고안(考案)을 마련하여 직접 대본영에 자세히 보고할 것(『극비해전사』 제1부 제11권, 101쪽, JACAR C05110072800).

이것을 접수한 가미무라 사령장관은 다음날 10일 이토 군령부장 앞으로 8개조 요망 사항을 제출했다. 그 중 제3조는 다음과 같다.

3. 리앙코루드섬에 망루를 신설하고, 마쓰시마[울릉도]에서 해전전선으로 연락할 것. 마쓰시마에 있는 어민의 말에 따르면 동서 양도 사이에 양호한 가항(可航) 수로가 있어 정박지로 적합하고, 또 도내 여러 곳에 맑은 물이 샘솟고, 그 땅의 넓이도 충분히 망루 건설을 감당할 수 있는 것 같다(『극비해전사』 제1부 제11권, 102쪽).

가미무라 사령장관의 리양코섬에 관한 정보는 니타카가 울릉도에서 얻은 것임에 분명할 것이다.

11월 13일 대본영은 새로 제4전대의 우류 사령관을 통해 군함 쓰시마 함장 센토 타케나카(仙頭武央) 해군 중좌에게 훈령을 주고 아래 3항을 명했다.38)

㉠ 다카사키산(高崎山) 무선전신소의 통신 시험을 시행한다. 또 이를 위해 시험관을 그곳으로 보낸다.
㉡ 리양코루드섬은 전신소(무선전신소가 아니다) 설치에 적합한지 어떤지를 시찰한다.
㉢ 마쓰시마・죽빈・울기(蔚崎)의 각 망루에 재료와 인원을 보낸다.

다카사키산 무선전신소는 오키(隱岐)의 도젠(島前) 다카사키산 망루 안에 있다. 또 마쓰시마・죽빈・울기 망루는 모두 한국 동해안의 울릉도・죽변만・울산항에 일본 해군이 마음대로 설치한 망루다. 각각의 망루를 사용하기 시작한 것은 다카사키산이 1904년 7월, 울릉도의 동서 망루 모두 같은 해 9월, 죽빈 망루는 같은 해 8월, 울기는 같은 해 9월이었다.39)

그리고 울릉도에는 쓰시마해전 후에 마쓰시마 북(北)망루가 더 설치되었다. 이때 동시에 리양코섬에도 다케시마 망루가 설치되지만 이것에 대해서는 후술한다.

---

38) 『第四戰機密 戰策 明治三十七』, JACAR C09050638000, 54/55.
39) 『극비해전사』 4부 4권, 225쪽, 「明治三十七八年戰役中望樓一覽表」, JACAR C05110109900.

쓰시마는 11월 19일 오전 8시 40분에 죽변만에 도착, 망루용 재료를 육양한 후 울릉도로 향했다. 오후 4시 20분 울릉도에 도착하여 망루 재료를 육양했다.

이어서 다음날 11월 20일 오전 7시 20분에 리얀코섬에 도착, 부장(副長, 부함장) 야마나카 시바키치(山中柴吉) 소좌와 군의장(軍醫長) 이마이 게비타로(今井外美太郞) 대군의(大軍醫, 군의관 계급으로 대위에 상당)를 상륙시켰다. 3시간 반 후인 오전 10시 55분 부함장·군의장이 귀함하여 쓰시마는 오키로 향했다. 오후 7시에 오키 도젠의 벳부만(別府灣)에 입항, 시험관을 상륙시켰다. 다음날 21일 승조원 반수씩 교대로 상륙하여 산보하도록 허가했다. 22일 무선통신 시험을 위해 쓰시마는 벳부만을 출항했지만 파도가 높아 시험을 중지하고 벳부만으로 돌아왔다. 23일 다시 출항, 무선통신 시험 결과는 양호했다.

다음날 24일 오전 10시 38분 쓰시마는 오자키만에 입항, 정오에 다케시키항으로 회항했다. 그날 일지에는 "쓰시마 기밀 제127호, 이번의 활동에 관한 보고를 제출하다"라고 쓰여 있지만, 내용에 관한 기술은 없다. 그러나 『극비해전사』에는 다음과 같이 쓰여 있다.

[11월] 24일에 이르러 쓰시마는 마쓰시마·죽빈 망루 요원의 송치, 리얀코루드섬의 시찰 및 다카사키산 무선전신소 통신 시험을 마치고 같은 날 오전 오자키로 돌아왔다. 리얀코루드섬을 실사한 결과 대공사를 하지 않으면 도저히 망루를 설치할 전망이 없다고 보고했기 때문에 가미무라 사령장관은 바로 이토 해군 군령부장에게 다음의 취지를 보고

했다(『극비해전사』 제1부 제11권, 105쪽, JACAR C05110072800).

　가미무라 사령장관은 쓰시마의 귀항을 준비하고 기다렸다가 리양코섬에 관한 보고를 받고, 이것을 바로 군령부장에게 보고했다. 리양코섬에 상륙하여 조사한 쓰시마 부함장 야마나카 소좌가 가져온 것은 대공사를 하지 않으면 리양코섬에 망루를 설치할 전망이 없다는 것이었다.
　야마나카 소좌의 「시찰보고」 자체는 『극비해전사』에도 수록되어 있지 않지만, 「리양코루드섬 약도」가 「야마나카 소좌 동도(同島) 시찰보고 부록」으로 『극비해전사』 제1부 권 10, 11 별책 「부표 및 부도」 중에 수록되어 있다(이 장의 표지 지도).
　그러나 그로부터 40일 후인 1905년 1월 5일 쓰시마 함장 센토 타케나카가 수로부장 앞으로 낸 보고서 「리양코루드섬 개요」가 『극비해전사』 제4부 권4의 「비고문서」 중에 수록되어 있다.[40]
　센토 함장이 1904년 11월 24일에 「쓰시마 기밀 제127호」로 보고를 올린 상대는 제2함대의 가미무라 사령장관이었다. 그로부터 40일이나 지나서 센토 함장이 수로부장 앞으로 보고서를 제출한 이유는 아마 돗토리현(鳥取縣) 도하쿠군(東伯郡) 오가모촌(小鴨村)(현재의 구라요시시 倉吉市) 출신으로 당시 시마네현(島根縣) 스키군(周吉郡) 사이고초(西鄕町)(오키 군도의 도고島後 섬)에 거주하고 있던 나카이 요자부로(中井養三郞)가 1904년 9월 29일에 내무·외무·농상무 3대신 앞으로 제출한

---

[40] 『극비해전사』 4부 4권, 「備考文書」 제67호, 「明治三十八年一月五日對馬艦長海軍中佐仙頭武央より水路部長に提出するリヤンコールド島槪要」, JACAR C05110110100.

「리양코섬 영토 편입 및 대하원(貸下願)」과 관련하여 내무성이 리양코섬의 위치·형상 등을 수로부장에게 문의하고, 수로부장이 현지조사를 한 센토 함장에게 보고를 구했기 때문일 것이다.

나카이의 행동은 러일전쟁 중에 강치 가죽의 수요가 급속히 높아진 것을 배경으로 리양코섬 주변에서 강치잡이의 사업성에 주목하여, 그 사업의 독점권을 얻는 것을 목적으로 했던 것이다.[41]

수로부장은 기모쓰키 카네유키(肝付兼行) 해군 소장이고, 리양코섬이 조선 영토라고 믿고 있던 나카이 요사부로에 대해 리양코섬의 소속을 명확히 하지 않고 오히려 일본 영토에 편입하는 쪽이 좋다고 시사하여 나카이가 리양코섬의 일본 영토 편입과 10년간 대여 청원을 일본정부에 제출하는 계기를 만든 인물임은 시마네 향토사가 오쿠하라 헤키운(奧原碧雲)이 1907년에 출판한 『다케시마 및 울릉도(竹島及鬱陵島)』에 쓰여 있다.

이 책은 1906년 3월에 시마네현 지사 마스나가 타케키치(松永武吉)의 명에 따라 시마네현 제3부장 간다 유타로(神田由太郎)가 오키 도사(島司) 히가시 분스케(東文輔) 이하 44명을 인솔하여 실시한 '다케시마 시찰' 보고서로 예약출판된 것이다. 일행 중에는 오쿠하라 헤키운과 나카이 요사부로도 들어가 있으며 나카이와 수로부장의 관계는 나카이의 담화에 의거한 것으로 생각된다.[42]

그러면 센토 함장은 수로부장에게 어떻게 보고했는지를 보기로 하

---

41) 井上貴央,「ニホンアシカの復元にむけて(8) 日本海竹島のニホンアシカ獵の變遷」,『海洋と生物』16-4, 1994.
42) 奧原碧雲,『竹島及鬱陵島』(報光사, 1907), 28쪽(ハーベスト出版이 2005년에 복각).

자. 센토는 리양코섬이 2개의 주된 섬과 그 주위에 바둑돌처럼 흩어진 작은 섬으로 되어 있으며, 주된 섬은 전부 불모의 민둥한 바위로 세차게 몰아치는 해풍을 받아 한 그루의 수목도 없다. 주위는 단애(斷崖) 절벽으로 어디에서도 오를 수 없고, 또 평탄한 곳이 거의 없다고 단정한다. 그리고 다음과 같이 쓰고 있다.

요컨대 이 섬은 척박하고 민둥한 바위[禿岩]로 해양의 거친 바람에 노출되어 그 맹위를 피할 만한 면적을 가지지 못했다. 땔 연료가 없고, 마실 물이 없고, 먹을 양식이 없다. 매년 6, 7월경 해표(海豹) 잡이를 위해 도래하는 자가 수십 명이나 많이 온다고 들었다. 이들은 모두 한 번에 약 10일간씩 임시로 거처하면서 어획에 종사하지만, 그 외의 모든 계절에 거의 오지 않는다.

센토는 이처럼 리양코섬이 불모의 민둥한 바위임을 강조했다. 그러나 굳이 "풍랑의 예봉을 피할 수 있는 가옥 건축용 땅"을 구한다면 두 곳이 있다고 다음과 같이 서술했다. 현대문으로 번역해서 소개한다.

(가) 서도의 동면에는 산사태가 있었다. 그 경사는 매우 급하고 위쪽 반분은 거의 직립하여 도저히 오를 수 없지만, 아래쪽 반분은 약간 완만하여 간신히 그 중턱까지 오를 수 있다. 이곳의 지질은 강고한 바위층이라서 이것을 절개하면 3평 못 미치는 정도의 평탄지를 얻을 수 있어 동풍 이외의 바람은 모두 차단할 수 있다.

(나) 동도 정상부는 일견 평탄한 부분이 많아 가옥 건설에 적합한 것처럼 보이지만, 이것을 답사함에는 경로에 다대한 공사를 시행하지 않으면 그곳에 도달할 수 없기 때문에 실현할 수 없었지만, 주위 모두가 해양의 거친 바람을 받는다는 난점이 있다. 그러나 남단에 있는 평탄한 곳만은 3, 4평의 넓이가 있어 서북 한 방향은 차단되어 있는 듯하다.

이 문장에 있는 (가) (나)는 1904년 11월 20일 오전 7시 20분에 리양코섬에 상륙하여 2시간 반 정도 조사를 행한 '쓰시마' 부함장 야마나카 시바키치 소좌가 작성한 「리양코루드섬 약도」(본 장 표지 지도) 중의 (가) (나)와 일치하고 있다. 전술한 것처럼 야마나카 소좌의 시찰 보고 자체는 확인할 수 없지만, 센토 쓰시마 함장이 수로부장 앞으로 올린 보고가 야마나카 보고에 기초한 것이라는 점은 분명할 것이다.

그리고 그 내용을 요약하면 리양코섬은 해풍의 맹위에 노출된 돌섬이고, 연료도 물도 식량도 얻을 수 없다. 매년 6, 7월경에 강치잡이에 종사하는 자 수십 명이 오지만 모두 1회에 대략 10일 정도 임시 가옥을 짓고 거주할 뿐으로 다른 계절에는 거의 오는 자도 없다. 그러나 굳이 유선전신소 설치를 위한 용지를 구하면 서도·동도에 각각 한 곳씩 있다는 것이다.

리양코섬(독도)의 일본 영토 편입

전시인 1905년 1월 28일 일본정부는 각의에서 리양코섬을 '다케시마

(竹島)라 명명하고 일본 영토에 편입할 것을 결정했다. 국립공문서관에 소장되어 있는 『공문유취(公文類聚)』 제29편 제1권(JACAR A01200222600)에 각의 결정에 이르는 관계문서가 몇 점 수록되어 있다. 그것에 따르면 리앙코섬의 '일본 영토 편입'은 다음과 같은 수순으로 행해졌다.

우선 1904년 9월 29일에 나카이 요자부로가 내무·외무·농상무의 3대신 앞으로 「리양코섬 영토 편입 및 대하원(貸下願)」을 제출했다. 이것을 접수한 내무대신 요시카와 아키마사(芳川顯正)가 1905년 1월 10일자로 내각총리대신 가쓰라 타로 앞으로 「무인도 소속에 관한 건」을 보내고 각의를 요청했다. 내용은 리양코섬을 타국이 점령했다고 인정할 형적이 없다, 재작년부터 일본인 나카이 요자부로라는 자가 그 섬에서 강치잡이에 종사하고 이번에 영토 편입 및 대하원을 출원했다. 이에 그 섬의 소속과 도명을 확정할 필요가 있기 때문에 그 섬을 '다케시마'라 이름 붙이고 앞으로 시마네현 소속 오키 도사의 소관으로 하고자 한다는 것이다.

이 문서에는 1월 12일자로 내무차관 야마가타 이사부로(山縣伊三郎)가 내각서기관장 시바타 카몬(柴田家門) 앞으로 보낸 관계서류의 송장도 첨부되어 있다. 관계서류는 아래의 3점인데 야마가타가 "용무가 끝나면 돌려주시기 바랍니다, 이를 첨언합니다"라고 반환을 요구했기 때문에 이들 관계서류는 내각에 남아 있지 않다. 따라서 『공문유취』에 수록되어 있지 않다.

一, 나카이 요사부로의 청원서

一, 수로부장의 회답
一, 외무·농상무 양 차관 및 시마네현 지사의 회답

그 중 「나카이 요자부로의 청원서」와 외무차관의 회답은 외무성 외교사료관 소장의 『제국 판도관계 잡건(帝國版圖關係雜件)』(JACAR B030 41153100)에 수록되어 있다. 외무차관의 회답은 나카이의 출원을 받고 1904년 10월 15일자로 야마가타 내무차관이 진다(珍田) 외무차관 앞으로 문의한 조회에 대해, 진다가 "위의 영토 편입 및 대여 건에 대해 본 성은 이의 없습니다"라고 회답한 것이다. 농상무차관의 회답도 아마 마찬가지였을 것이라고 생각된다.

시마네현 지사의 회답은 새로운 섬의 이름과 소관에 대한 내무성의 조회에 대해, 11월 15일자로 시마네현 내무부장이 오키 도사(島司)에게 문의하고, 11월 30일자 오키 도사의 회답을 근거로 새로운 섬을 '다케시마'로 명명하고 오키 도사의 소관으로 하고자 한다고 회답한 것이다.[43]

다음으로 각의 결정서를 보자. 이것에는 각의에 출석한 내각총리대신 이하 전 각료 10명의 화압(花押, 서명을 대신하는 사인)이 있고, 법제국 장관이 압인하였다. 결론 부분에 다음과 같이 쓰여 있다.

별지 내무대신이 청의한 무인도 소속에 관한 건을 심사함에 (중략) 메이지 36년(1903) 이래 나카이 요자부로라는 자가 그 섬에 이주하여 어업에 종사한 것은 관계서류에 의해 분명한 바이므로, 국제법상 점령

---

43) 內藤正中, 『史的檢証 竹島·獨島』(岩波書店, 2007), 92쪽.

의 사실이 있는 것으로 인정되어 이를 본방 소속으로 하고, 시마네현 소속의 오키 도사의 소관으로 함에 지장이 없는 것으로 사고한다. 따라서 청의(請議)한 대로 각의에서 결정하는 것이 마땅하다고 인정한다.

이상의 사료를 검토해보면 다음과 같은 점이 지적될 수 있다. 우선 나카이 요사부로가 1904년 9월 29일에 제출한 청원서에는 두 가지 요구가 포함되어 있다. 한 가지는 리양코섬을 일본 영토로 편입하기 바란다는 것이고, 다른 한 가지는 리양코섬을 10년간 대여해주기 바란다는 것이다. 이 청원을 받고 반 달 정도 지난 10월 15일에 내무성은 나카이가 요구하는 두 가지 모두를 인정하는 방향에서 외무성과 농상무성의 의견을 정리하려 했으며 외무성은 이것에 이의가 없다고 회답했다.

그런데 1905년 1월 10일자로 내무대신이 내각총리대신에게 각의를 청한 때, 내무대신이 제안한 것은 리양코섬의 일본 영토 편입뿐이고 나카이의 대여 문제는 제외했다. 이것은 1904년 10월 15일 이후에 리양코섬을 나카이 요사부로에게 대여하는 것에 반대하는 의견이 나와 내무성의 방침을 수정시켰기 때문일 것이다.

반대의견은 수로부장의 회답이 아니었을까 추측된다. 수로부장 기모쓰키 카네유키 해군 소장과 나카이 요사부로의 관계는 전술했다. 종래 나카이의 담화에 기초하여 나카이의 청원을 뒷받침한 인물로만 보아왔지만, 해군대신 직속의 요직인 수로부장이 리양코섬의 일본 영토 편입에는 찬성해도 해군의 통신 전략상의 요지인 리양코섬을 개인에게 대여하는 것에 동의할 리가 없기 때문이다.

다음으로 이 각의 결정서는 "메이지 36년(1903) 이래 나카이 요자부로라는 자가 그 섬에 이주하여"라고 하여 사실 인정의 중대한 작위(作爲)가 있다. 내무성이 각의 자료로 사전에 내각부(內閣府)에 제출한 나카이 자신의 '청원서'에도 내각대신의 '청원서'에도 그런 사실은 쓰여 있지 않다.

애초에 리양코섬은 사람이 살 수 있는 섬이 아니다. 각의 결정 겨우 2개월 전에 현지조사를 한 쓰시마 함장의 보고서에 매년 6, 7월경에 강치를 잡으러 수십 명의 어부들이 찾아왔지만, 그들은 "모두 한 번에 약 10일간씩 임시로 거처하면서 어획에 종사하지만, 그 외의 모든 계절에 거의 오지 않는다"고 쓰여 있는 것은 전술했다.

이것에 더하여 1906년 10월 18일자로 나카이가 시마네현에 제출한 '다케시마 어업조합' 설치 신청이, 현에서 농상무성 수산국에 조회한 다음, 나카이가 '다케시마'에 거주하고 있지 않다는 이유로 허가되지 않았다는 사실이 있다.[44]

따라서 나카이 요사부로의 리양코섬 이주라는 허구는 1905년 1월 28일 각의에서 "국제법상 점령의 사실"을 주장하기 위해 억지로 조작한 것이라고 말하지 않을 수 없다.

그리고 한국정부가 리양코섬의 일본 영토 편입을 안 것은, 앞에서 서술한 1906년 3월 시마네현 '다케시마 시찰단' 일행의 울릉도 방문에

---

44) 伊藤康宏,「島根漁民の朝鮮近海出漁」(竹島問題を學ぶ講座 第六回講義記錄, 2008년 11월 16일).

의해서였다. 일행 45명을 태운 240톤의 소증기선 제2오키마루(隱岐丸)는 1906년 3월 26일 오후 6시 오키의 사이고항(西鄕港)을 출항, 다음날 27일 다케시마에 상륙한 후 오후 9시에 울릉도에 도착했다. 다음날 28일 오전 10시 진자이(神西) 부장 이하 열 몇 명이 울릉도 주재 일본인 순사부장을 통역으로 군수를 방문했다.

군수 심흥택(沈興澤)은 다음날 29일 강원도 관찰사에게 "일본의 관인 일행이 관사(官舍)에 이르러 독도가 이제 일본의 영토가 되었기 때문에 시찰하러 왔다고 고했다"라고 보고했다. 이것을 접수한 강원도 관찰사 이명래(李明來)는 4월 29일자로 심흥택의 보고를 의정부 참정대신에게 전달했다. 이것은 5월 7일 의정부에 도달했다. 참정대신 이제순(李齊純)은 5월 20일 "독도가 일본 영토가 되었다는 것은 전혀 근거가 없는 것이다"라고 단정하고 더욱 상세히 조사하라고 명했다.[45] 군함 니타카가 1904년 9월에 울릉도의 한국인은 '리앙코루드'암을 '독도'로 쓴다고 보고한 것은 앞에서 소개했다.

이상의 사실은 1904년부터 1906년까지 한국의 지식계층 및 국가기관이 리양코섬을 자국 영토인 '독도'로 여기는 공통의식이 존재했음을 명시하고 있으며 1905년 1월의 일본 영토 편입의 논거인 '무주지론(無主地論)'에 대한 유력한 반증이 되고 있다.

---

45) 內藤正中, 『史的檢証 竹島・獨島』(岩波書店, 2007), 98-99쪽.

쓰시마해전의 진실

리양코섬의 '일본 영토 편입'으로부터 4개월 후, 이 리양코섬 주변 해역이 러일 두 함대의 최후결전장이 되었다. 발트해에 있는 리바우(Libau) 군항에서 멀리 지구를 반 바퀴 돌아온 러시아 발트함대(정식 명칭은 제2, 제3 태평양함대)가 준비하고 기다린 일본의 연합함대에 의해 이 바다에서 1905년 5월 28일에 괴멸되었던 것이다.

연합함대 사령장관 도고 헤이하치로는 이날 다음과 같이 대본영에 타전했다.

> 연합함대 주력은 27일 이래 남은 적에 대해 추격을 계속하여, 28일 리양코루드암 부근에서 적함 니콜라이1세(전함), 아룔(전함), 센야빈(장갑해방함) 및 이즈무르드(순양함)로 구성된 일군을 만나 이를 공격했는데, 이즈무르드는 분리하여 도주했지만, 다른 4함은 잠깐 사이에 항복했다. 우리 함대에는 손해 없다.

이 전보는 다음날 29일 오전 중에 대본영에 이르고, 그날 『관보』 호외에 그대로 게재되었다. 민간에서도 각 신문이 5월 30일자로 게재했다. 『도쿄아사히신문』은 전문에 덧붙여 「대해전 지점(공보 참조)」이란 제목으로 지도를 싣고, 구 중심점에 '리양코이루드암'이라고 이름을 붙였다. 그런데 6월 5일 『관보』에 다음과 같은 정정기사가 나왔다.

지난달 29일 관보 호외 본란의 일본해 해전 전보(戰報)의 제3항 및 31일 일본해 해전 속보의 제5항 중 '리양코루드암'을 모두 '다케시마'로 정정한다. 해군성 부관

연합함대 사령장관도 사령장관 명의의 전보를 기초한 참모들도, 또 그것을 수취해서 관보국에 돌린 해군 군령부의 막료들도, 그것을 기사화한 신문기자들도 '리양코루드암'이 4개월 전에 '다케시마'라는 이름으로 일본 영토에 편입된 사실을 알지 못했던 것이다. 따라서 일본 외무성 홈페이지에 다케시마의 일본 영토 편입이 "당시의 신문에도 게재되어 널리 일반에 전해졌습니다"라고 쓰여 있는 것은 사실이 아니다.

『관보』에 '해군성 부관' 이름으로 수정 기사를 내게 한 것은 그 섬을 '다케시마'로 명명하고, 일본의 영토로 편입하는 것을 결정한 각의에 출석한 해군대신 야마모토 곤베에일 것이다. 야마모토는 울릉도 및 리양코섬 부근이 러일 두 함대의 결전장이 될 것을 예상하고 있었다. 그 때문에 울산 앞바다 해전(1904년 8월) 후 울릉도에 망루 설치와 해저전선 부설을 서두르고 리양코섬 정보 수집에 나서고, 나아가 리양코섬을 일본 영토로 편입했던 것이다.

야마모토 해군대신이 리양코섬 부근을 결전장으로 예상한 것은 물론 그 혼자만의 추측은 아니다. 발트함대가 발트해에서 출항한 1904년 10월 중순부터 2개월 반이 지난 12월 30일에 도고 연합함대 사령장관은 가미무라 제2함대 사령장관과 막료를 거느리고 상경하여 야마모토

해군대신・이토 군령부장과 추후의 전략을 협의했다. 그 직후인 1905년 1월 2일 그들은 뤼순 함락 소식을 접했다.

협의의 주안이 러시아 발트함대를 영격하는 방책이었음은 말할 필요도 없다. 그 결과 「조선해협에 있어 지점(地點)・간선(幹線)・경계선(警戒線) 예정도」(메이지 38년 1월 1일 연대聯隊법령 제4호도)가 제정되어 10일부터 실시되었다. 〈그림 19〉

이 지도에는 대한해협을 횡단하는 제1부터 제6에 이르는 6줄의 경계선과 그것과 교차해서 종단하는 3줄의 간선이 그어져 있으며 주요 지점에는 알파벳이 붙어 있다. 이것은 대한해협에 진입할 발트함대의 포착망이고 그 후의 초계활동의 기본이 되는 것이었다.

대한해협에 그어진 이들 경계선 중 가장 북쪽에 설정된 것이 시마네반도 동단의 지조자키(地藏崎)에서 오키의 도젠(島前), 리앙코루드섬, 울릉도를 거쳐 한국 동해안 죽변만의 용추곶에 이르는 제5경계선이다. 이 제5경계선 중앙에 위치하고, X점이라는 부호를 붙인 리앙코루드섬을 둘러싸고 그때 어떤 논의가 있었는지를 말해주는 사료는 아직까지 없다.

그러나 그 섬을 다케시마로 명명하고 일본의 영토에 편입하는 것을 각의에서 결정한 것은 「조선해협에 있어 지점(地點)・간선(幹線)・경계선(警戒線) 예정도」를 제정한 직후이고, 그 각의에 이 지도 제작에 관계한 야마모토 해군대신이 출석했다.

러시아함대 발견의 제1보는 고토(五島)열도 서쪽에서 제4경계선 남쪽의 초계임무를 맡고 있던 가장순양함 시나노마루(信濃丸)가 발신했

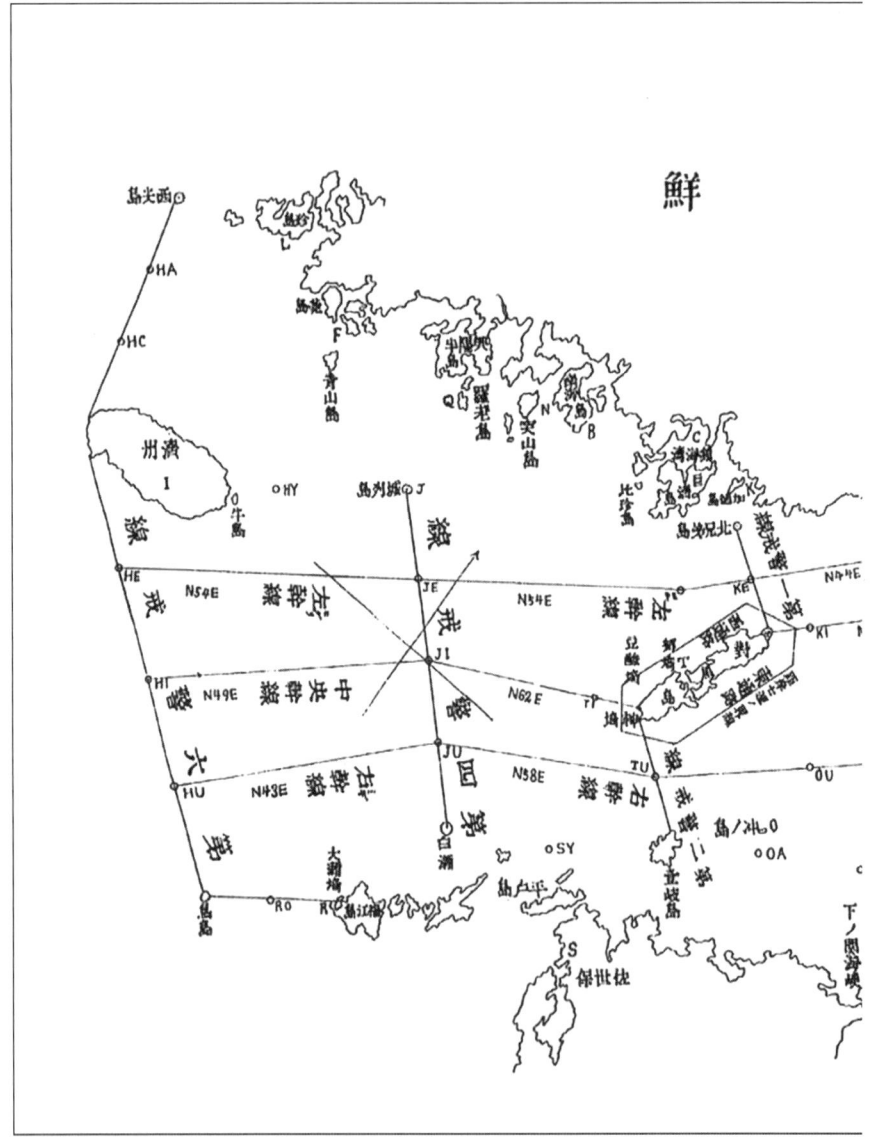

〈그림 19〉 대한해협에서의 지점·간선·경계선 예정도(『극비해전사』제2부 권 1 소수 JACAR C05110083400 5/37).

제8장 쓰시마해전과 독도 ‖ 415

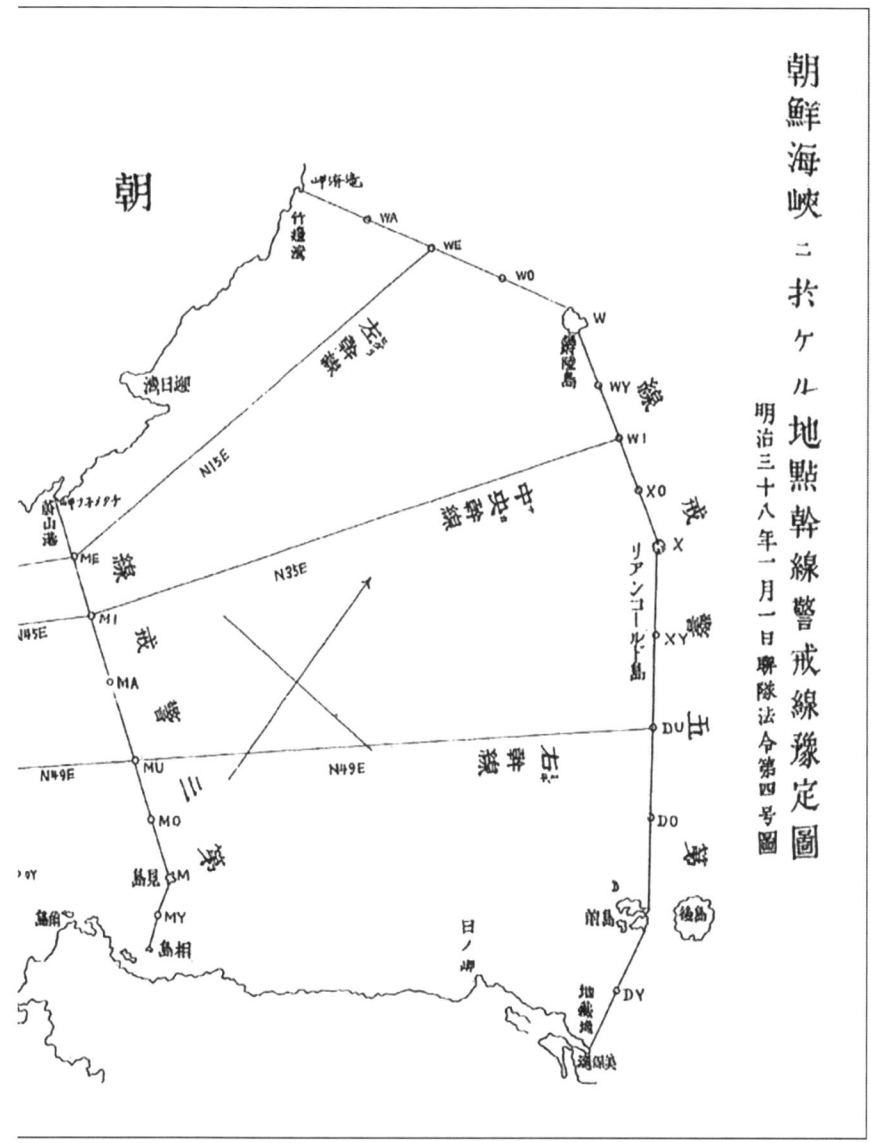

다. 5월 27일 오전 4시 45분에 전 함정을 향해 발신한 "적함인 듯싶은 매연이 보인다"는 무선전신이었다. 이어서 시나노마루는 4시 50분에 "적의 제2함대 보인다, 지점 203"이라고 발신했다. 이것을 수신한 이쓰쿠시마(嚴島)가 5시 5분에 도고 사령장관이 탑승한 기함 미카사(三笠)에 "적의 제2함대 보인다"고 전송했다.46)

실제로 이들 어구는 미리 가타카나 1글자로 줄여 부호화되었으며, 마찬가지로 기호화된 함정명과 숫자로 된 지점번호, 시각과 함께 무선통신의 수순에 따라 연속으로 타전되었다.

『미카사 전시일지』에 따르면 이쓰쿠시마로부터 "적 발견"이란 무선전신을 받은 미카사는 바로 모든 함정에 점화를 명하고 출동 준비에 나섰다. 미카사는 거제도 북서단의 송진포(松眞浦)를 전용 정박지로 하여, 그곳에 설치된 송진 군용전신취급소를 통해 항상 도쿄의 대본영과 통신하고 있었지만, 1905년 3월 이후는 함대 지휘에 편리한 진해만 C지점으로 나와 있었다. 그 때문에 가장순양함 다이추마루(台中丸)가 연합함대 부속 항만부 겸 특무함대 사령부 기함으로서 그곳에 계류하면서 다수의 통신선을 거느리고 해상에서 항만업무를 맡고 있었다. 이 배 안에는 군용전신취급소가 개설되어 송진 군용전신취급소 간에 해저전선으로 연결되었다. 또 송진에서 체신성 요원이 옮겨와 승선근무를 했다. 미카사가 도쿄 대본영에 발신한 "적함 보인다는 경보를 접하고 연합함대는 즉시 출동하여 이를 격멸하려 한다. 오늘 날씨는 맑고 화창하지만 파도는 높다"라는 유명한 전신은 다이추마루 부속

---

46) 『극비해전사』 4부 4권, 182쪽, JACAR C05110109800.

통신선 지도리마루(千鳥丸)에 부탁해서 다이추마루 선내의 군용전신취급소에서 유선으로 도쿄에 발신한 것이다.47) 정박지를 나온 미카사는 연합함대 주력이 대기하는 가덕 수도에서 갑판 위의 예비석탄 30톤을 바다 속에 던진 다음 제1전대의 선두에 서서 러시아함대와 접촉지점으로 예상된 오키노시마를 목표로 삼았다.

한편 러시아함대는 대한해협을 눈앞에 두고 속도가 느린 석탄 보급선대를 떼놓기 위해 5월 23일에 마지막 석탄 보급을 했다. 그 때문에 과잉 적재 상태가 되고, 이것에 의해 속도가 떨어졌을 뿐만 아니라 끽수선(喫水線)이 올라가 두꺼운 철판으로 포탄을 튕길 장갑부분이 수면 아래로 잠겼으며, 갑판 위에서는 큰 파도를 뒤집어써 대포 발사에도 지장이 생기는 상태였다.

이 사이 시나노마루의 무선을 받고 재빨리 러시아함대에 접촉한 초계함 이즈미(和泉)로부터 러시아함대의 위치·진형·진행 방향에 이르기까지 미카사는 정확한 정보를 시시각각 얻고 있었다.48) 무선전신과 유선전신을 조합하여 구축한 일본 해군의 통신 전략이 러시아 대함대와의 결전을 앞두고 대단한 위력을 발휘하고 있었다.

대한해협을 통과할 러시아함대를 재빨리 포착해서 결전을 건다. 뿔뿔이 흩어진 러시아함대는 아마 리양코섬을 목표로 북상할 것이다. 연합함대는 그 전에 울릉도에 집결하여 리양코섬 해역에서 최후의 결전을 건다. 이것은 극히 정통적 전략이다.

---

47) 中村治彦, 「日本海海戰」, 『太平洋學會誌』 98호, 2005.
48) 『극비해전사』 4부 4권, 182-183쪽, JACAR C05110109800.

이 같은 시나리오는, 「조선해협에 있어 지점·간선·경계선 예정도」를 앞에 두고 야마모토 해군대신도 도고 사령장관도 당연히 생각했을 것이다. 그리고 결과적으로 거의 그대로 되었다.

"적 발견" 무전을 받은 연합함대가 진해만에서 오키노시마 앞바다로 나가 발트함대의 진로를 막고 양 함대의 포격전이 시작된 것은 5월 27일 오후 2시였다. 오후 7시 30분 오키노시마 해역에서 일몰을 맞이한 연합함대 사령장관 도고 헤이하치로는 전 함대에 포격 중지와 다음 날 아침 울릉도 집결을 명했다.

이후 러시아함대에 대한 공격은 구축대·수뢰정대에 맡겨졌다. 이것은 구축대가 아군의 군함을 오인 사격할 걱정 없이 마음껏 러시아함대를 향해 수뢰공격을 가할 수 있도록 배려한 것이다. 주간전투에서 격렬한 포격을 받아 이미 함대 행동을 유지하는 것도 불가능한 러시아 함정들은, 이번에는 밤새도록 수뢰 공격을 받았다. 그럼에도 살아남아 리양코섬 부근까지 북상해서 올 러시아의 남은 군함에 대해 일출과 동시에 최후의 결전을 걸기 위해 연합함대는 울릉도로 집결했던 것이다.

오키나와마루가 1904년 9월에 죽변만과 울릉도 사이에 해저전선을 부설하고, 죽변만에서 인양한 대북전신회사 해저전선과 접속하여 사세보까지 유선으로 통신이 가능하게 된 것에 대해서는 이미 상술했다. 울릉도는 사세보를 경유해서 도쿄의 대본영과도 연결되어 있었던 것이다.

도고 사령장관은 5월 27일 밤 대본영에 이날의 주간전투에 대해 다음과 같이 보고했다.

연합함대는 오늘 오키노시마 부근에서 적 함대를 요격하여 이를 대파했다. 적함 적어도 4척을 격침하고 기타에도 다대한 손해를 입혔다. 우리 함대의 손해는 적고, 구축대와 수뢰정대는 일몰부터 습격을 결행했다.49)

연합함대가 27일 주간전투에서 거둔 성과는, 정확히 말하면 전함 4척, 순양함 1척, 공작선 1척, 잡역선 1척의 격침과 병원선 2척의 나포였다. 그 밖에 격침에 이르지는 않아도 도고의 말처럼 "다대한 손해'를 입은 러시아함은 많았다.

27일 일몰 후 중상을 입은 로제스트벤스키 중장의 지휘권을 인계받은 네보가토프 소장은 전함 니콜라이1세에 "나를 따르라"는 신호를 걸고 선두에 서서 블라디보스토크를 목표로 했다. 그러나 다음날 5월 28일 일출과 동시에 연합함대에 발견되어 리앙코섬 남남서 약 12해리 지점에서 완전히 포위되었다. 이때 니콜라이1세를 따라 무사히 도망쳐 온 것은 전함 아룔, 순양함 이즈무르드 외 장갑해방함 2척뿐이었다. 더구나 아룔은 이미 빈사상태였다.

오전 10시 30분 연합함대는 포격을 개시했지만 러시아 함선은 전혀 응전하지 않았다. 잠시 후 각 함은 군함기를 반으로 내리고 만국선박신호를 걸어 항복의 뜻을 표했다. 다만 쾌속을 자랑하는 이즈무르드만 이것을 따르지 않고 연합함대의 추적을 따돌리면서 도주했다.

항복 접수를 위해 미카사에서 참모 해군 중좌 아키야마 사네유키(秋

---

49) 『극비해전사』 2부 2권, 15쪽, JACAR C05110084400.

山眞之)와 분대장 해군 대위 야마모토 신지로(山本信次郞)가 니콜라이1세로 갔다.

『극비해전사』에는, 예복으로 갈아입고 미카사로 온 네보가토프 소장이 아키야마 중좌에게 잠깐의 유예를 청하고, 갑판 위에서 전체를 모아놓고 행한 마지막 훈시가 기재되어 있다. 아마 통역을 맡은 야마모토 신지로에 의해 기록되었을 것이다.

나는 나이가 이미 60이다. 어찌 다시 여생을 애석히 여기겠는가. 애석한 것은 오로지 제군의 신상이다. 제군은 아직 나이가 젊다. 차제에 모름지기 치욕을 참고 조국을 위해 힘쓸 바가 있을 것이다. 만약 무모하게 이 몇 분간 분에 못 이겨 죽는다면 누가 능히 러시아 장래의 해군을 부흥시키겠는가. 더구나 제군의 뒤에 수많은 고아를 남기게 될 것이다. 항복의 책임은 내가 혼자 지겠다.[50]

이후 네보가토프는 사세보에서 니콜라이 황제에게 2,400명 장병의 목숨을 헛되이 버릴 수 없어서 항복의 길을 택했다고 보고했다. 그러나 이 보고는 니콜라이에게 들어가지 않은 듯하다. 네보가토프는 석방되어 귀국한 후 군법회의에서 전투 포기의 죄로 사형을 선고받았지만 요새금고 10년형으로 감형되었다. 그 후의 소식은 불명이다.

---

50) 『극비해전사』 2부 2권, 177쪽, JACAR C05110084600.

다케시마 망루의 설치와 철거

1905년 5월 30일 쓰시마해전을 끝낸 이토 군령부장은 야마모토 해군대신에게 앞으로 필요한 설비로 다음의 4가지를 들고, 검토를 제의했다.

1. 마쓰시마(울릉도)에 무선전신소 1개소(고압전류를 사용하여 장거리 송신이 가능한 것).
2. 영일만 입구의 동외곶각(冬外串角, 현 호미곶)에 가설망루 1개소(마쓰시마 무선전신소가 완성되면 죽변무선전신소를 여기로 옮긴다. 죽변 망루는 그대로 존속)
3. 제1차로 마쓰시마와 리양코루드 간, 제2차로 리양코루드와 오키열도 다카사키산(高崎山) 간에 해저전선 부설
4. 리양코루드섬에 망루 설치, 단 이 망루의 건물은 일체 노출되지 않도록 충분히 은폐하여 설치하고, 필요한 경우만 깃대를 세울 수 있도록 장치한다.[51]

이것은 분명히 블라디보스토크함대 대책을 위한 것이다. 전술했듯이 블라디보스토크함대가 이미 전력을 상실했다는 것을 일본 해군이 모르고 있었기 때문이다.

주목할 점은 리양코섬에 건설되는 망루가 건물을 일체 노출시키지

---

51) 『극비해전사』 4부 4권, 20～21쪽, JACAR C05110109600. 朴炳涉, 「日露海戰と竹島=獨島の軍事的價值」(『北東アジア文化硏究』 제36, 37 합병호, 2013년 3월)는 이 자료를 1904년 5월 30일의 것으로 오독하였다.

않고 충분히 은폐하여 설치한다고 되어 있는 것이다. 이것은 리양코섬에 망루를 설치하는 사실을 숨겨 블라디보스토크함대가 안심하고 근접하는 것을 기대했기 때문일 것이다. 그리고 리양코섬에서 얻은 정보를 확실히 전달하기 위해 제1차로 울릉도와 리양코섬 간에 해저전선을 부설하는 것과 제2차로 리양코섬과 오키 간에 해저전선을 부설하는 것이 계획되었다. 이 제안을 수용한 야마모토 해군대신은 6월 24일 리양코섬에 '다케시마 가설망루' 설치를 명했다.52)

이처럼 블라디보스토크함대에 대한 봉쇄망에서도 리양코섬은 전략적 중요점인 X점이었다. 「메이지 37, 8년 전쟁 중 망루 일람(明治三十七八年戰役中望樓一覽)」(『극비해전사』 4부 4권, 233쪽)에는 마이즈루(舞鶴) 진수부 소관 해군 망루 중에 가설망루 '다케시마'가 올라가 있다. 소재지는 '리양코루드암'으로 되어 있으며 망루수(望樓手) 1명, 하사관 1명, 병졸 2명이 배치되어 있다. 그 외에 '임시고용인 2명'도 있다. 기공은 1905년 7월 25일, 준공은 8월 19일이고 이날부터 사용하기 시작했다. 함선에 대한 통신기의 설비도 '완비'로 표현되어 있다.

1905년 9월 5일 포츠머스에서 러일 강화조약이 조인되어 10월 10일에 일본이 비준하고, 10월 14일에는 러시아가 비준했다. 이것에 따라 일본은 애초의 전쟁 목적인 한국의 영유를 러시아가 인정하도록 했고, 나아가 만주의 러시아 권익을 인수하고 사할린 남부와 연해주 어업권도 획득했다. 그러나 10년 전 청일전쟁에서 막대한 배상금을 획득한 것에 비해 이번에는 배상금을 전혀 받지 못했다. 이것은 전쟁 분위기에

---

52) 『극비해전사』 4부 4권, 276쪽, JACAR C05110109900.

선동되어 과대한 기대를 품은 일본 국민을 실망시켜 일본 국내에서 대규모 폭동 사건을 불렀다.

10월 19일 야마모토 해군대신은 하지키사키(彌埼)·뉴도자키(入道崎)·다카사키산·다케시마·사와자키(澤崎)·기쓰키(杵築)·미시마(見島)·에치젠사키(越前崎) 망루의 폐지를 명했다. 맨 먼저 철거된 것은 다케시마 망루이고 10월 24일의 일이었다.53)

또 전쟁 종결과 함께 해저전선 부설계획은 재검토되어 리양코섬 - 오키 간은 중지되고, 울릉도에서 리양코를 경유하여 시마네현 마쓰에(松江)까지의 해저전선 부설이 11월 9일에 완료되었지만, 그때는 이미 다케시마 망루가 철거된 이후여서 리양코섬으로 해저전선을 육양하는 것은 보류되었다.54)

쓰시마해전은 무선전신과 유선전신을 조합하여 대한해협의 전략적 봉쇄망을 구축한 일본 해군의 하이테크 승리였다는 것을 서술했다. 그리고 이 전략적 봉쇄망 구축 과정에서 울릉도와 그 부속 섬 리양코섬이 갑자기 클로즈업된 것도 소개했다.

대본영은 1904년 8월의 울산 앞바다 해전 이후 울릉도에 해저전선 부설을 서두르고 리양코섬 정보 수집에 나서기 시작했다. 또 1904년 말부터 1905년 초까지 야마모토 해군대신, 이토 군령부장, 도고 연합함대 사령장관, 가미무라 제2함대 사령장관은 도쿄에서 앞으로의 전략을

---
53) 위와 같음.
54) 『극비해전사』 4부 4권, 20-21쪽, JACAR C05110109600.

협의하여, 1905년 1월 1일자로 「조선해협에 있어 지점·간선·경계선 예정도」를 제정하고 1월 10일부터 실시했다. 이 지도 중앙에 X점이라는 부호를 붙인 리양코루드섬에 다케시마라는 이름을 부여하고 일본의 영토로 편입하는 것을 결정한 것은 그 후 보름 정도 지난 1월 28일의 내각회의에서였다.

그러나 일본정부는 이것을 『관보』에 고시하지 않고 시마네현에 훈령하여 관내에 공시하도록 지시하는 것에 그쳤다. 시마네현은 2월 22일 『시마네현보(島根縣報)』에 고시하고 지역의 『산인신문(山陰新聞)』이 2월 24일에 「오키의 새로운 섬」이라는 작은 기사를 게재했다. 따라서 '다케시마 편입' 사실을 시마네현 밖에서는 거의 알 수도 없었다.

그로부터 2개월 후인 4월 14일 시마네현에서는 리양코섬에서의 강치잡이를 '허가 어업'으로 지정했다. 나카이 요자부로는 다케시마어렵합자회사를 설립하고 6월 5일에 시마네현으로부터 감찰(鑑札)을 받았다. 벌써 어기(漁期)가 시작되었기 때문에 나카이는 경찰관과 동행하여 출어하고, 6월 8일에 리양코섬에 도착했다. 경찰관이 그 섬에서 조업하고 있던 동업자들에게 퇴거를 명하자 그들은 어부들의 거처와 어구를 다케시마어렵회사에 매도하고 퇴산했다.[55] 6월 24일 야마모토 해군대신이 '다케시마 가설망루' 건설을 명령한 것은, 다수의 어민이 리양코섬에 자유롭게 출어하고 있는 상황을 바꾸어, 이처럼 허가를 받지 않은 자를 밀어(密漁)라 하여 쫓아낼 수순을 정비했기 때문에 가능했다.

이러한 행정권의 적용은 이 섬을 일본 영토에 편입하지 않고서는

---

55) 田村淸三郎, 『島根縣竹島の新硏究』 復刻補訂版, 84쪽, 島根縣總務部總務課, 2010.

불가능했을 것이다. 이것은, 해군이 리앙코섬에 계획한 망루를 바깥에서 볼 수 없도록, 즉 망루 설치 자체를 숨기는 극히 특이한 것으로 했다는 점과 관련하여, 당시 '한일의정서' 제4조 "군략상 필요한 지점을 임기(臨機)로 수용할 수 있을 것"을 근거로 한국의 영토를 마음대로 군용지로 수용하고 있던 일본정부가 왜 굳이 리앙코섬만 일본 영토로 편입하는 행위를 몰래 행했는가를 설명해줄 것이다.

종장 만국평화회의로의 길
—대한제국의 황제와 외교관들

〈그림 20〉 제2회 만국평화회의에 파견된 고종의 특사들. 왼쪽부터 이준·이상설·이위종.

러일 개전은 필연이라고 본 고종이 일본군의 서울 점령을 예견하고, 러일 양국에 한국의 전시국외중립의 보장을 요구했다는 것을 제1장에서 소개했다. 러시아는 이것을 승인했지만, 일본은 이것을 문전박대한 후 한국에 대해서 대러밀약을 강요하기 시작했다. 고종은 일본의 압력을 교묘히 피하면서 세계에 향해 '중립선언'을 발표했다. 일본을 제외한 다수의 나라가 이것을 승인, 혹은 수취했다고 회답했다. 이러한 한국의 움직임을 봉쇄한 것이 일본의 군사행동이었다.

당시 대한제국은 조선시대 때 체결한 일본·미국·영국·독일·이탈리아·러시아·프랑스·오스트리아 8개국과의 수호통상조약을 계승하고, 청·벨기에·덴마크 3개국과 새로 수호통상조약을 체결하여 모두 11개국과 조약 관계를 유지했다. 또 일본·미국·영국·독일·러시아·프랑스·청 등 7개국에 해외공관을 설치하여 7명의 특명전권공사를 상주시키고 있었다. 그 중 주영공사는 이탈리아공사를, 주불공사는 벨기에공사를, 주독공사는 오스트리아공사를 겸임했다.

수도 한성(서울)에는 수호국 중 일본·미국·영국·독일·러시아·프랑스·청·이탈리아·벨기에 등 9개국이 공사관을 두고 각국의 외교관들이 주재하였다.

한국 해외공관의 폐쇄와 외교관 철수는 러일전쟁 후인 1905년 11월에 체결된 제2차 한일협약(보호조약)에 의해 한국이 일본에게 외교권을 빼앗긴 결과라고 일반적으로 이해되고 있지만, 결코 그런 것이 아니다. 일본은 이미 러일 개전 직후부터 한국의 해외공관과 본국과의 통신을 저해하고, 해외공관의 운영자금 송금을 방해하였다. 다음으로 보호조약을 강요하면서 한국 해외공관의 업무와 자산을 그곳의 일본공관이 접수해버린 것이다. 그런 중에 고종은 조약 체결국에 친서를 보내 보호조약은 일본의 강요에 의한 것으로 자신은 결코 승인하지 않았기 때문에 무효라고 호소하고, 해외공관에는 업무를 계속하라고 명했다. 다만 그 지령은, 고종이 일본군의 감시 하에 놓이고 공적인 통신수단을 빼앗겼기 때문에 비밀리에 하지 않을 수 없었다.

이와 같은 상황 아래서 1905년 5월 주영대리공사 이한응(李漢應)이 항의로 자결했다. 약관 27세였다. 런던 한국공사관의 3등 참서관이었던 이한응은, 본국으로 소환된 후 영영 귀임하지 못한 주영공사 민영돈(閔泳敦)의 대리 역할을 하면서 민영돈의 귀임에 협력해줄 것을 영국 외무부에 요청했다.

또 주불공사 민영찬(閔泳瓚)은 1905년 11월에 고종의 밀명을 띠고 미국으로 건너가 워싱턴에서, 고종의 친서를 부탁받고 서울에서 한 발 앞서 도착한 헐버트와 합류하여, 보호조약의 무효를 호소하기 위해 시어도어 루스벨트 대통령에게 면회를 구했다. 그러나 루트 국무장관으로부터 받은 것은, 고종의 친서는 정규 절차로 수취한 것이 아니기 때문에 미국은 이것에 답할 수 없다는 거부 회답이었다. 민영찬은 파리로 돌아가 공사관을 폐쇄한 후 상하이로 가서 프랑스영사관에 신변보호를 구했다. 그리고 그곳의 프랑스 조계에 몸을 숨겼다.

주러공사 이범진(李範晉)은 철수 명령에 항거하고 공사관 업무를 계속했지만, 한국이 완전히 일본에 병합된 후인 1911년 1월 페테르부르크에서 자결했다. 유서에는 "나라는 멸망하고 임금은 자리를 빼앗겨도 그 형세는 원수를 물리칠 수 없다. 국가를 회복할 방법이 없으니 생존은 오히려 죄가 될 뿐이다. 격분을 참지 못해 자살하니 용서하기 바란다"는 의미의 내용이 쓰여 있었다(뒤에 소개할 차남 이위종의 편지에서).

러일전쟁 시기에 일본이 어떻게 한국 외교권을 박탈했는가. 그것에 저항해서 싸운 대한제국 외교관들의 고난의 생애를 소개하여 종장으로 대신하고자 한다. 아울러 종래 1907년 6월의 이른바 '헤이그밀사사건'이 고종의 "즉흥적 착상"인 것처럼 이야기되는 오류를 바로잡으려 한다. 고종은 1902년 8월에 주불공사 민영찬을 네덜란드 헤이그 평화회의에 파견한 이래 일관하여 한국의 만국평화회의 가입을 구하였다. '국제분쟁의 평화적 처리 조약' 가맹국이 된 다음 일본의 불법행위를 국제중재재판소에 제소하고 국제여론을 불러일으켜 일본에 빼앗긴 국가 주권을 회복하려 노력한 사실을 분명히 하려 한다.

주한공사 하야시 곤스케와 한국 외교권의 박탈

한국 해외공관 폐쇄계획

러일전쟁을 개시한 1904년 2월 주한일본공사 하야시 곤스케(林權助)

는 주청한국공사에 임명된 민영철(閔泳喆)에게 부임의 편의를 도모하고자 한다고 하면서 일본 선박의 제공을 제의해서 민영철을 일본에 납치하려 계획했다가 실패한 일은 제1장 '한국 요인의 일본으로의 납치'에서 소개했다. 이것이 그 후에 계속되어 일본에 의한 한국 외교권 박탈의 시작이었다.

하야시 공사가 한국의 해외공관을 철폐하고 외국에서의 한국 이익의 보호를 일본에 의탁시키려는 방침을 고무라(小村) 외무대신에게 최초로 제기한 것은 1904년 5월이다.

이 무렵 한국정부는 중국 톈진지방의 자국민 보호를 위탁하기 위해 톈진주재 일본총영사 이쥬인 히코키치(伊集院彦吉)를 '대한명예영사'로 임명하려 했다. 명예영사는 재외공관이 설치되어 있지 않은 지역에서 자국민 보호를 현지에 거주하는 개인에게 위탁하는 제도다. 명예영사 혹은 명예총영사는 현지의 유력자가 명예직으로 무보수로 맡는 경우가 많다.

주청한국공사 민영철을 통해 한국정부로부터 명예영사 취임의 타진을 받은 이쥬인 히코키치는 고무라 외무대신의 허가를 바랐을 것이다.

고무라는 이 문제에 관해 5월 24일에 하야시 곤스케 주한공사의 의견을 구했다. 하야시는 5월 26일의 답신에서 명예영사의 명칭을 얻는 것은 정략상 아무 이익이 되지 않는다, 오히려 한국정부에 대해 톈진지방에서의 한국의 이익 보호를 일본의 톈진영사에게 위임시키는 쪽이 좋다고 서술했다. 동시에 베이징에 있는 한국공사관을 철거하고, 청에 대한 한국의 외교관계를 일본의 공사에 의뢰시키고자 하는 베이징주재 우치다(內田) 공사의 의견(1904년 4월 25일자 기밀 제30호)을 들어, 이것은 서양에 있는 한국공사관을 철폐하는 동기가 된다면서 자신도 같은 의견이라고 서술했다.[1)]

고무라는 이에 대해 5월 28일에 "의견이 매우 적절"하다고 생각되기 때문에 "그 취지에 따라 한정(韓廷, 한국 조정)과 교섭하도록 마땅히 조치하기 바란다"고 훈령했다.[2)]

다만 이 시점에서 한국정부가 하야시의 생각대로 될 리는 없었다. 한국정부는 1904년 7월에 텐진주재 일본총영사 이쥬인 히코키치를 주청공사 민영철을 통해, 하야시가 반대한 대한명예영사로 임명하였다. 이후 하야시는 1904년 9월 6일자 고무라 앞으로의 기밀 서신에서 더욱 구체적으로 한국의 해외공관 폐쇄계획을 피력했다. 하야시는 한국 해외공관 폐쇄와 외교관의 철수를 일본정부의 손이 아니라 한국의 관세수입을 관리하는 영국인 총세무사 브라운의 의향으로 실행시킬 것을 제의했다.[3)]

그 이유는 브라운의 손안에 한국의 모든 해관(개항장에 둔 세관)의 관세수입이 축적되어 있는데, 그것은 한국의 귀중한 재원임에도 브라운과의 계약에 의해 한국정부가 자유롭게 사용할 수 없기 때문이다. 그 때문에 한국정부는 1897년 10월에 브라운을 해고하려 했지만, 영국은 브라운의 지위를 지키기 위해 군함까지 파견하여 위협함으로써 그 계획을 철회시켰던 것이다. 이렇게 해서 한국 해외공관의 경비는

---

1) 『일본외교문서』 37권 제1책, 481번 문서, 이하 『일외』로 약칭.
2) 『일외』 37권 제1책, 482번 문서.
3) 『일외』 37권 제1책, 483번 문서.

모두 브라운이 관리하여 매 3개월마다 송금하는 것으로 되었다. 결국 한국 해외공관의 자금원은 브라운의 손에 장악되어 있었던 것이다.

1904년 9월 6일자 기밀 서간에서 하야시 공사가 고무라 외상 앞으로 서술한 의견은, 속히 한국 해외공관의 외교관에게 귀국을 명하고, 아울러 브라운에 의한 송금을 정지시킨다는 것이었다. 이미 주러공사는 면관되었으며 일・영・미의 한국공사는 귀국하였다. 남은 것은 프・독・청 3국뿐이다. 해외공관에는 한 사람만 남기고 적당한 시기에 그곳의 일본공관이 한국공관의 업무와 자산을 인수하는 것이 좋다고 하야시는 쓰고 있다. 하야시의 계획에서는 한국의 외교권을 빼앗는 데 조약의 체결 따위는 필요없었던 것이다.

베이징주재 특명전권공사 민영철은 1904년 11월 25일에 귀국하라는 전명(電命)을 받았지만 그에 응하지 않았다. 아마 주러공사 이범진, 주불공사 민영찬의 경우(후술)와 마찬가지로 고종으로부터 중국에 머물면서 국권회복에 힘쓰라는 밀명을 받고 있었을 것이다.

이렇게 송금이 끊긴 베이징의 한국공사관 관원 일동이 매우 곤궁하다는 것, 곤궁한 나머지 일본공사관의 밀정이 되어 민영철의 행동을 하나하나 통보하는 반역자도 나왔다는 것이 베이징의 우치다 공사가 고무라 외상 앞으로 보낸 보고서에 기록되어 있다.[4]

민영철은 그 후 상하이로 이주한다. 『통감부문서』(국사편찬위원회, 1999) 제8권에 수록된 「한국 관인[韓官]의 경력 일반」에는 민영철에 대해 "러일전쟁 후 다시 군부대신이 되어 이용익・이근택 등과 중립의

---

4) 『일외』 37권 제1책, 484번 문서.

방책을 계획하다가 탄로 나자 청국공사에게 간청하여 북경에 주재하면서 현상건(玄尙健) 등과 역시 운동을 계속한다. 현재 상하이에 있으면서 귀국하지 않고 있다"라고 쓰여 있다.

전술한 브라운은 1893년에 조선의 총세무사가 되어 재정의 실권을 장악했지만, 제1차 한일협약(1904년 8월)의 결과, 1904년 10월에 일본의 대장성 주세국장(主稅局長) 메가타 타네타로(目賀田種太郎)가 재정고문으로 한국에 부임하자 11월에 한국 관세수입 적립금 300만 엔을 메가타에 인도하고 한국을 떠났다. 이때 브라운은 하야시의 알선으로 한국정부로부터 다액의 보상금을 수취하고 영국정부로부터는 작위를 받았다고 한다.

훗날 하야시가 브라운에 대해 이야기한 말을 소개해두고자 한다.

일본이 조선의 재정에 참견한 이래 세무총사[총세무사] 브라운의 호의에 의해 일하기가 매우 좋았던 것이다. 일본의 정책에 대해 프랑스가 뭐라 하든지, 러시아가 뭐라 하든지 그런 것에 전혀 구애받지 않고, 브라운은 만사를 힘껏 일본 측과 타협하면서 착착 일을 진행했다.[5]

해외공관 철수명령을 내다

1905년 11월 18일 미명에 제2차 한일협약, 이른바 보호조약이 특명전권대신 하야시 곤스케와 외부대신 박제순에 의해 기명 조인되었다. 이 조약의 제1조 "일본국 정부는 도쿄에 있는 외무성에 의해 앞으로

---

5) 林權助 述, 『わが七十年を語る』, 第一書房, 1935, 244쪽.

한국의 외국에 대한 관계 및 사무를 감리, 지휘하고(후략)"와 제2조 "(전략) 한국정부는 앞으로 일본국정부의 중개에 의하지 않고 국제적 성질을 가지는 어떤 조약, 혹은 약속을 하지 않을 것을 약정한다"는 것에 따라 한국은 외교권을 상실하게 된다.

하야시는 보호조약을 조인한 지 약 1개월 후인 12월 14일 오후 8시에 가쓰라(桂) 임시외무대신 앞으로 '514호 전보'를 발신하여, 오늘 한국정부는 외부대신 이완용 이름으로 재독·프·미·청·일본의 각 주차공사에게 한일협약의 결과로서 철퇴를 명하고, 그 기록과 재산을 일본공사(도쿄는 외무성)의 보관으로 옮기고, 봉급·여비 등은 일본공사를 경유해서 신청하라고 훈령했다고 보고했다. 또 뉴욕·런던·즈푸 주재 각 명예영사에게도 같은 훈령을 냈다고 보고하고, 이것을 해당 일본공관에도 통지해주도록 의뢰했다. 동시에 각각에 보내는 훈령문을 별지 1에서 7까지 첨부했다.[6]

이때 고무라 주타로 외무대신은 러일강화조약(포츠머스조약)에 따라 일본이 러시아로부터 획득한 랴오둥반도 조차권과 동청철도 소유권을 청국에 인정케 하기 위해 베이징에 출장 중이었다. 그 사이 수상인 가쓰라 타로가 임시외무대신을 겸임했던 것이다.

하야시의 보고를 받은 가쓰라는 다음날 15일 정오에 영문 전보로 답신하였다. 한국의 영사대표는 『고타연감(Almanach de Gotha)』 1905년판에 따르면 런던·뉴욕·즈푸뿐만 아니라 함부르크·샌프란시스코·브뤼셀·파리에도 있는 것으로 되어 있다. 귀하는 이것이 정말인

---

6) 『駐韓日本公使館記錄』 24권, 457쪽, 11-(200) 往電 제514호, 이하 『주한』으로 약칭.

지 어떤지를 확인하여, 만약 그렇다면 한국정부에 대해서 이들 인물에도 귀하의 514호 전보에서 서술된 것과 동일한 취지의 훈령을 내도록 촉구하라고 명했다.7)

『고타연감』은 독일 고타에서 1764년에 창간된, 프랑스어로 작성된 세계연감으로 각국 외교단에 관한 정보가 게재되어 있다. 1905년판 (1904년 11월 15일자의 서문이 있다)에는, 가쓰라의 말처럼 독일·미국·벨기에·프랑스에 있는 한국 외교단에 관한 기사 중에 함부르크에는 에두아르드 마이어(H. C. Édouard Meyer) 영사가, 샌프란시스코에는 보스트위크(F. F. Bostwick) 총영사가, 브뤼셀에는 레옹(Em. LeHon) 총영사가, 파리에는 룰리나(C. Roulina) 총영사가 있는 것이 기재되어 있다.8)

가쓰라의 전보를 16일 오전 3시 55분에 수취한 하야시는 아마 외부고문관으로 한국정부에 고용된 스티븐스를 흔들어 깨워 『고타연감』을 확인했을 것이다. 그리고 그날 오후 1시에 하야시는 다음과 같이 답전했다.

　　한국 재외명예영사는 앞의 전보 외에 또한 파리·샌프란시스코·브뤼셀 및 함부르크에 존재하는 것을 발견했으므로 파리주재 명예영사에게는 기록류를 프랑스주재 일본공사관에, 샌프란시스코 명예영사에게

---

7) 『주한』 24권, 463쪽, 11-(207) 歐第291號.
8) 『고타연감』은 일본에서는 국회도서관을 비롯해 각지의 대학도서관이 약간씩 소장하고 있을 뿐인데, 1905년판은 오사카부립도서관이 소장하고 있다. 또 프랑스 국립도서관은 1821년판(58호)부터 1910년판(147호)까지, 도중의 결본을 제외한 79책(1905년판을 포함)을 소장하고 있다. 그 모든 화상데이터를 전자도서관 Gallica에서 공개하고 있다. [옮긴이 주: 마이어는 524쪽, 보스트위크는 635쪽, 레옹은 698쪽, 룰리나는 803쪽에 각각 게재되어 있다].

는 그곳의 일본영사에게, 브뤼셀 명예영사에게는 그곳의 일본공사관에, 함부르크 명예영사에게는 베를린주재 일본공사관에 위탁한다고 다시 각각 훈시했다.9)

이 전보에는 외부대신 이완용 이름으로 발신된 각국 주재 한국명예영사에게 보내는 훈령문이 별지로 첨부되어 있다. 하야시는 존재조차 몰랐던 각국에 주재하는 한국의 명예영사에 대해 훈령문을 작성하여 발신하고, 그것을 도쿄의 가쓰라에게 보고하기까지 약 10시간이라는 스피드로 해치웠다. 그러나 이제 하야시는 한국정부가 발령했다고는 말하지 않았다. 외부대신 이완용 이름의 훈령을 하야시가 마음대로 작성하고 발령했다는 것은 명백할 것이다.

그렇다 치더라도 주한공사 하야시가 수상인 가쓰라로부터 『고타연감』을 근거로 지적을 받기까지 한국의 명예영사가 어디에 있는지도 몰랐다는 것은 부끄러운 이야기다. 이것은 하야시에게 적극적으로 협력하는 한국정부 요인이 하나도 없었다는 것을 말해주고 있다. 하야시는 오로지 영국인 총세무사 브라운을 구워삶아 정보를 얻은 것이지만, 명예영사라는 무보수의 일에 대해서는 브라운의 수중에 아무 정보도 없었기 때문이다.

경운궁 불타다

왕비 시해(1895) 후에 이른바 '아관파천'한 고종은 러시아공사관 체재

---

9) 『주한』 24권, 465쪽, 11-(212) 往電第519號.

중에 경운궁의 보수를 시작하고, 1년 후에 러시아공사관을 나와 여기로 들어간 것은 서장에서 서술했다. 그 후에도 고종은 경운궁의 조영을 계속해, 7년의 세월에 걸쳐 당당한 2층 건물인 정전 중화전의 준공으로 일단 완성했다. 일단이라 한 것은 석조전 건축공사가 여전히 계속 중이었기 때문이다.

서울 동대문 바깥의 채석장에서 채굴한 화강암을 사용하여 르네상스양식으로 건축된 순 서양식 건물인 석조전은 지금도 그 위용을 자랑하고 있다. 그러나 불가사의한 것은 석조전 조영에 관한 기록은 한국의 궁정자료 중에 전혀 남아 있지 않다는 것이다. 식민지 시기에 경성제국대학 교수였던 오다 쇼고(小田省吾)는 당시 서울에 거주하고 있던 1905년 이후의 공사 책임자 영국인 데이비드선(Davidson)으로부터 들은 이야기를 『덕수궁사(德壽宮史)』(이왕직, 1938)에 기록하였다. 덕수궁은 고종 퇴위 후 경운궁의 명칭이다.

그것에 따르면 석조전 건축은 총세무사 브라운의 지휘 하에 1900년에 시작되고, 메가타 재정고문에 인계되어 1909년에 준공되고, 이왕가에 인도된 것은 1910년 8월이었다 한다. 건축에 들어간 경비는 브라운으로부터 94만 엔, 다음으로 메가타로부터 35만 엔이 지불되어 총계 129만 엔이 되었다. 이것은 모두 한국의 관세적립금에서 지불되었다. 공사를 수주한 것은 영국의 설계사무소이고, 기초공사는 한국 기사의 감독 하에 이루어졌지만, 실제로 주된 건축공사를 청부한 것은 일본의 오쿠라구미(大倉組)였다. 오쿠라 키하치로(大倉喜八郎)가 창설한 오쿠라구미(다이세이大成건설의 전신)가, 참모본부의 어용으로 청일・러일쟁을 통해 대륙진출을 달성하고, 오쿠라 재벌을 만든 것은 잘 알려져 있다.

『다이세이건설 사사(社史)』(1963)는 제3장 「오쿠라토목조(土木組) 전기(前期)」의 마지막에 '경성 덕수궁'이라는 소제목을 달고 "오쿠라토목조는 이시이 슈헤이(石井周平)를 공사주임으로 파견하여 [메이지] 36년(1903) 8월에 착공했다. 화강암 3층의 석조전이 완성된 것은 39년(1906) 11월의 일이다"(157쪽)라고 쓰여 있다. 러일전쟁 전 기간을 포함해 경운궁 일각에서 오쿠라구미의 청부공사가 쭉 계속된 것은 지금까지 역사의 사각지대로 남아 있다.

그런데 러일 개전 후 얼마 지나지 않은 1904년 4월 14일 막 조영된 경운궁에 대화재가 발생했다. 궁성 북서부에 있는 몇 개의 전각[준명전(浚明殿)·가정당(嘉靖堂)·돈덕전(惇德殿)·구성헌(九成軒) 및 건축 중인 석조전]을 남기고 대부분의 건물이 소실됐다. 14일 밤 10시 40분경 수리 중이었다는 고종의 침전[함녕전]에서 불길이 일어났으며 강풍을 만나 궁역을 모두 태워버리고 다음 날 아침 5시에 진화되었다.[10]

이 사이인 오후 11시경에 고종은 서쪽의 소문인 '평성문(平成門)'으로 나와 궁 밖의 황실도서관 수옥헌(漱玉軒, 중명전을 중심으로 하는 건물군)으로 피난했다. 이렇게 해서 지상 2층 지하 1층의 작은 서양 건축물인 중명전이 고종의 침전 겸 외국사절 알현실이 되고, 1년 반 후에는 '보호조약' 강요의 현장이 되었던 것이다.

---

10) 화재의 발생 시각에 대해 여러 종류의 보도기사가 있지만, 한국주차군사령관 하라구치 켄사이(原口兼濟)가 4월 17일자로 오야마 이와오 참모총장에게 보고한 것을 채용했다 (JACAR C06040626800, 「皇居燒失報告の件 韓國駐箚軍司令官」).

〈그림 21〉 불타오르는 황궁(『일로전쟁사진화보』 제2권, 박문관 1904년 5월 8일에서).

하야시 공사는 화재 발생 다음 날인 4월 15일 오후 1시에 고무라 외상 앞으로 "이번의 대화재는 폐하께 매우 유감이지만, 폐하로 하여금 옛 두 궁궐 중의 하나로 환어케 해, 원래부터 현 궁궐의 위치에서 생긴 여러 종류의 폐해를 일소함에 더없이 좋은 기회라고 믿으므로, 본 사신은 영미 양 공사 및 총세무사와 협의한 다음 폐하로 하여금 가능하면 옛 궁궐의 하나로 환어시키도록 진력하겠다"고 발신했다.11)

결국 하야시는 이 화재가 고종을 옛 두 궁궐(경복궁과 창덕궁)로 데려가서, 현 궁궐(경운궁)의 위치, 곧 서양 여러 나라의 공사관 지구에 있기 때문에 생기는 여러 종류의 폐해를 일소하기에 "더없이 좋은

---

11) 『주한』 23권, 236쪽, 2-(305) 住電384號.

기회"라고 말하고 있는 것이다. 그리고 하야시는 영국 공사, 미국 공사, 총세무사 브라운과 협의한 다음 고종이 경복궁이나 창덕궁으로 돌아가도록 진력할 예정이라고 보고했다.

고무라에 보고한 대로 하야시는 고종에게 옛 궁궐로의 귀환 요청을 되풀이했지만, 고종은 이를 물리치고 경운궁 재건에 나섰다. 그러나 재정상의 이유로 2층 건물인 중화전은 1층으로 규모를 축소해야만 했다. 현재 덕수궁으로 부르는 경운궁의 모습은 재건 이후의 것이다.

그런데 하야시는 왜 고종을 옛 궁궐로 데려가려고 생각했을까. 외국 공관의 눈에 띄는 경운궁에서는 일본군의 행동이 제한될 수밖에 없었기 때문이다. 또 고종이 다시 외국 공관으로 피신할지도 모른다고 일본 측은 걱정했다. 러시아 공사는 이미 서울에서 퇴거했기 때문에 일본이 가장 우려한 것은 프랑스공사관이었다. 화재가 발생하자 하야시 공사는 즉각 프랑스공사관에 일본군을 보내, 화재 예방이라는 명목으로 공사관 입구를 철저하게 '수비'했다. 대리공사 퐁트네는 다음날 하야시를 방문하여 대단한 통찰력이라고 비꼬았다.[12]

경운궁 화재에 대해서 현지에서는 일본 측의 방화라는 소문이 유포되었다. 또 고종 자신이 일본의 방화라고 믿고 있었다. 이것은 1904년 7월 1일자 고종이 러시아 니콜라이 황제에게 보낸 비밀 서간에 쓰여 있다 한다.[13] 이러한 소문이 유포될 것이라는 것은 하야시 공사가 예상했던 것이다. 하야시는 화재가 발생한 지 겨우 3시간 남짓 만인

---

12) 李昌訓,「20世紀 初 프랑스의 對韓政策」,『韓佛外交史 1886-1986』(평민사, 1987).
13) 이민원,『한국의 황제』, 대원사, 2001, 94쪽.

4월 15일 오전 2시 고무라 외상 앞으로 보낸 전보에서 "화재 원인은 함녕전 안의 한 방에서 온돌 수리 중에 잘못하여 실화한 것이라 한다"(제382호 전보)고 보고했다.[14] 또 15일 오후 1시에는 "어젯밤 궁궐에 화재가 났을 때 우리 헌병 및 병사는 폐하의 피난 및 소방에 비상하게 진력하여 궁중의 감정이 매우 양호하다. 또 부근의 각국 공사관에 대해서도 우리 병사는 경비에 진력하는 바가 있었기 때문에 각국 사신은 본관에 대해 깊이 감사하고 있다"(제385호 전보)고 송신했다.[15] 그리고 같은 날 오후 4시에는 다음과 같은 전보를 보냈다.

어젯밤 궁중 화재의 원인은 저번 전보와 같이 매우 분명하여 의심의 여지가 없지만, 한인 간에는 종종의 날조 풍설이 있어 내외의 통신자는 이런 풍설을 믿고 본국에 전보하는 일이 없다고 할 수 없다. 따라서 우리 쪽 382호 전보 및 우리 헌병 및 병사의 진력에 관한 제385호 전보는 내외는 물론 외국에서도 발표되도록 조치하면 적절할 것이다. 황제는 우리 황제의 친전(親電)에 대해 사의를 본 사신에게 표했다.[16]

결국 하야시는 고무라에게 화재에 대한 '날조 풍설'을 막기 위해 화재 원인을 서술한 '제382호 전보'와 일본의 헌병과 병사의 진력에 대해 궁중뿐만 아니라 각국 공사관에서도 대단히 감사하고 있다고 서술한 '제385호 전보'를 일본 국내는 물론 외국에서도 발표해주기

---

14) 『주한』 23권, 235쪽, 2-(303) 住電382號.
15) 『주한』 23권, 236쪽, 2-(306) 住電385號.
16) 『주한』 23권, 237쪽, 2-(307) 住電386號.

바란다고 의뢰했던 것이다. 이것은 화재 발생으로부터 아직 17시간 정도밖에 지나지 않은 시점에서의 이야기다. 너무나 준비성이 철저한 하야시의 행동이 더 한층 의혹을 깊게 하는 결과가 되고 있다.

경운궁 정전인 중화전이 화염에 싸인 상황을 카메라에 담은 인물이 있다. 화재로부터 3주 후인 5월 8일에 하쿠분칸(博文館)이 간행한 『러일전쟁 사진화보(日露戰爭寫眞畵報)』 제2권에는 불타는 중화전뿐만 아니라, 소실 후 아직 연기가 나고 있는 중화전의 불탄 흔적과 나란히 화재 이전의 경운궁 모습을 촬영한 사진을 게재하였다. 이것을 촬영한 이는 누구인가. 〈그림 21〉

또한 같은 책에는 나카자와 히로미쓰(中澤弘光)가 묘사한 '한국 황궁의 불타오름(韓國皇宮の炎上)'이라는 그림도 게재되어 있다(커버 책날개 참조). 나카자와는 구로다 세이키(黑田淸輝)에게 사사한 하쿠바카이(白馬會) 소속의 서양화가인데, 아마 하쿠분칸이 제공한 사진 등을 보고 상상을 더해 그림을 완성했을 것이다. 대안문의 구조나 우왕좌왕하는 인물의 복장 등이 꽤 정확하기 때문에 나카자와가 화재 현장에 있었던 것이 아니라면 사진을 봤다고밖에 생각할 수 없다. 그리고 나카자와가 현장에 있었을 가능성은 낮다.[17]

화재는 야간에 일어났다. 야간촬영은 현재도 곤란하지만 당시는 현재와 비교할 수 없을 정도로 곤란했음에 틀림없다. 이날 밤 경운궁이

---

17) 2014년 미에(三重)현립미술관에서 개최된 '탄생 140년 나카자와 히로미쓰전'의 도록에 수록된 '나카자와 히로미쓰 연보'에도, 또 본인의 유고 「추억(思い出)」(1980년 나라(奈良) 현립미술관 '나카자와 히로미쓰전' 도록에 수록)에도 러일전쟁 중에 한국에 간 이야기는 나오지 않는다.

불타는 것을 미리 알고 준비를 한 다음 야간촬영을 한 사진사가 있었던 것이 아닐까.

프랑스공사 민영찬

민가(閔家)의 사람들

민영찬(1873-?)은 보호조약(1905년 11월 18일 조인, 17일자)에 항의하여 고종에게 비준 거부의 상소를 계속한 후, 11월 30일에 칼로 목을 찔러 자결한 민영환(1861-1905)의 나이 어린 동생이다.

민영환은 당시 시종무관장으로 정부 각료는 아니었다. 민영환이 각료로 입각해 있었더라면 아마 보호조약 체결 때의 양상은 상당히 달랐을지도 모른다. 적어도 이토 히로부미의 공갈에 5명의 각료가 쉽게 굴복하는 사태는 일어나지 않고, 일본은 더욱 노골적으로 군사력 사용을 강제했을 것이다. 민영환과 민영찬의 아버지 민겸호(閔謙鎬)는 1882년 임오군란의 와중에 난민의 습격을 받아 사망했다. 그때 영찬은 아직 9세, 영환은 21세였다. 이후 영찬에게 형 영환은 부친을 대신하는 존재였다.

민영환은 1896년 5월의 니콜라이 2세 대관식에 특명전권공사로 출석했다. 1896년 4월 1일에 서울을 출발, 인천 - 상하이 - 나가사키 - 도쿄 - 캐나다 - 뉴욕 - 런던 - 네덜란드 - 독일 - 폴란드를 거쳐 5월 20일에 모스크바에 도착했다. 대관식은 5월 26일 크렘린궁전에서 거행되었다. 이때 일본에서는 야마가타 아리토모(山縣有朋), 청에서는 리훙장

이 왔다.

민영환은 죽음에 임하여 두 통의 유서를 남겼다. 한 통은 외국공사관 앞으로의 항의문이고, 다른 한 통은 국민 앞으로의 성명문이다. 이 두 통의 유서는, 1907년 6월 네덜란드 헤이그에서 개최된 제2회 만국평화회의에 나타난 고종의 특사들이 각국 대표단에 배포한 프랑스문 소책자 「일본 비행(非行)의 개략을 기록한 문서」에 게재되었다.

그러면 헤이그에서 프랑스어로 세계에 소개한 민영환의 유서를 보자. 외국공사관과 국민에게 보내는 유서는 각각 다음과 같다.

외국공사관에

대한제국 황궁 아래 각국 대표 여러분! 나는 여러분에게 이하의 일을 전할 수 있음을 명예롭게 생각합니다. 내가 무능하기만 하여 일본의 음모를 예견하지 못하고, 2천만 백성을 적의 지배 아래로 떨어지게 해버렸습니다. 나는 조국이 처한 현실에 대해서 죄책을 느끼고 있습니다. 나는 내가 행한 일을 정확히 평가하면서, 죽음에 임한 인간의 마지막 몇 마디가 좀 더 강한 호소력으로 여러분의 도움을 얻을 수 있다는 강한 희망을 가지면서 기꺼이 목숨을 끊습니다.

여러분은 단순히 각국 정부의 대표자일 뿐만 아니라, 모든 심각한 사태의 공정한 재판관이 되는 것이 여러분의 사명이 아닙니까. 독립을 강압적으로 유린당한 우리나라를 위해 여러분이 친절하게 도와줄 것을 탄원합니다. 나의 사후에도 나의 혼은 여러분에게 깊이 감사하는 마음을 품을 것입니다.

국민에게

친애하는 여러분! 조국이 처한 현실과 적의 간계에 의기소침할 것이 아니라, 이 나라에 가해진 폭력에 저항하기 위해 여러분의 힘을 결집해야 합니다. 조국을 사랑하는 모든 사람들이 나라를 위해 목숨을 바칠 때입니다. 이 희생이 헛될 리가 없습니다. 그것은 목적을 가지고 있기 때문입니다.

나의 죽음이 우리나라의 독립을 유린하는 자들과 투쟁할 용기를 줄 것이라는 희망과 목적을 가지고 자결을 결심했습니다. 어떤 투쟁이 일어나더라도 좌절하지 말고 싸우기 바랍니다. 여러분이 나약하다고 느낄 때 나의 죽음을 생각하십시오. 나 영환은, 조국의 독립이 확실하게 되는 순간까지 끊임없이 싸울 여러분에게 용기를 주기 위해 정당하게 죽었다고 생각하기 바랍니다. 그렇게 하면 나의 혼은 기쁠 것이고 나의 죽음은 헛되지 않을 것입니다.

사리사욕을 잊고 여러분 각자의 것인 조국의 일만을 생각하기 바랍니다.[18)]

민영환은 이때가 44세, 민영찬은 32세였다. 영찬은 평생 형이 남긴 말을 되새기며 살아가지 않을 수 없었을 것이다. 영환과 영찬의 부친 겸호의 누이는 대원군의 부인인 여흥부대부인, 즉 고종의 생모다. 따라서 영환·영찬 형제는 고종의 종형제였다. 또한 겸호의 실형 승호는

---

18) 「일본 비행의 개략을 기록한 문서」는 일본 외교사료관 소장의 원본을 이용했다. 또 윤병석 저 『李相卨傳』(일조각, 1984)에 수록된 한국어 역, 海野福壽 편 『外交史料 韓國倂合 上』(不二出版, 2003)에 수록된 일본어 역도 참고했다.

제19대 숙종비 인현왕후의 부친인 민유중(閔維重) 종가의 양자로 가서 고종의 비인 명성황후의 오빠가 되었다. 따라서 영환과 영찬은 명성황후의 조카이기도 했다.

민영찬이 서양에서 '프린스 민'으로 불리고, 고종의 황실 외교의 중요한 담당자가 될 수 있었던 것은 이와 같은 출신 배경이 큰 영향을 끼쳤다.

〈그림 22〉 민영찬.

민영찬은 1889년에 문과에 합격하고, 1890년 중에 홍문관 정자(正字, 정9품)에서 성균관 대사성(정3품 당상관)까지 단숨에 뛰어 올라갔다. 세는나이로 아직 18세였다. 1895년 그는 명성황후의 추천을 받아 미국 유학의 길에 올랐다. 그러나 미국에 도착한 지 몇 달이 지나지 않아 명성황후 암살의 흉보를 접하고 급히 귀국했다.[19]

1895년 10월 8일 미명에 경복궁에 침입한 일본군에 의해 명성황후가 시해되었다. 이듬해 2월 11일, 앞에서도 서술했듯이 고종은 왕태자(후

---

19) 35년 후인 1930년에 『동아일보』가 「한말 정객의 회고담 충정공 친제(親弟) 민영찬 씨 (1), (2)」(1930년 1월 19일, 21일자)를 게재했다. (1)에서는 "민영찬 씨는 금년 57세. 명성황후 민씨 편으로 지금 생존한 사람 중에 가장 갓가운 친족이다"라고 소개되었다. (2)에서는 민영찬이 "신지식을 배우려고 영어를 공부하기 시작햇드니 명성황후는 나를 택하야 을미년(서력 일천 팔백 구십 오년)에 미국으로 보내셧소. 그때 동행이 민경식(閔景植)이엇는데 둘이서 공부를 시작한지 몇 달이 못된 시월 팔일에 명성황후가 경복궁에서 참화를 당하셧다는 소식을 듣고 공부를 고만두고 즉시 귀국하얏소"라고 말하였다.

의 순종)를 데리고 몰래 경복궁을 빠져나와 러시아공사관에 보호를 구했다.[20]

고종은 서양 각국의 공사관이 나란히 세워진 정동 지구에 있는 경운궁의 보수를 시작하고, 1년 만인 이듬해 1897년 2월 20일에 러시아공사관을 나와 여기로 들어갔다. 그 10일 후인 1897년 3월 2일에 고종은 고 왕후 민씨의 시호를 명성으로 정했다. 그리고 같은 해 8월에 연호를 '광무'로 바꾸었다.

1897년 10월 12일 고종은 황제로 즉위하고, 국호를 '대한'으로 한다고 선포했다. 이후 1910년 8월의 '병합조약'에 의해 멸망할 때까지 13년간을 '대한제국'이라 부른다. 고종은 황제즉위와 동시에 고 왕후 민씨를 황후로 추존하고 광무 원년(1897) 11월 21일부터 22일까지 그 국장을 성대하게 거행했다.

민영찬은 고종의 러시아공사관 체재중인 1896년 12월 23일에 학부협판(차관)이 되었다. 나아가 대한제국 성립 후인 1898년 4월 26일에는 법부협판으로 취임했다.

파리만국박람회

법부협판 민영찬은 1898년 6월 13일 파리만국박람회(1900년 4월-11월)의 '재한성본국박물사무부원(在漢城本國博物事務副員)으로 임명되었

---

[20] 1894년 12월 17일(음력)에 왕실 존호의 개칭이 있었다. 국왕에 대한 존칭이 '주상전하'에서 '대군주폐하'로 왕비에 대해서는 '왕비전하'에서 '왕후폐하'로 세자는 '왕세자저하'에서 '왕태자전하'로 변경되었다. 이들 존칭은 1897년 10월 13일(양력) 대한제국의 성립에 따라 다시 '황제폐하', '황후폐하', '황태자전하'로 변경되었다.

다.21) 한국이 만국박람회에 참가한 것은 1893년의 시카고박람회에 이어 두 번째이지만, 시카고박람회의 출품에 대해 결코 만족하지 못한 고종은 1900년 4월부터 개최되는 파리만국박람회를 대한제국이 국제사회에서 정당하게 평가받을 수 있는 기회라 생각해, 경복궁의 정전인 근정전을 본뜬 파빌리온을 세우고 스스로 전시물을 선택하기도 했다.

〈그림 23〉 파리만국박람회 한국관. Le Petit Journal 1900년 12월 16일호.

일본 농상무성은 1902년에 『천구백년 파리 만국박람회 임시박람회 사무국 보고』(상하 2책)라는 방대한 보고서를 냈다. 이 보고서에는 한국의 파리만국박람회사무국이 명예총재 민영찬을 필두로 7명의 프랑스인 스태프로 구성되어 있는 것이 기재되어 있다. 청국의 사무국이 프랑스인 사무장관 한 명뿐인 것과 비교하면 한국이 파리만국박람회에 건 의욕이 어떠했는지 상상이 된다.22)

민영찬은 1900년 1월 16일 파리를 향해 출발했다. 파리만국박람회에서 28세 민영찬의 모습은 사진가 유진 피로우(Eugène Pirou)가 촬영한

---

21) 민영찬의 경력은 한국역사정보통합검색시스템(Korean History On-line)에서 조사했다.
22) 『千九百年巴里萬國博覽會臨時博覽會事務局報告』상, 農商務省, 1902, 57-58쪽. 이 책은 『明治前期産業發達史資料 勸業博覽會資料』201권-204권(1976)에 분책으로 복각되어 있다.

각국 대표위원의 초상사진집(Exposition universelle de 1900: Portraits des commissaires généraux)에 수록되어 있다. 민영찬의 초상사진에는 '프린스 민영찬 각하-한국명예총재'라고 쓰여 있다. 〈그림 22〉 이 책에 수록된 각국 대표 41명의 초상사진 중 'S. Exc.'(각하)를 달고 있는 것은 10명뿐이다. 그 외는 모두 'Mr'다. 일본의 박람회사무관장 하야시 타다마사(林忠正)도 'Mr T. HAYASHI'였다.

이 박람회에는 37개국이 참가하여 분야별로 만들어진 진열관에 각각 출품하는 것 외에, 33개국이 그 나라 독자의 건축양식으로 특별관(파빌리온)을 세웠다. 프랑스 주간 화보지『르 쁘띠 주르날(Le Petit Journal)』은 박람회 개회 전인 1900년 2월 25일호부터 폐회 후인 12월 16일호까지 거의 매주 각국의 파빌리온을 전면을 사용해 컬러 삽화로 게재하고, 별항에 간단한 소개 기사를 실었다. 이 스타일은 모든 나라의 파빌리온에 대해 평등하였다. 한국관은 최종회인 12월 16일호에 게재되었다. 〈그림 23〉 일본관은 9월 9일호에 실렸다. 삽화 중의 파빌리온은 실제로 건조된 것을 보고 사실적으로 묘사한 것이다. 이 삽화만 봐도 한국관이 경복궁 근정전을, 일본관이 긴카쿠지(金閣寺)를 모방한 것을 알 수 있다. 그러나 그 주위에 배치된 사람들의 모습은 몇 장의 사진을 근거로 프랑스인 화가가 상상으로 그려 넣었을 것이다. 한국관의 주위에는 한가롭게 걷는 사람들이 묘사된 반면에 일본관에는 군대와 인력거와 게이샤가 배치되어 있다. 이것은 당시 서양인이 양국에 대해 품고 있던 이미지를 표현했다고 할 수 있다.

앞에서 소개한 일본 농상무성 보고서에서도 '각국 특별전' 소개 기사가 있다. 한국관에 대해서는 '조선제국 특별관'이라는 표제를 붙이고, "조선국이 박람회에 동참하여 그 국산을 출품한 것은 실로 이번의 파리대박람회가 최초다"라고 써냈다. 이것이 오류라는 것은 전술했다. 게다가 "그 출품물이나 또 관내의 구조가 하나도 진보의 기운을 나타내는 것이 없다. 서양인은 말할 것도 없이 본방인의 눈으로 봐도 한눈에 열등국임을 인식할 수 있다"고 하여 비방과 중상이 심하다.[23]

그러나 서양인은 반드시 그렇게 본 것은 아니었다. 아래는 『르 쁘띠 주르날』 1900년 12월 16일호에 게재된 한국관의 소개 기사 전문이다.

> 극동의 가장 끝에 위치하고, 그 이웃 사람들에게 가장 강한 동경을 불러일으키는 나라의 하나는 다름아닌 한국이다. 그곳에는 모든 것이 숨겨져 있다. 그들의 관습은 특별하고, 주민이 가장 바라는 것은 어떤 나라와도 관계를 맺지 않는 것이다. 그렇지만 한국의 만국박람회 참가는 기쁘고도 놀라운 일이었다. 한국정부는 색다른 건축양식의 파빌리온을 세웠는데, 그것은 일찍이 제정시대의 법정을 연상시키는 것이다. 거기엔 한국 제품과 공업, 산업의 견본품이 전시되었다. 그것들은 이 미스터리한 지역과의 관계를 확립하고 계속해가는 것에의 강한 욕망을 사람들에게 주었다.[24]

"제정시대의 법정을 연상시키는 것"이란 파빌리온 내부가, 큰 방 안에

---

23) 『千九百年巴里萬國博覽會臨時博覽會事務局報告』 상, 482~484쪽; 『明治前期産業發達史資料 勸業博覽會資料』 203권.
24) 번역은 스미요시 마유미(住吉眞弓) 씨의 도움을 받았다.

옥좌가 놓인 '알현의 공간' 구조로 되어 있는 것을 가리키는 듯하다.

민영찬은 만국박람회 기간 중에 본국으로부터 훈령을 받고, 스위스 수도 베른에서 1900년 7월 2일에 개최된 만국우편연합 창립 25주년 축전에 참석했다. 이보다 앞서 1897년 5월 워싱턴에서 개최된 만국우편연합 제5회 대회에서 조선의 만국우편연합 가입이 인정되어, 드디어 스스로의 손으로 국제우편을 취급할 수 있게 되었다.

주미공사 이범진(李範晉)을 수석전권으로 하는 조선대표단은 외교사상 최초로 태극기를 회의장에 걸고 국제회의에 참석하여, 6월 15일에 만국우편조약 및 의정서에 서명했다. 7월 29일 고종은 필요한 여러 조약을 비준하고 그 정본이 12월 23일 미국 우정청에 도달되었다.[25]

만국우편연합 가맹, 파리만국박람회 참가, 만국우편연합 창립 25주년 축전 참석은 대한제국이 국제사회로부터 정당하게 인지를 얻음으로써 국가 주권을 수호해가려는 고종의 외교정책에 기초한 것이고, 민영찬은 그 중요한 담당자가 되었던 것이다.

주불전권공사가 되다

1901년 12월 3일 민영찬은 주프랑스 겸 벨기에 전권공사로 임명되었다. 이듬해 1902년 2월 17일에 고종은 19일에 서울을 출발하는 민영찬을 소견했다.

민영찬은 4월 5일경 파리에 도착한 듯하다. 12일에 외무대신을 예방하고 한국공사관원 명부를 제출했다. 거기에는 이종엽(李鐘燁)·강태

---

25) 水原明窓, 『朝鮮近代郵便史』, 日本郵趣協會, 1993, 241쪽.

현(姜泰顯)·김명수(金明秀)·이기(李琦)·살타렐(P. M. Saltarel) 등의 이름이 기재되어 있다. 민영찬은 민영환·이범진·김만수(金晩秀)에 이어 4대째 주불공사이지만, 파리 한국공사관의 체재는 민영찬 공사에 의해 비로소 정비되었다고 볼 수 있을 것이다. 6월에 공사관을 엘로대로(19et, Avenue d'Eylau)로 이전했다. 그리고 여기가 마지막 파리 한국공사관이 되었다.26)

주불공사 민영찬은 고종의 신임장을 가지고 많은 국제회의에 출석하여 여러 조약에 서명했다. 당면 최대의 목적은 한국이 헤이그만국평화회의의 정식 멤버가 되는 것이었다.

이왕가도서관인 장서각에는 1902년 10월 9일자로 한국이 하란국(荷蘭國, 네덜란드)에 보낸 국서 사본이 있으며, 그 내용은 한국이 적십자사에 입회하기 위해 민영찬에게 전권을 위임한다는 것이다.

민영찬이 1903년 2월 8일에 '제네바 육전(陸戰) 병상(病傷) 군인 구호협정'에 서명 조인한 것은 『구한국외교문서』에서 확인할 수 있다. '제네바 육전 병상 군인 구호협정'은 1864년 제네바조약(제1회 적십자조약)을 말한다.27)

또 스위스정부는 주불공사 민영찬을 통해, 한국정부에 대해 1903년 9월 4일 제네바에서 개최되는 만국적십자회의에 한국대표를 파견해줄 것을 요청했다. 이것을 접수한 외부대신 이도재(李道宰)는 6월 23일에 주불전권공사 민영찬을 한국대표로 한다고 회답했다.28) 민영찬은

---

26) 韓興壽, 「駐佛公使館 設置過程」, 『韓佛外交史 1886-1896』(평민사, 1987).
27) 『舊韓國外交文書』 제21권 瑞案 42호, 440쪽.
28) 『舊韓國外交文書』 제21권 瑞案 45호, 446쪽.

1903년 7월 2일자로 한국적십자위원으로 임명되어, 스위스로 가서 회의에 참석하라는 고종의 명을 받았다.[29] 민영찬 본인은 훗날에 "1904년에 세계적십자 한국대표로 헤이그에 참석"했다고 말하고 있지만 기억의 착오가 있은 듯하다(뒤의 참고자료 2).

헤이그만국평화회의는 러시아 니콜라이 2세의 호소와 네덜란드 빌헬미나 여왕의 협력으로 시작되었다. 제1회 회의는 1899년 5월 네덜란드의 헤이그에서 26개국이 참가하여 개최되었으며 '육전의 법규와 관례에 관한 조약', '제네바조약의 원칙을 해전에 응용하는 조약', '국제분쟁의 평화적 처리 조약'의 3조약이 체결되었다. 아시아에서는 일본·청·태국·이란이 참가했다. 이들 조약은 오늘날의 무력분쟁법, 국제인도법에 연계되는 것으로, 또 국제분쟁을 전쟁이 아니라 평화적으로 해결하는 길을 인류사상 최초로 보인 시도로 높이 평가되고 있는 것이다.

'국제분쟁의 평화적 처리 조약'에서는 국제중재재판을 행하는 상설중재재판소의 설치와 재판절차를 규정하였다. 그리고 이것에 기초하여 1901년 헤이그에 상설중재재판소가 설치되었다. 거기에는 조약체결국으로부터 추천을 받은 재판관 명부가 갖추어져 분쟁국 쌍방이 각각 2명(그 중 1명은 자국민)의 재판관을 선정하고, 선발된 재판관이 공동으로 재판장을 선출하여 중재재판이 열리는 절차가 규정되어 있다. 다만 이 조약은 임의적 중재재판을 채용하고 있기 때문에 분쟁국 쌍방이 이것에 응하지 않으면 재판은 열리지 않는다.

이 제1회 만국평화회의에 한국이 초대되지 않은 이유는 당시 한국이

---

29) 『고종실록』 광무7년 7월 2일.

아직 이 회의의 원래 창안국인 러시아의 수도 페테르부르크에 공사관을 설치하지 않았기 때문이다. 이 회의에 일본의 전권위원 법률고문으로 동행한 아리가 나가오(有賀長雄)가 아오키(靑木) 외무대신에게 보고한 것에 따르면, 러시아정부는 페테르부르크에 외교관을 주재시키고 있는 나라에만 통지했는데, 그 후 네덜란드 정부로부터의 초대장에 응해 전권위원을 파견한 나라는 26개국이었다고 국명을 열거하였다. 그 중에 아리가가, 불가리아는 실제 내정과 외교 모두 독립되어 있지만 명목상 여전히 오스만튀르크제국의 속국이기 때문에, 법률론으로 말하면 불가리아는 이 회의의 투표권이 없을 터이지만, 러시아의 추천으로 불가리아에 권리가 주어졌다고 쓰고 있는 점은 주목된다. 후에 고종이 제2회 만국평화회의의 한국 출석에 대해 마지막까지 러시아의 지원을 기대한 것도 그 나름의 근거가 있었다고 볼 수 있다.[30)]

1897년 5월 워싱턴의 만국우편연합 제5회 대회에 이어 1899년 5월 헤이그의 제1회 만국평화회의에 한국이 대표를 보내 '국제분쟁의 평화적 처리 조약'의 체결국이 되었다면 그 후 한국의 역사는 달라졌을지도 모른다. 적어도 고종은 일본이 한국의 중립선언을 침범하고 한국에 군대를 상륙시킨 시점에 국제중재재판소에 중재신청을 할 수 있었을 것이다. 물론 일본은 이것에 응하지 않았을 것이지만, 일본이 군사력에 의지해 한국에 '한일의정서'를 강요하는 것은 훨씬 곤란하게 되었을 것이다.

그러면 다음으로 제1회 만국평화회의에 대표를 보내지 않았던 대한

---

30) 『일외』「萬國平和會義關係」제1권 98번, 124쪽.

제국 황제 고종이 러일 개전에 앞서, 한국의 헤이그만국평화회의 참가를 위해 얼마나 고심했는가에 대해 서술하겠다.

헤이그만국평화회의

장서각에는 1903년 8월 고종이 네덜란드 여왕 앞으로 보낸 친서의 사본이 있는 것은 화상과 함께 제1장에서 소개했다. 여기에 다시 한 번 번역문을 소개한다.

네덜란드국 대후주(大后主) 폐하께 삼가 말씀드립니다.
작년 8월 우리 주불공사 민영찬(閔泳瓚)에게 폐국(弊國)이 만국평화회의에 참입(參入)하는 일을 명했습니다.
교섭이 이루어졌지만 아직 결정되지 않았습니다. 지금 동양에서는 풍운이 위태로워 이 회에 참입하는 것을 일각(一刻)도 늦출 수 없습니다.
폐하의 특별한 호의를 얻어 즉각 참회(參會)하고자 하는 것이 내가 두터이 희망하는 바입니다.
대후주 폐하의 복록이 무한하시기를.

고종은 '작년 8월' 곧 1902년 8월에 주불공사 민영찬에게 한국이 만국평화회의에 참가하는 것을 명했다고 서술하고 있다. 민영찬 자신도 훗날 "1902년에 헤이그만국평화회의에 한국 대표로 참석"했다고 서술하고 있다(뒤의 참고자료 2). 민영찬은 고종의 명을 받고 1902년 8월에 헤이그에 가서 한국이 제1회 만국평화회의에서 체결된 조약들에 가입할 의사를 전했던 것이다.

한국이 제1회 헤이그만국평화회의에서 체결된 3조약 중 '제네바조약의 원칙을 해전에 응용하는 조약'에 1903년 1월 7일에 가맹하고, '육전의 법규 관례에 관한 조약'에 같은 해 3월 17일에 가맹한 것은 5월 8일에 주일네덜란드공사로부터 일본정부에 통지되었다. 두 조약에는 가맹규정이 정해져 있으며, 미가맹국은 네덜란드 정부에 통지하는 것으로 가맹할 수 있었기 때문이다.31)

같은 날 주일네덜란드공사는 한국이 '국제분쟁의 평화적 처리 조약'에 가맹하고자 한다는 희망을 네덜란드정부에 전한 것도 일본정부에 통지했다. 다만 이 조약의 가맹규정은 정해지지 않아 한국의 희망은 곧바로 이루어지지 않았다. 그 때문에, 러일 개전은 필연이라고 본 고종은 네덜란드 여왕에게 친서를 보내 1년 전부터의 현안이었던 한국의 평화회의 참가 문제 해결을 위한 조력을 구했던 것이다.

이 네덜란드 여왕 앞으로의 고종의 친서가 러시아 황제 니콜라이 2세 앞으로의 친서와 함께 궁내부 예식원 번역과장 현상건(玄尙健)에게 부탁하여 전해지게 된 것은 제1장에서 소개했다. 또 현상건의 임무에 대해서 종래 충분히 이해되지 않은 것도 지적했다.

주한공사 하야시 곤스케는 고무라 외상의 문의에 대해, 1903년 8월 19일에 현상건의 파견 목적을 다음과 같이 답하고 있다.

어제 발송한 246호와 관련하여 현상건과 알고 지내는 우리나라 사람

---

31) 『일외』「海牙萬國平和會議關係」제1권, 891쪽.

(일본인)에게 그 사명을 확인하도록 했더니, 현은 프랑스에서 주불한국 공사와 만나 네덜란드로 같이 가서, 평화회의 위원과 회견하여 러일 개전의 경우 한국의 지위 및 개전 때에 중립을 유지할 수 없기 때문에, 자연히 국경 안을 양국 군대가 유린하는 일이 있을 것임. 이 경우 손해 등에 관해서 미리 연구를 하기 위해서라고 말했습니다. 위의 우리나라 사람은 현의 신상과 관련하여 일종의 관계가 있는 자이다. 또 주불한국 공사는 저번에 중립문제에 관해 한정(韓廷)의 내지(內旨)를 받은 일이 있는 자이므로 이것까지 참작하시기 바랍니다.[32]

하야시가 말한 대로 현상건이 최초에 프랑스에 간 것은, 1902년 8월 이래 한국의 평화회의 가입 문제를 교섭하고 있던 민영찬과 동행해서 네덜란드에 가서 평화회의 위원과 회견하기 위해서였다. 하야시는 이 정보를 현상건의 지인인 일본인으로부터 얻었다. 그러나 하야시는 고종이 현상건에게 네덜란드 여왕 앞으로의 친서를 부탁해서 한국의 '국제분쟁의 평화적 처리 조약'에의 가맹을 의뢰하려 한 것까지는 파악하지 못했다.

헤이그에서 교섭이 어떻게 되었는지 분명히 알 수는 없다. 아마 '국제분쟁의 평화적 처리 조약'에 가맹하기 위해서는 제2회 만국평화회의에서 승인받을 필요가 있다고 반복해서 설명한 것이 아닐까.

고종이 우려했던 대로 1904년 2월 일본은 한국의 중립선언을 짓밟고

---

32) 『주한』 21권, 335쪽, 五-(249) 「玄尙健ハ韓帝ノ內旨ヲ受ケ佛國ニ赴ク」; 336쪽, 五-(250) 「玄尙健ノ使命ニ關シテ知人ノ談話上申」.

한국에 군대를 상륙시켜 '한일의정서'를 강요해왔다.

고종은 제2회 만국평화회의에 마지막 희망을 걸었다. 한국이 이 회의에 출석하여 '국제분쟁의 평화적 처리 조약' 가맹국이 된다면, 일본의 비행을 국제중재재판소에 호소할 수 있다. 중재재판소의 판사를 선출할 권리도 얻을 수 있다고 기대했다.

러시아 황제 니콜라이 2세가 제2회 만국평화회의를 발의하고 예비 초청장을 각국에 발송한 것은 1905년 9월 포츠머스조약 조인 직후인 듯하다. 다만 주러공사 이범진은 이보다 약간 일찍 수취했을 가능성이 있다. 이것에 대해서는 다음 절에서 서술하겠다.

이듬해 1906년 5월에 이르러 러시아는 관계국에 ① 제2회 만국평화회의 개최 시기, ② 회의에 제출할 의안, ③ 국제분쟁의 평화적 처리에 관한 1899년 조약 가맹 방법에 대하여 라는 3통의 공문을 송부했다. ③의 내용은 제1회 평화회의에 참가하지 않은 나라들이 제2회 평화회의에 초청되었을 때, 1899년 조약에 가맹할 것을 네덜란드 정부에 통고하면 바로 조약에 가맹한 것으로 간주한다는 것이었다.

이 통지를 수취한 외무대신 하야시 타다스(林董)는 "만약 이같이 간단한 방법을 채용할 때 한국과의 관계에서 성가신 일을 야기할 우려가 없지 않다"고 생각하여, 6월 5일자로 동의하기 어렵다고 러시아에 회답했다. 10월에 이르러 일본은 러시아로부터 제2회 만국평화회의에 한국을 초청하지 않는다는 언질을 얻은 다음 이의를 철회했다. 그러나 그 후 하야시는 러시아가 한국에 초청장을 발부한 형적이 있는 것에 신경이 쓰여 12월 3일 하세가와(長谷川) 통감대리에게 조사를 의뢰했다.[33] 이러한 경과를 거쳐 1907년 6월의 헤이그에, 제2회 만국평화회의에 출석하고자, 한국 황제가 보낸 3인의 사절이 나타나게 되는 것에 대해서는 다음 절에서 서술하겠다.

보호조약의 무효를 호소하다

지금까지 서술한 것처럼 러일전쟁은 일본 해군의 진해만과 마산전신국 점령, 한국 영해에서 러시아 선박의 나포, 그것에 이은 뤼순·인천 기습공격과 육군부대의 인천 상륙, 서울 점령에서 시작되었다. 이러한 주도면밀하고 신속한 일본군의 움직임과 함께 일본정부의 간섭과 송금 정지에 의해 파리 한국공사관 운영은 매우 곤란한 상황이 되었다.

개전한 지 1년 남짓 후의 일이지만, 러일전쟁 중인 1905년 4월 11일 러시아의 주불대사 넬리도프가 외무대신 람즈도르프에게 보낸 통신문에는 다음과 같이 쓰여 있다.

> 대한제국 파리주재공사 민영찬이 찾아와서 다음과 같이 말했다.
> "일본은 대한제국의 모든 수입원과 통신수단을 하나하나 장악하고, 이제 국제적 독립의 최후의 상징으로 남아있는 해외 외교대표부를 폐지하려 하고 있습니다. 위의 목적을 실현하려고 일본은 해외공관에서 보내는 모든 전보와 보고서의 배달을 지연시키고 검열하고 공관 운영자금의 송금을 방해하고 있습니다."
> 민 공사는 상황이 엄중해지자 조국에 사신(私信)을 보내 귀국 허가를

---

33) 『統監府文書』 3권, 392쪽, 13-(1) 「第二回萬國平和會議に關する件」.

요청했습니다만 고종 황제는 궁정에서 일을 하고 있는 민 공사의 모친을 통해 귀국하지 말고 공사직을 유지하라는 왕명만 전달해왔다고 합니다. 민 공사는 페테르부르크주재 이범진 공사를 통해 러시아제국 정부에 그의 곤란한 실정을 호소하고 원조를 청하려 하고 있습니다. 러청은행의 파리지점에서 그에게 공사관 유지비용을 융자하여, 전후에 대한제국 정부가 이것을 상환할 수 있도록 해주기 바란다고 요청했습니다.

민 공사는 파리에서 대단히 바르게 처신하고 있습니다. 대한제국이 현재 일본의 강압 하에서 괴로움을 겪고 있으니 그의 가엾은 처지를 고려하여 동정하려고 생각하고 있습니다.[34]

이것에 대해 러시아 외무부는 1905년 5월 1일 다음과 같이 회답했다.

파리주재 대한제국 공사가 직면하고 있는 곤란한 상황에 동정한다. 그러나 민 공사가 유지비용을 수취하지 못한다고 해서 러시아가 금전적으로 도와주어야 한다는 어떤 책임도 의무도 없다. (중략)
러시아는 단지 외교적으로 대한제국을 지원하려 한다.[35]

그 후 파리의 한국공사관이 어떻게 유지되었는지는 분명하지 않다. 그러나 민영찬은 1905년 11월에 고종의 특명을 띠고 미국에 건너가 12월 11일에 국무장관 루트를 면회하고 루스벨트 대통령과의 회담을

---

34) 박종효 편,『러시아 國立文書保管所 所藏 韓國關聯 文書 要約集』(한국국제교류재단, 2002), 309쪽.
35) 위와 같음.

요청하였다. 민영찬의 워싱턴 도착에 앞서 미국인 헐버트가 고종의 친서와 함께 도착하였다. 헐버트는 1886년 조선 최초의 근대적 국립학교 '육영공원'의 교사로 부임한 이후 전 생애 동안 한국을 사랑하고 한국인을 위해 투쟁한 인물이다. 일본어로 번역된 저서로는 『조선망멸(朝鮮亡滅)』(太平出版, 1973; 한국어 번역판은 『대한제국멸망사』, 1906) 등이 있다.

  국무장관 루트는 민영찬에게 12월 19일자 한국 황제의 친서는 확실히 수취했지만, 그것은 비공식 경로를 통한 수취였기 때문에 미국정부는 어떤 행동도 취할 수 없다는 회답서를 주었다. 그리고 이것들은 미국 국무성으로부터 주미임시대리공사 히오키(日置)에게 일일이 통보되었다. 따라서 히오키로부터 본국에 보고되어 『일본외교문서』에 수록되어 있다.36) 그것에 따르면 히오키는 12월 13일자 기밀 우편으로 「민영찬 및 헐버트의 동정에 관한 건」을 보고하고, "두 사람은 무언가 밀의(密議)를 꾸미고 있는 모양입니다"라고 썼다. 그리고 아래 3점의 신문 기사 스크랩을 첨부해서 보냈다.

    「프린스 민, 일본의 한국에 대한 조치에 항의하다」(이브닝 스타, 12월 11일)

    「프린스 민, 거절되다-루트 국무장관은 일본에 대한 한국의 항의를 듣다」(워싱턴 포스트, 12월 12일)

    「한국으로부터의 항의-황제는 일본과의 협약에 서명하지 않았다」

---

36) 『일외』 38권 1책 481번, 673쪽.

(이브닝 스타, 12월 13일)

이들 신문 기사에 대해 히오키는 조사해본 바 기사 내용은 완전히 사실이지만, 당국(當國)의 조선에 대한 여론에 하등 특별한 감각을 준 모양은 없다고 부가하였다.[37]

고종의 호소를 거부한 미국정부

1882년에 체결된 '조미수호통상조약' 제1조에 "제3국이 체약국의 일방을 억압적으로 취급할 때 체약국의 타방은 사태의 통지를 받고 원만한 해결을 위한 주선을 행한다"라고 규정되어 있다.[38] 고종은 이 조약상 의무의 이행을 미국에 구했던 것이다. 그런데 일본과 제국주의적 이해를 공유한 미국은 그 의무를 이행하지 않았을 뿐만 아니라 역으로 한국의 행동을 일일이 일본에 통보했다.

1905년 8월 10일 포츠머스에서 러일강화회의가 시작된다. 그 12일쯤 전에, 필리핀 방문 도중에 일본에 온 미국 특사 윌리엄 태프트 육군장관은 내각총리대신이고 임시외무대신을 겸하고 있던 가쓰라 타로와 회담하고 합의문서(1905년 7월 29일자 가쓰라 - 태프트각서)를 작성했다. 그 내용은 일본이 미국의 필리핀 지배를 인정하는 대신 미국은 일본의

---

37) 『일외』 38권 1책 480번, 669-672쪽. 히오키 임시대리공사가 외무성에 보낸 신문 스크랩 그 자체는 외교사료관 소장의 『韓帝ヨリ歐米諸國へ密書發送雜件』 전1권에 수록되어 있다. 『일본외교문서』에 수록되어 있는 것에는 의도적이라 생각되는 삭제가 있기 때문에 신문 기사 제목은 원본을 따랐다. 그리고 이 문서는 아시아역사자료센터에서 공개하고 있다(JACAR B07091181500).
38) 長田彰文, 『セオドア・ルズベルトと韓國』(未來社, 1992), 13쪽.

한국 지배를 인정한다는 것이었다. 이 비밀협정은 그 후 오랫동안 공표되지 않았다. 따라서 고종이 알 까닭이 없었다.

헐버트는 고종의 친서를 안전하게 전달하기 위해 신임 주한미국공사 모건(E. V. Morgan)의 협력을 구해, 친서를 외교 우편행낭에 넣어 서울에서 워싱턴으로 보내는 허가를 얻었다. 그런데 이것은 모건으로부터 미국 국무성에 통지되어, 루스벨트 대통령과 루트 국무장관은 사전에 친서의 내용(조약상의 의무이행 요구)을 알게 되었다. 그 이유는 모건이, 친한적 언동이 많았던 전임 알렌 공사를 경질하고, 일본의 관리와 끊임없이 밀접한 관계를 유지하여 일본의 행동과 일치하는 행동을 취하도록 루스벨트의 훈령을 받고 막 부임한 인물이었기 때문이다. 그 때문에 헐버트의 행위는 그 자신의 평가대로 결정적 실수였다.[39]

이러한 사정으로 루트 국무장관은 민영찬과 헐버트의 면회 요청을 바쁘다는 이유로 지연시키고 일본으로부터 보호조약 체결의 통지를 얻은 다음에 겨우 응했다. 그리고 형식적인 하자를 이유로 한국 황제의 요청을 거절했던 것이다.

전술했듯이 러일 개전 직후에 경운궁은 불타고 고종은 미국공사관에 인접한 수옥헌으로 옮겼다. 1905년 11월 17일 오후 8시경, 수옥헌

---

39) 金基奭,「光武帝の主權守護外交──1905-1907년─」,『日韓協約と韓國倂合』(明石書店, 1995), 148쪽[이 논문의 한국어 원문은「光武帝의 주권수호 외교, 1905-1907: 乙巳勒約 무효 선언을 중심으로」(이태진 편저,『일본의 대한제국 강점』, 까치, 1995)이다─옮긴이]. 이 논문은 1905년 이후 고종의 '주권수호외교'를 밝힌 획기적 노작이지만, 미국에 '조미수호통상조약' 상의 의무이행을 요구한 고종의 특사로 헐버트만 주목하고 있으며, 민영찬의 역할에 대해서는 주석에서 "황제가 왜 민 공사를 택하여 미국으로 급히 파송하였는지는 아직 분명치 않다"(168쪽; 한국어 원문은 233쪽의 주 40)-옮긴이)고 쓰고 있다.

내의 중심 건물인 중명전에 연금된 8명의 대신들의 내각회의장에 하세가와 요시미치(長谷川好道) 한국주차군 사령관을 대동하여 입실한 일본의 전권대신 이토 히로부미가 대신들 하나하나에게 찬성인가 반대인가를 따져 묻고, 애매한 회답을 한 것까지 포함해 5명의 대신이 찬성했다고 하면서 외부대신에게 조인을 강요했다. 18일 미명에 외부대신 박제순은 11월 17일자의 이른바 '보호조약'에 조인했다.

이날 밤은 날씨가 좋아 달이 높이 떠 있었다. 미국공사관과 중명전은 낮은 담을 끼고 20미터 정도밖에 떨어져 있지 않다. 모건 공사는, 교섭이 행해지고 있는 건물과 바로 이웃한 황제 거소 주위에 일본 전권대사를 호위하는 병사가 줄지어 서서 외부와의 출입을 차단하고 있는 모습, 그 직전 2일 동안 서울의 가두에서 행한 일본군의 시위운동을 들어, 18일 미명에 행해진 조약의 조인이 전혀 자유의사로 이루어졌다고 생각할 수 없다고 극히 조심스럽게 국무장관에게 보고(1905년 11월 20일자)하였다.[40]

고종은 이 조약이 무효임을 호소하기 위해 중국 산둥반도의 즈푸에서 11월 26일에 다음과 같은 전보를 워싱턴의 헐버트에게 보냈다.

짐은 총칼의 위협과 강요 아래 최근 한일 양국 간에 체결된, 소위 보호조약이 무효임을 선언한다. 짐은 이것에 동의한 적도 없고 금후에

---

40) 李泰鎭·笹川紀勝編, 『國際共同硏究 韓國倂合と現代』, 荒井信一執筆, 明石書店, 2008, 250-251쪽(한국어본은 아라이 신이치, 「한국 '보호국'화 과정에서의 군사와 외교」, 이태진·사사가와 노리가츠 공편, 『국제공동연구 한국병합과 현대-역사적 국제법적 재검토』, 태학사, 2009, 305-306쪽.

도 결코 아니할 것이다. 이 뜻을 미국 정부에 전달하기 바란다.[41]

이 전보는 12월 11일에 국무장관 루트에게 전달되었지만 미국정부는 이것을 묵살했다. 그러나 고종이 민영찬과 헐버트를 통해 행한 호소는 역사의 증거로 남아 있다. 이것들은 보호조약 체결에 대한 한쪽 당사자인 주권자의 무효선언으로 보호조약이 성립 요건을 결여하고 있다는 중요한 증거가 되고 있다.

당시 파리대학 법학부에서 강의를 담당하고 있던 프란시스 레이는 『국제공법종합잡지』 13호(1906)에 「한국의 국제상황」이라는 논문을 발표하여, 1905년 11월의 '보호조약'은 '두 가지 하자'가 있기 때문에 무효라고 단정했다. '두 가지 하자'는 한국정부 측의 '동의의 하자'와 일본이 한국에 대한 '보호의무 위반'의 두 가지다. '동의의 하자'에 대해 레이는 다음과 같이 쓰고 있다. (방점은 – 필자)

극동으로부터의 특전(特電)에 따르면, 이 11월의 조약은 일본 같은 문명국이 정신적·신체적 강박으로 한국 정부에 강요하여 체결된 것이다. 조약의 서명은 전권대사인 이토 후작과 하야시 씨[하야시 곤스케

---

[41] 김기석, 앞 논문, 149쪽(한국어 원문은 232쪽-옮긴이). 그리고 같은 날(1905년 11월 26일)에 고종이 주러공사 이범진을 통해 러시아 정부에 보낸 친서의 내용은 와다 하루키(和田春樹)에 의해 소개되었다. 거기에는 보호조약 강요 때의 상황이 "일본인은 나의 거실에 난입하여 나의 옥새와 외부대신의 도장을 빼앗았다. 일본인은 그들이 작성한 문서에 옥새를 찍은 후 나에게 서명하도록 다시 요구했지만 나는 처음과 마찬가지로 강하게 거절했다"라고 쓰여 있다. 이 친서를 수취한 러시아 외무부는 재외공관에 그 내용을 통달했다(和田春樹, 「日露戰爭と韓國併合—ロシアという要因から考える」, 『國際共同研究 韓國强制併合 100年 歷史と課題』, 明石書店, 2013).

주한공사를 보호하는 일본 군대의 압력 아래, 대한제국 황제와 대신들로부터 얻은 것에 불과하다. 이틀간의 저항 후 대신회의는 체념하고 조약에 서명했지만, 황제는 즉시 여러 대국에 대표를, 특히 워싱턴에는 대신을 보내 가해진 강박에 대해 맹렬히 이의를 제기했다.

서명이 행해진 특수한 상황을 이유로 우리는 1905년의 조약이 무효라고 주장함에 주저하지 않는다. 실제로 공법에 사법의 원리를 적용하는 것에 따라, 강국에 의한 약소국에 대한 강제, 그것은 동의를 완전히 파괴함에 결코 충분한 것은 아니지만, 그것과 달리 전권을 지닌 개인에게 가해진 강박은 동의의 하자가 되어 조약은 무효가 되는 것이 인정된다.[42]

'보호조약'을 무효로 만드는 또 하나의 하자 '보장의무 위반'에 대해서 레이는 한일의정서 제3조에서 한국의 독립을 보장한 일본은 이것에 반하는 조약을 체결할 수 없다고 지적했다.

레이가 논문 중에서 서술한, 황제가 워싱턴에 보낸 '대신(ministre)'이 민영찬을 가리키고 있는 것은 틀림없을 것이다. 그런데 종래 고종이

---

[42] Francis Rey, La Situation Internationale de la Corée, *Revue Générale de Droit International Public*, 13, 1906, Paris, pp.40-58. 이 논문의 한국어 번역은 1987년 서울대학에서 간행한 『法學』 제27권 2·3호에 「대한제국의 국제법적 지위」로, 또 일본어 번역은 『季刊戰爭責任』 제2호(1993년 겨울호)에 「フランシス・レイ『韓國の國際狀況』」으로 게재되었다. 그러나 본문에 인용한 방점 부분에 대해, 일본어 번역은 "황제는 즉시 여러 대국에 대표를 파견했다. 그 중에서 워싱턴 주재공사는 황제에게 가해진 폭력을 강하게 항의했다"라고 오역했다. 그 때문에 민영찬이 수행한 역할이 주미한국공사의 행위가 되고 말았다. 따라서 원문에 충실히 번역하여 바로잡는 데 힘썼다. 그리고 번역을 맡은 스미요시 마유미(住吉眞弓) 씨의 도움을 얻었다.

워싱턴에 급파한 특사로 헐버트만 주목하여 주불공사 민영찬의 역할이 알려지지 않았다. 고종은 민영찬이 대한제국의 전권으로 빈번히 국제회의에 출석하고, 서양에서는 '프린스 민'으로 이름이 통하고 있는 실적을 근거로 자신의 대리인으로 민영찬을 워싱턴에 급파했던 것이다. 헐버트에게는 워싱턴에서 민영찬을 만나 고종의 친서를 전달하는 역할을 주었다. 민영찬은 그 고종의 친서를 가지고 루스벨트를 면회할 예정이었다.

민영찬은 파리에 돌아오자 공사관을 폐쇄하고 파리를 떠났다. 그러나 그가 향한 곳은 서울이 아니라 상하이였다. 민영찬은 1906년 4월 상하이에서 종형 민영익의 알선으로 프랑스영사관에 신변보호를 요청했다. 프랑스 외무부는 상하이 프랑스 조계지에 거주하는 한 신변보호를 해주겠다고 약속했다.[43]

몇 년 후 민영찬은 한국으로 돌아왔지만, 모친이 사망(1925년 10월)한 후 다시 중국으로 도피했다. 한국에 있는 동안 일본의 식민지 아래에서 민영찬은 총독부 중추원 참의라는 '명예직'에 3회 9년간 취임했다. 이것 때문에 해방 후인 1949년 8월 13일, 77세의 민영찬은 반민족행위특별조사관 이양범(李亮範)의 심문을 받았다. 나아가 8월 27일 특별검찰관 이의식(李義植)의 재심문을 받아야만 했다. 반민족행위 특별검찰부는 1949년 8월 31일에 민영찬을 불기소 처분하기로 결정했다(뒤의 참고자료 2). 민영찬이 언제 사망했는지 유감이지만 알 수 없다.

---

43) 김기석, 앞의 논문, 194쪽.

러시아공사 이범진과 그의 아들

러시아공사 이범진

　대한제국의 최초이자 최후의 상주 러시아공사였던 이범진(1853-1911)은 청일전쟁 후, 1895년 10월 8일 일본군이 명성황후를 시해했을 때 맨 먼저 궁궐을 탈출하여 러시아공사관에 급보한 인물이다. 이후 러시아공사관 내에 은신하면서 일본군과 친일정권 아래서 갇힌 몸이 된 고종의 구출에 부심하여, 1896년 2월 11일 마침내 고종과 왕태자(후의 순종)의 궁궐 탈출과 러시아공사관 피신(아관파천)을 성공시킨 중심인물이기도 했다.

　이범진은 신정권에서 법부대신에 취임하지만, 1896년 6월에 미국공사로 임명되어 부인과 10세인 차남 위종(瑋鍾)을 데리고 부임했다. 2년이 지나 장남 기종(璣鍾)이 주미공사관 서기생(書記生)으로 합류했다. 부임 이듬해인 1897년 5월 워싱턴에서 열린 만국우편연합 제5회 대회에서 이범진이 수석전권이 되어 조선 외교사상 처음으로 태극기를 회의장에 걸고 국제회의에 참가한 것, 6월 15일에는 만국우편조약에 서명한 것은 앞 절에서 서술했다.

　이어서 이범진은 러시아·프랑스·오스트리아 공사(3국 겸임)에 임명되어 부인과 두 명의 아들을 데리고 1900년 3월에 미국을 출발, 런던을 경유하여 5월 4일 파리에 도착했다. 마침 파리만국박람회가 열리고 있었다. 이후 오스트리아를 거쳐 페테르부르크로 가서 각각 신임장을 제출하지만, 주로 파리에 체재한 듯하다.

1901년 2월 2일에는 영국 여왕의 장례식에 한국 대표로 참석했다. 그해 3월 겸임을 풀고 러시아 공사직에 전념한다. 이후 본국의 송금이 두절되어 이전할 수밖에 없게 된 1906년 초까지, 페테르부르크 여름궁전 근처 각국 공사관이 나란히 서 있는 페스테리야 대로의 한국공사관에서 집무했다. 주러공사관 3등 참서관(參書官)에 임명된 장남 기종은 1902년 10월 고종의 재위 40년을 축하하는 러시아 축하단과 함께 귀국했다. 이때 이범진의 부인, 곧 기종·위종 형제의 모친도 함께 귀국했다.[44] 그 후 기종도 그 모친도 다시 한국에서 출국할 수는 없었다.

주러공사 이범진의 활동은 주불공사 민영찬과 마찬가지로 1904년 2월 러일 개전 이후 대단히 곤란해졌다. 일본군은 한국의 국외중립선언을 무시하고 인천에 상륙, 서울을 점령하자 먼저 한국 통신기관을 장악하고, '한일의정서'를 강요하고, 한국 정부에 주러공사관을 폐쇄하고 이범진 공사를 소환할 것을 요구했다. 이범진 곁에는 서울의 외부대신으로부터 철수 명령이 와 있었다. 1904년 3월 2일 이범진은 러시아 외무대신 람즈도르프를 면회하고 한국 황제의 직접 지시를 받기까지는 주러공사의 직무를 계속하겠다고 주장했다. 그 직후에 철수 명령은 황제의 의지가 아니라 일본인이 강요한 것이고, 황제는 이범진이 계속 페테르부르크에 남기를 희망하고 있다는 내용의 전신이 이범진에게 도착했다. 나아가 같은 해 7월 이범진은 다시 고종의 지령을 수취했다. 거기에는 일본인의 앞잡이가 된 외부대신의 지시를 따르지 말고, 어떤

---

44) 윤병희, 「이범진·기종·위종 3부자의 가계 및 행적」, 『이범진의 생애와 항일독립운동』, 외교통상부, 2003, 4쪽.

일이 있어도 공사직을 사수하라고 되어 있었다. 이범진은 이것을 람즈도르프 외무대신에게 전하였다.45)

1907년 6월 헤이그에 출현한 3명의 밀사 중 1명으로 이범진의 차남 위종의 이름이 보도되었다. 이토 통감에게 추궁을 받은 고종은 자기와의 관련성을 부인했다. 이완용 내각은 궐석재판에서 이상설(李相卨)에게 사형, 이준(李儁)과 이위종에게 종신형을 선고했다(『관보』 1907년 8월 12일).

1909년 10월 26일 하얼빈역 구내에서 이토 히로부미가 암살되었다. 10월 30일 이 사건과의 관련을 의심받고 서울의 이범진 가는 무장한 일본의 헌병대와 3명의 수색 요원들에게 습격을 당했다. 수색 요원들은 집안에서 종이란 종이는 모두 가져가고 동시에 기종을 헌병대본부로 연행했다. 3일 후에는 이범진의 처가 연행되었다. 기종이 석방된 것은 이듬해 2월 19일이다. 이 사이 기종에게 가혹한 고문이 가해진 사실이 서울의 영사관을 통해 '백(白) 대리인'이 이범진에게 보낸 편지(1910년 7월 7일자)에 쓰여 있다.46)

---

45) 박 보리스, 「러시아에서의 이범진의 외교활동」, 『이범진의 생애와 항일독립운동』, 외교통상부, 2003년.
46) '백 대리인'이 서울의 러시아총영사관을 통해 페테르부르크의 이범진에게 보낸 편지(1910년 7월 7일자)에 수감되어 있는 기종에게 식료를 넣어주기 위해 간 가족이 피 묻은 기종의 외투를 받고 기가 막혔다고 쓰여 있다(『이범진의 생애와 항일독립운동』, 235쪽). 이범진은 러시아영사관을 통해 가족과 연락을 취하고 있었다. 또 가족을 통해 다른 인물과도 연락을 취했다. 그러나 '백 대리인'은 한국의 현재 상황이 매우 엄하다고 하면서 "이제 더 이상 편지를 왕래하지 않는 것이 좋다고 생각한다. 왜냐하면 사소한 내용의 편지라도 일본 정부의 손에 들어가면 큰일이기 때문이다"라고 이범진에게 써서 보냈다. 그리고 러시아영사관은 이 편지를 마지막으로 받아준다고 쓰고 있다. 이것은 이범진이 자결을 선택하는 하나의 동기가 되었을 것이다. 이범진은 자신이 살아있는 한 장남이 죽게 될 것이라고 생각했을 터이다.

이범진은 1911년 1월 13일 페테르부르크 교외의 자택과 집무실을 겸했던 아파트에서 피스톨로 자살했다. 죽기 며칠 전부터 고물상에게 가재도구를 매각하였다. 아마 모든 서류도 소각했을 것이다.

이범진이 러시아에서 사용한 명함은 두 종류가 알려져 있는데 그 중의 하나에 'Prince Tchin Pomm Yi'라고 쓰여 있다.47) 이범진은 조선왕조 제4대 국왕 세종의 제5자 광평대군의 제18세손에 해당하는데, 제21대 영조의 아들 사도세자의 제4세손이다. 제26대 국왕 고종과는 어떤 인척관계였는지 분명하지 않다. 그 때문에 이범진은 왕족을 사칭하고 있다는 중상이 당시부터, 특히 일본인 중에 있었다.

이범진의 부친은 고종 즉위 후 포도대장·어영대장·금위대장·의금부판사를 역임하고 20년에 걸쳐 병권·경찰권을 장악한 이경하(李景夏)이지만, 모친은 이경하가 진주병사로 부임했을 때의 기생이었다고 한다. 곧 이범진은 이경하의 서자였다. 전통적 조선사회에서 4대조 (부·조부·증조부·외조부)를 분명히 해야 하는 과거에 서자는 응시할 수 없어 관료가 되는 길은 막혀 있다. 이것을 타파하고 인재등용을 추진한 것이 고종이다. 이범진은 1879년 문과에 급제하였는데, 이때의 방목(榜目, 합격자 명부)에 기재되어 있는 것은 자 '성삼(聖三)', 생년 '계축(1853년)', 부명 '경하', 본관 '전주', 거주지 '경'이라는 것뿐이다.48)

그런데 가문에서는 이범진을 부 경하의 후계자로 인정하지 않고, 일족 중에서 양자를 들였다. 법부대신에 취임하여 신정권의 중심인물

---

47) 徐賢燮,「ロシア資料から見た駐露公使李範晉の自決」, 長崎縣立大學國際情報學部『研究紀要』제9권, 2008.
48) 『國朝榜目』, 국회도서관, 1971, 478쪽.

로 간주된 이범진이 2명의 아들을 데리고 미국공사로 부임한 것은 아들들에게 넓은 세계를 보여주고 싶은 바람에서였을 것이다. 고종은 이 같은 이범진을 왕족으로 대우했다. 이범진이 러시아 황제 니콜라이 2세에게 제출한, 이범진에게 보낸 고종의 친서(1908년 1월 31일자)에서는 고종이 범진을 "사랑하는 조카"로 불렀다.[49] 이범진이 '프린스 이'를 칭하고 대한제국 황제의 근친으로서 러시아제국과 황실외교를 전개한 것은 고종 자신의 외교정책의 일환이었다. 또 아들 이위종도 부친의 신분을 계승하여 스스로 '프린스 이'를 칭했다.

이범진 공사의 자결

이범진 공사의 자결은 페테르부르크에서 대단한 반향을 불러일으켜 각 신문은 연일 특집기사를 게재했다.

그로부터 80년이 지나 대한민국이 구소련과 비로소 외교관계를 수립하고, 최초의 외교관으로 모스크바에 부임한 서현섭(徐賢燮)은 이범진의 사적에 관심을 가지고 3년 남짓 근무하는 틈틈이 당시의 신문기사를 모으고, 게다가 문서관에 가서 자료를 조사했다. 그 후 외교관을 퇴직하고 일본의 대학 교수가 된 서현섭은 「러시아 자료로 본 주러공사 이범진의 자결」(주 47) 참조)이라는 일본어 논문을 발표했다.

이 논문에서는 한국이 일본에 외교권을 빼앗긴 이후 곤궁하기 그지없는 주러한국공사관의 실태, 그럼에도 불구하고 이범진이 페테르부르크 귀족사회의 명사로 경애되었다는 것, 단정한 용모의 그가 조선의

---

[49] 박종효 편, 『러시아 國立文書保管所 所藏 韓國關聯文書要約集』, 160쪽.

전통의상을 입고 마차에 오르면 많은 구경꾼이 모여 "왕자님"을 연호한 일 등이 인상 깊게 서술되어 있다.

이범진은 임종 때 장의사(葬儀社)에 자신의 장의비용 지불을 끝내고 영어와 러시아어로 된 세 통의 유서를 남겼다. 서현섭의 논문에 따르면 한 통은 러시아 황제 니콜라이 2세에게, 다른 한 통은 전 대한제국 황제 고종에게, 나머지 하나는 관할 구역의 경찰서장에게 남긴 것이라 한다.

이것은 당시의 현지 신문기사에 의거한 것이지만, 후술하듯이 차남인 위종이 서울의 모친에게 보낸 편지에 따르면, 세 통의 유서는 니콜라이 2세와 고종과 장남 앞으로의 전신문이었다. 관할 구역의 경찰서장 앞으로의 메모는 유서와 별도로 남긴 것일 것이다. 위종은 이 전신문의 발신을 러시아 외무부에 의뢰했다.

외국어에 정통하지 않은 이 공사가 어째서 영어와 러시아어로 유서를 남기게 되었는지에 대해서 경찰이 조사에 들어갔지만, 신문 보도를 보고 코발스카야라는 여성이 출두하여 유서 작성의 전말을 상세히 서술함으로써 의문이 해소되었다. 외국은행에 근무한 경력이 있어 몇 개 국어를 구사하는 코발스카야는 이 공사에게 국내외 신문잡지를 읽어주고 국제정세를 설명하는 일을 했던 것이다. 1910년 연말에 코발스카야는 문제의 유서를 러시아어와 영어로 써달라는 의뢰를 받았다. 그때 이 공사는 일본인을 한번 혼내주는 것이 목적이지 실제로 자살할 의도는 없다고 설명했다 한다.

이위종은 부친의 장례를 마친 후 한국에 있는 모친에게 긴 편지를 보냈다. 부친이 자살한 전말과 장례 모습을 상세히 서술하고, 부친의 유언대로 유해를 한국에 보내지 못해 러시아에서 매장한 것을 사죄하였다. 또 "16년 동안 만리타향에서 단지 부자지간으로 서로 의지한 나의 지금의 불행은 비할 데 없다"고 비탄한 심정을 표현하였으며, "장례 절차도 무사히 끝났으니 어머님도 이제 그만 잊어버리시고 안심하시기 바랍니다"라고 어머니를 생각하는 말을 전했다.

그러나 이 편지는 모친 곁으로 가지 못했다. 도중에 조선헌병대 사령관 아카시 모토지로(明石元二郎)가 빼앗아 조선총독 데라우치 마사타케(寺內正毅)에게 보냈던 것이다. 나아가 일본어로 번역하여 외무대신 고무라 주타로에게 보내고, 고무라는 다시 그 사본을 러시아의 모토노 이치로(本野一郎) 대사에게 보냈다.[50]

이렇게 해서 이위종이 어머니에게 보낸 편지의 일본어 번역본(뒤의 참고자료 3)이 일본의 외무성 외교사료관 소장자료 『불령단(不逞團) 관계 잡건』 파일 중에 남게 되었다. 원본은 어떻게 되었는지 불명이다.

다음으로 고종과 측근들의 최후의 싸움이 되어버린 '헤이그밀사사

---

50) 외무성 외교사료관 소장 『不逞團關係雜件 朝鮮人之部 在歐米』 제1책에 「주의인물 이위종의 서간에 관한 건」이라는 제목으로 일련의 문서가 철해져 있다(이 문서철은 국사편찬위원회 한국사데이터베이스에서도 검색할 수 있다—옮긴이). 그것들에 의하면 이위종의 편지는 1911년 5월 15일에 조선총독부 정무총감 야마가타 이사부로(山縣伊三郎)가 외무차관 이시이 키쿠지로(石井菊次郎) 앞으로 보냈다. 송장에 "조선인 이위종에 관한 건에 대해 아카시 헌병대 사령관으로부터 별지 사본대로 보고가 있었으므로 참고하시라고 이에 송부합니다"라고 되어 있다(朝機密發제56호, 秘受제1634호). 다음으로 5월 24일자로 고무라 주타로 외무대신으로부터 러시아주재 모토노 이치로 대사에게 보내졌다. 송장에는 "조선인 이위종의 서간에 관해 조선총독부로부터 별지 사본대로 보고가 있었으므로 참고하시라고 이에 송부하오니 살펴보시기 바랍니다. 이를 말씀드립니다. 敬具"로 되어 있다(機密送17호). 편지 본문은 권말에 첨부했다.

건'과 이위종의 사적에 대해서 서술해보겠다.

헤이그밀사사건

헤이그밀사사건이란 네덜란드 헤이그에서 개최된 제2회 만국평화회의(1907년 6월-10월)에 대한제국 황제의 신임장을 가진 3명의 특사가 나타나, 한국 대표로서 참가를 요구한 일을 말한다. 이 회의에는 44개국에서 225명이 참가하고 러시아 대표 넬리도프가 의장에 선출되었다. 또 이 회의는 전체회의와 4부로 나뉜 위원회로 구성되었다. 제1위원회는 중재재판소에 관한 사항, 제2위원회는 육전법규에 관한 사항, 제3위원회는 해전법규에 관한 사항, 제4위원회는 해상 사유권에 관한 사항을 심의했다. 한국의 특사들이 참가를 구한 것은 전체회의와 중재재판에 관한 사항을 다루는 제1위원회였다.

특사들은 숙소인 호텔에 태극기를 걸고 대한제국의 정식 대표부로서 의장국 러시아, 주최국 네덜란드를 비롯해 각국 대표부를 방문하여 정력적으로 활동했다. 그러나 결과적으로 회의의 정식 참가는 물론 회의장 입장조차 인정받지 않았다. 이유는 1905년 11월에 체결되었다고 하는 제2차 한일협약, 이른바 보호조약에 의해 한국은 일본의 보호국이 되어 외교권을 상실하게 되었기 때문이다.

특사들의 사명은 다름아닌 그 보호조약의 무효를 호소하는 것이었다. 회의장 입장은 할 수 없었지만 일본을 제외한 각국 대표위원 앞으로 3명이 서명한 6월 27일자 프랑스어 서간을 보내고, 이것이 현지에서 발행된 『만국평화회의보』(*Courrier de la Conférence de la paix*) 6월 30일호에 실려 공개되었다. 이 서간에서 특사들은 각각 '전 부총리 이상설', '전 고등재판소 예심판사 이준', '전 주러공사관서기관 이위종'이라 칭하고, 한국 황제가 평화회의위원으로 파견한 것임을 분명히 했다. 다음으로 일본이 국제법을 무시하고, 한국 황제의 의사에 반하고, 병력을 사용하고, 한국의 법규와 관례를 유린하여 한국의 외교권을 탈취한 것, 그 결과 자신들이 한국 황제가 파견한 위원임에도 불구하고 평화회의에 참가할 수 없는 것을 유감이라고 서술했다. 나아가 이 서한에 일본 비행의 개략을 기록한 문서를 첨부했다는 것, 상세한 사항을 알기를 바라거나 또는 한국 황제가 부여한 전권을 확인하고자 하는 위원에게는 그것에 응할 용의가 있다고 서술하고, 우리가 평화회의에 참여하여 일본의 음모를 폭로하고, 침해된 우리나라의 권리를 지킬 수 있도록 호의적인 조정을 의뢰하고자 한다고 마무리했다.

평화회의의 각국 대표위원에게 배포된 「공개서간」에는 「일본 비행의 개략을 기록한 문서」가 첨부되어 있었다.

또 『만국평화회의보』 7월 5일호는 3명의 특사 사진과 인터뷰 기사를 게재했다. 3명이 같이 찍은 이 사진은 '헤이그밀사사건'의 대명사가 되어 널리 유포되었다(이 장의 표지사진). 『만국평화회의보』에 게재된 이 사진에는 이위종에게만 이름 앞에 'Prince'라는 경칭이 붙어 있다.[51]

특사들의 여로

특사의 한 사람인 이상설이 한국을 출국한 것은 1906년 4월이었다.

---

51) 이태진 외, 『백년 후 만나는 헤이그 특사』 권두 사진, 태학사, 2008.

이것은 원래 제2회 만국평화회의가 1906년 여름 헤이그에서 개최되는 것으로 예정되어 있었기 때문이다. 그런데 회의는 1년 가까이 연기되게 된다. 이상설은 한국인이 많이 거주하는 북간도(중국 지린성) 룽징촌(龍井村)에 '서전서숙(瑞甸書塾)'을 개설하고 청소년 교육사업을 시작했다.

한편 이준은 그 1년 후인 1907년 4월 21일에 고종이 러시아 황제에게 보내는 친서를 지니고 서울을 출발, 룽징촌에서 이상설과 합류한 후 시베리아철도로 페테르부르크로 향했다. 두 사람의 안내역을 맡은 이는 러시아 이름 '차니콜라이'라는 현지에서 자란 중학생이었다 한다.[52]

2명의 특사는 페테르부르크에서 이범진·이위종 부자와 협의한 후 니콜라이 황제에게 고종의 친서를 전달했다. 이때 니콜라이에게 전달된 고종의 친서 초안은 고종의 조카이고 시종으로 근무한 조남승(趙南昇)의 손을 거쳐 서울의 프랑스교회 안에 숨겨놓았지만 일본 통감부 관헌에게 발견되어 압수되었다. 1930년 흑룡회(黑龍會)가 출판한 『일한합방비사』 상권 280쪽에 친서의 일본어 번역이 실려 있다.

(전략) 한국은 일찍이 러일 개전 전에 중립을 각국에 성명하고, 모두 승인했습니다. 이것은 세계가 모두 아는 바로, 현재의 정세는 매우 분개하지 않을 수 없습니다. 폐하께서는 폐방[한국]이 까닭 없이 화를 입는 실정을 특념(特念)하시어, 힘껏 짐의 사절이 폐방의 형세를 이 회의[평화회의] 개최 때에 설명할 수 있도록 해주시기 바랍니다. 이로써

---

52) 尹炳奭, 『李相卨傳』(일조각, 1984), 62쪽.

만국의 공공연한 물의를 일으키면, 곧 이로 인해 폐방의 원권(原權)을 회수할 수 있기를 바라는 것입니다. 과연 그렇게 되면 진실로 짐 및 우리 한국민은 이에 감격하여 폐하의 은혜로운 덕을 잊지 않을 것입니다. 귀국의 전 주한공사가 떠나갈 때 내가 바라는 심충(深衷)을 진술하고 미리 그 공사에게 부탁한 바가 있었습니다. 오직 혜량(惠諒)해 주시기 바랍니다.

고종은 자신이 파견한 특사들이 제2회 만국평화회의에서 발언의 기회를 얻을 수 있도록 니콜라이 황제에게 협력을 의뢰했던 것이다. 그리고 "만국의 물의"(국제여론)를 환기시켜 일본에 빼앗긴 한국의 '원권'을 회수하고자 한다. 만약 그것이 가능하면 나와 우리 한국민은 폐하의 덕을 잊지 않을 것이라고 하였다. 또 이것에 대해서는 귀국의 전 주한공사가 한국을 떠날 때 미리 해당 공사에게 부탁한 바가 있다고 쓰고 있다. 고종이 한국의 중립 성명을 침범하고 한국에 군대를 상륙시킨 일본의 불법행위를 제2회 만국평화회의에서 국제여론에 호소할 의향을 1904년 2월 12일 한국에서 퇴거하는 러시아공사 파블로프에게 이미 전했다고 해석된다.

그러나 이 고종의 친서는 이미 일본과 타협의 길을 선택하고 있던 니콜라이 2세를 움직일 수 없었던 것 같다. 이즈볼스키(1906년 5월 11일 외무대신 취임)는 특사들의 희망을 거절했다. 그리고 평화회의의 대표로 의장을 겸한 넬리도프에게 한국의 사절과 접촉을 금지하라는 훈령을 내렸다. 멀리서 온 특사들과 이범진 공사 등의 실망은 어떠했을까. 후술하듯이 1905년 여름 포츠머스조약 체결 이전에 한국은 러시아로부터 제2회 만국평화회의의 통지를 받고 한국정부는 주페테르부르크공사, 곧 이범진을 헤이그에서 대표로 한다고 회답하였다. 원래대로라면 이범진을 정사로 한 한국대표단이 조직되어 당당히 헤이그로 들어갈 터였다.

이범진의 대표단 참가를 보류한 것은 러시아의 보조금을 받고 겨우 유지하고 있던 한국공사관을 존속시키기 위해서였을 것이다. 따라서 이위종의 참가는 단순히 통역으로서 뿐만 아니라 아버지 이범진의 대리라는 측면이 컸다. 23세라는 젊은 이위종이 감히 '프린스 이'를 칭하고, 3명을 대표해서 강연하고, 인터뷰에 답하고 있는 것은 단순히 어학력이 빼어났기 때문만은 아니었다.

러시아로부터 일체 협력을 얻을 수 없다는 것을 알았다고 해서 특사들이 헤이그 행을 중지할 수는 없었다. 아무튼 헤이그에 가서 호소해보자고 그렇게 생각했을 터이다. 페테르부르크를 출발한 특사들은 헤이그에 들어가기 전에 베를린에 들러 「공고사(控告詞)」를 인쇄했다 한다. 이 베를린에서 인쇄한 「공고사」를 「공개서간」의 의미로 해석하는 연구자가 많다. 그러나 「공개서간」에는 헤이그에 들어간 후의 일도 기록되어 있기 때문에 베를린에서 인쇄해서 가지고 들어간 것이라고는 생각할 수 없다. 그러면 「공고사」는 무엇이었을까.

평화회의에로의 고소장 「공고사」

'공고'란 고소한다는 의미로 「공고사」는 '고소장'으로 번역해도 좋을 듯하다. 특사들이 일본의 불법행위를 국제중재재판소에 제소할 목적으로 사전에 인쇄해서 헤이그로 가지고 들어간 '고소장'이라는 본래의 의미에서 생각하면, 「공개서간」과 함께 각국 대표단에 배포된 「일본 비행의 개략을 기록한 문서」야말로 「공고사」로 부를 수 있는 것이다.

그러나 종래는 장문의 「공고사」에 첨부되어 그 취지를 간명히 요약하고, 이것을 배포하는 의도를 설명한 「공개서간」 쪽을 「공고사」로 부르고, 본래의 「공고사」를 거꾸로 「부속서」로 불러왔다. 더 이야기하면 일본에서는 이 「부속서」의 존재조차 거의 알려지지 않았던 것이다. 한국에서 이 「공고사」는, 네덜란드 국립문서보관소에 소장되어 있는 원본을 근거로 불어 원문과 한국어 번역문이 윤병석 저 『이상설전』(일조각, 1984)에 수록되어 있다. 일본에서는 『이상설전』을 근거로 일본어로 번역된 것이 운노 후쿠주(海野福壽) 편 『외교사료 한국병합』 상(不二出版, 2003)에 수록되어 있다.

「공고사」에는 일본의 한국침략 행위, 특히 러일 개전 후 이토 히로부미가 한국에 들어가 어떻게 대신들을 강박해서 외교권을 빼앗은 보호조약에 서명하도록 했는지, 얼마나 많은 한국인이 이것에 항의하는 과정에서 목숨을 잃었는지, 황제는 이 조약을 결코 인정하지 않는다는 것이 생생하게 기술되어 있다. 앞 절에서 소개한 민영환의 두 통의 유서는 그 일례다.

당시 이상설은 의정부 참찬, 곧 의정부 참정(총리)의 차관으로, 일본의 보호조약 강요 소동의 와중에 이토의 강박에 굴복한 5대신을 사형시키도록 고종에게 상소했던 인물이다. 「공개서간」에서 이상설은 "일본

음모의 목격자"라고 쓰여 있다. 「공고사」에 묘사된 보호조약 강요 때의 상황은 이상설이 직접 견문한 것일 터이다. 더구나 고종의 허가를 얻어 만국평화회의에 모인 각국 대표 앞에 제소한 것이다. 일본 측 당사자들이 남긴 왜곡 기사를 타파하는 데 가장 귀중한 사료다.

그런데 이「공고사」가 일본 외무성 외교사료관에 소장되어 있는 것은 거의 알려지지 않은 듯하다. 그래서 다음으로「공고사」가 외교사료관에 수장되기에 이른 경위를 설명하고자 한다.

헤이그에서 일본의 전권대사 쓰즈키 케이로쿠(都築馨六)는 도쿄의 외무대신 하야시 타다스에게, 6월 30일 전신으로「공개서간」내용의 요지를 급보했다. 특사들이 일본 대표에게는「공고사」를 배포하지 않아서 쓰즈키가 이「공개서간」의 내용을 확인할 수 있었던 것은『만국평화회의보』6월 30일호를 통해서였기 때문이다.[53]

이어서 쓰즈키는 7월 7일자로 외무대신 앞으로 기밀우편을 보내, "대강은 말씀드려 두었습니다. 한국인의 서한 및 부속서와 위 한인의 초상 한 장을 봉투에 넣어 보내니 살펴보시기 바랍니다"라고 첨서(添書)한 다음 ①「공개서간」이 게재된『만국평화회의보』6월 30일호 기사의 스크랩, ②「공개서간」에 첨부하여 배포한「부속서」, ③ 특사들의 초상사진 1장, 이상 3점을 우송했다.[54]

따라서 ①「공개서간」의 전문은『일본외교문서』에 수록되어 있다. 그런데 이 책에 수록된「공개서간」에는 "본건 서간의 부속서(「일본인의

---

53)『일외』40권 1책, 440번, 429쪽.
54)『일외』40권 1책, 453번, 434쪽.

비행 및 상용(常用)수단의 개략」을 쓴 것) 및 초상은 생략한다"라는 주기(朱記)가 있고, ②와 ③은『일본외교문서』에 수록되어 있지 않다. 「부속서」, 곧 「공고사」의 존재가 일본에서 거의 알려지지 않은 이유의 하나가 여기에 있다. 그러나 쓰즈키가 보낸 3점의 자료는 외교사료관이 소장한 부책『한국에서 제2회 만국평화회의에 밀사파견 및 그 나라 황제의 양위 및 일한협약 일건(韓國ニ於テ第二回萬國平和會議密使派遣並同國皇帝ノ讓位及日韓協約一件)』 전5권 중의 제1권에 철해져 있다.[55]

거기에 있는 「부속서」는 가로 10센티, 세로 20센티의 두꺼운 표지가 붙은 소책자인데, 본문은 프랑스어로 19쪽에 이르고 있다.

'한인 초상 한 장'은『만국평화회의보』 7월 5일호에 게재된 특사들의 초상사진과 동일한 것이다(이 장의 표지 참조). 특사들이 베를린에서 인쇄한 것은 이 프랑스어 소책자로 일본의 불법행위를 국제중재재판소에 호소하기 위해 사전에 준비해간 고소장, 곧 「공고사」다. 베를린에서 인쇄한 것은 러시아의 협력을 얻지 못해서 러시아에서 인쇄할 수 없었기 때문일 것이다. 특사들의 헤이그 도착이 지체된 것도(6월 25일 헤이그 도착, 회의는 15일에 개막) 이 때문일 것이다.

---

55) 2007년 6월에 독립운동사연구소(독립기념관 내)에서『헤이그특사 100주년 기념 자료집』(최기영 편) 전2권이 출판되었다. 이 자료집의 제2권은 일본 외교사료관이 소장한 부책『韓國ニ於テ第二回萬國平和會議密使派遣並同國皇帝ノ讓位及日韓協約一件)』전5권의 일부를 영인판으로 축소 인쇄한 것인데, 여기에 비로소 「부속서」가 영인판으로 수록되었다. 그리고 외교사료관은 근년에 이 부책을 아시아역사자료센터를 통해 인터넷에 공개했다. 제1권의 제1분할(레퍼런스 번호 B06150550500) 중에 ①, ②, ③이 수록되어 있다.

이위종의 인터뷰와 연설

특사들은 만국평화회의를 취재하기 위해 서양 여러 나라에서 모여든 기자들의 취재에 응했다. 『뉴욕 타임스』 6월 30일자는 이위종의 인터뷰 기사를 싣고 있다. 이위종은 "넬리도프 씨[러시아 대표로 평화회의 의장]가 우리와 면회를 거부한 것은 놀랄 만한 일로 참담하게 생각한다. 우리나라와 러시아의 관계는 미국과의 관계와 마찬가지로 매우 양호한 것이어서 이 양국이 우리에게 지원을 거절한다고는 도저히 생각할 수 없었다"고 낙담한 마음을 솔직히 말했다.

이어서 "1905년 여름 포츠머스조약 체결 이전에 한국은 러시아로부터 이 평화회의의 통지를 받고, 한국정부는 주페테르부르크공사를 헤이그에서 대표로 한다고 지시했다"라고 분명히 밝혔다.[56] 러시아정부가 정식으로 평화회의 초청장을 발송하기 전에 람즈도르프 외상과 이범진 공사 간에 협의가 이루어졌을 터이다.

헤이그만국평화회의는 전술했듯이 러시아 니콜라이 2세의 호소와 네덜란드의 빌헬미나 여왕의 협력으로 시작됐다. 제1회 회의는 1899년에 26개국의 참가로 개최되어 '육전의 법규 관례에 관한 조약', '제네바 조약의 원칙과 해전에 응용하는 조약', '국제분쟁의 평화적 처리 조약'이 체결되어 상설 국제중재재판소를 설치하는 것이 결정되었다. 앞 절에서 분명히 했듯이, 한국은 1902년 8월 이래 이 제1회 만국평화회의에서 체결된 조약들에 가맹하고, 평화회의의 정식 멤버가 되기 위한 교섭을

---

56) 村瀨信也, 「一九〇七年ハーグ密使事件の遺産」, 『變容する社會の法と理論』(有斐閣, 2008), 228쪽.

거듭해왔다. 그 결과 1903년 2월에 '제네바조약의 원칙을 해전에 응용하는 조약'에 가맹하고, 3월에는 '육전의 법규 관례에 관한 조약'에 가맹했다.

러일 개전의 위기가 닥치는 중에 고종은 '국제분쟁의 평화적 처리 조약'에 조기 가맹을 도모하기 위해, 이것도 전술했듯이 네덜란드 여왕에게 보내는 친서를 맡겨 현상건을 헤이그 평화회의에 파견했다. 그러나 한국의 이 조약 가맹은 이루어지지 않았다. 고종은 제2회 만국평화회의에 최후의 희망을 걸었던 것이다.

한편 이 같은 한국의 움직임을 알아챈 하야시 타다스 외무대신은 한국의 제2회 만국평화회의 참가를 저지하려고 러시아에 압력을 가했다. 헤이그만국평화회의 제2회 대회는 처음에 1906년 8월로 예정되어 있었지만 연기되었다. 러시아는 1906년에 다시 참가국의 의지를 확인했다. 이때 일본이 한국의 참가에 강하게 항의했기 때문에 한국에 대한 의지의 확인은 이루어지지 않은 것 같다. 1906년 4월 3일자로 헤이그주재 러시아대사가 네덜란드 외무부에 제출한 초대국 명부에 한국은 회답이 없는 나라로 되어 있다. 이 사이 러시아 외무대신은 람즈도르프에서 이즈볼스키로 바뀌어, 러시아 외교방침이 대일타협으로 크게 변화하고 있었다.[57]

1907년 7월 8일 밤, 헤이그에 모인 신문기자들의 단체인 '국제주의회'에서 이위종은 사회자로부터 '프린스 이'로 소개를 받고 등단하여 '한국

---

57) 이태진 외, 『백년 후 만나는 헤이그 특사』, 70쪽.

의 호소'라는 제목으로 일본을 격렬히 비난하는 연설을 한 시간 남짓 유창한 프랑스어로 행했다. 이 연설은 청중에게 큰 감동을 주어 한국에 대한 동정의 표명이 만장일치의 박수로 의결되었다. 이것은 현지 신문인 『헤이그신보(Haagsche Courant)』 1907년 7월 10호에 게재되었다.[58]

일본의 신문사로 현지에 특파원을 파견한 것은 오사카마이니치신문사뿐이었다. 『오사카마이니치신문』의 다카이시 신고로(高石眞五郎) 기자는 3명의 특사와 직접 면담을 한 유일한 일본인이지만, 연일 특종을 타전했다. 『오사카마이니치신문』 메이지 40년(1907) 7월 10일자에 「한인의 무망(誣妄) 연설」이란 제목을 붙인 다음과 같은 기사가 나왔다.

오늘밤 이위종은 영국 잡지 주필 스테드 씨의 소개로 연설을 했다. 그는 한일조약이 무효임을 수만 마디 말로 거침없이 말했다. 유창한 불어로 일본이 한국에 대해서 한 학정과 부도덕을 지적하여, 결국 한국 인민에 동정을 표하는 결의안을 가결시켰다. 위의 연설을 주최한 협회는 교격(矯激)한 국제평화 희망자의 단체로 세력이 있는 것이 아니다.

이 헤이그에서 불행한 사건이 생겼다. 3명 특사 중의 한 사람인 이준이 급사한 것이다. 현재는 병사였다는 것이 거의 분명해졌지만, 당시 한국에서는 '항의의 자결'로 보도되어 많은 한국인의 분격을 불러일으켰다. 그 후 이위종과 이상설은 헤이그에서 미국으로 건너가 루스

---

[58] 이태진 외, 『백년 후 만나는 헤이그 특사』, 155쪽.

벨트 대통령에게 면회를 구했지만 루스벨트는 응하지 않았다.

그러나 『뉴욕 타임스』는 8월 2일 자에 다시 이위종의 인터뷰 기사를 게재했다. 그 중에 이위종은 "문명국들은 작년 11월의 [보호]조약이 어떻게 해서 체결되었는가를 안다면, 그것을 승인하지 않을 겁니다. 그것은 황제의 동의도 국민의 동의도 없이 체결된 것입니다. 그것에 5명의 대신이 서명했습니다만 그들은 일본에 매수된 매국노였습니다" 라고 말하였다. 이 당시 기자는 이위종을 '한국의 프린스'로 소개하고, "프린스는 매우 총명하고 차분하며 말쑥한 23세의 젊은이다. 그의 아버지는 전 한국 황제의 조카에 해당한다. 그는 부친인 이범진이 우리나라에서 공사였을 때 워싱턴에서 4년간 지냈다. 그 후 프랑스 상시르(Saint-Cyr)에서 2학년을 보냈다"고 썼다.59)

23세라는 것은 이위종 자신이 그렇게 말했기 때문이었을 것이다. 당시에 연령을 세는 방식을 따른, 이른바 '세는 나이'다. 이위종의 출생 연도에 대해서 종래 몇 가지 설이 있었지만, 『전주이씨 선원속보(璿源續報)』에 있는 '병술(1886) 정월 9일생'이 『뉴욕 타임스』 기사와도 합치한다. 헤이그 사건 당시 이위종은 만 연령으로는 아직 22세였다.

상시르는 프랑스에서 가장 유서 깊은 육군사관학교다. 일본인으로서는 아키야마 요시후루(秋山好古)가 1889년에 졸업했다. 이위종은 여

---

59) 『外國新聞に見る日本』4권 原文編(每日コミュニケーションズ, 1993), 118쪽. 보호조약에 서명한 것은 주한공사 하야시 곤스케와 외부대신 박제순이지만, 내각회의장에 들어간 이토 히로부미에 의해 1인씩 찬성인지 반대인지를 추궁당한 대신들 중, 애매한 대답을 한 것까지 포함해서 5명의 대신이 찬성했다고 된 것이다. 이 5명에게 일본으로부터 현금이 제공된 것은 하야시가 가쓰라 수상(당시 외상을 겸임)에게 보낸 보고서에 의해 확인할 수 있다. 제1장 주 59) 참조.

기에 1901년 11월부터 1903년 8월까지 재학하고, 11월부터 시작하는 최종 학년을 마치지 않은 채 중퇴한 듯하다. 1903년 9월 1일 자로 이위종은 주러한국공사관 3등 참서관에 임명되어 페테르부르크에 부임하였다.[60] 러일 개전의 기운이 높아가는 중에 아버지 이범진은 고종의 지시 아래 한국이 독립을 유지하는 길을 러시아와 교섭하고 있었다. 이 공사가 위종의 도움을 필요로 했을 것이다.

헤이그 사건 이후 일본정부는 이위종을 눈엣가시로 여기고 밀정을 풀어 정보를 수집했다. 이위종이 그 후 어떤 파란만장한 인생을 보냈는지는 별도의 기회에 양보하고자 한다.

대한제국의 주권자였던 고종은 보호조약(제2차 한일협약) 비준서에 서명을 거부했다. 또 일본에 의해 공적인 외교 수단을 빼앗긴 상황에서 비밀리에 사절을 파견하여, 이 조약은 국제법을 위반하여 강요한 것이고 무효라는 것을 서양 열강에 계속 호소했다. '헤이그밀사사건'은 최후의 호소가 되었다. 왜냐하면 이 사건의 와중에 일본의 압력에 의해 고종은 퇴위를 강요당하고 아들인 순종에게 양위를 하지 않을 수 없었기 때문이다.

1907년 7월 3일 초대 통감으로 서울에 있던 이토 히로부미는 이 '사건'을 좋은 기회로 삼아 도쿄의 외무대신 앞으로 전신을 보낸다. "위의 운동이 과연 칙명에 기초한 것이라면 우리 정부도 이 기회에

---

60) 윤병희, 「이범진 · 기종 · 위종 3부자의 가계 및 행적」, 『이범진의 생애와 항일독립운동』 (외교통상부, 2003년).

한국에 대해 국면을 일변할 행동을 취할 좋은 시기라고 믿는다. 즉 앞에 기술한 음모가 확실하다면 세권·병권 또는 재판권을 우리가 손에 넣을 좋은 기회를 주는 것이라고 인정한다"61)고 내뱉었다. 게다가 7월 7일에는 "본관은 황제에 대해서, 그 책임은 전적으로 폐하 한 사람에게 돌아가는 것임을 선언하고, 아울러 그 행위는 일본에 대해서 공연한 적의를 발표하여 협약 위반임을 면할 수 없다, 그러므로 일본은 한국에 대해 선전의 권리가 있다는 것을 총리대신으로 하여금 고하게 했다"62)고 보고했다.

결국 이토는 고종을 향해 '선전포고'라는 말까지 꺼내 공갈하고 있는 것이다. 그리고 이 기회에 한국의 내정권까지 모두 빼앗으려 계획했다. 이토가 행동을 개시한 7월 3일이, 7월 30일에 조인되는 제1회 러일협약의 교섭 타결을 기다린 것이었음은 틀림이 없을 것이다. 제1회 러일협약은 그 비밀조항에서 러시아는 한국에서 일본의 우월적 지위를, 일본은 외몽고에서 러시아의 특수지위를 각각 존중하는 것을 약속했다. 그리고 실제로 7월 24일에는 한국의 군대를 해산시키고, 행정·입법·사법을 일본의 통제 하에 두는 제3차 한일협약[정미7조약-옮긴이]을 이완용으로 하여금 조인하도록 했다. 일본의 한국 침략은 이처럼 항상 제국주의 나라들과 타협을 거듭하면서 주도면밀하게, 그러나 한국에 대해서는 강인하게 그리고 폭력적으로 진행되었다.

고종은 보호조약의 비준을 거부한 채 퇴위하여 보호조약은 영구히

---

61) 『일외』 40권 1책, 442번, 431쪽.
62) 『일외』 40권 1책, 473번, 454쪽.

형식을 갖추지 못한 결함 조약이 되었다. 일본에서는 '밀사사건'을 고종의 '음모를 좋아하는 것'으로 귀결시키려는 언설이 1세기 이상이 지난 지금도 여전히 버젓이 통하고 있다. 또 조약의 성립에 비준서는 반드시 필요한 것은 아니라고 시치미를 떼는 일본정부의 견해에 끌려 보호조약의 근원적 결함을 무시해 왔다. 따라서 고종과 측근들이 신명을 걸고 계속 호소한 '보호조약 무효'의 외침은 지금도 여전히 역사의 어둠 속에서 메아리치고 있다고 할 수 있다.

참고자료 2: 반민족행위특별조사위원회「민영찬 피의자 심문조서」

   1949년 8월 13일 반민족행위 특별조사관 이양범(李亮範), 입회인 서기 유인상(劉仁相)이 작성한「민영찬 피의자 심문조서」(『반민족행위특별조사기록』에 수록) 전문은 아래와 같다. 아울러 이 기록은 국사편찬위원회가 제공하는 한국역사정보통합시스템(Korean History On-line)에서 열람했다. [ ]은 필자의 주석이다.

문: 성명 · 연령 · 신분 · 직업 · 주거 및 본적지는 여하(如何).
답: 성명은 민영찬, 연령 77세, 신분 양반, 직업 무
    주소 서울시 종로구 수표동 20번지
    본적 서울시 종로구 익선동 34번지
문: 작위 · 훈장 · 기장을 받고 연금 · 은급을 받았으며 또는 공무원이 아닌가.
답: 서기 1902년에 한국정부로부터 팔작장(八爵章, 팔패장)과 태극장을 받고 서기 1900년에 프랑스정부로부터 레종 도뇌르 훈장과 동(同) 1903년 이탈리아정부로부터 이탈리아 황관훈장과 서기 1904년에 벨기에[伯耳義]로부터 '뻘'[레오폴드? - 옮긴이] 훈장을 받은 사실이 있습니다.
문: 지금껏 형사처분, 기소유예 또는 훈계방면 등을 받은 사실 유무
답: 각 해당 사실 없습니다.

문: 학력 및 경력 여하.

답: 한학을 학습하고 학교 경력은 없으며 한국 시대 즉 서기 1897년경에 한국 학부(學部) 차관, 서기 1900년경에 프랑스 주차공사로 부임하여 6개년 간 있었습니다.

문: 일제시대에는 어떤 경력이 있는가.

문: 프랑스 주차공사로 있던 을사년에 을사보호조약이 체결되었음으로 병오년[1906]에 상해로 와서 2개년 간 체류하다가 을유년[1909]에 귀국하여, 경술의 국치를 당한 후 두문불출하였더니, 당시 이토 히로부미(伊藤博文)가 누차에 걸쳐 출사를 권고하여 왔으나, 고사(固辭)하여 불청(不聽)하고 있던 중, 합병 후 10여 년이 경과한 후, 연월 미상이나 옛날 본인이 프랑스 공사로 있을 때부터 지면(知面)이던 마쓰나가(松永)란 자가 경기도지사로 되어 와서, 본인에게 혹은 회유 혹은 협박으로 출사를 누차 권하였습니다.[1]

당시 본인의 사정으로는 외국으로 망명하는 수밖에 없었는데, 사형(舍兄) 충정공(忠正公, 민영환)께서는 이미 작고하시고, 편모슬하에 본인마저 고향을 떠날 수 없는 형편이었습니다.

그러므로 부득이 중추원(中樞院) 참의(參議)를 승낙하게 되어서 3기(期) 9개년 간 명의를 띠웠으나 1회도 발언 또는 건의한 사실은

---

1) '마쓰나가'는 마스나가 타케키치(松永武吉)다. 체신관료 출신으로 1900년 7월에 스위스 수도 베른에서 개최된 만국우편연합 창립 25주년 기념축전에 출석했다. 여기에 민영찬도 출석한 것은 본문에서 소개했다. 마쓰나가는 1916년 3월 조선총독부 경기도장관에 취임, 관제개정에 따라 19년 8월부터 경기도지사가 되었다. 그 사이 1905년 11월에는 시마네현 지사에 취임하여 '다케시마'의 시마네현 편입을 담당했다.

없으며, 자상(慈喪)을 당하고 가산은 탕진되었으므로 후고지려(後顧之慮)가 없어서 서기 1923년[1933의 오기?] 경에 중국으로 도피하였습니다.[2]

문: 중국 가서는 몇 년 간 체재하였으며, 무엇을 경영하였는가.
답: 일인 보기 싫어서 피하였으므로, 아무것도 하지 안 하고 3년간 있다가 재차 귀국하였습니다.
문: 귀국 후 무엇 하였는가.
답: 아무것도 안하였습니다.
문: 태평양전쟁 중에는 어떤 단체에 가담하였던가.
답: 아무데도 관계하지 않고 두문불출하였습니다.
문: 구주(歐洲)에 체재 중에는 무엇을 하였던가.
답: 서기 1900년에 프랑스 파리만국박람회에 한국대표로 가고, 동년(同年)에 정부에서 신임장을 받고 스위스[瑞西] 수도 베른, 1902년에 헤이그[海牙] 만국평화회에 한국대표로 참석하고, 동 1904년에 세계 적십자 한국대표로 헤이그에 참석하고, 동 1905년에 고종 황제 특명을 비밀리 배수(拜受)하고 미국 워싱턴에 가서 미 대통령 루스벨트를 면회한 사실이 있습니다.

---

[2] 민영찬의 모친 정경부인 서씨는 1925년 10월에 사망했다. 89세였다. 10월 30일 순종이 민영찬에게 제자료(祭粢料) 500엔을 특사한 것이 『순종실록』에 기재되어 있다. 그 10년 정도 전인 1916년 6월 3일 서씨의 80세 축연에 순종으로부터 300엔, 덕수궁(고종)으로부터 200엔이 민영찬에게 증여되었다. 서씨는 남편 민겸호를 1882년이 임오군란에서 잃은 이래 궁중에서 일한 듯하다. 민영찬이 프랑스주재공사 때 고종의 밀지를 전한 것도 이 어머니였다.

문: 재산과 생활 정도 여하.
답: 부동산은 조금도 없고, 가대(家垈)도 창덕궁 관사이며 가구를 방매(放賣)하여서 생활합니다.

이 조서에 기초하여 반민특위는 1949년 8월 17일, 피의자는 "왜제(倭帝)의 감시 공갈, 회유 등에 불감(不堪)하여 중추원 참의에 취임하였음. 1회도 발언한 사실이 없고, 그 모친 별세 후 중국으로 도피하였다"고 인정하여, 피의자의 행위는 반민법 제4조 2항에 해당하지만, 불기소처분이 타당하다는 의견서를 정리해서 반민족행위 특별검찰부 검찰관장 앞으로 제출했다.

1949년 8월 27일 특별검찰관 이의식(李義植)은 반민특위의 심문조서를 확인하는 형태로 다시 민영찬을 심문했다.

문: 피의자는 단기 4258년[1925]경 중추원 칙임(勅任) 참의로 되었던 사실이 있다는데 여하.
답: 그런 사실이 있습니다.
문: 중추원 참의가 된 동기 여하.
답: 본인은 좋은 집안에 태어나서 불란서 공사로도 있었고, 또 미국 가서 '루스벨트' 대통령도 만났고 하니까 가만 두질 않았습니다. 본인이 하도 중추원 참의를 거절하니까 나중에는 협박까지 한 것입니다. 그 후도 수차 사표를 제출한 바 있었으나 그러나 그때마

다 각하된 것입니다. 그리고 본인은 참의 9년간을 하는 동안에 그 출석도 손으로 꼽을 만큼이지만 발언 한 번도 없습니다.

특별검찰관이 마지막으로 할 말이 없는가라고 묻자 민영찬은 다음과 같이 발언했다.

답: 별로 없습니다마는 본인은 왜놈들이 보기 싫어서 별로 대문밖에 나가지를 않았습니다. 그저 공정한 처벌이 있기를 바랄 뿐입니다.

참고자료 3: 헤이그 특사 이위종이 어머니에게 보낸 편지

이것은 헤이그 특사 이위종이 페테르부르크에서 아버지 주러공사 이범진의 장례를 마친 후에 서울에 있는 모친에게 아버지가 자살한 전말, 장례식의 상황을 자세히 써서 보낸 편지다. 그러나 이 편지는 모친 곁에 도달하지 못했다. 도중에 조선헌병대 사령관 아카시 모토지로(明石元二郞)에게 빼앗겨 조선총독 데라우치 마사타케(寺內正毅)에게 보내졌던 것이다. 총독부에 의해 일본어로 번역되어 외무대신 고무라 주타로(小村壽太郞)에게 보내졌다. 고무라는 또 그 사본을 러시아의 모토노 이치로(本野一郞) 대사에게 보냈다.

이렇게 해서 이위종이 어머니에게 보낸 편지의 일본어 번역본이 일본 외무성 외교사료관 소장자료「불령(不逞)단체 관계 잡건」45에 남게 된 것이다. 원본이 어떻게 되었는지는 불명이다(주 50 참조).

이 편지는 총독부 관리의 손으로 당시의 일본어 서간문으로 번역된 것으로 도중에 생략된 부분도 있다. 현대문으로 고쳐 여기에 게재한다. ( )는 원주, [ ]는 필자의 보충이다.

어머님께   3월 1일   상서

오랫동안 소식이 없었음을 용서하십시오.

아버님 서거 소식에 얼마나 놀라셨습니까. 저도 비통한 심정을 글로 다하기 어렵습니다. 양력 1월 26일(음력 12월 26일) 아침 11시에 '진태'(범진을 수종하는 사람일 것이다)로부터 즉시 오라는 전보를 받고 아버님의 숙소에 이르니 시신은 널빤지 사이에 누워 있고, 경찰관이 이미 임석하여 검시 중이었습니다. 이때의 감정을 어디에다 비하겠습니까? 운운(애도의 말).

경찰관이 검시한 후 시신을 침실로 옮길 때, 기맥은 끊어졌어도 체온은 아직 식지 않았습니다. 경찰관의 지시에 따라 유서, 기타의 서류 및 금전의 유무를 조사해도 보이지 않았습니다. 그 후 침대 밑에서 금 950엔, 전신안 세 통, 한 통은 러시아 황제께, 한 통은 태황제께, 한 통은 형님께 발송할 것이었는데, 그 내용은 다름이 아니라 나라는 멸망하고 임금은 자리를 잃었지만 그 형세는 원수를 물리칠 수 없다. 국가를 회복할 책략이 없으니 생존은 오히려 죄가 될 뿐이다. 분격한 마음을 견딜 수 없어 자살을 했으니 이를 양해하라는 의미입니다.

오후 7시 경무청에 모두가 소환되어 각각 심문을 받고 귀가하여 서류를 조사해보니 장례 등의 절차를 아버님 스스로 정하셨습니다. 그 장의사(葬儀社)에 대한 주문서가 있으므로 장의사에 부탁하여 관과 그 밖의 물품을 각각 갖추어 이제 입관하려 할 적에, 시신은 병원에 보내야 한다는 재판관의 명령이 있어 가관(假棺)에 납관하여 병원으로 보냈습니다. '진태'를 외부[러시아 외무부]에 보내 시말을 통지했습니다.

29일에 의사의 검시가 완료되어 시신은 방부제를 넣고 대례복을 입혀 유서대로 공들여 짠 관에 납관하여 특별히 장식을 한 방에 안치했습니다. 관 안쪽은 철로 만들고 철의 내부는 붉은 구슬과 유리로 장식했습니다.

외무부에 가서 전신 발송을 의뢰하여, 음력 정월 1일에 러시아 전국에 산재한 한인으로부터 아버님 별세를 몹시 슬퍼하는 조전 수백 통을 접수했습니다. 정월 2일 외무부 비서과장을 면회하고 시신을 본국에 보내는 것에 대해 보호를 의뢰했더니 흔쾌히 승낙하여 러시아 조계까지는 엄중히 보호하더라도 블라디보스토크 경계를 지난 후의 일은 일본 공사에 의뢰하라는 것이었습니다. 그렇지만 아버님이 세상을 뜨신 원인을 생각하여 결행하지 않고 다시 매장지를 지정해줄 것을 신청하였습니다. 그랬더니 그것은 대주교가 허락하는 것이 관례라고 해서 대주교에게 달려가 허락을 얻었습니다.

정월 3일 외무부에서 비서과장이 대신의 명이라 하면서 매장 비용으로 러시아 돈 500루블을 보내와서 이를 여러 비용으로 사용했습니다. 러시아 수도에 재류하는 한인 조문객이 자못 성대하여 교회에서도 예배를 올렸습니다.

정월 4일 대주교 '핀란프'의 '우스펜스코예'라는 묘지를 가매장지로 정했습니다. 러시아 수도에서 2리(약 8㎞ - 옮긴이) 정도의 곳입니다.

경무청의 수속 등을 완료하고 철도회사에 가서 특별열차를 의뢰하여 러시아력 정월 21일 오후 1시 10분에 발차하는 것으로 정했습니다.

정월 6일 시신만 싣는 열차에 안치하고 마지막으로 아무리 통곡해도 소용이 없었습니다. 장례식에 모인 사람은 수백 명, 그 중에 본국인도 다수 보였습니다. 한인 대표자와 러시아 관리들도 다수 참석했습니다. 관에는 저, '진태', 장모의 백부, 처의 형제, 처의 조카 및 한인 대표자가 따라갔습니다. 운운(이 사이 친척이 검은 옷을 입은 것, 예배 상황, 상여를 끈 백마 6두, 인부에 관한 것, 빈소에 전등을 점등한 일, 그리고 당일이 매우 추웠다는 것 등의 상황을 기록했다).

장례 절차도 무사히 끝났으니 어머님께서도 다 잊어버리시고 안심하시기 바랍니다.

아버님은 병사가 아니라 갑자기 나라를 위해 자살하신 것이어서 어머님과 형님께 모든 일을 여쭐 경황이 없어 전단(專斷)으로 장례를 치른 죄를 용서하십시오.

아버님 생전 3, 4개월간은 매우 유쾌하게 지내셔서 아무 이상도 느끼지 못했는데 갑자기 이런 운명을 맞아 16년의 세월도 마침내 헛되이 되었으니 아버님의 마음도 헤아려집니다. 말씀드릴 일이 끝이 없지만 재회할 날이 있을 것이므로 다른 날에 양보합니다. 어머님을 비롯해 자중자애하시기 바랍니다. 저는 어머님, 형님, 누님의 평안을 하늘에 기도할 뿐입니다. 친척 모두에도 잘 전해주시기 바랍니다.

아버님 생전의 물품은 모두 매각하였습니다. 의복과 서류 등은 아버님께서 사람들에게 각각 나누어주셨기 때문에 남은 물품은 의자나 탁자와 같은 것뿐입니다. 16년 동안 만리타향에서 오로지 부자지간으로만 의지해온 저의 지금의 불행은 어디에 비하겠습니까. 운운(이후 일반적인 비탄의 말을 반복함).

지은이 후기

5년 전에 『명성황후 살해와 일본인(朝鮮王妃殺害と日本人)』(高文硏, 2009년 2월)을 출판했습니다(이 책은 『명성황후 시해와 일본인』이란 제목으로 번역되어 2011년 태학사에서 출판되었다―옮긴이).

이 책에서는 청일전쟁 종결부터 반년 뒤에 조선에 주둔해 있던 일본군대에 의해 실행된 조선의 왕비시해 사건을 고찰했습니다. 그리고 이 사건의 배경에는 청일전쟁 중에 일본군이 점령한 조선의 전신선을 전후에도 계속 일본군의 지배하에 두려는 대본영과 일본정부의 야심이 있었던 것을 논했습니다.

이것에 대해, 졸저를 호의적으로 평가해주셨던 연구자 여러분들로부터도 전신선은 다른 여러 이권의 하나인데, 일본의 침략정책을 그것에만 너무 집약했다는 비판을 받았습니다.

이 책 『러일전쟁과 대한제국』은 이 비판에 대해 답을 하려 한 것입니다. 청일전쟁으로부터 10년 후에 한국을 완전히 일본의 지배하에 두는 것을 목적으로 일본이 러시아에 도발한 러일전쟁을 분석했습니다.

일본의 한국침략에서 전신이권은 다른 여러 이권, 예컨대 광산이권, 철도이권, 어업이권 등과 같은, 단순한 이권의 하나가 결코 아닙니다. 전신선은 해외에 군대를 보내 근대전을 수행하는 데 필수의 군사시설인 것입니다. 이것에 대해서는 본서에서 보다 구체적으로 실증할 수 있었다고 생각합니다.

일본의 한국침략은 전신선의 지배로부터 시작했습니다. 이것에 의해 일본은 청일·러일 전쟁을 유리하게 싸우고, 러일전쟁 중에는 '통신 합동'이란 이름 아래 한국의 통신권을 완전히 탈취했습니다. 유감이지만 이 책에서는 '통신 합동'을 다룰 수 없었지만, 이때 일본에서 다수의 통신관계자가 군대의 호위를 받고 한국에 들어와 한국 전국의 우편·전신국을 접수했던 것입니다.

이 책 종장에서 밝혔듯이 한국의 해외공관이 현지의 일본 공관에 접수되었을 때, 한국 해외공관이 소유한 기록류도 모두 일본 측에 인도하도록 강제되었습니다. 마찬가지로 이보다 반년 이전에 통신사료도 또한 일본에 빼앗겼습니다. 인도를 거부하고 스스로 소각한 케이스도 충분히 상상됩니다.

이처럼 대한제국은 일본에 의해 완전히 멸망당하기 이전에 많은 공문서를 잃었습니다. 또 국가기관에 다수의 침략자가 잠입함에 따라 공문서가 날조되거나 왜곡되었습니다. 이 책 종장에서 각국 주재 한국 명예영사 앞으로 보낸 외부대신 이완용 이름의 훈령이 실제로는 주한 공사 하야시 곤스케에 의해 발급된 사실을 지적한 것은 빙산의 일각에 불과합니다. 이것은 일본과 한국의 근대사연구의 대전제로 사료를 취급할 때 충분히 자각해야만 합니다.

일개 재야연구자에 지나지 않는 내가 2책이나 저서를 낸 것은 인터넷으로 원사료에 접근할 수 있는 환경이 대폭으로 정비되었기 때문입니다. 아시아역사자료센터(JACAR)를 통해 『극비 메이지37, 8년 해전사(極秘明治三十七八年海戰史)』나 『러일전쟁 참가자 사담회 기록(日露戰役參加者史談會記錄)』뿐만 아니라, 러일전쟁 당시 군함의 전시일지에 이르기까지 자택에 있으면서 쉽게 열람·프린트할 수 있게 된 것은 이전에는 생각할 수 없는 일입니다.

또 한국에 존재하는 사료도 국사편찬위원회가 제공하는 한국역사정보통합시스템(Korean History On-line)에 의해 일본에 있으면서 쉽게 열람·프린트할 수 있었습니다. 컴퓨터 덕분으로 누구나 연구를 시도할 수 있는 시대가 되었습니다. 그러나 컴퓨터로 접근할 수 있는 사료만으로는 결코 연구가 되지 않습니다.

아시아역사자료센터에서 공개되고 있는 화상은 모두가 흑백입니다. 『극비해전사』에 수록되어 있는 방대한 지도류의 다수는 컬러입니다. 거기에 전신선은 적선으로 그어져 있습니다만, 흑백 화상에서는 볼 수 없습니다.

『극비해전사』는 몇 년 전까지 에비스(惠比壽)에 있는 방위연구소 도서실에서 자유롭게 열람할 수 있었지만 지금은 불가능합니다. 청구기호를 기입하여 신청해도 아시아역사자료센터 화상을 찍어 제본한 것이 나옵니다. 원본 보호가 이유입니다. 기본적으로 올바른 조치라고 생각합니다만, 그렇다면 하다못해 도서실에서 열람할 수 있는 복제본은 컬러로 복제한 것을 비치해두기 바라는 것입니다. 출납 카드에 "전신선이 보이지 않으니 원본을 보여주세요"라고 몇 번이나 담당자를 괴롭힌 열람자로서, 사죄를 표함과 아울러 부탁하고자 합니다.

종장의 첫 면에 게재한 헤이그 특사의 사진은 내 자신이 외무성 외교사료관에서 촬영한 것입니다. 아시아역사자료센터의 레퍼런스 번호도 기재해두었습니다만, JACAR의 화상은 더 선명하지 못합니다. 외교사료관에서 이 사진을 접하고 흥분해서 셔터를 누른 일은 잊을 수 없는 추억입니다.

이 책은 많은 분들의 협력을 얻어 완성할 수 있었습니다. 저번 저서에 이어, 나라여자대학 명예교수 나카쓰카 아키라(中塚明) 선생님의 도움이 없었다면 이 책을 완성시킬 수 없었다고 생각합니다. 선생님은 항상 나의 첫 번째 독자로 엄격한 심사자이기도 합니다. "이해하기 어렵다"고 다정하게 말씀하시면 고쳐 쓰라는 것으로 이해했습니다.

러일전쟁 당시 군령부 참모였던 다카라베 타케시(財部彪)는 이 책의 주인공 중의 한 사람입니다. 러일전쟁 30년 후에 해군 내부에서 비밀리에 진행된 '러일전쟁[日露戰役] 참가자 사담회'에서 다카라베 타케시가 한 발언으로 종래 러일전쟁사의 정설을 뒤집는 많은 힌트를 얻을 수 있었습니다. 다카라베의 발언을 뒷받침하기 위해 일본국회도서관 헌정자료실에 소장되어 있는 다카라베 일기장 복제본을 복사해서, 모필로 횡서로 쓴 암호 같은 악필(이 책 213쪽)과 씨름했습니다.

어떻게든 읽을 수 있게 된 것은 고문서 해독의 달인인 우인 시마즈 요시코(渡津良子) 씨의 덕분입니다. 또 도쿄에 사는 우인 마제 쿠미코(間瀨久美子) 씨는 수고스럽게 헌정자료실에 가서 원본을 열람하고, 복사본으로 판독이 안 되는 미묘한 먹의 번짐 때문에 읽을 수 없었던 문자의 해독에 귀중한 조언을 해주었습니다.

대한제국이 세계에 발신한 '중립선언'이 프랑스어였던 것처럼 당시 국제공통어의 지위에 있은 프랑스어 문헌 해독은 피해갈 수 없습니다. 이것은 우인인 스미요시 마유미(住吉眞弓) 씨가 협력해주었습니다. 모두 나라여자대학에서 함께 배운 동료들입니다.

러일교섭 단절을 러시아에 통고한 것이, 도쿄로부터 베를린주재 이노우에 카쓰노스케(井上勝之助) 독일공사를 매개로 페테르부르크에 전해진 것은 지금까지 은폐되어온 사실입니다. 베를린에서 어떤 방법으로 페테르부르크에 전달했는지를 조사하기 위해 독일의 철도 사정을 조사했을 때, 나라여자대학의 지다 하루히코(千田春彦) 선생은 1905년 독일 철도시각표의 복각판을 독일에서 구하여 해당하는 곳에 찌지까지 붙여주셨습니다. 유감이지만 이번에 충분히 활용하지 못했지만 앞으로의 과제로 하여 언젠가 선생의 호의에 응하고자 합니다.

마지막으로 출판 불황과 험한 책이 범람하는 중에 이전 저서에 이어 출판을 맡아주신 고분켄(高文研)에는 머리가 숙여집니다. 특히 나의 미숙한 문장을 정성스레 훑어보고 독자에게 통하는 문장으로 하기 위해 다대한 노력을 하신 고분켄 전 대표 우메다 마사키(梅田正己) 씨와 우메다 씨로부터 편집담당을 인계받은 마나베 카오루(眞鍋かおる) 씨께는 정말로 신세를 졌습니다. 두 분의 도움이 없었다면 이 책이 세상에 나올 수 없었다고 생각합니다. 감사합니다.

2014년 9월 7일
김 문 자

옮긴이 후기

　이 책은 "러일 개전의 『정설을 뒤엎다』"라는 부제가 말하듯이 기존의 통설을 수정한 것이다. 이 책은 『극비 메이지 37, 8년 해전사(極秘明治三十七八年海戰史)』나 『러일전쟁 참가자 사담회 기록(日露戰役參加者史談會)』 등 방대한 사료를 활용하여 러일전쟁 이해에 새로운 지평을 연 역작이다.

　종래 일본인에게 러일전쟁은 작은 나라가 큰 나라와 싸워서 이긴 '영광의 역사'일 뿐만 아니라, 러일 개전은 러시아의 남하정책에 대응하기 위해 어쩔 수 없이 일으킨 '조국방위전쟁' 내지 '자위전쟁'으로 인식되었다. 그러나 이 책에서 논증했듯이 러일전쟁의 진실은 이것과는 정반대다. 1904년 1월, 러시아의 양보가 통지되기 전에 이토히로부미·야마가타 아리토모·가쓰라 타로·야마모토 곤베에·고무라 주타로 등 일본의 수뇌부는 개전에 합의했다. 개전 1개월 전부터 일본 해군은 대한제국의 영토인 진해만을 연합함대의 근거지로 설정하고 극비리에 해저전선을 부설했다. 그리고 러시아 뤼순함대의 전보 내용을 개찬하면서까지 전쟁 도발에 활용하였다.

　흔히 러일 개전의 시점을 1904년 2월 8일 일본 연합함대의 인천항 및 뤼순항 기습작전으로 보지만, 최초의 전투행위는 연합함대와 별도로 편성된 제3함대가 자행한 2월 6일의 진해만 점령과 마산 전신국의 점거, 그리고 부산 근해에서 러시아 선박을 나포한 것이었다. 청일전쟁과 마찬가지로 러일전쟁이 '조선전쟁'에서 시작되었다는 것은 와다 하루키(和田春樹)의 『러일전쟁(日露戰爭)』에서 처음으로 지적되었는데, 이 책에서 더욱 상세하고 충실하게 논증하였다.

또한 이 책에서 독도의 불법적 일본 영토 편입을 해군전략의 관점에서 설득력 있게 제시한 점이 돋보인다. 일본 해군은 울릉도와 독도가 러일 두 함대의 결전장이 될 것을 예상하고, 울릉도에 망루 설치와 해저전선 부설을 서두르고 리앙코섬(독도)을 다케시마로 개칭해서 일본 영토로 편입했다는 것이다.

이 책의 가장 두드러진 미덕은 수많은 러일전쟁 관련 서적이 외면한 대한제국을 시야에 넣은 점이다. 우리에게 러일전쟁은 대한제국의 근대국가 만들기를 앗아간 침략이었다. 대한제국의 식민지화는 러일전쟁 승리의 결과가 아니라 이미 전쟁과 함께 시작되었다. 이에 맞서 고종은 전쟁 전에 세계를 향해 '중립선언'을 발표하고, 전쟁 후에는 헤이그 만국평화회의에 특사를 파견하여 빼앗긴 주권을 회복하려 시도하였다. 망국의 책임을 고종에게 전가하려는 천박한 언설이 유행하는 작금의 세태를 생각하면, 이 책에서 세밀하게 조명된 고종의 줄기찬 주권 회복 투쟁은 충분히 기억할 만한 가치가 있다.

옮긴이는 처음에 한국 근대사 수업에 참고하고자 이 책을 접했다. 원서를 읽으면서 한국 학계에 소개할 가치가 있고 한국 독자에게도 알릴 필요가 있다고 판단해서 번역하게 되었다. 공부하는 심정으로 인용 사료의 원문을 하나하나 찾아가면서 번역하였다. 번역을 마친 후 이태진 선생님께 강권하다시피 출판 알선을 부탁하였고, 선생님이 원장으로 계신 석오문화재단 부설 '한국역사연구원'의 지원으로 한국어판이 세상에 나올 수 있게 되었다. 이 자리를 빌려 감사를 표한다. 아울러 훌륭한 저작을 저술하신 김문자 선생님께 경의를 표하고, 어려운 출판환경에서 기꺼이 출판을 맡아주신 그물 출판사의 변선웅 사장님께도 감사의 마음을 전한다.

2022년 4월 25일

김 흥 수

찾아보기

가

가고시마-오키나와-대만 간 통신 249
가덕 수도 277, 305, 417
가미무라 히코노조(上村彦之丞) 117, 300, 365, 370, 372, 374, 378, 380, 384, 387, 398, 399, 412; ~함대 366, 369, 370, 373
가미이즈미 토쿠야(上泉德彌) 119, 120, 221. 222, 225, 227, 242
가미이즈미 토쿠지(上泉德爾) 139
가바야마 스케노리(樺山資紀) 248
가쓰라 타로(桂太郎) 62, 108, 110~113, 131, 140, 213, 223, 224, 256, 435, 463; 가쓰라내각 47;『가쓰라 타로 자전』110, 121; 가쓰라-태프트각서 463; ~의 의견서 121
가와카미 소로쿠(川上操六) 21
가와하라 케사타로(川原袈娑太郎) 162, 163, 181
가타오카 시치로(片岡七郎) 117, 186, 188, 300~303, 309, 333
가토 마스오(加藤增雄) 59
강석호(姜錫鎬) 72
강치잡이 405, 406
건청궁(乾淸宮) 31
게랭(Guerin) 43
게이오의숙(慶應義塾) 49
경복궁 31; 일본 ~점령 25; ~ 철병 25
경성-뤼순선(전신선) 154, 291
경성-부산 간 한국 전신선 291
경성-원산-블라디보스토크선(전신선) 154, 291
경성전신국 295
경운궁 33, 36, 438, 443; ~ 화재 441, 443, 439

경의철도 98; ~ 부설권 99
경인철도 84
『계림일지(鷄林日誌)』 78, 89
고다마 겐타로(兒玉源太郎) 26, 47, 48, 50, 54, 227, 229, 230, 236, 248
고마쓰 켄지로(小松謙次郎) 261, 308
고무라 주타로(小村壽太郎) 33, 44, 47, 52, 55, 59, 60, 64, 67, 70, 91, 95, 99~101, 104, 106, 125, 128, 131, 140, 146, 148, 149, 213, 224, 260, 266, 308, 330, 347, 431, 435, 475, 496;『고무라외교사』109, 110; ~ 의견서 110, 122
고영희(高永喜) 52
고자키(神埼) 망루 385, 386
고종 33, 36, 39, 50, 55, 58, 61, 65, 71, 74, 75, 79, 83, 88, 100, 353, 428, 429, 433, 437, 441, 452, 455, 456, 459, 466, 473, 479, 482, 488; ~ 강제퇴위 488; ~의 외교정책 74
『고타연감』 435, 436
고하도 267; ~의 일본 해군 기지화 267
「공고사(控告詞)」 480~483
광산이권 500; 광산채굴권 98, 99
광저우만(廣州灣) 조차, 프랑스의 37
구로다 세이키(黑田淸輝) 443
구리노 신이치로(栗野愼一郎) 104, 106, 110, 123, 125, 130, 134~137, 146, 149, 212, 286; ~ 사건 136
구보타 히코시치(久保田彦七) 309, 313, 327
구상서(口上書) 110; 일본의 ~ 111, 116, 117, 122, 123, 149
구완희(具完喜) 72, 89, 90
국외중립 50, 78, 81, 100, 353, 428,

470; ~ 선언 470
국제우편 452
국제중재재판소 40, 77, 430, 454, 455, 459, 481, 483, 484
국제통신권 24
국제통신망 25
군령 제1호 189
군인은급법(恩給法) 350
『군함 나니와 전시일지』 172~174
『군함 니타카 행동일지』 385, 392
『군함 미카사(三笠) 전시일지』 271, 274
『군함 쓰시마 전시일지』 371
『군함 아타고(愛宕) 전시일지』 299, 309, 314, 316
규슈, 쓰시마와 한국 간 해저전설 부설 257
규슈철도 243
그로모보이(Gromoboy) 364, 366, 379, 384
극동의 러시아 통신선 207
극동총독부 155
『극비 메이지 37, 8년 해전사(極秘明治三十七八年海戰史)』 156, 160, 181, 210, 222, 252, 352→『극비해전사』
『극비 모리 중좌(후에 대좌) 보고』 198, 199, 203, 206, 207
극비 특별훈령, 야마모토의 221, 222, 225
『극비해전사』 138, 141, 142, 144, 146, 147, 156, 158~160, 163, 164, 166, 173, 174, 192, 196, 197, 203, 207, 212, 231, 240, 244, 254, 256, 257, 260, 261, 265, 269, 274, 281, 284, 285, 309, 319, 321, 324, 345, 346, 375, 401, 402, 420→『극비 메이지 37, 8년 해전사』

기고시 야스쓰나(木越安綱) 239; ~ 부대 230
기모쓰키 카네유키(肝付兼行) 403
『기밀일로전사(機密日露戰史)』 49, 219
기타자와 노리타카(北澤法隆) 157
길영수(吉永洙) 88, 90, 91, 93
김윤식(金允植) 23
끽수선(喫水線) 417

나

나가사키 275; 나가사키-블라디보스토크 간 해저전선 389; ~우편국 280
나니와(浪速) 156; 172, 372, 384
나이트 커맨더호 379
나카노 나오에(中野直枝) 227
나카쓰카 아키라(中塚明) 503
나카야마 류지(中山龍次) 21
나카이 요자부로(中井養三郞) 402, 406, 407, 409, 424
남만주철도 74
내각원로회의 113, 115~117, 120, 122, 140, 149, 150, 212, 213
내통포(內筒砲) 312
네보가토프 419, 420
넬리도프 460, 476, 479, 484
노관파천(露館播遷) 33→아관파천
노백린(盧伯麟) 47
노비크 382
노즈 시게타케(野津鎭武) 78, 79
누노메 미쓰조 261, 262, 264, 266, 268, 270, 273, 275~277, 287
『뉴욕 타임스』 484, 487
니시 토쿠지로(西德二郞) 35, 37
니시·로젠 협정 37
니시카와 토라지로(西川虎次郞) 261
니콜라이 2세 35, 36, 75, 101, 381, 420, 441, 454, 457, 459, 473, 474, 478, 484; ~ 대관식 444

니타카(新高) 156, 385, 386, 395, 398, 410

다

다네다 히데미(種子田秀實) 239
다니 히사오(谷壽夫) 49, 219
다롄, 러시아의 조차권 36
다무라 이요조(田村怡興造) 47
다이렌마루(大連丸) 239
다이추마루(台中丸) 416
다쥴레 362
다카라베 타카시(財部彪) 117~119, 137, 138, 139, 144, 187, 192, 209, 211, 214, 225, 227, 229, 236, 242, 260, 261, 503;『~ 일기』226, 228, 260
다카사키산(高崎山) 망루(무선전신소) 400, 401
다카시마마루(高島丸) 379
다카이시 신고로(高石眞五郎) 486
다카치호(高千穗) 155, 174, 384
다카하시 모리미치(高橋守道) 279
다케시마(울릉도) 360, 361;『~ 및 울릉도(竹島及鬱陵島)』403; ~ 어업조합 409
다케시마(竹島) 359, 363, 406, 412, 413, 424; ~, 일본 영토 편입 406; 다케시마 가설 망루 421, 422; ~ 망루 철거 423
다케시마어렵합자회사 424
다케시키마루 275
다케시키항(竹敷港) 275, 277, 301, 390, 393, 395, 401
대동(大東)전신국(영국) 43, 191
대동확장해저전신회사 251, 252, 256
대러 작전계획 253, 276; ~의 핵심 256; 대러 작전 제1계획 254, 255, 304;
대러군사동맹 64, 71
대러밀약 428

대만총독부 256
대본영 21, 25~28, 31, 32, 35
대북(大北)전신국 43, 191; 대북(大北)통신회사 249
대북전신회사(大北電信會社) 19~21, 24, 251, 252, 253, 283, 389; 대북전신회사 해저전선 291, 418
대서양함대(스페인) 381
대안문 443
대일본대조선양국맹약 29
대한해협 109, 187, 276, 304, 358, 365, 370, 380, 413, 417; ~ 봉쇄 387
대해령(大海令) 제1호 141, 186, 189, 301
덕수궁 33, 441;『덕수궁사(德壽宮史)』 438
데라우치 마사타케(寺内正毅) 62, 91, 111, 210, 211, 232, 238, 256, 341, 475, 496
데이비드선(Davidson) 438
덴 켄지로(田健治郎) 250, 251
도고 마사미치(東郷正路) 301
도고 헤이하치로(東郷平八郎) 186, 193, 221, 260, 272~274, 292, 296, 300, 365, 378, 384, 398, 411, 412, 418
도조 쇼타로(東城鉦太郎) 262
도쿄우편국 45
독도(리양코섬) 359, 374, 395, 404, 410
동외곶각(冬外串角) 421
동원 236; ~의 의미 235; 동원령 219, 236; 동원금지, 일본 육군의 232
동청(東淸)철도 84; ~ 남부지선 74; ~회사 191, 321, 323, 344; ~협정 36; ~ 소유권 435; 동청철도, 러시아의 남부지선 부설권 36
드레드노트(Dreadnought) 305, 306

라

람즈도르프 75, 78, 104, 105, 110, 123, 125, 126, 133~135, 146, 151, 286, 460, 470, 484, 485
랴오둥반도 30, 191; ~ 조차권 435
러시아 군사교관단 35
러시아 상선 나포 사건 295, 298, 303
러시아 전신가설권 34
러시아 전신선 절단, 일본의 280, 281, 286, 324
러시아 회답서 149
러시아공사관 32, 33, 36
러시아함대 140~142, 144, 187, 189, 190, 193, 194, 197, 198, 245, 254, 255, 298, 302, 307, 318, 346, 398, 417, 418; ~ 기습공격 이유 226
러일강화조약(포츠머스조약) 435
러일교섭 140; ~ 단절 149; ~ 단절 통고서 147
『러일전쟁 참가자 사담회 기록(日露戰役參加者史談會記錄)』 156, 164, 290
『러일해전사(露日海戰史)』 161, 163, 181
『러일해전사의 연구』 157
러일협상안(제1차 제안), 일본의 109
러일협정 74
러청비밀동맹조약 36
런던주식거래소 57
레시테리누이 382
레이, 프란시스 466, 467
로바노프 33
로제스트벤스키 357, 419
로젠 37, 104, 105, 110, 135, 151
루드너(Krudner, 후포)곶 391
루드네프(V. Rudnev) 155
루스벨트, 시어도어 429, 486
루트 429, 461, 464, 466

룽징촌(龍井村) 478
뤼순(항) 101, 191; 러시아 ~ 조차권 36; 일본 해군 ~·인천 기습 180, 193, 219, 271, 286, 344, 350, 352, 460; 뤼순-잉커우 전신선 파괴 283; ~ 폐쇄 작전 195; 일본 육근의 ~ 포위 작전 382; ~ 방면 전신선 절단 282; 뤼순함대 74, 142, 188, 192, 195, 197, 199, 205, 206, 207, 209, 357, 364, 378, 380, 381, 383, 384, 389; 뤼순함대 행방불명 212, 213
류릭(Rurik) 364, 366, 379, 384, 385, 386
『르 쁘띠 주르날(Le Petit Journal)』 450
리바우 356
리앙코루드섬 395, 399, 400, 401, 410, 411, 413, 424; 「리앙코루드섬 개요」 402; 「리앙코루드섬 약도」 402, 405; 리앙코루드섬 망루 421; 리앙코루드와 다카사키산 간 해저전선 부설 421;
리앙쿠르(Liancourt)호 363
리앙코섬 359, 363, 374, 390, 392, 395, 398, 403~405, 408, 409, 412, 417, 419, 422
리홍장(李鴻章) 36, 444

마

마산만 276, 306, 307
마산상륙작전 335
마산우편국 279
마산일본우편국 307
마산전신국 278, 295, 317, 320, 328, 334, 337, 338, 339, 345, 352; ~ 점거 278; 298, 303, 312, 316, 338, 340, 351, 353, 460; ~ 점령 해제 341

마산포   277, 278, 307, 308, 309, 311, 313, 320, 327, 335, 336; 마산포 감리 312
마쓰시마(독도)   361; ~ 망루 400, 401; ~ 동망루(東望樓) 388; ~ 북(北)망루 400; ~ 서망루 388
마쓰시마(울릉도)   392, 399, 421; ~와 리양코루드 간 해저전선 부설 421; ~ 죽변만 간 전신선 388
마쓰카와 토시타네(松川敏胤)   48, 50, 219, 227
마쓰카타 마사요시(松方正義)   91, 116, 118; 마쓰카타(松方)내각 98
만국선박신호   419
만국우편연합   18, 452, 455, 469
만국우편조약   469
만국평화회의   40, 476
『만국평화회의보』   476, 477, 482
『만밀대일기(滿密大日記) 메이지 37년 2월』   232, 237
만주 횡단선   36
만주환부조약   38
만추리아호   323
만한교환론(滿韓交換論)   37, 108, 109
메가타 타네타로(目賀田種太郎)   434, 438
메라(布良) 망루   380
『메이지천황기』   118, 120, 137, 140
명성황후   36, 447; 명성황후 시해 447, 469
『명장 회고 러일대전비사 해군편』   164
모건(E. V. Morgan)   464, 465
모리 요시타로(森義太郎)   140, 188, 191, 196, 204, 212, 213, 214, 274, 281; 『모리 중좌(후에 대좌) 보고』 282
모리야마 케이자부로(森山慶三郎)   167~169, 171, 175, 181~183, 241, 290
모지항   275; 모자-부산 간의 통신 253

무관학교   48, 85, 95
무라코시 하치로(村越八郎)   377, 388
무린암(無隣庵) 회의   223, 224
무쓰문서(陸奧文書)   28
묵덴호   321, 324, 351
미국·스페인전쟁   350
미마세 쿠메키치(三增久米吉)   96
미쓰이물산   248
미우라 고로(三浦梧樓)   31, 35, 58
미우라 야고로(三浦彌五郎)   330, 332~334, 341
미카사(三笠)   188, 271, 272, 273, 277, 416, 417; 『미카사 전시일지』 416
민겸호(閔謙鎬)   444
민영돈(閔泳敦)   429
민영익   468
민영찬(閔泳瓚)   76, 429, 444, 446, 448, 450, 452~454, 456, 460, 464, 466, 467, 470, 494
민영철(閔泳喆)   63, 72, 91~93, 431, 433
민영환   35, 444, 446, 481
민유중(閔維重)   447

바
바다링(八達嶺)   283, 284
바랴그(Varyag)   77, 154, 166, 174, 220
박의병(朴義秉)   293
박제순   434, 465
반민족행위특별조사위원회   491
발트함대   164, 356~358, 381, 389, 399, 411~413, 418
방위연구소   27
베베르   33, 35
베이징조약   223
베이징-캬흐타 간 전신선 파괴   283
벨야예프   162
보가티르(Bogatyr)   364

보급선 74
보부상 89
보성학교(普成學校) 94
부도(釜島) 수도 306
부산-경성 간 한국전신선 295
부산선(전신) 24
부산전신국 322, 352; ~ 점령 303, 313, 320, 324, 338
부산주차대 339
부산항 309, 311; ~ 감리 312
부산해관 337
북로전신선 27
북양함대 192
브라운 432~434, 437, 438, 441
브레트(Brett) 형제 18
블라디보스토크 94, 419; ~ 전신선 388, 389; ~함대 74, 142, 191, 213, 359, 364, 365, 367~370, 372, 374, 375, 379, 380, 383, 384, 386, 387, 389, 394, 398, 421, 422
빌헬미나(Wilhelmina) 여왕 76, 101, 454, 484

사

『사담회기록(史談會記錄)』 119, 164, 209, 244
사도마루(佐渡丸) 366
사메지마 카즈노리(鮫島員規) 220
사세보(佐世保) 104, 141, 187, 260, 262, 270, 271, 274, 278, 298; ~ 팔구포 간 해저전선 116, 253, 254, 257, 261, 262, 269, 287; ~ 옥도 간 해저전선 부설 268
사이토 리키사부로(齋藤力三郎) 95, 96
사이토 마코토 171, 261
사카이 마스타로(境益太郎) 316
사카타 주지로(坂田重次郎) 307, 308, 332

산둥반도(山東半島) 36, 43
삼국간섭 35, 191
상설중재재판소 454
상시르(Saint-Cyr)(프랑스 육사) 487
서경(西京)회의 224
서로전신선 27
서울 점령, 일본 육군의 232, 353, 460
서울-원산선 27
서울-의주선 27
서울학연구소 75
서전서숙(瑞甸書塾) 478
서현섭(徐賢燮) 473, 474
세로셰프스키 55, 56, 57
세무총사(총세무사) 434
센야빈 411
센토 타케나카(仙頭武央) 367, 400, 402, 404
『센트럴 뉴스』 250, 251
소네 아라스케(曾禰荒助) 118, 256
소시(壯士) 31, 32
소야(宗谷)해협 358, 382, 383
소청도 274, 343
소토야마 사부로(外山三郎) 157
송진포(松眞浦) 277, 416; 송진 군용전신취급소 277, 416
수뢰 공격 418
수에즈운하 18, 356
수옥헌 464
수정안, 일본의 제2 117
순종 488
스미요시 마유미(住吉眞弓) 504
스티븐스 436
스페인전쟁 381
시나노마루(信濃丸) 413, 417
시데하라 키주로(幣原喜重郎) 310, 322, 323, 326, 330, 331, 341, 351; ~ 외교 331
시마즈 요시코(渡津良子) 503

시모노세키(下關)해협 301
시모노세키조약 30, 36
시바 료타로(司馬遼太郎) 306
시바야마 야하치(柴山矢八) 220
시베리아철도 36; ~ 완성 109
시볼트 362
시부야 타쓰로(澁谷龍郎) 267
시카고박람회 449
실행발동명령 303
심흥택(沈興澤) 410
싱글(single) 수도 263, 272~274, 285
쓰가루(津輕)해협 358, 365, 366, 378, 379
쓰시마(對馬) 367, 369, 370, 384; ~ 마산포 연결 전신선 부설 255; ~와 진해만 간 통신 253; ~해전 356, 357, 359, 366, 400, 411, 421, 423
쓰쓰(豆酘) 386; ~무선전신소 368, 369; ~만 276; ~만과 진해만 간 해저전선 부설 275; ~·거제도·마산 간 전선부설 261, 277
쓰즈키 케이로쿠(都築馨六) 482
『쓰쿠시(筑紫) 전시일지』 299, 320, 321

아

아관파천 33, 437, 469→노관파천
아리가 나가오(有賀長雄) 455
아리마 료키츠(有馬良橘) 188
아리요시 아키라(有吉明) 80
아사이 마사히데(淺井將秀) 114
아산만 193
아시아역사자료센터 157, 244, 299
아오키 노부즈미(靑木宣純) 192
아오키 슈조(靑木周藏) 148
아카시 모토지로(明石元二郎) 156, 260, 264, 266, 270, 272, 273, 365, 475, 496
아키야마 사네유키(秋山眞之) 181, 290, 420
아키야마 요시후루(秋山好古) 487
아타고(愛宕) 309, 310, 320, 327, 328, 337, 338, 339
알렉세예프 105, 151, 155, 206, 381
알렉시스 127
알렌(安連, H. N. Allen) 79, 97
암호전보 253
야마가타 분조(山縣文藏) 251
야마가타 아리토모(山縣有朋) 33, 91, 111, 131, 236, 252, 244, 256, 444
야마가타·로바노프 협정 33~35, 37
야마나카 시바키치(山中柴吉) 401, 402, 405
야마모토 곤베에(山本權兵衛) 62, 91, 113, 131, 138~140, 145, 150, 171, 172, 186, 189, 197, 206, 212, 213, 218, 220~222, 224, 244, 251, 252, 256, 260, 266, 276, 277, 284, 285, 287, 289, 328, 339, 343, 347, 348, 350, 352, 353, 412, 418, 421, 422; 『야마모토 곤베에와 해군』 114; 「야마모토 백작의 경험담」 111, 112, 114, 115, 117, 140, 142; ~ 담화 114; ~의 상륙작전 반대 이유 226
야마모토 신지로(山本信次郎) 420
야마시타 겐타로(山下源太郎) 119, 120, 187, 191, 209
야마자 엔지로(山座円次郎) 222, 308, 332
야마토(大和) 301
『야쿠트 사람들』 56
양국맹약(兩國盟約) 55
어담(魚潭) 49, 95; 「어담소장회고록」 95
어업이권 500

『언덕 위의 구름(坂の上の雲)』 306
에가시라 야스타로(江頭安太郎) 202
에도(江戶)막부 360
에센 379, 383, 384
에카테리노스라프호 319, 320, 351
『역과방목(譯科榜目)』 80
연합함대 104, 117, 141, 145, 150, 156, 164, 237, 240, 241, 186, 188, 192, 193, 194, 195, 218, 220, 254, 260, 263, 271~274, 277, 278, 280, 285, 288, 298, 300, 302, 335, 343, 345, 346, 350, 356, 357, 364, 365, 378, 380, 382, 384, 398, 411, 412, 416, 417, 419; ~명령 274; ~의 출동 232; 「연합함대 행동 예정표」 271
연해어업 98
연해주 어업권 획득 422
영국세계해저통신망 18
영일동맹 38
영해 개념 288
옌타이산(烟台山) 191
오가사와라 나가나리(小笠原長生) 206, 209, 214
오구영(吳龜榮) 312
오구치만(大口灣) 197
오다 쇼고(小田省吾) 438
『오사카마이니치신문』 486
오사카우편국 280
오야마 이와오(大山巖) 26, 47, 62, 79, 83, 118, 227, 232, 236, 244, 283
오우라 카네타케(大浦兼武) 145, 256, 284, 285
오이 사이타로(大井才太郎) 261
오이시 쇼키치(大石正吉) 165, 167, 174
오치아이 토요사부로落合豊三郞) 227
오카베(岡部) 292
오쿠라 키하치로(大倉喜八郎) 438
오쿠라구미(大倉組) 248, 438

오쿠하라 헤키운(奧原碧雲) 403
오키(隱岐)제도 359
오키나와마루(沖繩丸) 248, 260, 262, 264, 266, 268, 269~271, 275, 277, 278, 280, 286, 387, 390, 392~394, 418; ~ 전신 395
오타루마루(小樽丸) 239
오토리 케이스케(大鳥圭介) 26, 83
옥도 262, 269, 271; ~전신국 263, 271, 273, 275; ~ 전신선의 비밀 보호 266
와다 하루키(和田春樹) 77, 299
와카마쓰 토사부로 266, 267
왕비시해 27, 32, 35, 37, 58, 63, 437; ~ 이유 32→명성황후
『외교 50년』 325
외국 전보 압수 255, 334
요시다 마스지로(吉田增次郎) 154, 155, 181, 281, 290
요시다 시게루(吉田茂) 331
용추곶 393
우류 소토키치(瓜生外吉) 171, 178, 343, 387, 400; ~ 함대 인천 출현 295
우스펜스코예 498
우이도(牛耳島) 263
우정사(郵程司) 22
우편제도 18
울기 망루 400
울릉도 359, 362, 384, 387, 390, 394, 412, 417; ~ 해저전선 부설 387
울산 앞바다 해전 366, 384, 387, 412, 423
원산수비대 282, 291
웨이하이(威海) 조차, 영국의 37
위안스카이(袁世凱) 192
「유선전신」 261
유인상(劉仁相) 491

육군 동원령, 일본의 235
육군대학교 219
육군수비대 345
육로전선, 도쿄-나가사키 간 20
육영공원 462
육전대 313, 314, 316, 317, 328, 339, 344, 352
육해군친목회 222
육해군합동회의 143, 144, 151, 231, 238
육해군합의 236
『의역주팔세보(醫譯籌八世譜)』 80
의용함대회사 319, 344
의주선(전신) 23, 24
의화단사건 37
이건춘(李建春) 43
이경하(李景夏) 472
이구치 쇼고井口省吾 227
이근택(李根澤) 63, 72, 91, 92, 93, 433
이노우에 요시카井上良馨 220
이노우에 카쓰노스케(井上勝之助) 107, 108, 128, 146, 149, 150
이노우에 카오루(井上馨) 28, 31, 91, 115, 118, 130, 147
이노우에 카즈쓰구(井上一次) 154
이노우에 히카루(井上光) 84, 237
이도재(李道宰) 51, 453
이명래(李明來) 410
이범진(李範晉) 430, 433, 452, 459, 461, 469, 471~474, 479, 480, 484, 487, 488; ~ 자결 473
이상설(李相卨) 471, 477, 478; 「이상설전」 481
이쓰쿠시마(嚴島) 302, 416
이완용(李完用) 33, 34, 435, 437, 471
이용익(李容翊) 72, 88, 90, 92, 93, 94, 433; ~과 보성학교 94
이위종 430, 471, 473, 475~477, 480,

484, 485, 487, 488, 496
이의식(李義植) 494
이인영(李寅榮) 72
이제순(李齊純) 410
이준(李儁) 471, 477, 478, 486
이쥬인 고로(伊集院五郎) 120, 186, 219, 227
이쥬인 토시(伊集院俊) 187
이쥬인 히코키치(伊集院彦吉) 431
이즈무르드 411, 419
이즈미마루(和泉丸) 366, 373
이즈볼스키 479, 485
이즈하라-마산포 선 부설 257, 275
이즈하라우편국 280
이지용(李址鎔) 42, 46, 47, 61~63, 67~69, 72, 86
이지치 코스케(伊地知幸介) 78, 79, 81, 82~84, 89, 94, 117, 118, 154
이태정(李台珽) 312
이토 스케유키(伊東祐亨) 120, 186, 227, 270, 365
이토 히로부미 91, 112, 113, 129, 131, 224, 248, 444, 465, 481, 488;『이토 히로부미 비록(伊藤博文秘錄)』 129, 133, 136; ~ 암살 471
이토 히로쿠니(伊藤博邦) 129, 130
이학균(李學均) 46, 47, 49, 72, 79, 88, 90, 91, 93, 95, 96
이한응(李漢應) 429
이희두(李熙斗) 47
인천 상륙, 일본 육군의 81, 231, 237, 364, 460
『인천부사』 55
『일로전쟁(日露戰爭)』 211
『일본외교문서』 51, 59, 63, 146, 150
『일본지지제요(日本地誌提要)』 361
일본해해전 356
『일한합방비사』 478

임시남양군도방비대 290
임시대만등표건설부 248
임시대만전신건설부 248, 249
임시(한국)파견대 186, 232, 235; 「임시파견대편성요령」 232, 233
임오군란 21, 444
잉커우 284

자

자오저우만(膠州灣) 36, 381; ~ 조차권 36; ~ 철도부설권 36
『자작 구리노 신이치로 전(子爵栗野愼一郎傳)』 136
잠정합동조관(暫定合同條款) 25, 29, 55
전보 검열, 외무성의 146
전선 절단 326
「전시·평시 구분의 건」 348, 349
전시국외중립, 한국의 50, 81, 100, 353
전시국제법 322, 323
전시재정계획 121
전신국 점령해제 명령 339
전신선 25, 31, 33, 34; ~, 부산-서울 간 34; ~, 부산-의주 간 35; ~, 서울-부산 간 25; ~, 인천-서울 간 25
전신이권 500
절영도 319
정기항로 18
정미7조약 489
제1차 러시아안 74
제1회 적십자조약 453
제3함대 302
제5경계선 413
제네바조약 453, 485
제물포 해전 177
조교(照校) 252, 253, 294
조기개전론 222
조남승(趙南昇) 478
조미수호통상조약 463

『조선 망멸(朝鮮亡滅)』 462
조선전신선 25; ~, 서울-부산 간 26; ~ 처분 의견 26, 27
조선해협(대한해협) 187, 302, 303, 375; 제3함대 ~ 장악 254
주룽(九龍) 조차, 영국의 37
주병권(駐兵權), 러시아의 74
『주한일본공사관기록』 59
죽변만(竹邊灣) 387, 393, 418; ~과 마쓰시마 간 케이블 포설 완료 392; 죽변무선전신소 421; ~ 울릉도 해저전선 부설 392; 죽변-사세보 간의 통신 완성 391
죽빈(竹濱) 망루 388, 391, 395, 400
중국전보공사(中國電報公司) 250
중립선언, 대한제국의 42~46, 50, 65, 70, 72, 77, 78, 102, 343, 428, 504
중립지대 설치 105
즈푸(芝罘) 43, 78, 96; ~뤼순 간 해저전선 207, 382; ~~뤼순 선 절단 282; ~ 러시아영사관 소각 제안 208; ~전신국 43, 353
증기선 18
지다 하루히코(千田春彦) 504
지도리마루(千鳥丸) 417
지브롤터해협 356
지상전선 건설 270
지요다(千代田)(순양함) 155, 165, 174, 274; 『지요다함 전시일지』 173
『지지신보(時事新報)』 179
진해만 104, 187, 253, 254, 260, 276, 278, 302, 304, 306, 308, 318, 320, 322, 344, 460; ~ 점령 255, 276, 278, 298, 300, 302, 303, 313, 318, 344, 351, 353

차

『참전 20제독 러일대해전을 말하다』

164
창원우체(편)사 277, 307
『1904, 5년 러일해전사』 161
철도부설권 25
철도이권 500
청일강화조약 30
청일전쟁 21, 25, 27, 35, 50, 54, 55, 64, 84, 100, 191, 248, 249, 251, 337, 364, 385, 422, 469
총세무사 432, 434
최종 수정의견, 일본의 110, 117, 121, 149, 212
최후통첩, 일본의 188
친러파 63
친일파 33
「7전기밀 제10호」 313, 318, 320, 322
칠원반도(漆原半島) 278
칠천(漆川) 수도 322

카

카르카스(Carcass)호 379
『코레야』 55, 56, 57
코레츠(Koryeets) 154, 159~161, 166, 169, 171, 173, 175, 178~180, 183, 214, 298, 346
코로쿠(小六) 81, 144, 218, 230, 231, 235, 335; ~ 부대 241; ~ 작전 219, 220, 230, 231, 232, 238, 242; ~의 의미 245→하치스카
크릴만(James Creelman) 251

타

타이완 30
탕헤르 356
태평양함대, 러시아의 155, 356, 364; 제3 ~ 357, 411; 제2 ~ 356, 357, 381, 411
태프트, 윌리엄 463

통신 합동 501
통신사업 위임에 관한 협정서 59
통신자주권 20
통신전략 255
통영 수도 305
특별대연습 47, 50

파

파리만국박람회 39, 448, 469, 493
파블로프 55, 57, 77, 84, 154, 293, 296, 307, 479
팔구포(八口浦) 116, 253, 255, 260, 262, 263, 265, 270~272, 287, 324; ~ 부근 해저 측량 267
팔미도 155, 160, 169, 171, 173, 175
페테르부르크 110
포츠머스강화회의 148
포츠머스조약 389, 422, 459, 480, 484
퐁트네(Fontenay) 43, 77
피우스츠키 56
핑유안(平遠) 351

하

하나오카 카오루(花岡薰) 21
하라 타카시(原敬) 59
하세가와 요시미치(長谷川好道) 465
하야시 곤스케 44, 46, 51, 52, 55, 58~63, 65, 67, 69, 81, 84, 86, 92, 95, 100, 101, 430, 434, 457; ~, 일본 이권 부식 계획 98; ~, 한국 요인 일본 납치 91, 101; ~의 한국의 이권 수탈 계획 100
하야시 타다스(林董) 59, 178, 459, 482
하야시안 66, 67, 68
하이테크작전 359
하천 통항 98
하치스카(蜂須賀) 225, 227~230; ~ 작전 218, 219, 244→코로쿠

하치스카 코로쿠(蜂須賀小六) 230
「한국 마산포전신국 점령 보고서」 317
한국 상륙작전, 일본 육군의 225, 226, 286
한국 영해에 해저전선 부설 과정 261
한국전신국 점령 334; 『한국 전신국 점령 일건』 318, 330; ~ 해제 명령 345
한국 지상전신선 처치 291
한국 해외공관 폐쇄 432
한국명예영사 437
한국임시파견대 81, 84, 117, 218, 230, 234, 238~240, 244, 245
「한국전신국 점령 복명보고서」 318
한국주차군 95, 96, 237
한일밀약 58
한일의정서 46, 59, 86, 89, 94, 97, 102, 353, 425, 455, 459, 467, 470; ~, 일본의 체결 강요 101; ~, 추밀고문관의 비판 97
한일협약(보호조약), 제2차 59, 90, 429, 434, 476; ~, 제1차 59, 434; ~, 제3차 489
함대운동 연습 207
「해(海) 제1호」 176, 178
「해군 중장 요시다 마스지로 수기」 282, 290
해군대학교 202
해군병원 307
해군병학교 181, 192, 202, 290
해군성문고(본) 158
해군수로국 362
해군전시편성 254
해류 전선 절단 255
해외 발송 전보 정지 의뢰 284
해저전선 18, 248, 249, 256, 260, 288, 375, 376, 389, 418; ~, 나가사카-블라디보스토크 간 20; ~, 나가사카-상하이 간 19; ~ 부설선 248; ~, 블라디보스토크-상하이 간 19; ~, 한국 영해 부설 286
헐버트 429, 462, 464~466, 468
헤닝센(Jacob Henningsen) 250
헤이그만국평화회의 39, 75, 76, 101, 430, 445, 453, 455, 457, 479, 484, 485, 493
헤이그밀사사건 39, 430, 476, 477, 488
『헤이그신보(Haagsche Courant)』 486
현상건(玄尙健) 72, 74, 76~80, 88, 90, 91, 93~96, 434, 457, 485; ~의 임무 75
현양건(玄養健) 80
호리우치 분지로(堀內文次郎) 222
호미곶 421
호소야 스케우지(細谷資氏) 277, 300, 302, 303, 309, 329, 338, 345, 352
흑수도 269
혼다 쿠마타로(本多熊太郎) 148
『환영수로지(寰瀛水路誌)』 362
황해 186; 황해해전 380
회답서, 러시아의 제3차 122
후비병 31
후소(扶桑) 311, 338, 386
『후작 마쓰카타 마사요시경 실기』 116
「후작 이노우에 카쓰노스케군 약전」 147, 148
후지마루(富士丸)(오키나와마루 개명) 262
훈련대(訓練隊) 32
흑룡회(黑龍會) 478
히가시쿠제 미치토미(東久世通禧) 97
히다카 소노조(日高壯之丞) 221
히라쓰카 아쓰시(平塚篤) 129, 133, 136
히로세 카쓰히코(廣瀨勝比古) 324, 333
히로시마(廣島) 187
히타치마루(常陸丸) 366